池田大作德育理论及其实践

王丽荣 著

黑龙江教育出版社

敬赠王丽荣先生：

珠江之畔景秀丽，
俊才教育欣向荣，
讲坛几度英姿立，
德育思想放光明。

——池田大作于 2010 年 11 月 6 日

教育部 2007 年度人文社科项目、创价大学 2006 年度中日友好学术交流项目、中山大学三期"211"专项基金等最终研究成果。

本书由荒井富美子女士的广州市东西方医疗门诊部有限公司资助出版。

目　　录

第一篇　理论渊源

第一章　池田大作德育理论的开山石 ……………………………（3）
第二章　池田大作德育理论的师承渊源 ……………………………（18）
第三章　池田大作的人生际遇对其德育思想的影响 ………………（24）

第二篇　理论基础

第四章　池田大作关于人之发展的反思 ……………………………（39）
第五章　池田大作生命哲学基础 ……………………………………（58）
第六章　池田大作科学发展观 ………………………………………（93）

第三篇　理论维度

第七章　池田大作人本德育观 ………………………………………（107）
第八章　池田大作的和谐德育观 ……………………………………（117）
第九章　池田大作"国际理解"德育观 ………………………………（125）
第十章　池田大作生态德育观 ………………………………………（133）
第十一章　池田大作儿童德育观 ……………………………………（140）
第十二章　池田大作的女性德育观 …………………………………（154）
第十三章　池田大作美育观 …………………………………………（179）

第四篇 实践考察

第十四章 池田大作道德教育实践——以创价大学为例 ……………（207）
第十五章 池田大作德育实践——创价学园为例 ……………………（260）
第十六章 池田大作儿童教育实践——以香港创价幼儿园为例 ……（285）

结束论

第十七章 池田大作德育思想特征及其精髓 …………………………（297）
第十八章 池田大作人市德育的启示 …………………………………（313）

后　记 ……………………………………………………………………（320）

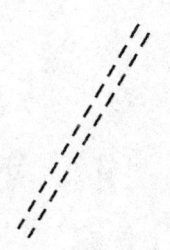

第一篇

理 论 渊 源

　　池田大作德育理论的师承渊源于创价学会创始人牧口常三郎和第二代会长户田城圣；牧口常三郎的《创价教育体系》和"美、利、善"的教育价值论，特别是"教育价值论"成为池田德育思想来源；户田城圣是池田大作的恩师，其教育思想中的"色不二心"生命哲学思想和和平教育理论，成为池田大作德育理论。

　　而池田大作本人的战争际遇更是他德育思想的历史渊源。战争的阴霾和良师的影响从正反两方面使得他对教育进行深刻的反思，让他切身体会到教育不能沦落为政治的附庸，而应成为人类和平的堡垒和人本文化的守护者，也为他以后建立人本教育的实践活动埋下了伏笔。从其亲手创办创价大学的校训"成为人类教育的最高学府、新文化建设的摇篮、守护人类和平的要塞"，就反映了池田本人教育热望。

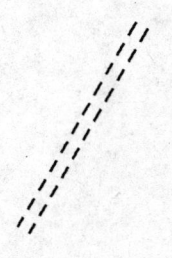

第一章　池田大作德育理论的开山石

池田大作德育理论不仅直接受到日莲宗教的影响，而且也深受两位恩师牧口常三郎和户田城圣思想影响。牧口常三郎是日本创价学会的创始人，倡导"创造价值"的教育理念，代表作是《人生地理学》和《创价教育体系》。

牧口常三郎(1871—1944 年)是日本近现代知名教育家，也是一名作家和哲学家，作为一名教育家，他终其一生为日本的教育制度寻求改革的突破口，提出要将学生的幸福和利益视为教育的最终目标，反对政府将教育贬为国家政策的工具。牧口的代表理论是"得"、"善"、"美"的价值观，以及其"创造价值"的教育理念，最为著名的代表作为 1930 年出版的《创价教育学体系》。牧口与户田于 1930 年创办了创价教育学会(创价学会的前身)，他的价值观教育理念及社会活动对池田大作均有较大影响，近年来牧口所提倡的人性教育理念也开始备受国际教育界的瞩目。

第一节　牧口常三郎："道义与正义"的一生

池田大作曾经于 1996 年 6 月 4 日在美国西蒙·维森塔尔中心做了一个演讲，他在其演讲中就将牧口常三郎的一生评价为"道义与正义"的一生，[1]牧口从一个船工之子成为日本近现代的教育大师，终其一生都在与强权恶势进行斗争。

牧口常三郎出身贫寒卑微，是船工之子，于 1871 年在靠近日本海的一个小村落，日本柏崎县的荒浜村(现新潟县荒浜)诞生。该村庄土地、气候恶劣，可耕种的土地又比较少，因而生活在这里的居民日子过得比较艰难。但值得庆幸的是，柏崎县的小樽港是一个向北通往北海道、向西连接大阪贸易航线上的港口，既安全又宽敞，装卸货物也很方便，所以这里的村民又大多以从事渔业和海产品交易为生，此外村民们所编织的渔网享誉整个北方渔场，畅销于往来的各地渔船。正因为得此渔利及渔网之利，牧口所出生的这个小村庄虽然农业十分落后，但仍是那一带 200 个村庄中屈指可数的大村庄，在当时户数就总达 400 户之多。[2] 牧口常

---

[1] [日]池田大作著，弘毅译：《牧口常三郎：道义与正义的一生》，2009 年 11 月 1 日(http://www.douban.com/group/topic/8520833/)。

[2] 蔡幸福：《融通与创新：陶行知与牧口常三郎教育思想比较研究》，第 40 页，山东教育出版社，2008 年版。

三郎是船工渡边长松的长子,父亲给他取名叫渡边长七。1877年,由于生活拮据,长七的父亲长松抛妻别子,前往北海道打工挣钱,自此杳无音信。不久,母亲伊莱改嫁给本村的柴野右卫门,长七由姑姑托利抚养。对于牧口来说,他从不避讳其贫寒卑微的出身,据池田大作称"牧口一直引以为傲地说他是'出身贫穷寒村的一介庶民'"。①

牧口并未一直接受正常的教育,自小学毕业后,为帮助拮据的家计,打消升学的念头。后来,单身前往北海道,一边工作,一边找时间看书,不断地学习,后来才通过自学考上师范学校。但对于当时大多数贫寒无法读书的人而言,早年小学求学的经历对其后的人生发展仍有一定影响。当时虽然日本政府明治维新后也一直将国民教育视为振兴国力的重要途径,然而由于念书的花销并不低,以及日本国力尚弱,大部分贫寒的百姓很难有机会接受正规的新式教育。尽管如此,善良的善太夫夫妇视长七为己出,疼爱有加,他们在生活极为困难的情况下,还是咬紧牙关坚持送长七读了四年初小。长七时年7岁,他理解养父母的用意,也珍惜这得来不易的读书机会,一有时间就埋头学习,在校则如饥似渴地汲取新知识,遇上在家帮忙不能上学时,就谦虚地邀请上过课的同学去海边,以沙滩为黑板,把当天落下的课程补上。由于学习勤奋刻苦,长七念完四年初小后,深谙读写之妙,被同学们称作"优等生牧口"、"秀才牧口"。也正是因为长七的向学之心甚笃,所以当他初级小学毕业后为生活所迫辍学在家帮养父干活时,周围的人颇为惋惜。② 当时日本虽然向西方学习引入西式教育,但日本政府仍强调各类学校仍要延续儒家传统道德的教育:"五伦道德是教育的根本,我朝(指日本)和中国一向崇尚。虽然欧美各国也有修身之学,但把它运用到我朝还不得其要领。方今学科多端,而本末误置者亦不鲜。年少就学应当以忠孝为本,以仁义为先。因而命儒臣编纂此书,颁赐部下,由此得知明伦修德之要领。"③因而,在读小学期间,牧口不仅简单地学习了西方各科知识,还深受儒家各种伦理道德之熏陶,这对其后的价值观及教育观都有一定影响。

由于家境困难,牧口在小学毕业后就投入工作,这样的逆境后来居然成为牧口人生当中的重要转折。1885年,为谋求出路,也是为了聪明的长七不至于被埋

---

① [日]池田大作著,弘毅译:《牧口常三郎:道义与正义的一生》,2009年11月1日(http://www.douban.com/group/topic/8520833/)。

② 蔡幸福:《融通与创新:陶行知与牧口常三郎教育思想比较研究》,第41—42页,山东教育出版社,2008年版。

③ 王桂编著:《日本教育史》,第146—147页,吉林教育出版社,1987年版。

没,牧口养父母在村里一些德高望重者的大力支持下,将年仅14岁的长七送到当时正进行大规模开发建设的北海道港口城市小樽,并拜托在北海道的叔父照顾。在叔父的关照下,长七来到小樽警察署当杂役,帮助倒茶、跑腿、整理文件,没事时,就倚桌看书。下班后的长七更是刻苦学习,晚上常常抽空至叔父家附近的寻常高等小学旁听。好学的长七还把不多的薪水都用来买书,而且只要有空闲,就抓紧时间埋头苦读。署员们亲切地称他为"学生杂役"。幸运的是,长七的勤奋、责任心和向学之志得到了由小樽郡长兼任的警察署长森长保的赏识。1889年3月,森长保由小樽调往札幌的时候,也让长七作为署长家的寄食生一同前往。同年,森长保将长七以郡区长的名义推荐送入北海道寻常师范学校学习。学校采取寄宿制,不仅发制服,每个月还有一些助学金。这对贫寒的长七来说,无疑是雪中送炭。① 师范学校的学习经历对牧口常三郎的人生道路而言是十分重要的一段经历,这既是他终生从事教育的起点,也为他后来形成创价教育思想提供了重要契机。

牧口所在的北海道寻常师范学校是一所近乎以严格的军事管理方式管理学生的学校,尽管北海道寻常师范学校是军队式的生活和国家主义的气氛,这种师范学校教育违反教育规律,无视人的个性,但牧口不仅没有成为法西斯军国主义教育的牺牲品,反而注意吸取大和文化中的有益成分,从正面发扬光大了早年所学的《幼学纲要》中提倡的孝行、忠节、和顺、友爱、信义、勤学、立志、诚实、仁慈、礼让、俭朴、忍耐、廉洁、敏智、刚勇、公平等做人处事的优良品格,走出了狭隘的岛国主义的阴霾,注意到家乡、国家和世界共存共荣的关系,孕育了崇高的国际主义情感。②

牧口1893年毕业后即在北海道寻常师范学校附小任职,在42岁时又成为东京的小学校长,以后约二十年间历任各校,也曾培育出东京屈指可数的名校,牧口的一生当中颇为重要的就是教书育人,并且与强权作对,极力提倡教育的自由与培育学生人性的教育,且致力于日本教育的改革。牧口长七在其从师范学校毕业那年改名为"牧口常三郎"。师范毕业后,牧口常三郎一边兢兢业业地教书,一边对教育理论和现实问题进行深刻的思考,与此同时也开启了自己的教育职业生

---

① 池田说牧口是在"上司的援助""自学进入师范学校",并未点名牧口乃是上司推荐而入师范学校。蔡幸福:《融通与创新:陶行知与牧口常三郎教育思想比较研究》,第43—44页,山东教育出版社,2008年版;[日]池田大作著,弘毅译:《牧口常三郎:道义与正义的一生》,2009年11月1日(http://www.douban.com/group/topic/8520833/)。

② 蔡幸福:《融通与创新:陶行知与牧口常三郎教育思想比较研究》,第43—44页,山东教育出版社,2008年版。

涯。在接下来的四年课程教学的同时,他还在当地一个名为《北海道地区教育协会杂志》的教育出版刊物上频繁地发表文章。与此同时,日本著名地理学家内村鉴三在明治二十七年发表了他的地理学专著《地理学考》(后更名《地人论》)。这部书主要是从世界和谐的角度来探讨日本的位置,主张日本应当成为东西方之间的桥梁。书中所倡导的国际主义精神对牧口常三郎产生很大影响。① 在牧口所处的时代,"是举国推行'富国强兵政策',开始走上军国主义之道,在教育方面,也是不断地鼓吹学生对国家盲目的爱国心。但牧口论道:'国民教育的基本目的为何?与其解释得很复杂,倒不如考虑如何使你身边所教育的可爱儿童将来过着最幸福的人生,从这点出发。'牧口的焦点并非对准'国家',而一直是'民众',而且是每一个'人'。在那特别强调'国权为重'的时代,牧口绝言道:'个人的权力与自由,神圣不容侵犯',无丝毫忌惮。他的人权意识,实是强烈且厚重。"② 在 1903 年,日本与俄国即将开战的前夜,牧口发表其长达一千页的巨著《人生地理学》,在当时东京帝国大学教授都一致认为要对俄国采取强硬的军事措施的舆论背景中,默默无闻的牧口却提出不能偏袒"狭隘的国家主义",提倡培育"世界市民"的意识。那么,在教育层面,牧口也一直与强权恶势力做斗争,他经常直言"必须废止权力明显介入的'督学制度'",因而经常受到压迫,他也曾经"因为拒绝接受'对地方有力人士的子弟施与特别待遇'的指示,遭到政治家的策谋而被调遣。那时,学生也好、教师也好、家长也好,都暗中仰慕牧口,为要求让他留任而集体罢课。后来,牧口在转任的学校里也受到同样的干预,但他为了使孩子们能无拘无束地游戏,以自己的辞任为条件,等运动场的设施完备后,才转任至他校"。③

牧口一直以来就关注个人而非国家,有一种包容的世界观念,当他承担教职,有更多机会浏览群书后,就受到欧美哲学家、思想家和教育家的影响,其中康德和杜威在牧口常三郎思想的形成和发展中起到了举足轻重的作用,康德对其的影响主要在哲学、政治方面,杜威对牧口的影响则主要在教育层面。

牧口于 1913 年 4 月就任下谷区龙泉寺町(现在的台东区三之轮)东盛小学(同时设置下令第一夜间部学校)校长,为贫穷家庭的儿童不断地努力付出,展现出显著的成果。1916 年同区设立大正小学,成为该校首任校长,卓越的教育方式受到好评。但是受到当时掌握东京政界的权力者排挤,于 1919 年(大正八年)12 月被

---

① 蔡幸福:《融通与创新:陶行知与牧口常三郎教育思想比较研究》,第 46 页,山东教育出版社,2008 年版。
②③ [日]池田大作著,弘毅译:《牧口常三郎:道义与正义的一生》,2009 年 11 月 1 日(http://www.douban.com/group/topic/8520833/)。

迫调任到同区的西町小学,在西町小学任职的1920年春天,与户田甚一青年(后改名为户田城圣、创价学会第二代会长)结识。牧口先生对于曾在北海道任教的户田青年的热情与才能给予肯定,采用他担任西町小学的教师,从此时开始,牧口先生与户田先生结下了师弟之情。

1920年6月,牧口先生被调职,担任本所区三笠町(现在的墨田区龟泽)的三笠小学校长。三笠小学是东京都专为贫穷家庭孩童设立的特殊小学。牧口先生搬到学校的宿舍,为无法带便当来上学的孩童准备中餐等,致力于贫穷儿童的教育。

1922年(大正十一年)4月,牧口先生受到乡土会中任职东京都政府助理的友人前田多门推荐,成为芝区(现港区)的白金小学校长长达九年,透过其独特的教育风格,该校成为东京首屈一指的明星学校。

1928年(昭和三年)春天,牧口先生遭遇佛法,透过同为教育家的三谷素启引介,认识日莲大圣人佛法,经过十天激烈的讨论后,成为日莲正宗信徒,归依日莲佛法。

此外,牧口先生身为校长,直接投入初级教育现场,多年来不断地思索教育学,终于将思索后的成果集结成《创价教育学体系》。第一册于1930年11月18日发行,发行兼印刷者字段上出现户田城外(后改名城圣)的名字,这是户田先生在牧口先生自三笠小学校长退休后,开设私塾时习学馆,投注个人财产所出版的,《创价教育学体系》可说是在师弟二人的紧密联结中诞生。《创价教育学体系》第一册版权页中注明是由"创价教育学会"发行,创价学会这个名称首次公之于世,发行日的1930年11月18日,就被当做创价学会的创立纪念日。

创价教育学会是赞同牧口先生教育学说的教育团体,由牧口先生与户田先生两人开始推动,渐渐地加入的教育工作者越来越多,演变成为以实践日莲佛法与布教活动为主轴的在家宗教团体。当初由教育界人士开始的创价教育学会,渐渐地加入一般人士,活动的焦点也由教育改革转为宗教改革,1939年12月在东京麻布举行第一次总会。虽然创价教育学会是日莲正宗在家信徒的团体,却有别于一般接受僧侣指导而归籍于各地寺院的"法华讲"信徒,举凡会务的运作或是会员的信心指导,并不仰赖僧侣,而是学会独自执行,从一开始就超越宗门以往的做法,是一个独立的在家团体。创价教育学会发展顺利,于1941年在东京成立九个支部,福冈、久留米、青森、神户等地方也有支部成立。7月,机关报《价值创造》创刊,牧口先生在每一期的版面上刊载论文,积极地推动弘通佛法的活动。此外地方折伏及座谈会也积极展开,牧口先生总是站在第一线推动弘教。当时座谈会等集会,受到政府派驻负责揭发思想犯的特务警察执行严格的监视,因为宗教团体法、治安维持法的规定,国内的宗教团体都隶属于治安当局严格的管辖。政府为了加强思想管制,以宗教团体法为由,强制进行教团合并,创价教育学会信仰的日莲正宗也被迫与日莲宗身延派合并。牧口先生为了贯彻日莲大圣人正统的教义,坚决反对合并,结果使得日莲正宗在1941年3月得以单独取得认可,免除合并一事。翌年1942年5月,机关报《价值创造》受到政府干预,不得不停刊。尽管在如此的监视与压迫下,创价教育学会还是持续不断地发展。同年11月,在东京教育会馆举行第五次总会,据说当时全国会员约有三千人。

1943年6月,日莲正宗宗门通知牧口会长、户田理事长以及学会干部数人前往大石寺,登山后,才知道宗门要求"指导会员接受神札",宗门畏惧军部政府迫害,要求与政府妥协。创价教育学会一直以来贯彻严诫谤法的教义,严格拒绝了无数神社神札,对于此次宗门的要求,更是表明贯彻日莲大圣人精神,拒绝接受神札的态度。光看这个事实,就可知道日莲正宗宗斗已经丧失大圣人的精神。同年7月6日,牧口先生外出到伊豆、下田去进行地方折伏时,遭到特务警察的逮捕。同一天,在东京,户田先生以下的干部也同样被捕。此次的弹压,被捕的包含会长、理事长总共有21人。严厉的侦查过程中,坚持佛法正义到最后的,只有牧口先生、户山先生两人。牧口先生被捕后,刚开始在警政厅,9月起被拘留在东京巢鸭的东京拘留所接受侦查。尽管如此,面对负责侦查的检察官、审判官,丝毫不感畏惧,甚至诉说日莲佛法的教义,贯彻一贯的主张,拒拜神札。最后以违反治安维持法与不敬罪之罪嫌遭到起诉。牢房中只有一坪左右,没有暖气,寒冬严厉侵蚀着高龄的身躯;伙食更是粗劣不堪。然而,在艰苦的环境中,牧口先生仍然勤励勤行、读书不懈。

1944年11月18日,创价教育学会创立14年后的这一天,牧口先生因衰老与营养不良,在拘留所的病房逝世。享年73岁。他的死是对抗以国家神道为精神支柱的军部权力弹压,彻底守护佛法正义的殉教。牧口先生在狱中的奋战,更可说是保护信教自由的尊贵人权斗争。①

第二节 牧口常三郎创价教育的哲学基础——"得"、"善"、"美"

牧口的"得"、"善"、"美"的价值观是其创价教育思想的哲学基础,该价值观在

---

① 维基百科:《牧口常三郎》(http://www.infosoka.net/wiki/index.php/%E7%89%A7%E5%8F%A3%E5%B8%B8%E4%B8%89%E9%83%8E)。

其《创价教育学体系》当中有详细描述。

《创价教育学体系》是牧口先生于1930年11月18日对外出版发行的重要著作,概述发行也标志着其创价教育学会的诞生,该书是牧口先生遭遇佛法后,并根据自己多年来的教育、教学级研究经验对其教育观进行总结的一本书。当时的教育学已是成为观念与抽象的学问,而《创价教育学体系》却是主张"实践教育学",成为解决实际问题的力量,并且结合西欧近代的思想,展现超越近代主义、实证主义的佛教世界观、生命观,也就是说,牧口先生在这本书中结合了近代思想与佛法。《创价教育学体系》是牧口常三郎的教育宝典。田边寿利为该书作序并认为"《创价教育学体系》在引导我们国家教育界沿着正确方向发展方面具有重要的作用,正如他的《人生地理学》在30年前改变了日本地理学的研究方向一样"。此书的出版在教育界掀起了阵阵波澜,报纸和杂志上各种评论铺天盖地,受到了极高的评价。值得一提的是,《创价教育学体系》在20世纪80年代被译成英文,并于1989年在爱荷华州立大学出版社出版,比《人生地理学》英文版的出版要早13年。译者美国学者戴勒·贝瑟认为:《创价教育学体系》是一部划时代的著作,其中闪光的思想、独到而新颖的见解很多,尤其是考虑到20世纪40年代这种背景,其思想的价值就更明显。日前,该书已经被英语世界领域最主要的教育家和教育哲学家普遍认可。该书的葡萄牙文、法文、意大利文、西班牙文和越南文等14种翻译本也相继出版,并逐渐成为这些国家学术界研究的热门课题。[①]

牧口先生的"得"、"善"、"美"哲学思想主要是围绕价值范畴来展开的,该价值主要体现在《创价教育学体系》第二卷中。价值范畴是牧口常三郎创价哲学思想的核心所在,也是牧口常三郎教育思想的基石之一。牧口常三郎把正确认识价值当成理解其创价哲学的切入口,认为没有对价值的正确认识,就一点也理解不了创价哲学。

若要了解牧口的价值哲学,则要从理解人生活的目的开始。牧口先生认为价值与人类生活紧密相连,生活的最高和最终的目的是幸福,生活的目标就是获得和创造那本身就是幸福的价值。不管一个人是否意识到这一点,幸福始终是人生活的一种状态——一种人人都渴望的理想的状态。以不幸为相对极,幸福有无数的层级,但是人活着总想获得最高级的幸福,而创价教育的目的在于能使每个个人和社会获得绝对的幸福。如牧口在《创价教育学体系》当中称:"创价哲学的目的在于能使每个个人和社会获得绝对的幸福,其手段就是创造那作为幸福的要素

---

① 周洪宇、蔡幸福:《牧口常三郎的"创价教育"思想研究》,载于《比较教育研究》,2007年第6期。

的价值。在年复一年、月复一月、日复一日的生活中,人们努力认识各种各样的价值,考虑哪一种价值不仅是他们能得到而且也是回报于社会的——这就是生活的真实面貌。"①

在阐述其价值理论之前,牧口则分别阐述了真理与价值、认知与评价的不同。在第二章《认知与评价》第一节《真理与价值》当中,牧口常三郎认为,真理是客体以及客体之间相互关系的概念,它意味着客体性质的相同。不管它对人类生活处于什么样的关系,真理总是真理。真理不能被创造。无论人、时代和环境有什么不同,真理都是不变的。如其称:"比如,我们说,'这是一匹马',当对象既不是牛也不是羊而正好是被社会公认的马的那种东西时,即事物正好如其所是的那样被策划念书陈述出来时,我们叫做它真理。"②与之相反,价值则是主体和客体的这种关系的陈述,是一个人和一个客体相互吸引或排斥的一种关系状态,是客体与人生活之间的感情关系,它意味着在客体和评价它的主体之间产生的量的合宜。"比如我们说'这匹马是美的'或'这匹马是有用的'时,我们把这称为表述了价值,因为它意味着对人的关系。"③因此,真理多少是客观存在的,价值更多地有一种主观在内,于是真理不能被创造,价值是可以后天创造,真理多固定不变,价值却是相对的,可以发生变化的。价值包括"美丑、得失、善恶"等各方面。在此,牧口先生强调了价值与真理的不同,为其后教育可以创造价值奠定理论前提;与区分真理和价值相适应,牧口常三郎也将认知与评价加以区别。其在第二节《评价与认知》中强调,主体在一定程度上意识到客体的影响时,主体就相应而动,这个活动就叫作评价。而主体获得客体反映在主体中的印象,这个活动被称为认知。认知意味着注意客体,感知它的性质,在精神中获得对它的概念。换句话说,认知表示对实在的性质以及它与主体关系的了解,而评价则是对客体和主体之间的相关力的衡量。所以,认知是客观的,评价是主观的。牧口常三郎认为真理是由认知获得的概念,是认知的结果;价值则是客体与人之间的相关力的量值概念,是作为评价的结果而被接受的:"真理是由认知获得的概念,作为认知的结果,是作为一个实体的性质概念或作为实体之间的关系概念而被认可的。价值则是客体与人之间的相关力的量值概念,它是根据评价或作为评价的结果而被接受的。"④牧口常

---

① [日]牧口常三郎著,马俊峰、江畅等译:《价值哲学》,第2页,中国人民大学出版社,1989年版。
② [日]牧口常三郎著,马俊峰、江畅等译:《价值哲学》,第6页,中国人民大学出版社,1989年版。
③ [日]牧口常三郎著,马俊峰、江畅等译:《价值哲学》,第7页,中国人民大学出版社,1989年版。
④ [日]牧口常三郎著,马俊峰、江畅等译:《价值哲学》,第24页,中国人民大学出版社,1989年版。

三郎认为,认知和评价相当于经验活动和交接活动。经验活动意味着认知客体,主体冷静而客观地尽可能精确地观察外在的和内在的现象。在这种情况下,主体忽略客体与他的生活的关系。相反,在交接的情况下,主体对客体就不能采取静观的态度,而是把它们作为与人有关系的东西去观察,考虑到它对人的生活的影响。于是主体产生了情感反应,享受客体对他的影响同时也付出相应的力量。要理解外部世界,要依靠认知和评价共同作用,如果缺乏其中的一个,人就不能熟悉他的对象。①

牧口常三郎主要从价值的本质、关系和相关力、价值的分类等三个方面对价值观体系进行了构建。牧口常三郎认为,要弄清价值概念的唯一简便途径是应该真正客观地、观点公正地审查社会通用的"价值"的含义,而且必须探求它的本质。牧口先生首先肯定价值的存在。他说,即使它的存在形式不同,但毕竟也是存在。正因为它的存在,它才会影响我们的生活,我们才能评价也能认识它。"价值"这个词,是在表达我们同一定客体(即能满足我们需要的客体)之间的关系的意义上被使用。也就是说,在一个客体能满足我们的需要时,我们就说它是"有价值的"。从这个意义上说,价值就是客体满足主体需要而形成的关系。通常的评价标准用得或"失"来表达,评价者通常也都是个人。但是当社会评价作为该社会之一分子的个人行为时,则使用的评价词"善"和"恶"。这种评价只是被所谓的社会自己认可的价值判断。价值具有相对性,价值的大小根据客体与评价者生活的关系的水平而不同。同一个客体既能表述为"得"、"好",也能表述为"失"、"坏"。

牧口先生又从关系与相关力的角度对价值进行了进一步的阐述。他认为,价值是一个客体与人之间关系的概念,它是这种关系客体的一个象征。换句话说,价值是客体与人之间的一种关系,正如一个客体的象征表明客体有其现象的存在一样,就像人的认识把现实存在性赋予客体那样,在人认识人与客体的关系这个事实时,客体和人的关系也是由人赋予的。所谓价值评价就意味着这种"赋予"的活动。他还根据关系的强度和相关力的大小,将价值划分为"有价值"和"无价值"、"正价值"和"负价值"。"有价值"和"无价值"体现了客体与人之间一种关系或相关力的存在或不存在。它们代表了客体与人的关系的存在与否。而"正价值"和"负价值"则体现了客体与人之间一种关系或相关力对于人的存在的或者说对于维持生命的有益性和有害性,意味着存在一种有益或损害评价主体生活的关系。"益"被称为"善、得和美",相反,被叫作"恶、失和丑。"

---

① 周洪宇、蔡幸福:《牧口常三郎创价教育思想的三大基石》,载于《教育科学》,2006年第6期。

与此同时,牧口常三郎又根据评价的主体将价值区分为主观价值和客观价值。存在于一个人在一定时刻与客体发生联系时所体验的感受中的价值都是主观的,也就是主观价值。而被社会所评价和认为是得或失的价值就叫"客观价值"。一个客体被评价主体即社会评判时,对个人来说是得和失的东西就变成每个人都必须客观地同意的善与恶,每个个人的主观价值则变成了客观的和公众都必须承认的交换价值。所以我们必须认识到,善恶、美丑、得失,既有客观价值也有主观价值,在教育中,我们必须兼顾两种价值,求得二者的和谐统一。①

总之,牧口常三郎先生独创"美"、"利(得)"、"善"的价值观是以康德的"真"、"善"、"美"为基础,在不断攀登哲学一个又一个高峰中产生的。他将"利"看做是一切价值的基础,把"利"解释为"对个人整个生命的直接影响的关系力"。牧口先生本着务实开拓的精神,在长期实践的基础上对教育理论进行了构建,进而提出了以"利"、"善"、"美"为价值观体系基本内容的创价教育理论。②

第三节 牧口常三郎的"创价"教育思想③

"创价"教育思想是牧口常三郎先生的代表思想,该思想内涵丰富,有其一定的特质,在当时及现在均有较大的作用与影响。

"创价"是创造价值的简称。在牧口常三郎看来,人能创造价值,人生的价值也就在于创造价值。"创价"的目标就是要实现每一个人的幸福和社会的繁荣。"创价教育"就是"培养创造人生目的与价值的人才"的教育。"教育的目的就是要增进人格的价值,'创价教育'学的旨趣在于阐明达成此目的的适当手段。"牧口常三郎的"创价教育"思想内涵丰富,全面系统,而且以他的哲学思想、政治思想和宗教思想为三大支撑。牧口常三郎的"创价教育"思想是以"创造价值"为中枢,融和谐的世界观、创造的人生观和"利、善、美"价值观于一炉,同时围绕创造幸福人生为宗旨的教育目的观而展开的教育理论体系。

"创价教育"思想内容丰富,主要有以下五个方面。

其一,"创价教育"的目的就是要培养创造"利、善、美"的人。牧口常三郎认为,创造是人区别于动物的一个根本特征。人的价值在于创造。在此基础上,牧

---

① 周洪宇、蔡幸福:《牧口常三郎创价教育思想的三大基石》,载于《教育科学》,2006年第6期。
② 周洪宇、蔡幸福:《从船工之子到教育大师——牧口常三郎的人生历程》,载于《河北师范大学学报(教育科学版)》,2007年第5期。
③ 此部分主要参考周洪宇、蔡幸福:《牧口常三郎的"创价教育"思想研究》,载于《比较教育研究》,2007年第6期。

牧口常三郎进而提出，创造的目的就是为了获得价值，就是为了人的利益、促进社会的福祉。"创价教育学"的目的，就是最大限度地发挥人内在的特质、个性和创造力，发挥其日益增强的自立能力、价值创造能力，为人类的幸福与社会的繁荣、世界的和平做贡献。说到底，"创价教育"的落脚点在于培养创造"利、善、美"价值的人。只有创造"利、善、美"价值的人才是幸福的人，因为他们懂得只有创价值的人生才是幸福的人生。牧口常三郎强调，幸福是人生最终的目的，教育也应以人生幸福为最终目的。

其二，"创价教育"必须走向生活，走进自然和社会。牧口常三郎主张在生活中学习，到自然和社会中去学习、去培养人的创造力，认为很多人之所以有所作为、有所成就，主要源于他们与自然和社会的亲近。牧口常三郎指出，由自然环境、家庭环境和邻居或部落环境组成的、离孩子最近的地理群落，不仅应该成为孩子们学习的环境，而且也应该成为孩子们学习的全部课程。尽管我们并不否定书本知识和第二手材料在学习上的地位和重要性，但是我们必须认识到，让孩子们直接、主动地与自然界进行亲密接触，"是我们在制订教育计划时永远不能忽略的一个基本原则，也是一把挖掘和培养孩子内在巨大潜能的钥匙"。牧口常三郎非常注重培养学生的社会性，认为要培养出栋梁之才，不能把学生关在学校里办教育，家长的支持是必不可少的。正是基于这一认识，他在担任白金寻常小学校长时，对家长协会的人员组织进行了改组，尽可能使更多的家长参与学校的教育。此外，他还创办了学校内部刊物——《白金》，以拓展学校与家庭的联系渠道。牧口常三郎还在总结实践的基础上提出了"生活学习化，学习生活化"的口号。

其三，"创价教育"讲求"方便"，讲究自然。牧口常三郎认为，学习不能强迫，必须讲求"方便"，顺其自然，这样才可以为孩子打开创造之门。学习应是出自每位学习者因自身爱好和动机而滋长的好奇、多问的探究心理。也就是说，学习应是一个诱导、启发的过程。教育要重视每个孩子的情感和差异。"教育不单是以传授知识为目的，而是指导学习方法，不是单纯的知识灌输和反馈，而是通过自己的努力学会掌握知识的方法。"他曾怒斥扼杀孩子天性的僵化的教育体制，认为单纯机械的灌输主义或者毫无策略的"人格主义"（感化主义）都不可取。牧口常三郎的"创价教育"学说的主要教育方法是"启发主义和学习指导主义"。这些方法"与知识的构成相比，更强调兴趣的唤起"，"更强调思维的方法"。牧口常三郎指出，"创价教育"必须重视学生的亲身参与和体验，重视学生生活能力，尤其是创造能力的培养，要让学校成为学生创造的摇篮而不是约束他们的囚笼。

其四，"创价教育"要以人为本。"以人为本"既是牧口常三郎"创价教育"思想的本旨,也是其教育方法中的一个重要方面。所谓"以人为本",就是把人当成教育的出发点,把培养人当成教育的最高目标。牧口常三郎主张把人当做教育和社会的主体来培养,而不是把人当做教育和社会被动的客体来塑造,认为创造教育的目的就是要充分肯定人的主体地位,崇尚人的个性与自由,着眼于人自身的生存和发展。始终关注每一个孩子的成长,始终关注每一个孩子的喜怒哀乐,始终把孩子们的幸福放在首位,这就是牧口常三郎以人为本的教育观。一切着眼于人,是牧口常三郎改革教育方法的原始动因。正如他所说:"人的尊严在于他创造价值。为了教育青年人以便使他们能成为有活力的民族的一分子,能使自己适应于创造价值的目的,我们应尽自己的最大努力改革教学方法。"

其五,"创价教育"的出路在于实施半日学校制度。牧口常三郎认为,教育要走出困境,就必须实施半日学校制度。牧口常三郎指出,实施半日学校制度的根本要点在于弄清学习与生活的密切关系。实施半日学校制度不仅可以大大增进效率,达到"将效率提升到半日便习得一日之内容"的效果,而且可以充分整合和利用现有的教育资源,盘活教育存量,减轻费用的负担。同时,还可以消除考试地狱,让多数涌至校门的学生能步入学校的殿堂。更为重要的是,可以使生活与学习一体化,可以很好地培养学生勤劳的习惯,减少游手好闲的人的出现。更有意义的是,通过实施半日学校制度,可以很好地解决理论与实践脱节的问题,使学生更好地了解自然,了解社会,更好地学会处理人际关系,从而为将来步入社会后能更好地适应工作打好基础,进而发挥出更大的创造价值。牧口常三郎认为,所有学校以半日学校制度为标准进行改革已是当务之急。必须指出,牧口常三郎的"创价教育"思想远不止以上几点,而且牧口常三郎的"创价教育"思想在许多方面反映出教育发展的客观规律,与我们当今提倡的教育思想多有吻合之处,因此具有普遍的借鉴价值。当然,由于各种历史条件的制约,牧口常三郎的教育思想和实践也受到了一定的局限。因此,对待牧口常三郎的教育思想,要从我们的国情出发,创造性地加以吸收和运用,只有这样才能达到"他山之石,可以攻玉"的功效。

牧口常三郎"创价教育"思想内容十分丰富,此外,该思想也有丰富的特质:

首先,以人为本。牧口常三郎从人的创造性出发始终强调教育要以人为本、重视人的欲望。他认为,"如果人的欲望被忽视,无论什么东西都只能被看做是没有价值的。"牧口常三郎还强调要把学生当成能创造价值的人看,他极力反对当时日本教育中无"人"的现象,反对为"大东亚圣战"而"灭己奉公"、"尽忠报国",反对把学校变成兵营和精神训练所,反对将教育变为驱使青少年以血肉之躯充当侵略战争炮灰的工具。他曾怒斥扼杀孩子天性的僵化的教育体制,认为教育不能采取单纯机械的灌输,关键是要指导学生找到打开知识宝库的钥匙。牧口常三郎的教育重点始终在于随时随地关注开发每一个人创造价值的可能性。

其次,宗教性。佛教思想是牧口常三郎"创价教育"思想的重要底色,是牧口常三郎一生尤其是晚年"创价教育"实践的力量源泉,也是牧口常三郎理解人的价值和幸福的基础。牧口常三郎邂逅日莲佛法后,整个人生焕然一新。正如他所说,"这种信仰使我欣喜若狂,使60年的生活方式为之一变","独自在黑暗中摸索的不安感一扫而空,与生俱来的畏首畏尾等消极情绪也消失了"。可以说,日莲佛法使牧口常三郎心中不禁涌起了只争朝夕地改造国家教育体系的宏图大志。牧口常三郎的教育力作《创价教育学体系》不仅是因为从日莲佛法中吸取力量才得以形成的,而且还把日莲佛法当做基石之一。牧口常三郎退职后,更是潜心践行日莲佛法,领导创价学会并全力投入到以日莲佛法为中心内容的社会教育实践中。认真研究牧口常三郎的教育思想,我们会发现很多与日莲佛法的通融之处。

再次,批判性。日本自明治维新以来,国门洞开,积极吸取西方的各式各法,以图自强。经几十年的励精图治,果然成为一东方强国。然而,在引进、消化、吸收西方各种制度的同时,也带来了一些弊端。比如在教育上,明治以来日本模仿西方教育制度,促进了教育普及,培养了一批人才。可是,这种教育的主旨精神是灌注知识,培养服从意识,其结果只能是泯灭受教育者的首创精神,像制造产品一样制造"清一色的学生"。牧口常三郎先生由感而愤,由愤而批,他痛斥日本教育制度忽视人的幸福,是没有任何功效的原始教育,主张改革日本当时的教育制度和内容,实施"创价教育",以培养"利、善、美"价值的人才。尤其是在1938年日本政府颁布《国家总动员法》深深地陷入中日战争的泥沼之际,牧口常三郎忧国忧民,看到了战争的危险,并大声疾呼:"当前最紧迫的是教育改造。"可以说,牧口常三郎的教育思想就是对明治以来日本教育现状不满而进行批判的产物。

最后,开拓性。在日本教育史上,注意到人的创造性、提出创造教育思想并积极从事创造教育实践活动的知识分子,并不止牧口常三郎一人。如江户时代的教育家荻生徂徕(1627—1705年)强调人的作用,把人提高到创造道德规范的主人地位,认为"道德规范不是先天的而是后天的,不是自然的而是人造的";又如大正时代的稻毛诅风在1922年出版的《创造本位的教育观》和1924年出版的《创造教育论》等著作中明确提出他的创造教育理论,主张"人生的目的就是创造价值"、"教育目的和方法都必须以创造作为教育的全部根本原则"等。然而由于种种原因,荻生徂徕也只能说是注意到了人的创造性,而没有因此产生"创价教育"理论。牧口常三郎与稻毛诅风二人对人的本性、人生目的等方面的看法可以说基本上是一致的,而且二者的教育思想在一定程度上都受到了康德哲学的影响,但稻毛诅风并没有形成"创价教育"理论。牧口常三郎的教育思想则以价值哲学为基石,创立了以人与自然、人与人、人与社会和谐的世界观、人生即创造的人生观和以获得幸福人生为宗旨的教育目的观等基本原理构成的一个比较完整的"创价教育"理论。牧口常三郎的视野不囿于人的本性和教育自身的思考,而是在着眼于人与自然、人与人、人与社会和谐统一,着眼于幸福人生的思考,着眼于人类社会福祉建设的基础上对人的本性和教育的功能进行了思考,从而形成了系统的、具有特色的、富有时代和历史意义的"创价教育"理论。从这一点上说,牧口常三郎无愧于日本"创价教育"先驱的称号。如果把比较的范围扩大到欧美近代以前(含近代)的教育家,我们也会发现,像牧口常三郎那样提出了较为系统的"创价教育"思想,突出创造价值的主旋律,将创造价值的理念贯穿于教育的始终,几十年如一日致力于创价教育实践,并产生了深远影响的,别无他人。

此外,牧口常三郎的创价教育思想借以创价教育学会得以广泛传播,并对教育乃至整个社会产生巨大作用的重要媒介。通过它,牧口常三郎的创价教育思想以及他倡导的人道主义竞争社会的美好愿景为越来越多的人所推崇。随着创价学会的快速发展,他的创价教育思想,不仅在国内得到了大力宣传,而且也被输送到欧洲、美洲、东南亚和中国台湾、香港等地,对维护世界和平和促进共同发展起到了不可代替的作用。

从教育视阈来看,牧口常三郎《人生地理学》的出版改变了日本传统的地理学教育教学模式,并且提出具有独特意义的地理教育方法。在此书中,牧口常三郎首先提出人是自然界的核心,提出了一种全新的价值理念,即:对生命的重视、对人的重视和对人创造价值谋求幸福生活的重视。人类与地球的关系是非常复杂的,但与我们的日常生活并不遥远,更确切地说这种关系渗入到我们所做的每一件事,影响着我们人生经历的各个方面。[1] 这种观点对池田大作强调教育与环境共生理论具有极其重要的作用。

此外,牧口常三郎强调课外学习和实践对智力开发的重要性,要求革新传统的教育中存在的僵硬知识拼凑的教育方式。这些思想观点深深影响着池田大作德育理论的方式和方法。

牧口常三郎对池田大作德育理论影响最大的莫过于《创价教育体系》和"美、

---

[1] 参见[日]牧口常三郎著,李力,卞立强译:《人生地理学》,复旦大学出版社,2004年版。

利、善"的教育价值论,尤其是"教育价值论"对池田大作影响深远。创价学会的教育理论根基和实践支柱是牧口常三郎在《创价教育体系》第二卷第三篇中的"价值论"。这种"价值论"不同于康德价值论的"真、善、美",牧口常三郎把"真理"和"价值"进行了区分,并把"利"引入了其价值论。"利"是指关于个体生活的个体价值,"利的价值是每个个人同能使他保持和发展其生存的客体之间的一种关系状态",①真理不能归为价值在于真理是主体符合客体要求,而价值是主体与客体的关系解读。因此,牧口常三郎提出人的价值在于过上幸福的生活,而教育的目的在于让人过上幸福生活,过上有价值的生活,教育要以人的幸福为目的,以"真、善、美"为教育的目标。牧口常三郎这种独特的"价值论"教育理念对池田大作产生了深远影响,成为池田德育思想的理论来源。

---

① [日]仓贯势津子:《日本和美国教学方法的比较》,载于《中国教育教学研究》,2006年第4期。

第二章　池田大作德育理论的师承渊源

户田城圣(1900-1958年)是个教育家、出版者、企业家,创价学会创始人之一、第二任会长,也是池田大作另一位恩师,是池田人生当中非常重要的一个人物,池田曾深情地说:"决定我的人生的最重要的人物是户田城圣先生。所以谈我自身时,如果抛开户田先生,那等于是画龙而没有点睛。""户田先生最初是一个教育工作者,后来当了企业家,晚年是作为一个宗教家而度过的。对我来说,他是我的人生的老师,是对我进行人生教育的最高师表",[①]从此话即可见户田对池田的影响力之大。

户田城圣出生于1900年(明治三十三年)1月11日,是石川县江沼郡盐屋村(现今石川县加贺盐屋町)经营北海航线业务的户田甚七家中的七男。幼名为甚一。1902年左右,举家迁至北海道厚用郡厚田村。他在当地的小学高中部毕业后,在札幌的商店半工半读,自学取得代课老师资格。1918年(大正七年)6月,在夕张的真谷地小学以代课老师的身份,正式步入教育工作者之路。1920年3月,为追求更高的人生,离开真谷地前往东京。

在东京拜会各式各样的人士中,户田先生拜访了担任西町小学校长的牧口常三郎先生。这是两人终其一生的师弟情缘的开始。当时牧口先生四十九岁,户田先生二十岁。户田先生经由牧口先生的推荐,被录取为西町小学的教师。而当牧口先生转任本所区(现在的墨田区)的三笠小学时,户田先生与师匠共进退,也转至三笠小学担任教师。同时,求学的意念高涨,为了读大学而进入开成中学夜间部就读。1922年(大正十一年),通过进入大学前一阶段的高等学校入学资格考试。同年3月,因牧口先生转任白金小学校长而辞去教职。翌年,开设私塾——时习学馆。时习学馆的教学方式因非常具有吸引力,而大获好评。另外,作为学习教材而著作的"推理式指导算术"等也深获好评。

1928年(昭和三年),牧口先生成为日莲正宗的信徒,决心实践日莲佛法,户田先生追随牧口先生,归依日莲大圣人佛法,对户田先生而言,最大的转折即是此次得知日莲佛法,此后不久,在师徒二人合力下,《创价教育学体系》一书出版,

---

① 李庆:《池田大作传》,第28页,浙江人民出版社,2008年版。

创价教育学会成立。当时，牧口先生基于自己的经验及思索，正在整理着独创的教育学说。户田先生便决意要将牧口先生的学说出版成书。于是1930年11月18日，《创价教育学体系》第一卷问世了。"创价教育学"的名称也是从两人的对话中决定的，而出版费用是由户田先生在时习学馆及出版事业等的收入中筹措出来的。由于两人的师弟关系创立了"创价教育学会"。创价教育学会是以研究及实践创价教育学为目的开始运作，渐渐成为实践日莲佛法的宗教运动。户田先生身为创价教育学会理事长，不仅协助牧口先生，为巩固学会的经济基盘，将心力倾注于出版及金融等事业。在军部政府为贯彻战争而强化管制宗教团体时，日莲正宗宗门欲说服学会接受神札。但户田先生和牧口先生一起拒绝了。1943年（昭和十八年）7月6日，牧口先生在伊豆的下田被逮捕，同一天，户田先生也在东京目黑的家中遭到逮捕。在狱中户田先生最担忧的是师匠牧口先生的事情，不断地祈求"先生能早日离开这里"，户田先生努力地读书，监狱图书室的书全部可以借出，但不知为何唯独"法华经"一书，好几次归还后又送过来，于是户田先生决定在狱中全心全意研读法华经。1944年（昭和十九年）的元旦起，持续每天一万遍的题目及研读汉文的法华经。反复研读三次，在进入第四次时，碰上了瓶颈。那就是法华经的开经，无量义经德行品第一中的一节。"其身非有亦非无，非因非缘非自他，非方非圆非短长，非出非没非生灭，非造非起非为作，非坐非卧非行住……"等三十四个"非"并列之处。户田先生了解"其身"是指佛身，但却无法理解三十四个否定并列一起的意思。此文之意足，只有采用反复否定才能表现出实际存在的佛身。"这句是什么意思呢？"户田先生深感苦恼，因为不了解此文的意思就无法正确地领悟到佛的意义。唱题后思索、再凝视经文，一再反复这些动作，以全生命去解读经文。在三月的某一天，脑海里突然闪过"生命"这个字眼。"佛就是指生命，在自身的生命当中，也是宇宙的生命"——在直觉这点的那一刹那，便清清楚楚地领悟出那段原本难以理解的经文。此时的悟达，使得佛教作为现代哲学而苏生，成为众人得以信仰的原点。悟达"佛即生命"后，户田先生持续研读法华经，其中的经文已能透彻理解，但这时脑海中浮现一个根本的疑问："释尊透过法华经的整体，想要说出什么？"11月中旬的某个早晨，在年初决意唱题，所唱题目快要达到二百万遍时，正在唱题的户田先生，有了不可思议的体验。关于那时的情形，在户田先生所著作的小说《人间革命》中，这么写着："就时间而言，不知是过了数秒、数分，或数个小时……那已无法计算。但，他发现自己与无数的大众一同在虚空中，对着金色灿烂的大御本尊合掌。"这时，户田先生实际体验到自己就是以地涌菩萨的身份,参加了虚空会仪式。而且,"我就是地涌菩萨"的确信,使户田先生深深的使命自觉,并立下一生奉献给妙法广布的决意。11月18日,牧口先生在拘留所的病房中结束一生,而户田先生得知这消息已是翌年(昭和二十年)1月的事了。

1945年7月3日,户田先生在丰多摩监狱(中野监狱)被保释出狱。改名为"城圣",并立刻着手于事业与学会的重建。当时,创价教育学会处于瓦解状态,会员大多已退转。10月,在东京的西神田设立出版社"日本正学馆"的事务所,展开通信教育及出版事业。翌年1月起,开始对创价教育学会的会员、亦是实业界的三位友人讲解法华经。户田先生从讲解法华经开始恢复活动,是因为痛感许多同志退转,是由于信仰的根底没有教学之故。户田先生以生命论取代先前牧口先生的价值论,作为弘教的理论依据。第一期讲课结束时的3月,将创价教育学会改名为创价学会。本部就设在日本正学馆的二楼。此时,得知户田先生出狱及重建学会的会员们纷纷聚集过来。户田先生以教学及座谈会为主轴。推进学会的重建,同年9月在栃木县的那须及群马县的桐生,举行第一回的地方折伏。1947年(昭和二十二年)8月与池田大作(之后的第三代会长)在座谈会的会场上相遇,池田大作后来这样谈到自己当时第一次见到户田时的心情:"我最初见到户田先生是1947年,我19岁那年的夏天","战后见到户田会长的时候,想到,这个人也反对战争,被关了两年牢,我相信这样的人说的话,肯定没错"。[①] 受户田的人格感召,池田大作于8月24日加入创价学会。池田大作后来就和这个团体结下了不解之缘,把自己的一生奉献给了这个团体,而创价学会,也因为有了这样一个年轻人的加入,在以后的发展中,发生了巨大的变化,后来在户田先生经营的公司任职,两人结下师弟的情缘。

在户田多番努力下创价学会的规模终于回复到战争前的状况,1947年7月,创价学会新的机关杂志《大白莲华》发刊了。但是在另一方面,户田先生的事业,受到急速通货膨胀的影响陷入困境。同年10月,放弃出版事业,将重心集中于信用合作社的经营,但信用合作社也于翌年8月结束营业。为不影响学会,户田先生辞去学会理事长一职。1951年春天,极其困难的信用合作社的清算部分终告一段落。推崇户田先生就任会长的声音在学会中沸腾起来。1951年5月3日,户田先生就任第二代会长,担负起指挥广宣流布的大任。在就任典礼上,户田先生宣

---

① 李庆:《池田大作传》,第24页,浙江人民出版社,2008年版。

示在自己的一生中要达成七十五万户的折伏。这时起,创价学会便以惊人的气势展开折伏与弘教。4月20日,在就任会长之前,机关报《圣教新闻》创刊了(当时为旬刊),开辟了广布言论战的舞台。6月妇人部,7月男子部、女子部相继成立,完成扩大弘教的体制。户田先生接着着手的课题是,要在1952年4月,立宗七百年之前出版日莲大圣人的《御书全集》。因为当时所发行的御书都不完整,而且发行包含相传书(编按、口述、传授的部分)在内的决定版——《御书全集》,是推进广布上不可欠缺的。户田先生委托第五十九代的日亨上人编纂,专心致力于御书的发行,户田先生与日亨上人努力的结果,在1952年4月完成划时代的《日莲大圣人御书全集》。

户田先生遵照日远大圣人"立正安国"之精神,认为广宜流布不单只是弘通佛法而已,应于现实生活中实现佛法慈悲的精神。即佛法是实践个人改革、社会改革之道。对当时一般被日本社会漠视的市井小民来说,户田对佛法的诠释让人心感认同,易于接受。学会迅速发展。日本中部大学的教授(国际政治、和平学)、日本联合国大学副校长武者小路公秀在英语纪录片 *Embattled Buddhists*(《鲜为人知的历史——创价学会》)中这样说:"从其他佛教团体的作风看来,这是异常例外的。其他佛教团体非但不对社会的变革有所贡献,还存有与社会脱节的作风。创价学会并不随波逐流,反而更提倡构筑崭新的日本,代表了民众的呼声,扮演着意义深长的角色。"于是,在这种基于佛法应在社会上实现之认知,于1955年4月日本全国性地方选举时,创价学会首次推荐会员参选。翌年7月的参议院议员选举,推荐六位候选人,达成其中三位当选之令人称快的成果。这促使创价学会不是只停留在宗教的层次,更在社会上反映出佛法的理念及精神,学会跨足政界,在社会上掀起极大的波澜。一是由北海道夕张等地开始发生的炭劳(日本煤矿劳动工会)侵犯学会员信教自由之迫害(炭劳问题)。二是,池田先生被以违反公职选举法之嫌疑遭到逮捕之事件(大阪事件,后来确认池田先生无罪)。如此,从1955年起,创价学会成为对社会具有影响力的团体而受到注目。当中,户田先生于1957年9月8日发表"禁止核武器宣言",这后来成为创价学会的基本和平思想理念。在横滨三泽运动场举行的运动会上,户田会长主张使用核武器者是威胁民众的生存权利,不论胜者或败者都是恶魔,应处以死刑。另外,户田先生在东西冷战最激烈时,提倡"地球民族主义",作为实现世界永久和平的思想基盘,认为地球上所有人类,都应抱持大家都是同一民族的自觉。呼吁全人类应超越意识形态或国度的差异,有着是属于同一个命运共同体的自觉。一面尊重文化的多样性,并强调站在同为"人类"之观点的这个理念与"禁止核武器宣言",同时成为创价学会推动文化、和平运动的理念基础。

而池田大作如此描述户田:"先生自己说:'我是一个平凡俗子',事实上没有一点教祖的气味。他非常喜欢喝酒,经常一边同人谈话,一边饮酒。先生喜欢说笑话,发出豪爽的笑声,痛快地饮酒。但他从未因此而衣冠不整、举止随便或随意地乱下判断。遇到重大的问题,经常是态度严肃,接连不断地发出准确的指示。先生特别讨厌欺骗和说恭维话,弟子中一旦有这样的问题,被他敏锐地看破之后,立即就会像万雷齐鸣似的发出叱咤之声。先生具有冷彻的理性,同时又极富有感情。而且在其心灵深处始终有一种宽容人和保护人的宏大的慈爱精神。对于受过他严厉叱咤的人,即使经历了很长的时间,当人们都忘记了这个人时,先生自己也绝不会忘记从各方面给那人援助和鼓励。社会上往往把户田城圣这样一个领导人看做是宗教家或组织家。要让我来说,他兼有这两者的本质,但实际上并没有受任何一方的束缚。进一步来说,恐怕应当称他是人生教育的导师,第一流的人生的指导者。康德说过这样的话:'教育是可以赋予人的最大、最难的问题',户田城圣先生具有能很好完成这个最大而又极难的教育问题的伟大的人格。我从19岁至30岁的11年间,在先生手下受到熏陶。无论佛法,还是人文、社会和自然的各门科学,从礼节和组织管理的问题,乃至对世界形势的分析和判断,凡是我所学到的,可以说全都是先生所教。我这么说绝非夸大。当然,当时所教导的每一门知识,现在基本上忘记了。但是,先生教导我时的看问题方法以及在日常生活中的思考方法,至今仍然深深地刻印在我的脑子里。先生的教导方法绝不是单纯地只教授结论性的知识,而是始终重视为什么。会得出这样结果的思考方法。"①

1957年(昭和二十二年)12月,户田先生所立的七十五万户会员的誓愿达成了。翌年3月,创价学会捐建的大石寺大讲堂落成。1958年4月2日户田病故。

户田城圣是创价学会的第二位会长,也是池田大作恩师,给池田以极大影响。日本当时的教育制度以国家利益为上,压制独立创新的教育思想,年轻的户田城圣师从于牧口常三郎,并和恩师一起创办创价教育学会。户田城圣提出了具有日莲宗教意义的"生命论"教育理念。户田城圣认为"佛"就是"生命",是可以实实在在能够体会到的,不是虚无缥缈的,因此就把日莲宗教教义与现代社会生活联系在一起,从而实现了日莲佛教在《御义口传》中的"色不二心,可谓一级"的思想。

---

① 李庆:《池田大作传》,第24—28页,浙江人民出版社,2008年版。

户田城圣教育思想极其重视对生命的尊重,加强对人进行生命意义和价值的教育,倡导尊重每一个人的生存权和教育权。在苏美两国冷战趋于白热化,核军备竞赛空前高涨和国内日本军权横行双重压力下,户田城圣倡导儿童是和平的希望,指出对儿童进行和平教育的重要性和必要性,并提出"世界市民"的思想。户田城圣教育思想中的"色不二心"生命哲学思想与和平教育理论是池田大作德育的直接理论来源。

第三章 池田大作的人生际遇对其德育思想的影响

池田大作被誉为世界著名的佛教思想家、哲学家、教育家、社会活动家、作家、桂冠诗人和摄影家。他一生致力于推进和平、文化和教育事业，为促进世界的和平、人类的对话与理解做出了不可磨灭的伟大贡献。池田大作一生经历丰富，足迹遍布世界五大洲，是一个颇具传奇式色彩的人物。下面将对池田大作先生的人生际遇做一粗略的介绍，并从中梳理出池田人生际遇对其德育影响因素的轨迹。

一、少年时代

1928年1月2日，池田大作出生于东京荏原郡大森町（现在的东京都大田区大森北），在家排行老五。自从池田祖父时代，家里就一直在东京大森的海边，从事海苔（我国将其统称为"紫菜"）的养殖和生产。由于经营得法，在20世纪初期，池田家的海苔生产业在当地众多的经营者中一度处于屈指可数的地位。后来由于海苔业竞争激烈，以及1923年"关东大地震"对他们投资的养殖场的破坏，池田家逐渐家道中落。不过，尽管这样，池田家仍然一直从事海苔生产这一行。池田大作的父亲叫"子之吉"，母亲名"一"。他的父亲性格倔强，平时少言寡语，但是做事果敢。子之吉对孩子们也要求很严，要他们做一件事情，就一定要全心尽力、一丝不苟地去做好。应该说，父亲倔强而独立的人格和果敢认真的行事风格对池田大作的人格形成和思想观念有着很大的影响。"在我的记忆中，我父亲一直是个很硬气的人，不管如何困难，他在坚持做人要正派上从不含糊。同时他总是竭尽所能地帮助别人。现在想起这些，我越发认识到他是个多么难得的好人，即使自己经济上问题再大，仍然想着去帮助别人。"①池田的母亲是一个出身农村的勤劳的妇女，她每天不但要起早摸黑做好家务，而且也要和男人一样，出海去采集海苔。母亲坚毅、乐观的人生态度，从小就一直激励和影响着池田大作。

1934年4月，池田大作开始进入羽田第二小学上学。从小就体弱多病的池田大作却很懂事，懂得尽自己的能力为父母分忧。读二年级时，由于父亲病倒，家里

---

① ［美］保林、［日］池田大作著，周伯通译：《生生不息为和平——保林和池田大作对话录》，第3—4页，广西师范大学出版社，2007年版。

的经济状况开始遇到困难,池田从父亲那里学会了制作海苔的工艺。五年级时,池田大作的大哥喜一这位家庭的劳动主力被征兵入伍。为了减轻经济压力,家里被迫将比较宽敞的房子卖掉,搬到附近的地区去住。看着母亲整天为家庭而奔波辛劳,从六年级开始,池田大作开始与四哥一起为报社送报纸,目的是"买刚出笼的馒头给妈妈吃"。从1939年开始,池田开始了三年的送报生涯。在艰苦的送报和紧张的学习之余,池田大作还要帮助家里制作、收拾和清理海苔。"每天凌晨两三点就要起床,帮助家中制作海苔。早上4点开始送报纸。送完报,就要上学去。下午从学校回来,先要把晒干了的海苔收拾起来,接着,就要去送晚报。然后,要帮助家里把海苔中的垃圾等用筷子拣出来。当然,还有学校的作业是必须完成的。"①

由于家庭经济状况拮据,1940年4月,池田大作不能进入中学继续求学,而只能进入羽田高等小学学习。受当时日本军国主义教育的毒害,最初池田大作并未认识到战争的残酷和危害。在太平洋战争爆发以后,池田大作甚至产生了毕业后当一名少年航空兵的愿望。由于1942年大哥喜一再次被应征入伍,而二哥、三哥和四哥也陆续被征,池田毕业后想当航空兵的愿望遭到父母的强烈反对,最终未能实现。池田大作在与金庸的对话中曾谈到:"与我同时代的少年都是在军国主义教育中成长的。当时的日本教育,考虑的是怎样在孩子们的心中培植歪曲的人生观和思想,然后,又考虑的是如何将更多的少年驱赶上战场去卖命。没有比错误的教育更可怕的了,我对此深有体会。"②1942年4月,池田大作从高等小学(当时已改名为荻中国民学校)毕业,开始在离家不远的新潟铁工厂工作,以此肩负起养活整个家庭的重担。

1945年日本战败前后,池田大作一家的惨痛遭遇让池田亲身体验到战争的残酷。他开始反思"战争到底有什么意义",心底充满了对战争的厌恶之情。1945年,池田大作家的房屋由于战时"防止因为美国空袭而造成蔓延燃烧"的需要,被迫实行强制拆毁。在一家人将行李搬运至乡下姨妈家准备暂住之前,池田大作姨妈家的房子和刚搬运到的行李却不幸在美国人的空袭中被炸成一片废墟,这对池田一家人的打击无疑是雪上加霜。后来,池田大作也多次提到,在大哥喜一第一次应征入伍的一次休假回家时,曾向他描述过日本军在中国的残暴行为,"日本军太过分了!对中国人真是太狠毒了",语气充满厌恶。日本战败以后,1946年,池

---

① 李庆:《池田大作传》,第13页,浙江人民出版社,2008年版。
② [日]池田大作、[中]金庸:《和金庸的对话》,转引自李庆:《池田大作传》,第11页,浙江人民出版社,2008年版。

田大作的二哥、三哥和四哥历经劫难,终于回到家中。但是,在一家人苦苦盼望着大哥池田喜一归来的时候,1947年5月,家里却收到一份通知他们喜一已在缅甸战死的"战时公报"。1996年,池田大作在美国哥伦比亚大学发表演讲时,曾提到这一段惨痛的经历:"我的四位兄长全被征召入伍,长兄在缅甸战死。其他三位兄长,在战争结束,经过一二年之后,穿着破烂的军服,从中国回来。年老父亲的痛苦与母亲的悲哀,实在深感痛切。长兄一度从中国回来时,对日军在中国的残暴、不人道的行为,非常愤慨。这也是我一生难忘的事。除了愤怒之外,年轻的我深切体会到战争是多么残酷、愚昧、毫无意义。"① 战争所带来的切身伤痛,也成为池田大作后来不断地推进人类和平、文化和教育事业,坚决反对战争和核武器威胁,倡导人的生命尊严的出发点。

二、青年时代

1945年,池田大作经同学介绍,进入东京神田的东洋商业学校(现在的东洋高中)学习,研读文学和哲学。他白天工作,晚上到东洋商业学校去学习。因战时的饥寒交迫、营养不良和积劳成疾,池田大作患上了严重的肺结核病。但是青年时代的池田一边与疾病作斗争,一边不顾工作辛劳和疾病折磨,夜以继日,阅读了大量的世界文学和哲学名著。在与金庸谈起青年时期的这段读书经验时,曾谈到:在未投恩师门之前,主要是读文学和哲学,憧憬写诗,以自学来挑战之。战争刚结束之后,书都没有了,就找同年代的朋友结成读书小组互相借书来读,借到什么就读什么,毫无系统。如果要举出当时爱读的书,日本的有国木田独步、德富芦花、石川啄木、吉田弦二郎,还有西田几多郎、三木清等。西洋的有雨果、歌德、柏格森、艾默森,等等!托尔斯泰的所有作品都读过了,惠特曼的诗给我很大的影响。现在回头去看的话,毕竟是因为自己体弱多病,所以对"要怎样做人"、"该怎样树立人生观",更进一步,"如何度过生命"等题目具有强烈的关心。我想与其是否定的、悲观的看法,不如认为是对宇宙的生命观或者是把人的"生存"大大地肯定下去,更加相信人的可能性吧!青年时代的广泛阅读拓展了池田大作的知识面和视野,也促进和加深了他对人生问题的思考和理解。

1947年8月14日,池田大作受小学时代的朋友邀请,参加了一次创价学会(当时叫创价教育学会)的座谈会。就是在这次座谈会上,池田结识了后来对他的人生带来决定性影响的、创价学会的领导人、后来的第二任会长户田城圣先生。

---

① 池田大作:《美国哥伦比亚大学演讲:探讨"世界公民"的教育》,1996年6月12日(http://www.daisakuikeda.org/chs/lecture—24.html)。

户田城圣是一位杰出的教育家,曾与他的导师、创价学会第一任会长牧口常三郎一起反对日本的侵略战争而被关进牢狱。户田反对军国主义战争而蒙冤入狱两年的事迹深深感动了池田大作,受户田人格魅力的感召,池田大作于8月24日加入了创价学会。创价学会是户田与他的人生导师、教育家牧口常三郎(1871—1944年)在1930年共同创立的、以日莲佛法为指导的在家佛教团体,最初叫"创价教育学会"。户田出狱以后,将"创价教育学会"改名为创价学会(创价即"创造价值"之意),扩大了创价学会的活动范围,致力于通过人的精神变革、社会变革而建设一个正义的、人性尊严受到尊重的世界。户田被池田大作誉为"人生教育的导师"、"第一流的人生的指导者",对池田大作一生的影响甚为深远。池田认为自己今天的一切,几乎都是源自户田的教导。"我从19岁至30岁的11年间,在先生的下面受到了熏陶。不用说佛法,就是人文、社会和自然的各门科学,以及礼节和组织管理的问题,乃至对世界形势的分析和判断,凡是我所学到的东西,可以说全都是先生教给我的。我这么说绝不是夸大。"①池在对谈和演讲中也经常提到户田与他的思想,其著作也常常引用户田的话,这都显示了户田对池田的影响。"决定我的人生的最重要的人物是户田城圣先生。所以谈我自身时,如果抛开户田先生,那等于是画龙而没有点睛。户田先生最初是一个教育工作者,后来当了企业家,晚年是作为一个宗教家而度过的。对我来说,他是我的人生的老师,是对我进行人生教育的最高师表。"②

1948年4月,池田大作进入大世学院(现在的富士短期大学)夜间部学习,就读政治经济系。1949年1月3日,池田大作开始转到户田开办的出版社——日本正学馆工作,担任《冒险少年》(后改名为《少年日本》)杂志的编辑。池田大作一边为《少年日本》杂志的编辑改版而努力工作,一边坚持在夜间大学学习。由于战后日本通货膨胀的冲击,户田的出版社日本正学馆倒闭,《少年日本》杂志也不得不停刊了。在池田大作的辅佐下,户田终于偿还一切债务,他的经济情况也出现好转。为了挽救户田的公司,池田不得不放弃学业,把全部时间和精力都投入到工作中。为了弥补池田未完成的大学教育,从这时候起一直到1957年,户田亲自教导池田,让他完成大学程度的教育。池田将这一段宝贵的学习时光称为"户田大学"。"大约十年的期间,我每天的上午,星期日则从早到晚,恩师个人一对一教

---

① [日]池田大作:《我的恩师》,选自《池田大作选集》,1970年版(http://www.daisakuikeda.org/chs/essay—mentor.html)。
② [日]池田大作:《美国哥伦比亚大学演讲:探讨"世界公民"的教育》,1996年6月12日(http://www.daisakuikeda.org/chs/lecture—24.html)。

授,包括历史、文学、哲学、组织论等万般学问。恩师几乎每天都问:'现在在读什么书?'与其说是询问,还不如说是严厉地盘问。总之,我学习到恩师的人格。……我之所以有今天,百分之九十八都是从恩师那里学来的。"①户田的仔细、广博而严格的教育不但开阔了池田大作的知识视野和思考方法,而且训练和陶冶了池田大作的人格特质。更重要的是,户田"人本教育"、"创价教育"的教育理念,对池田大作日后形成完整而丰富的教育理论体系、创办从幼儿园到大学的创价教育学府的具体实践都有着非常重要的启示意义。

1951年,池田大作在电车上结识了后来成为他终身伴侣的白木香峰子。香峰子是同为创价学会会员、池田大作在新潟铁工厂工作时曾经的同事白木先生的妹妹。香峰子那时在东京一家银行工作,1951年夏天也加入了创价学会女子部,成为当时女子部74名成员中的一个。共同的人生追求,使两颗年轻的心逐渐靠拢在一起。1952年5月3日,在户田的操持下,池田大作与香峰子正式结为伉俪。当时,池田大作24岁,香峰子20岁。婚后,香峰子夫人不但作为"贤妻良母",在生活上精心照顾池田和整个家庭,而且也被池田称为"秘书、护士和战友",一直默默支持着池田大作的事业发展。由于香峰子的虚心照料,身体一直不好、甚至被户田预言"也许只能活到三十岁"的池田大作,身体逐渐恢复了健康。池田曾经在谈到妻子对自己的重要性时,说了这样一段话:"妻子对我来说,是人生的伴侣,有时是护士,是秘书,又像母亲一般。像女儿或是妹妹,是最好的战友。如果要给妻子送感谢信,就会送'微笑奖'吧。它包含了所有的意义。总而言之,祝愿我的妻子身体健康,永远年轻。最了解我的真实情况的是我的妻子。最了解妻子的诚实与坚强的,我想是我。与妻子的结婚,对我的人生来说,是无法替代的幸福。在那个意义上,就应该是'如果再出生在这个世界上,下一辈子,再下一辈子,永远都要关照我吧'。不过这就不是感谢信,而是委任状了……"②

在1951年,由于日本经济恢复,户田公司的经济状况也逐渐好转,创价学会终于走出了低谷。4月20日,创价学会的机关刊物《圣教新闻》创刊。5月3日,户田城圣担任创价学会第二任会长,并且开始创设了男子部和女子部。

三、事业、磨难和向世界的开拓

1952年,池田被户田委任为创价学会东京蒲田支部的负责人,重点发展当地

---

① 〔日〕池田大作:《美国哥伦比亚大学演讲:探讨"世界公民"的教育》,1996年6月12日(http://www.daisakuikeda.org/chs/lecture—24.html)。

② 转引自曹婷:《家庭与社会——香峰子夫人生命的航标》,摘自第五届池田大作思想国际研讨会《以人为本与人类发展》论文集。

的学会会员。池田在当年2月的短短一个月内,让蒲田支部破天荒地增加了201户新会员,这打破了当时支部一个月最多增加100户会员的极限。四年后的1956年,28岁的池田大作又被派遣到关西去领导当地的学会发展活动。经过池田和大阪其他会员的积极努力,创价学会在关西地区得到了飞快的发展。5月份,大阪支部在仅仅一个月内就增加了11111户新会员,初步展现了池田卓越的领导才能。1956年,创价学会派出了六名候选人参加参议院选举,结果有三名当选,其中一名是由池田领导竞选活动的大阪区候选人。当时大阪选区的当选名额是3人,要取得这一选区的胜利,需要20万张票。可是,创价学会在当地的会员最多只有3万多户,离20万票相差甚远。为了取得选举胜利,作为大阪选举前线总指挥的池田大作领导当地会员,付出了十分艰辛的努力,最终打赢了这一仗。这次选举的结果引起了大众注目,也让原有的政治权力感到震撼和威胁。1957年3月,警方以"违反选举法"(即"教唆会员挨户访问罪")的不实罪名逮捕了池田大作,并将他关押在大阪拘留所达15天之久。池田的案件在法庭拖了四年半,前后经过了长达80多次的法庭辩论。但是,终于在1962年1月,池田大作被裁定所有罪名不成立,检察当局也没有上诉。这就是"大阪选举事件"。

另一件考验池田大作的事件就是"北海道夕张事件"。北海道的夕张是日本有名的煤都,这一地区当时有12万人口。为了维护当地矿工和小企业主的权益,创价学会从1953年起就在该地区开始扩大发展会员。这一任务主要归由当时在东京任代理支部长的池田大作负责。经过长期的工作,夕张的学会会员扩大到2000户的规模,并出人意料地取得了参议员选举的胜利。创价学会的发展壮大,让掌握着相当大政治权力的当地工会感觉到威胁。工会开始通过各种途径对创价学会会员展开恐吓、骚扰等打击活动,由此引发了学会会员和工会之间的矛盾和冲突。池田受户田的委托前往北海道解决夕张煤矿纠纷,在其领导下,当地学会员集合起来,力诉工会的行动不合乎宪法,谴责他们侵犯言论和宗教自由。由于无法在公开的场合作出合理辩解,工会终于作出让步,承诺停止其骚扰行动。这样,双方的紧张关系有所缓和,事件最终也得以解决。1957年,创价学会会员数已经超过户田定下的75万户目标,创价学会已经发展成为日本国内一股主要的社会力量。

1958年4月2日,创价学会第二任会长户田城圣因病医治无效去世。这标志着创价学会的一个历史时期的结束,而创价学会历史发展新的一页也将由池田大作来翻开。1960年5月3日,池田被选为创价学会的第三任会长。值得一提的是,当选为会长的当天,让池田非常意外的是,妻子香峰子并没有像他预想的那样,"也许会煮上一锅表示祝贺的赤豆饭",而是表现得异常平静。细问之下,她冷静地回答说就任典礼这天等于是池田家的葬礼,所以不会有任何庆祝。她后来回忆当时的心情时,说道:"以前的普通家庭生活到今天就结束了。从明天开始,丈夫就成了公共的人,为大家工作了。这是丈夫的使命,由于是必须他才能干的工作,我要努力地让丈夫能全心全意地去干。我下了决心,任何狂风暴雨也要顶住。完全没有什么就任会长的喜悦心情。'今天是葬礼'的话,真就是当时的心情。"①

  池田大作就任会长以后,开始考虑向海外发展创价学会会员。1969年10月,池田大作访问了美国夏威夷,以鼓励在当地生活的创价学会会员。这标志着池田大作走出日本,开始了迈向世界的第一步。在结束夏威夷之行以后,池田又访问了纽约的联合国总部,并于此行访问了加拿大和巴西。一年后,他将注意力转向东亚国家和地区,接连访问了香港、斯里兰卡、印度、缅甸、泰国和柬埔寨等亚洲6个国家和地区,以深入了解这些地区的实际情况。同年10月,池田又访问了欧洲9个国家,并参观了"柏林墙"。此后,池田又陆续访问了世界上很多个国家。1967年10月,池田大作接触了被誉为"欧洲联盟之父"的卡雷尔基,这是池田最初接触的欧洲有名的思想家,并与他进行了对谈。为了促进世界各国艺术和音乐交流,池田大作于1963年创办了民主音乐协会。为了弘扬佛法慈悲仁爱的精神,改革日本政治,改善老百姓的生活福利,池田于1964年成立了公明党。不过,虽然公明党是根据佛法的慈悲和尊重生命的原则而创立,并得到创价学会会员的支持,但无论在结构上或组织上,这是两个完全独立的团体。1965年起,池田大作开始撰写长达12卷的长篇小说《人间革命》,内容叙述他的恩师户田城圣在第二次世界大战结束时从监狱获释,重建创价学会的奋斗历程。60年代,池田也开始着手创办以创价学会首任会长牧口常三郎的教育理论为基础的学校,以实现牧口和户田两人多年未完成的遗愿。1968年,创价中学和创价高中在东京设立。1965年11月,池田开始正式筹建创价大学。从选址、筹措资金、考虑校园设计方案到招聘师资、申请主管部门批准,池田大作都亲自参与和督办,为创价大学的建设付出了大量的心血。创价大学最终于1970年4月宣告落成,比原先预定的计划提前了两年。到今天,池田已建立了由幼儿园至大学的整个创价教育的完整体系,包括遍及世界五地(香港、新加坡、马来西亚、韩国和巴西)的幼儿园、在日本的小学、中学、高中和大学,以及一所位于美国加州的大学(即美国创价大学)。

---

① [日]池田香峰子:《香峰子抄》,李庆:《池田大作传》,第69页,浙江人民出版社,2008年版。

四、积极推进中日友好交流

池田大作忠实继承牧口和户田的遗愿,一直致力于搭建中日人民友谊的"金桥",不断为促进中日人民的世代友好而作出贡献。1968年9月8日,创价学会第十一届学生部大会在东京日本大学堂举行。在这次有两万人参加的规模宏大的盛会上,池田大作以中国问题和日中关系为主题发表了著名的演讲,并发出了中日关系史上著名的"恢复日中邦交正常化倡言"。针对当时日本政府所采取的中国政策现状,池田提出了发展日中关系的振聋发聩的三点倡议:第一,正式承认中华人民共和国的存在,使邦交正常化;第二,恢复中华人民共和国在联合国的合法地位;第三,开展两国经济、文化交流。① 在提议扩大日中两国的经贸往来时,池田还特别谈到了有必要废除《吉田书简》。《吉田书简》主张日中进行贸易之际不得使用日本进出口银行的政府资金进行长期延长付款。池田认为:这只是吉田的私人信件,而且吉田前首相已经去世,所以完全没理由受其约束。如果不承认依靠政府资金的长期延长付款,实际上就等于勒住了贸易的脖子。池田"恢复日中邦交正常化倡言"发出后,在日本国内引起了巨大的反响。第二天,《朝日新闻》、《读卖新闻》、《每日新闻》等报纸都刊登了这一倡言。《日中邦交正常化倡言》也经当时新华社驻日记者刘德有,发回到中国国内。9月11日,新华社发行的专门报道国外消息的报纸《参考消息》用头版四分之一的篇幅做了特别报道。周恩来总理得知这一倡言后,也给予了非常积极的评价。早在20世纪60年代初,池田大作和创价学会就引起了周恩来总理的关注。池田大作就任第三任会长以后,创价学会的飞速发展和不断壮大,引起了日本各界的高度注意,并通过日本政治家松村谦三、高碕达之助的介绍和访日归来的孙平化(后来成为中日友好协会会长)的汇报,引起了周总理的留意。由于国内当时对创价学会的了解不多,而且意见不一,周恩来总理多次指示中国外交学会要好好调查,认真研究创价学会的性质。

在松村谦三先生第五次访华之前,特意亲自拜访了池田大作,并希望池田和他一起访华,以尽快把池田大作举荐给周恩来总理。但是,由于这时池田身陷"妨碍出版自由"的纠纷之中,而且池田认为,请由他创立的公明党去,会更有利于解决恢复邦交这样的政治范畴的事。在松村先生第五次访华向周总理郑重介绍池田先生时,周总理说:"请替我向池田会长问候,热烈欢迎池田会长访华。"② 1971年6月,以竹入义胜委员长为团长的公明党代表团在池田大作的支持下首次访

---

① [日]池田大作:《新人间革命:金桥 友谊之路》(内部版),第34页。
② 王永祥主编:《周恩来与池田大作》,第28—29页,中央文献出版社,2001年版。

华。7月2日,经过会谈,双方签订《中日友协代表团与日本公明党访华代表团联合声明》,这成为之后中日恢复邦交谈判的重要基础。田中内阁成立后,公明党又为日中关系正常化谈判搭建了很好的"中间桥梁"。1972年9月25日,日本首相田中角荣访华。9月29日,《中日联合声明》发表,宣布结束两国间的不正常状态,恢复中日外交关系。1974年,池田大作为了早日促成两国缔结和平友好条约,在半年多的时间里,两次访问中国。第一次访华时,由于周总理病重,未能与池田会见。"12月5日",池田大作认为这是具有历史意义的一天,是终生难忘的一天。这天晚上,池田大作一行在医院终于见到了期盼已久的周恩来总理,两个人的手紧紧地握在了一起。双方合影之后,周总理不顾自己虚弱的身体状况,坚持与池田大作和他的夫人香峰子会谈了30分钟左右。周总理对池田一直致力于中日两国人民的友好事业,给予了高度评价,并表达了中国方面希望能尽快与日本签订和平友好条约的迫切愿望。会见中,周恩来总理深情地凝视着池田大作,并语重心长地对池田说:"今后我们要世世代代友好下去","20世纪的最后25年,关系很大,很重要"。① 可见,周总理显然是在向池田托付继续发展中日友好交流的重任。后来,池田大作曾多次谈起这次会见。池田大作在《保护民众的大树:周恩来总理夫妇》一文中写道:"总理要接见我,是当天突然决定的。接到通知时,听说总理长期卧病住院,考虑到他的健康,我一度谢绝过。可是,接见是总理自己的意见,我能做到的事,只是要求尽可能缩短接见的时间。"②

池田大作没有辜负周总理对他的厚望和嘱托,一直致力于促进中日两国人民友好的和平、文化和教育事业。就在池田与周总理会见的翌年,即1975年4月,创价大学接收了中国派遣日本的首批6名留学生。11月,为了表达对周总理的思念,池田大作与创大的第一批中国留学生一道,在校园里栽下了一棵樱花树,将它命名为"周樱"。后来,池田又在创价大学校园内种了"周恩来邓颖超夫妇樱",以感谢周总理夫妇对自己的知遇之恩。池田大作先后一共会见过8次周总理的夫人邓颖超同志。1990年,池田第七次访问中国时,邓颖超将周总理生前爱用的一把象牙裁纸刀和自己爱用的一个玉石笔筒,赠送给池田大作。除了周恩来总理,池田大作还会见了邓小平、李先念、华国锋、胡耀邦、江泽民、胡锦涛和温家宝等多位中国国家领导人。此外,池田大作还与巴金、常书鸿、季羡林、金庸等中国知名的作家和学者进行过对谈,并出版了相应的对谈录。多年来,池田大作通过互派

---

① 王永祥主编:《周恩来与池田大作》,第62页,中央文献出版社,2001年版。
② [日]池田大作著,卞立强译:《我的世界交友录》(第一卷),第99页,湖南师范大学出版社,2006年版。

留学生、举办国际学术研讨会、创办摄影展览等多种方式,不断加强中日两国人民之间的教育文化交流,在两国人民之间努力架设起一座座友谊的"金桥"。

五、活跃在国际舞台

1975年,来自世界51个国家和地区的会员代表齐聚美国关岛,创建了国际创价学会(简称SGI),池田大作就任SGI会长。1979年4月24日,由于遭到学会内部某些别有用心的干部的排挤,并受到日莲正宗的错误批判,池田大作被迫辞去创价学会第三任会长职务,开始担任名誉会长。从这时起,池田大作有了更多的时间活跃在世界的舞台上。80年代,池田大作不断地出访世界各国,先后与前苏联部长会议主席、中国胡耀邦总书记、巴西总统菲格莱顿、印度总理甘地、法国总理希拉克、泰国国王、马来西亚首相马哈迪、新加坡总理李光耀、英国首相撒切尔、瑞典首相卡尔松、法国总统密特朗、中国李鹏总理、瑞典首相、法国总统、哥伦比亚总统等各国领导人展开会谈。另外,从70年代开始,池田还与英国著名的历史学家汤因比、法国著名的美术史家路奈·尤伊古、前苏联莫斯科大学校长A. A. 罗古诺夫、罗马俱乐部部长奥锐里欧·贝恰博士、印度洛克什·钱德拉博士、新儒家代表人物之一、美裔华人杜维明等多位全球知名的思想家就现代文明的危机和挑战、人类社会的未来走向、世界的和平与发展等全球性问题进行对话,并出版了相关的对谈集。

在20世纪80年代到90年代期间,池田受邀至亚洲、美洲及欧洲约三十所大学(其中包括加利福尼亚大学洛杉矶学院、莫斯科大学、北京大学、澳门大学、哈佛大学、香港中文大学、哥伦比亚大学,等等)发表演说,畅谈教育、文化交流与世界和平等主题。截至2010年8月2日,世界上共有295个大学和研究机构授予池田大作名誉教授或名誉博士称号,其中包括来自中国的90多个大学和研究机构。池田大作从1983年开始执笔《和平倡言》,并于每年1月26日SGI成立纪念日发表。这些倡言针对人类当前面对的亟待解决的全球性问题,基于佛教哲理的观点,提出应对和处理这些问题的"解决之道"。

为了表彰池田大作为世界和平与人类理解所做出的历史贡献,目前已经有超过22个国家颁发给池田大作各种荣誉奖章,其中包括联合国和平勋章、联合国难民事务高级专员署人道奖、泰戈尔和平奖、爱因斯坦和平奖、托尔斯泰时代奖,以及巴西南十字国家勋章、法国艺术文化勋章、中国艺术贡献奖、中国文化交流贡献奖、泰国一等王冠勋章、意大利功劳勋章、俄罗斯联邦友谊勋章、大韩民国花冠文化勋章,等等。此外,由世界各地行政机关颁赠给池田大作的名誉市民及市民钥匙目前已达到670个以上(包括名誉州民与省、县、乡、镇、市民)。培养"世界公民"

一直是池田德育思想与实践的目标。纵观池田的人生足迹,可以说,池田大作本人就是一个名副其实的智慧、勇敢与慈悲兼具的世界公民。

六、池田大作人生际遇对其德育活动的影响

自1968年创办创价中学和创价高中、1971年创办创价大学以来,池田大作建立了由幼儿园至大学的一系列创价教育学府,包括遍及世界五地的幼儿园、在日本的小学、中学、高中和大学,以及一所位于美国的大学。"创价"一词意谓"创价价值,帮助每个人实现幸福的人生","创价教育"的概念最早出自创价学会首任会长牧口常三郎。牧口是一名教师和校长,提出了一套以学生为中心的教育理论,并毕生倾力于建立一个富有人性、以人为本的教育系统。但是,第二次世界大战的爆发,使牧口的理想无法实现,这也成了他的学生户田城圣终身坚持的梦想。不过,经过池田大作不懈的努力,这一理想最终变成了现实。

纵观池田大作的人生际遇,池田教育理念的形成主要受到以下两个因素的影响:一个是他在日本军国主义时期接受的教育经验,另一个是他值遇终生奉为恩师的教育家户田城圣。

20世纪30年代,日本为了在亚洲扩张版图,开始强迫年轻人前往战场,当时池田大作正在读二年级,他的母校也受到军国主义的影响。池田大作亲眼目睹了日本政府利用教育的影响力,将孩童培养成军国主义的工具,这对他的想法产生了深远的影响。前面也提到,池田大作一家也深受战争的影响,他的四位兄长全部被应征入伍,长兄后来在缅甸战死。这段惨痛的人生经历,使池田大作对日本军国主义的暴行深恶痛绝,在他幼小的心灵里埋下了追求和平的种子。不过,当国家将扼杀个性的体制强加于孩童身上时,池田也有幸值遇几位富有人性的良师。池田从他们身上,看到一个真正的教育家所应扮演的角色。战争的阴霾和良师的影响从正反两方面使得池田大作对教育进行深刻的反思,让他切身体会到教育不能沦落为政治的附庸,而应成为人类和平的堡垒和人本文化的守护者,也为他以后建立人本教育的实践活动埋下了伏笔。"成为人类教育的最高学府、新文化建设的摇篮、守护人类和平的要塞",从池田大作亲手创办的创价大学的校训中,我们就能深深地体会到人本教育在促进人类和平与文化事业上的重要作用,以及池田本人的热切期待。

除了战争时期的人生经验,他青年时期的恩师户田城圣是对池田大作教育理念造成重大影响的人。"二战"以后,约二十出头的池田一边在户田城圣的公司工作,一边就读于现在的东京富士大学夜间部。户田是一位深具才干的事业家,也是一位杰出的教育家。户田是教育家牧口常三郎的弟子,深受牧口教育理念的影

响。当户田的事业在战后的通货膨胀中陷入困境时，池田一边不得不从学校辍学以便全力帮助户田打理生意。不过，池田的学习并没有因此受到影响，反而让他从户田那里亲身体验到了创价教育。在池田辍学之后的十年间，户田城圣费尽心思，利用每天早上工作开始前的时间和周末，教授他包括后来成为他终身信仰的日莲佛法在内的广博学问。户田向池田保证，他所接受的教育，至少绝对不会输给一流大学。事后也确实印证了这一郑重的承诺，这段宝贵的学习经历，后来被池田自豪地称为"户田大学"。在池田看来，户田城圣是决定他人生的最重要人物和精神导师。与户田城圣相处的十年多时间里，池田切身感受到了创价教育和人本教育的巨大魅力，并下定决心将这种卓越的教育理念惠及更广大的人。为了达到这一目标，也为了实现创价学会前两任会长牧口常三郎和户田城圣的终生夙愿，池田大作克服种种困难，最终成功创办了从幼儿园到大学这一完整的创价教育体系。

第二篇

理 论 基 础

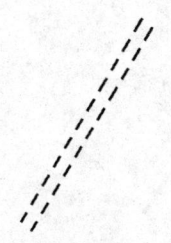

池田大作德育思想的理论基础来自他对20世纪人的危机与21世纪生命的重建思考,他以其博大的宇宙情怀与深邃的思想分析,在"探讨了笼罩全球的'黑暗'的各种问题"之后,渴望为人类"寻求'黎明'的曙光"。而"尊重生命"是池田先生德育理论的核心与出发点,他为人们指明了人的意义何在、人应该怎样生活等根本性的问题,他以"佛法即生命"的佛法生命哲学为理论根基,阐发出生命伦理思想,进而通过教育把其生命哲学与生命伦理思想应用于现代社会。池田大作先生还一直将宗教作为保护自然,解决人与自然关系,建筑人类科学的自然观的根本方向,他这种佛教自然观是适应当今社会发展和时代进步要求的。

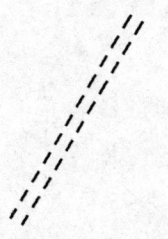

第四章　池田大作关于人之发展的反思

20世纪是人类历史上发展与危机、进步与冲突并存的时代;是希望与失望、乐观与悲观交织的时代;是人与自然、个人与社会、理智与情感等被推向对立极致的时代。池田大作先生在其众多的著作与思想对话中,以其博大的宇宙情怀与深邃的思想分析,在"探讨了笼罩全球的'黑暗'的各种问题"①之后,渴望为人类"寻求'黎明'的曙光。"②而对20世纪人的危机与21世纪生命的重建问题便成为其反思探讨的一个焦点与核心,引人深思并使人获益。

正视危机是反思、总结与解决问题的前奏。面对20世纪,在池田大作和奥里利欧·裴彻合著的著作《为时未晚》一书开篇便犀利地指出:"若说人类的处境在20年前已经令人费解,那么今天已达令人不安的境地,而且充满新的挑战。纵使我们有大量知识和技术,我们却感到无能为力,这感觉动摇了最近我们才建立起来的、对我们力量和资源的信心,它甚至带来了无可克服的危机感。为了评估我们的现况有多严重,以及将来的情况又会怎样,我们首先要明白我们困境的成因。只有这样才可找到消除这些成因及把人类生命纳入轨道的方法。"③因此,池田大作在众多的著作中对20世纪人的存在与发展的危机问题进行了全面的分析与探讨,归纳起来体现在下述几个方面:

一、人与自然的危机

从古到今,自然始终是人类得以生存的条件与发展的前提。池田大作认为:"大自然对于人类的生存是唯一无二的母体和基础。它不仅对维持母体是必要的,而且是人类的精神基础,也是繁荣文化、文明的源泉。因而可以说,对自然的破坏和损害包含着直接导致人类的衰退和灭亡的危险性。"④池田大作在分析20世纪人的危机时,首先直指和揭示人的存在之前提即人与自然关系的危机。

一方面,人类实践活动的主要客体即自然遭到严重的破坏。在人类社会的发展

---

① [日]池田大作、[法]路奈·尤伊古著,卞立强译:《黑夜寻求黎明》,前言1,中国国际广播出版社,2003年版。
② [日]池田大作、[法]路奈·尤伊古著,卞立强译:《黑夜寻求黎明》,前言1,中国国际广播出版社,2003年版。
③ [意]奥里利欧·裴彻、[日]池田大作著,杨僖译:《为时未晚》,第1页,牛津大学出版社,1992年版。
④ [日]池田大作著,卞立强译:《人生箴言》,第198页,中国文联出版社,1995年版。

历程中,始终贯穿着人与自然关系的思考和实践。人类随着历史的发展,人的生存能力和知识能力的不断提高,逐渐开始了对自然的探索和征服的阶段。可以说,在"人类中心主义"的价值观支配下,人对自然的征服和支配的实践活动在20世纪发展到登峰造极的地步,自然在很大程度上沦落为仅仅是被人类所支配、利用的对象;需要和利益满足的工具;能力与主体性体现的手段。自然的和谐与平衡被彻底打破,如:资源的枯竭:"资源消费即使按现在的速度不再增加,据统计学者说,铅、水银、金、锡、锌的已知埋藏量20年左右就会用完;铜和钨可消费30年,铅可消费约70年,铁可消费100年。这些数字是令人悲观的,即使说未把未知的埋藏量计算进去,但这些统计学者无疑是强调了危机正在逼近。就是说,状况在大约百年后会落到悲惨的结局,30年后会陷于无可挽回的地步。"①环境的污染与物种的减少:"遭到破坏的不仅是大地,海洋也是同样。"②"海洋的污染也在不断扩大,受污染的鱼虾类往往未经充分的检查就投入市场。而且滥捕乱获,据说很多种属以濒临灭绝的危机。"③森林的破坏:"由于农耕,森林不得不不断地后退,一旦遭到破坏的森林,就再也不可能恢复到原来的样子。"④森林正在减少,空气质量下降、植被状态破坏,水土流失严重。20世纪的自然正面临严重的破坏与生态环境等危机。

另一方面,人类实践活动的主体即人遭到报复。在人类与自然的主客体关系中,作为实践活动的主体,人类在改造客体自然的活动中,虽然不可避免地要按照主体的目的、需要、利益等进行活动,使主体客体化。但实践活动是双向的活动,在主体客体化的同时,也发生着客体主体化的活动,体现为环境的改变和人的改变的一致,因此,当人类的主体性极度膨胀之时,客体被破坏,那么,招致破坏的客体必然也通过客体主体化的方式,影响或改变着人类,使人类的生存与发展打上了招致破坏的客体的缺陷,从而危及人类自身的生存与发展。所以,池田大作一针见血地指出:"随着人类征服自然,进而不断破坏自然,自然界固有的节奏开始紊乱。受到创伤的自然开始向人类进行报复。"⑤例如,由于耕地减少、人口增多引

---

① [日]池田大作、[法]路奈·尤伊古著,卞立强译:《黑夜寻求黎明》,第19页,中国国际广播出版社,2003年版。

② [日]池田大作、[法]路奈·尤伊古著,卞立强译:《黑夜寻求黎明》,第19页,中国国际广播出版社,2003年版。

③ [日]池田大作、[法]路奈·尤伊古著,卞立强译:《黑夜寻求黎明》,第13页,中国国际广播出版社,2003年版。

④ [日]池田大作、[法]路奈·尤伊古著,卞立强译:《黑夜寻求黎明》,第15页,中国国际广播出版社,2003年版。

⑤ [英]汤因比、[日]池田大作著,荀春生等译:《展望二十一世纪——汤因比与池田大作对话录》,第32页,北京:国际文化出版公司,1985年版。

发的粮食的短缺:"在现代,人类的饮食生活已经处于悲惨的状态。首先要提到的是粮食的绝对数量的不足。粮食过剩的只是一部分发达的国家,在很多发展中国家,农业技术要赶上人口的巨增完全是悲观的。……应当知道世界性的饥荒已经在笼罩着人类。"①人类在 20 世纪日益承受着全球性环境问题如:"气候变暖;臭氧层破坏;酸雨蔓延;生物多样性减少;森林锐减;土地荒漠化;大气污染;水体、海洋污染和固体废弃物污染。"②给人类的生存与发展带来的严重的威胁,这种被人类破坏的大自然向人类的报复的负面作用也愈加凸显。

由此,导致在 20 世纪人与自然的关系面临着巨大的危机。池田大作对这一危机的原因作了深刻的揭示:"现代文明之所以走到破坏自然这一步,其根本原因归根结底是如下两条:一个是认为自然界是与人类不同的另一个世界。他们忘记了自然也是保持一定规律的'生命的存在'。尽管与人类生命的形式不同,但在本质上是与人类生命相互关系的。另一个原因,正如博士所指出的,犹太一神教认为人类是最接近神的存在的,所以理所当然地要征服其他生物和自然,使其为人类服务。"③

可以说,"现代的科学文明是以对立关系去处理人和自然界的,它的出发点是为了人的利益要去征服和利用自然",④人类中心主义的价值观和实践行动使得现代的自然和人类的协调关系崩溃,导致 20 世纪人与自然的关系以人类历史上最为凸显的危机方式呈现与警示人类。

第一,人与人的危机

人是社会性的存在物,社会是人类个体生存与发展的空间,它是人们交互作用的产物。"社会不是由个人构成,而是表示这些个人彼此发生的那些联系和关系的总和。"⑤但在 20 世纪,如果说,在构成人生存的首要前提即人与自然的关系方面暴露出巨大的危机的话,那么同样,在构成人生存的主要空间即人与人的关系方面也同样显示出明显冲突的危机。概括池田大作在其著作和对话的思想,这种冲突与危机可以分为几类:

---

① [日]池田大作、[法]路奈·尤伊古著,卞立强译:《黑夜寻求黎明》,第 12 页,中国国际广播出版社,2003 年版。
② 任耐安主编:《环境教育》,第 43 页,上海科技教育出版社,2001 年版。
③ [日]池田大作、[法]路奈·尤伊古著,卞立强译:《黑夜寻求黎明》,第 32—33 页,中国国际广播出版社,2003 年版。
④ [日]池田大作、[法]路奈·尤伊古著,卞立强译:《黑夜寻求黎明》,第 31—32 页,中国国际广播出版社,2003 年版。
⑤ 《马克思恩格斯全集》46 卷上册,第 220 页,人民出版社,1979 年版。

一是直接的暴力。人与人之间的冲突最明显、最严重的方式便是直接的暴力,它以赤裸裸的方式对人的身心造成最直接的伤害。恐怖和战争就是直接暴力的主要形式。由于20世纪是在战争的血与火中拉开的历史帷幕,两次世界大战使人与人相互残杀、无数生灵涂炭、遍地哀鸿。因此,池田大作先生在分析20世纪人与人的危机时,将战争作为直接暴力的一种特殊形式加以重点分析。

从战争的性质而言,"战争是人类暴力和残酷性的一种特殊表现形式。我相信这些坏的冲动,是人的本性生来具有的,是生命本身的一种本质表现。所有生物内部都潜藏着暴力和残酷性。……战争就是有组织按制度地发挥这些暴虐性。在战争中,人与人之间在公共机关——国家政府或内战时的临时政府——的命令下,相互残杀。士兵同没有任何个人冤仇的对手作战,他们多数都是互不相识的。"①

从战争的本质而言,"战争的本质,一直被认为是以武力进行的政治、外交的一种形态。现代的战争及战争准备,当然有政治因素,不过更重要的还是源于经济因素。这似乎已成定论。"②

从战争的欺骗性而言,以国家的名义,在爱国的幌子下为利益之争的战争最具表象的合法性。他揭露"人与人互相厮杀,是兽性的大暴露,而大规模地肆无忌惮地发泄这种兽性的,就是人人皆知的战争。一个人杀另一个人,是最大的犯罪,国家会给予严厉的制裁。可是同样的杀人行为一旦在国家的名义下大规模地进行,等待着的却是勋章,国家还要把他们捧为英雄,这岂不是说大规模地杀人反倒无罪,而杀一两个人却有罪了吗?"③"相反,进行战争的主体却是严禁出于个人动机杀人的国家,并且对国家的犯罪行为还没有建立制裁制度。至今还通行着胜利者即为正义这样极其野蛮的法则。这是一个很大的矛盾。人类几千年来默认了这一谁都无法接受的荒谬逻辑。"④

从战争的危害度而言,以核武力为手段的战争最具危害性,不仅是让人类整体处于灭亡的灭顶之险,而且毁坏人类得以生存的家园地球——人类无以栖身、无家可归。"导致人类毁灭的环境破坏之最恶劣的形态,无疑是核战争。"⑤

---

① [英]汤因比、[日]池田大作著,荀春生等译:《展望二十一世纪——汤因比与池田大作对话录》,第248页,国际文化出版公司,1985年版。
② [英]汤因比、[日]池田大作著,荀春生等译:《展望二十一世纪——汤因比与池田大作对话录》,第229页,国际文化出版公司,1985年版。
③ [日]池田大作:《青春寄语》,第27页,吉林人民出版社,1986年版。
④ [英]汤因比、[日]池田大作著,荀春生等译:《展望二十一世纪——汤因比与池田大作对话录》,第250页,国际文化出版公司,1985年版。
⑤ [日]池田大作、[德]狄尔鲍拉夫:《走向21世纪的人与哲学》,第310页,北京大学出版社,1992年版。

池田大作指出,在如何评价战争之时,他以生命的尊严为尺度,义正词严地呼吁:"要坚决摒弃克劳塞维茨的战争肯定论。战争是绝对的坏东西,是向人的生命尊严的挑战。……现代人经历了太多的战争。我们必须消灭破坏文明、夺走宝贵生命进而招致人类灭绝的可怕的战争。"①

二是结构性的暴力。20世纪除了两次世界大战的战争给人类造成巨大的伤害外,还有世界性的经济危机。因此,池田大作在分析了直接性的暴力外,还提出了结构性的暴力的概念,即贫困和压迫,并对经济压迫做了重点剖析。经济压迫可谓是经济领域的看不见的强者欺负弱者的战争,经济强国以强恃弱,利用经济强势控制市场、掠夺利润,扩大鸿沟,贫富不均。如:"粮食过剩的只是一部分发达的国家,在很多发展中国家,农业技术要赶上人口的剧增完全是悲观的。而且在发达国家,很多人陷于营养过多,其结果是成人病占据死亡原因的上位。现在这样的事实与世界各地都有挣扎在饥饿线上的民族的事实并存。这种不平衡正加快悲惨状态的发展。日本恐怕是最糟糕的例子。它自己放弃了粮食自给自足的责任,把工业等列为重点,认为只要有钱就可以得到粮食,甚至从贫困的国家购买粮食。在这些贫困的国家,粮食实际上并不够,很多人因此成了牺牲品。这也是发达的工业国家在粮食问题上的一种缺德行为。"②

对于20世纪日益加剧的直接性暴力和结构性暴力及其影响,池田大作指出:"遗憾的是,已经拉开帷幕的21世纪,又密布激烈动荡的乌云。不论是恐怖和战争这些直接的暴力,还是贫困和压迫这些结构性的暴力,不能不说20世纪遗留下来的负遗产的'黑暗',仍然非常深沉。""在这样的状况中,不论黑暗多么深沉,最重要是决不能悲观绝望,而要顽强地推进争取和平的努力。在世界面临的各种问题中,无疑最重要的仍然是建立和平。除此以外,人类不可能有其他任何的出路。"③

三是权力的压迫。个体生命是在社会中生存,而社会要存在与发展就必须需要一定的秩序与制度,由之产生权力及权力的掌握者,也易于衍生出权力的压迫与弊端。池田大作认为:"社会需要秩序,维持秩序需要权力。权力表现为对人的统治,强制或压制的力量。因此权力往往成为妨碍人的自由、侵犯人权的'坏东西'。本来权力是为了保护更多的人,因此应当为善良的目的而行使,但由于当权

---

① [英]汤因比、[日]池田大作著,荀春生等译:《展望二十一世纪——汤因比与池田大作对话录》,第230—231页,国际文化出版公司,1985年版。
② [日]池田大作、[法]路奈·尤伊古著,卞立强译:《黑夜寻求黎明》,第12页,中国国际广播出版社,2003年版。
③ [日]池田大作、[法]路奈·尤伊古著,卞立强译:《黑夜寻求黎明》,前言1,中国国际广播出版社,2003年版。

者的心理动机和目的观念的缘故而向坏的方面转化的情况也不少。……所谓'权力的弊病'这句话,原意是说,'权力'有一种本质会强化当权者骄傲自大、贪图名利的思想,使其堕落。而权力的行使又隐藏着侵犯人格,有时会危险到剥夺人的生存这种性质。"①如:"强大的丑恶势力,把弱小的丑恶势力集聚在自己的手下,膨胀为越来越大的丑恶势力,这就是乱用权力的实际情况。"②对此,池田大作认为:"不管什么体制,本来都是以如何为人类幸福作贡献为最高基准的。所以不管什么制度,必须让最大多数人掌握基本的主导权。如果忘记了这一点,使最大多数人放弃了主导权,不管怎样理想的制度,也要变成压迫人的坏体制。"③这其实是权力的异化,也是人的异化,更是人与人冲突与压迫的一种不可忽视的表现形式。正如20世纪另一位思想家弗洛姆所言:"人屈从于权力,无异于拱手放弃丧失了自己的权力,丧失了自己的潜能,也就丧失了运用那种使人成为真正的人的全部能力的权力,人便真正随落。"④

四是个性的丧失。人在社会中生存与发展,必然要适应社会的标准和规则。但在20世纪,由于生产方式的日益机械化,社会生活的制度化等,在技术的压抑下,在机器的奴役下,在制度的束缚下、在市场的同一导向下,人特有的主动性、积极性不再拥有,从而人丧失了同他自身,同其勃勃生机的鲜活生命的联系,异化成社会大机器上的一个或大或小的零件、一个齿轮,蜕变成迎合市场需要的工具,人丧失个性,身心俱疲。池田大作指出:"社会巨大化、复杂化,人人都失去个性,精神枯竭,这种状况在日本,在欧美各国都是同样的。"⑤社会化与个性化的矛盾也日益凸显。不仅如此,"在现代社会,一方面由于社会规模的扩大,另一方面由于生活结构和管理要求合理化这一总的趋向,使人与人之间的关系非个人化了。"⑥同时由于各种利益的竞争,人的自私自利使得人与人之间的关系趋于冷漠与无情。

---

① [英]汤因比、[日]池田大作著,荀春生等译:《展望二十一世纪——汤因比与池田大作对话录》,第260页,国际文化出版公司,1985年版。
② [英]汤因比、[日]池田大作著,荀春生等译:《展望二十一世纪——汤因比与池田大作对话录》,第262页,国际文化出版公司,1985年版。
③ [英]汤因比、[日]池田大作著,荀春生等译:《展望二十一世纪——汤因比与池田大作对话录》,第270页,国际文化出版公司,1985年版。
④ [美]弗洛姆著,关山译:《占有还是生存》,第233页,生活·读书·新知三联书店,1988年版。
⑤ [英]汤因比、[日]池田大作著,荀春生等译:《展望二十一世纪——汤因比与池田大作对话录》,第421页,国际文化出版公司,1985年版。
⑥ [英]汤因比、[日]池田大作著,荀春生等译:《展望二十一世纪——汤因比与池田大作对话录》,第420页,国际文化出版公司,1985年版。

第二,人与自身的精神危机

人不仅是物质性的存在,更是精神性的存在,人与自身追求一种灵与肉的统一、身与心协调的状态,但在20世纪的现代社会,不仅产生了人与自然、人与人的危机,而且在人与自身的心灵秩序领域,人自身出现了巨大的危机,表现在:

一是人的肉体的危机。池田大作指出:"我们经验确认,物质的领域现在已达到极限。而在精神领域,危机也引起了种种颓废。"① 这种精神的危机,从原因分析,第一个层次就是缘于现代社会人的神经系统易于受损。众所周知,人的大脑神经系统是人的精神的物质机体。没有一个健康正常的大脑也难于拥有健康的心理与精神状态。在现代社会由于人类生存的世界的噪声、光、广告等无法躲避和被迫接受所形成的称之为"公害"问题实现通过对人的神经系统的损害进而影响到人的心理,从而引发精神的问题。"广告不停的扇动、照明、霓虹灯、噪声,尤其是汽车等交通的噪声,会以神经系统为媒介,带来种种生理学上的危害,给心脏病、循环器官系统以及心理观点带来危险的紧张。"② 易于造成人们的身体紧张,"由于不安的反动,身体、尤其是神经系统不断地受到压抑,因而自律神经紊乱,心跳加快,体温上升,血压升高。另外还由于化学的不平衡,也影响到血液、尿、葡萄糖及氨质有机物的浓度。这些不断发生的不安,以及为对付这种不安而努力抑制,在发生障碍的时候不断地加强,进一步造成器官的损伤,最后带来性格和心理现象的变化。"③ 导致精神病患者剧增超过了心脏病和癌症患者的人数,自杀现象也频频发生。

二是人的精神的危机。由于人的神经系统受损,必然要影响到人的精神或心理层面问题的出现。"由于是神经系统及其所蒙受的侵害,我们必须要进入更为复杂的问题。……它早已不仅是侵害人的肉体,也不单纯停留于精神身体医学方面的侵害。因为它是存在于人的内部,所以构成了一个问题。"④ 即对于年老者会引起一种厌世观,甚至造成自杀;对于年轻人,则易于采取反抗行动和侵略性的反动;而更多的人则采取了消极逃避,具体分为:

---

① [日]池田大作、[法]路奈·尤伊古著,卞立强译:《黑夜寻求黎明》,第31页,中国国际广播出版社,2003年版。
② [日]池田大作、[法]路奈·尤伊古著,卞立强译:《黑夜寻求黎明》,第33页,中国国际广播出版社,2003年版。
③ [日]池田大作、[法]路奈·尤伊古著,卞立强译:《黑夜寻求黎明》,第35页,中国国际广播出版社,2003年版。
④ [日]池田大作、[法]路奈·尤伊古著,卞立强译:《黑夜寻求黎明》,第34页,中国国际广播出版社,2003年版。

一种是对现代文明的逃避,如旅游的流行:"由于技术文明的发达,人们一到假期,就跑到那些还没有怎么受到侵犯的地方去。"①或考古的风气:"人们还想逃避现代世界去寻求过去的遗物。尤其在法国,年轻人往往为考古学家组成无报酬的作业班。这是对过去时代的非同寻常的关心作为一种新风潮而高涨起来的证明。人们将走向自然,面向非工业的事物。"②

一种是对社会规则与规律的逃避。"嬉皮士运动并不是参与社会,而是一种逃避现象。消费社会的结构是增加个人的收入来促进支出的增多。嬉皮士运动首先包含着有组织地拒绝这种现实生活的因素。嬉皮士们拒绝这样的结构。他们往往穿着好似原始人的服装,把自己与社会区分开来。这种进攻性的与城市习惯的决裂所强调的长途和分离,也是对规则与规律的挑衅性的拒绝。"③

一种是对西方思想的逃避。表现出"对印度的哲学、禁欲和空的哲学有着关心,这种对西方思想的拒绝与否定,对时间和空间都有着深远渊源的东方思想的探讨,否定具体的单纯重视利害关系的行动,以及倾倒于把存在看做是'空'的思想,也都是一种逃避现象。不过,这种逃避一旦走向极端,变成过激,就会逐渐求助于麻药所带来的人为的梦幻。这种日益严重的颓废,不过是放弃和忘却现代世界的一种毁灭性的反动的征兆"。④

坦率而言,不管是自杀、反动或逃避,都无一例外地暴露出20世纪人的精神层面的受损与危机。

三是人的道德的危机。如果说人的肉体与精神的危机尚停留在精神的机体与精神的状态浅表层的话,那么,道德的危机则深入到人的精神的内核部分,是人的价值观出了问题,这对于人的存在与发展的破坏是致命的,具体表现在:

在人与自然的关系上过分强调对自然的征服与利用。在20世纪人类中心主义的思想占据了主导地位,它将人类放在主宰征服自然的位置上,忘记了人类与自然是共生一体的,"在包括生物界和非生物界的大自然之中,存在着肉眼看不见的'生命之线',它像蜘蛛网一样遍布自然,从根本上保证了整体的绝妙调和。即

---

① [日]池田大作、[法]路奈·尤伊古著,卞立强译:《黑夜寻求黎明》,第36页,中国国际广播出版社,2003年版。
② [日]池田大作、[法]路奈·尤伊古著,卞立强译:《黑夜寻求黎明》,第36页,中国国际广播出版社,2003年版。
③ [日]池田大作、[法]路奈·尤伊古著,卞立强译:《黑夜寻求黎明》,第36页,中国国际广播出版社,2003年版。
④ [日]池田大作、[法]路奈·尤伊古著,卞立强译:《黑夜寻求黎明》,第37页,中国国际广播出版社,2003年版。

使是人类,也不过是自然的一部分,人类以其技术伤害了无知觉的自然,也就等于伤害了自己。"① 人类中心主义的价值观将人类的生存处于危险的境遇。

在人与物质的关系上过分强调物质的欲求与满足。诚然人人有各种欲望,人类在满足人的欲求与需要中不断努力与发展,但"而现代文明似乎把各种欲望,尤其是本能的欲望、权力欲和所有欲,从人的生命中无限制地引诱出来,似乎还要增大。欲望的放纵会产生人们之间的对立抗争,导致生命和自然的破坏。这似乎是现代的一个横断面"。② 这种价值观实际上是把人类追求幸福的手段错当成了幸福本身。"人们认为要实现幸福的生活就必须要满足物质的条件,因而倾注全力去满足物质的欲望。我认为截止到今天为止的人类文化的发展,可以说基本上是为了这个目的。理性也可以说是在这种努力追求欲望的过程中发展起来的,并证明了它所具有的效力。可是。现在很多人却把欲望和理性所追求的本来是争取幸福的条件和手段看做是目的。其结果……一方面倒退到动物性的感觉的生命,另一面变成了干瘪的主知主义的俘虏。"③ 由此造成现代人"在物质世界充分优裕的时候,没有构筑一个丰富健康的精神世界。这也许是现代人面临的最大问题"。④

在人与科技的关系上过分看重科技的作用。在人类文明发展的历史进程中,科学技术的诞生是人类自身认识能力发展的产物,是理性主义最强大的支撑,它一经产生便毋庸置疑地成为推动社会发展的巨大动力,改变着人类社会发展的形态与风貌,但科学技术绝不是万能的。而在现代社会,出现了错误对待科学技术的两种典型的偏颇的价值观,一是即是过分看重科学技术的作用,而忽略了人的伦理道德水平的与之同步发展。"人的道德水平,随着技术的进步反而有所降低。这是由于人的愚蠢造成的。人们有一种错觉,以为从技术进步所得的力量,可以代替道德所完成的任务。我认为从这种错觉中解脱出来,是解决人们招致的现代危机的出发点。"⑤ 二是科学技术被恶用。"科学技术是不应该被用于征服和统治包括各种生物在内的自然界这一目的的。科学应该是用来使人类与自然的节奏协调,使其有规律的活动最大限度地发挥作用。这正像人的生命与药物和外科手

---

① [日]池田大作:《人生寄语——池田大作箴言集》,第15页,上海社会科学出版社,1992年版。
② [英]汤因比、[日]池田大作著,荀春生等译:《展望二十一世纪——汤因比与池田大作对话录》,第390页,国际文化出版公司,1985年版。
③ [日]池田大作、[法]路奈·尤伊古著,卞立强译:《黑夜寻求黎明》,第220页,中国国际广播出版社,2003年版。
④ [日]池田大作著,王健译:《佛法·西与东》,第3页,四川人民出版社,1996版。
⑤ [英]汤因比、[日]池田大作著,荀春生等译:《展望二十一世纪——汤因比与池田大作对话录》,第388页,国际文化出版公司,1985年版。

术的关系。为了使人的生命本来具有的治愈力得到有效的发挥,药物和手术的试验都应该是适当的。……只有这样才能防止由人类反叛自然界而产生的灾害,也即人灾。"①

在人的感性与知性的关系上,过分注重知性的作用。"人的本性不懈地要求生命能充分地开花结果,但在现实生活中却再次遭到压抑。这里的问题是在我们内在的世界。我们在那里已经不是完善的人。因为现代文明已经把我们引向限制和削弱这种作用的方向。事实上现代文明已经逐渐地把我们'知性化'了。……但是,要满足我们整个内在生命的需要,单凭这种知性的机能是不够的。因为这种知性机能如果因误用而不恰当地束缚生命的各种辅助机能——特别是感受技能——的开动,就会窒息整个内在生命。知性与感性就如同呼气和吸气那样,由于它们互相配合、取得平衡而形成的。知性的形成是由于在现实与我们之间介入一个可能实行的表象。这种表象就好似可以透视但不能通过的本领板的屏幕。相反,感性的技能则是适应和参与现实世界。而且知性所创设的这种表象虽然能有助于我们利用现实,但会歪曲本来的性质。因为由于要把实际变化的运动的、无限多样化的事物变为可以利用的事物,就必须把它们更改为一成不变的、固定化的简单限制的模式。"②这样,难免使无限多样的世界概念固定化,使丰富多彩的生命单调乏味,不过"生命拒绝固定性与不变性,它是深刻复杂的。生命拒绝下定义,它需要不断地反问自己"。③

可以说,20世纪人类生存与发展所面临的上述诸多危机铸就了20世纪的时代特质,池田大作深刻揭示:"20世纪在本质上是一个发出了警告的世纪,是培养、唤起人类的注意,树立起将新的存在规范和与此相契合的新的全球性的意识,新的生命感觉的准备时代……21世纪又是否能成为一个面对已出现的死亡和破坏危机进行全面性激化的世纪呢?或者能否成为一个道德化净化与精神健全化的时代,亦成为人的复兴的世纪呢?从一个世纪到另一个世纪,只有打开朝向[人的复兴世纪]、[人的世纪]的突破口,此外,是不可能有效地开发出[20世纪的精神教训]的道路的,这又是赋予我们时代的一个崇高的、不可回避的责任。"④由此,池田

---

① [英]汤因比、[日]池田大作著,荀春生等译:《展望二十一世纪——汤因比与池田大作对话录》,第39页,国际文化出版公司,1985年版。
② [日]池田大作、[法]路奈·尤伊古著,卞立强译:《黑夜寻求黎明》,第45—46页,中国国际广播出版社,2003年版。
③ [日]池田大作、[法]路奈·尤伊古著,卞立强译:《黑夜寻求黎明》,第46页,中国国际广播出版社,2003年版。
④ [俄]戈尔巴乔夫、[日]池田大作著,孙立川译:《二十世纪的精神教训》,第465页,天地图书有限公司,2004年版。

大作为了人性的革命与人类的复兴,积极探索了21世纪生命的重建之道路。

二、21世纪人的生命重建之道路

池田大作先生认为20世纪人的存在与发展的危机的原因,归根到底是由于人本身的错误所致,"现代人类生存的危机是自己招致的。因此,解决这个危机的钥匙也掌握在人类自己手中。"①那么,人类自己如何能够走出20世纪的危机与困境,走向21世纪人的复兴呢?池田大作先生以其自身的思考,力图为人类指点迷津。具体来说:

第一,以人性的革命为途径

20世纪人的存在的危机虽然表现为多种纬度与不同方式,但最终根源皆在于人的道德与价值观出现问题,是人自身的错误所致。因此,21世纪人类要想实现人类的复兴,在池田大作看来,最关键最迫在眉睫的事情就是必须进行"人性的革命"。

"人性的革命"其实质就是人的精神的革命。这种精神革命就是要确立正确的生命观,明确人生的意义与价值。"所谓人性革命就是确立人生的目的观,并努力自我完成。人性革命不仅要确立现实的、眼前的目的观,更要注重永远的生命观,确立坚定不动摇的生命观。"②这种"精神革命,已成为人类福利所不可或缺的东西了。人是不能只靠体制和技术革命而获得幸福的。我们也都在呼吁人类革命的必要性,不管怎样,除了从根本上改革人的精神、人的生命以外,是没有解决的途径的"。③

"人性的革命"其途径就是进行人的内在的革命。以池田大作所见,"人类现在面临的危机,不是来自外部。打个比喻说,从地平线彼方刮来的龙卷风并没有直冲我们居住的房子,而是居住在家里的人们互相争权夺利,抢夺家具,掀下天花板,翘起地板,砍断柱子,简直就要把这家毁掉。"④换句话说,人类所面临的危机的根源就在于人的内部的恶,即人的自私自利,是人们为了出自私利而引发的冲突与斗争所致。"[恶就在于内部],[敌人就在于自己的内部]——这不正是击中20

---

① [英]汤因比、[日]池田大作著,荀春生等译:《展望二十一世纪——汤因比与池田大作对话录》,第390页,国际文化出版公司,1985年版。
② 创价学会教学部:《新版佛教哲学大辞典》,第1384页,圣教新闻社1986年版。
③ [英]汤因比、[日]池田大作著,荀春生等译:《展望二十一世纪——汤因比与池田大作对话录》,第117页,国际文化出版公司,1985年版。
④ [日]池田大作、[法]路奈·尤伊古著,卞立强译:《黑夜寻求黎明》,序11,中国国际广播出版社,2003年版。

世纪的种种难题的核心吗?"①显然池田大作这种"恶在人的本身"的思想其实就是古往今来一直存在的人性有恶的沿袭,只不过他借用了佛教的思想为依据,他指出:"佛教也提倡一切恶的根源在于自己心中的[无明]里,只有渡过这一关,换句话说,把[无明]转为[明],这就是为解决人生一切问题的根本。"②在此思想基础上,池田大作看来:"只有当产生了人类内在的变革,才可能找到防止灾害的方法吧。"③认为"要消除对于人类生存的威胁,只有通过每一个人的内心的革命性变革",④并且明确指出21世纪是"谋求把人的视线转移到内在去,把[内]在课题的解决置于第一义之上,从而转变为由[内]向[外]的构思的必要时期了"。⑤

  人性的革命其要旨就是进行善的革命,"要想克服恶的生命,就必须加强善的生命。我们称其为'人性革命'。"⑥池田大作抨击了人的极端的自私自利的危害,指出:"由于利害的对立和感情上的龃龉,彼此互相憎恨,设法弄到杀死对方的武器,有些人已有了武器,其破坏力足以把这个家化为灰烬。在这个狭窄的、不结实的建筑物中,他们抱着烈性炸弹互相进行威胁,那样子只能说是发疯。"⑦他认为:"要改善这种状态,显然需要做些什么。这个家的外面是荒漠的死的世界,所以想逃出去是没有意义的。要想在这个家里和睦幸福地生活下去,只有每个人都从根本上改变思考方式和生活态度。不应当互相争权夺利,而是每个人都提供自己的劳动,使这个家住起来更舒服、更安全;不是互相憎恨,而应当是互相爱护、互相帮助。"⑧而"所谓和平是相互之间不加任何恐怖于对方、相互衷心信赖,相互爱护的一种状态。这样的和平状态才是人类社会的正常状态。唯有这样才可以称之为

---

① [俄]戈尔巴乔夫、[日]池田大作著,孙立川译:《二十世纪的精神教训》,第391页,天地图书有限公司,2004年版。
② [俄]戈尔巴乔夫、[日]池田大作著,孙立川译:《二十世纪的精神教训》,第391页,天地图书有限公司,2004年版。
③ [英]汤因比、[日]池田大作著,荀春生等译:《展望二十一世纪——汤因比与池田大作对话录》,第38页,国际文化出版公司,1985年版。
④ [英]汤因比、[日]池田大作著,荀春生等译:《展望二十一世纪——汤因比与池田大作对话录》,第59页,国际文化出版公司,1985年版。
⑤ [俄]戈尔巴乔夫、[日]池田大作著,孙立川译:《二十世纪的精神教训》,第391页,天地图书有限公司,2004年版。
⑥ [日]池田大作、[德]狄尔鲍拉夫:《走向21世纪的人与哲学》,第100页,北京大学出版社,1992年版。
⑦ [日]池田大作、[法]路奈·尤伊古著,卞立强译:《黑夜寻求黎明》,序11,中国国际广播出版社,2003年版。
⑧ [日]池田大作、[法]路奈·尤伊古著,卞立强译:《黑夜寻求黎明》,序12,中国国际广播出版社,2003年版。

人类社会"。①

显然,"人性的革命"在池田大作的人学思想中占有十分重要的位置,把它看成是突破20世纪人的存在的危机,迎来21世纪人性的复兴的唯一途径。

第二,以生命的尊严为价值

人性的革命的实现必须进行内在的革命,而这种内在的革命的基石就是人的生命本身,生命的尊严就是人的至高无上的价值。池田大作先生把"即将来临的世纪(指21世纪)定为[生命的世纪]"。② 如果说20世纪是人的生命受损的时代的话,那么21世纪就是人的生命重建与复兴的世纪,生命的概念之所以成为当今时代的核心概念,它是建立在对近现代人类社会发展的反思、对20世纪人的存在的危机深刻剖析、对人类行为众多的价值观的理性审思与批判总结的基础上的。

"生命"的存在是人最宝贵的。因为"人的生命是没有什么东西可以代替的"。③ 这是一种"生命至上的意识,是从生存本能中产生出来的观念。在这种意识中,佛教认为生命具有至高无上的尊严性,因为对所有生物来说,最宝贵的就是生命,因此,剥夺生命就是犯有重罪"。④ "从这一意义上说,人要真正像人一样生活,首先必须承认自己的基点——生命的存在这一大前途,并把立脚点放在这里。"⑤"它决定了人类的这种本质性的客观存在——放在第一位的观点,是把生命看做没有等价物的、至高无上的观点。"⑥

"生命"的尊严是人的最高价值。因为它是人的所有行动的价值依据。"作为人类行动基准的价值体系是多种多样的。比如说,有人主张一切价值是个人爱好的问题。也有人从社会体制中产生的价值基准——财产、社会地位、娱乐等价值——作为行动的规范。还有人根据施韦泽所说的'对生命的敬畏'这一概念,主张应该把克服贪欲、爱、求知欲作为基准。我和施韦泽的想法有共同之处,必须把生命的尊严看做为最高价值,并作为普遍的价值基准。就是说,生命是尊严的,比

---

① [英]汤因比、[日]池田大作著,荀春生等译:《展望二十一世纪——汤因比与池田大作对话录》,第250页,国际文化出版公司,1985年版。
② [俄]戈尔巴乔夫、[日]池田大作著,孙立川译:《二十世纪的精神教训》,第421页,天地图书有限公司,2004年版。
③ [英]汤因比、[日]池田大作著,荀春生等译:《展望二十一世纪——汤因比与池田大作对话录》,第431页,国际文化出版公司,1985年版。
④ [日]池田大作、[英]B.威尔逊:《社会变迁下的宗教角色》,第97页,香港:三联书店有限公司,1995年版。
⑤ [日]池田大作著,卞立强编选:《池田大作选集》,第90页,北京大学出版社,1988年版。
⑥ [英]汤因比、[日]池田大作著,荀春生等译:《展望二十一世纪——汤因比与池田大作对话录》,第150页,国际文化出版公司,1985年版。

它再高贵的价值是没有的。宗教也好,社会也好,以及设置比它更高的价值,最终会招致对人性的压迫。"①由此,池田大作强调:"[人的生命]本身就是一种目的,绝对不可将之变成手段。正是树立了这样一种生命的尊严观,因此才可以作为面向21世纪的最重要的命题。"②

"生命"的视野是全人类的共同的视野。"在时间上,在世界史的观点,在空间上,以全人类的视野,来思考人们的思想和行为,探寻人类的共同的精神之路,我认为,'生命'就可以作为全人类的共同的视野。"③因为在21世纪这一全球化的时代,只有生命才可以超越不同国家、民族与个人利益的狭窄视野,只有生命才是平等与唯一。"人是生命的存在,乃是超越任何社会、国家和民族的具有普遍性和绝对性的事实。"④

对池田大作的生命观,历史学家汤因比给予高度评价:"池田会长把21世纪确定为[生命的世纪]的倡言,我认为,它所意味着的也就是在人的生命上超出了至今为止所关注的焦点,是一个非常重视人的幸福与健康的时代。我所期盼的21世纪是一个在分子生物学的发达时代里超越了现代以上的、在关于生命的实体问题中能够得到详细的理解的时代。因而,我觉得21世纪确定为[生命的世纪]的想法是一个非常了不得的想法。"⑤

第三,以宗教的爱为原则

既然人性的革命是20世纪生命重建的途径,而这种内在的革命就是要消除人性的贪欲与由此衍生的自私自利的恶,那么,以池田大作之见,宗教的作用就显得十分重要,"无论个人还是集体,只有宗教才能改变人类的心灵,使其克服人类本性机能中的自我。"⑥就21世纪生命的重建而言,自己宗教的作用则在于:

宗教的"终极存在"保证人们对生命存在的敬畏。宗教与道德的关系是渊源已久,其根本的联结点则在于宗教以其神圣性、绝对性与超验性保证道德命令的绝对性或无条件性。所以,池田大作指出:"人对超越自己智慧的一些现在持谦虚

---

① [英]汤因比、[日]池田大作著,荀春生等译:《展望二十一世纪——汤因比与池田大作对话录》,第428页,国际文化出版公司,1985年版。
② [俄]戈尔巴乔夫、[日]池田大作著,孙立川译:《二十世纪的精神教训》,第421页,天地图书有限公司,2004年版。
③ [日]池田大作著,王健译:《佛法·西与东》,第4页,四川人民出版社,1996版。
④ [日]池田大作著,卞立强编选:《池田大作选集》,第90页,北京大学出版社,1988年版。
⑤ [英]汤因比、[日]池田大作著,荀春生等译:《展望二十一世纪——汤因比与池田大作对话录》,第421页,国际文化出版公司,1985年版。
⑥ [英]汤因比、[日]池田大作著,荀春生等译:《展望二十一世纪——汤因比与池田大作对话录》,第40页,国际文化出版公司,1985年版。

态度,使人的伦理行为成为可能。对终极的存在的敬畏之心就是宗教。"①而且,"自古以来宗教奠定了伦理意识的基础。当然,对于民族和社会来说,今天既有保留浓厚意识的宗教色彩、以上帝的教喻规定伦理的情形,也有宗教性几乎完全被取消的情形,千差万别。但是,即使在看起来与宗教毫无关系的情况下,若追溯其起源,则势必触及宗教,或者发现传授伦理的人被神圣化的事实。"②对于人来说,"宗教可以使人认识到人类虽然有卓绝的巨大能力,但也仍然不过是自然界的一部分,而且人类如果想使自然正常地存续下去,自身也要在必需的自然环境中生存下去的话,归根结底必须得和自然共存。"③

宗教的"大一体"思想促使人们生命平等的形成。池田大作先生从佛法入手,认为:"'大我'就是宇宙生命本身。佛法生命观的终极,就是我们个人的生命在其深处和宇宙生命成为一体。……佛法认为作为克服的主体——自我,和'大我'是同一个东西。因此开悟时,自我不单纯是'大我'的一个片断,它就是'大我'本身。但是,这当然是'佛界'这个终极的开悟,是内心的自觉,在行动上仍不失为'大我'的一部分。所以自我的生存方式,如博士所说,必须经常把自己献身于宇宙。我想宗教的真正认为是给人以克服欲望的力量和勇气,是开发'人性'。这种宗教使人感知到存在于人内部深处的生命这一存在,进而必须使人具有把它以及宇宙生命相融合的力量。"④而对于21世纪而言,人们应该具有世界一体的理念,"对现代人来说,生活的基础已经扩展到世界规模,像过去那样把人的生存基础禁锢在国家这一有限的框框里,并且相信这是人类生存不可缺少的因素,那样的时代已经完全不同了,在现代,所谓自己生存的国土,也可以说那就意味着世界。"⑤所以人类必须超越过去的狭隘的视角,转换成宇宙一体的眼光;必须克服小我的自私自利,转换为奉献宇宙的精神;必须从功利的目的,转化为生命发展的目标,对所有的生命秉持平等与共生共长,生命才会蓬勃兴起与发展。

宗教的"爱"提高人们生命尊严的葆有。池田大作先生认为:"以此'法'为基

---

① [英]汤因比、[日]池田大作著,荀春生等译:《展望二十一世纪——汤因比与池田大作对话录》,第405页,国际文化出版公司,1985年版。
② [日]池田大作、[德]狄尔鲍拉夫:《走向21世纪的人与哲学》,第117页,北京大学出版社,1992年版。
③ [英]汤因比、[日]池田大作著,荀春生等译:《展望二十一世纪——汤因比与池田大作对话录》,第40页,国际文化出版公司,1985年版。
④ [英]汤因比、[日]池田大作著,荀春生等译:《展望二十一世纪——汤因比与池田大作对话录》,第399页,国际文化出版公司,1985年版。
⑤ [英]汤因比、[日]池田大作著,荀春生等译:《展望二十一世纪——汤因比与池田大作对话录》,第227页,国际文化出版公司,1985年版。

础的宇宙运行,其本身就是建立在万物调和并使其保持下去的慈悲或者叫爱。人发展以自我为中心,就要大乱这种调和。相反,追求存在于宇宙内部的'法',就是顺从宇宙的调和。"① 而这种遵从宇宙运行之法则,促成万物调和与共生的爱恰恰就是现代人所缺少的,"现代社会最缺少什么？我想是深刻的'人类之爱'。但是,不管怎样强调'爱'的珍贵,只是强调是不够的。现实中,在其深处却往往隐藏着'憎恨',或者戴着'爱'的假面具的利己主义,在那里徘徊着。"② 因此,池田大作强调爱必须付诸实践,"如同缺乏爱的慈悲就失去本来高尚意义一样,不付诸实践的、观念上的爱,不也就是毫无意义的东西了吗？"③ 而"对爱赋予实践性意义,正是佛法所说的'慈悲'这一概念。佛法上,'慈悲'就是'拔苦与乐'的意思。……这样的'同苦',无论对爱也好,对慈悲也好,都是最基本的前提。我想有了这种'同苦'的根基,才可能建立起人类的集体连带关系"。④ 因为"爱的产生,除了深刻理解自己的生命,理解宇宙的生命外,没有别的办法。有了对自己生命的深刻理解,才能产生对其他生命的理解和尊重"。⑤

不难看出,池田大作的思想受佛法思想的影响很深,同时他也看到在当今的时代普遍的爱的重要性,"从国际角度看,到处都在泛滥着自我和狭隘的偏见,以及由此而产生的互不了解。在这种情况下,我完全赞成博士所说的墨子的主张,即普遍的爱。这种就是最切合时宜。"⑥ 并指出"对全人类普遍的爱是不会为偏见狭隘的爱所束缚的。所以不立足于普遍的爱即偏见与狭隘的爱,大概其本身就不会是真正的爱"。⑦ 对此,汤因比先生也持相同的看法,认为,"随着历史的发展,人类进入现代以来,这一'天下万物'已经扩大到包括整个地球和全人类的规模……爱自己不熟悉的他人,把普遍的爱落实到行动上,并满足这种伦理上的困难要求,

---

① [英]汤因比、[日]池田大作著,荀春生等译：《展望二十一世纪——汤因比与池田大作对话录》,第406页,国际文化出版公司,1985年版。

② [英]汤因比、[日]池田大作著,荀春生等译：《展望二十一世纪——汤因比与池田大作对话录》,第417页,北京:国际文化出版公司,1985年版。

③ [英]汤因比、[日]池田大作著,荀春生等译：《展望二十一世纪——汤因比与池田大作对话录》,第419页,国际文化出版公司,1985年版。

④ [英]汤因比、[日]池田大作著,荀春生等译：《展望二十一世纪——汤因比与池田大作对话录》,第419页,国际文化出版公司,1985年版。

⑤ [英]汤因比、[日]池田大作著,荀春生等译：《展望二十一世纪——汤因比与池田大作对话录》,第425页,国际文化出版公司,1985年版。

⑥ [英]汤因比、[日]池田大作著,荀春生等译：《展望二十一世纪——汤因比与池田大作对话录》,第425页,国际文化出版公司,1985年版。

⑦ [英]汤因比、[日]池田大作著,荀春生等译：《展望二十一世纪——汤因比与池田大作对话录》,第427页,国际文化出版公司,1985年版。

那才是现代的绝对要求。"①

第四,以教育的传播为手段

20世纪人的生命复兴的思想与理念,要想为人们普遍接受与认同,必须经过教育的熏陶与养成。但现代教育存在的过于功利主义的倾向却窒息着生命的发展,导致人的尊严的丧失。

教育应该阐明生命的意义和人生该如何度过。池田大作对汤因比先生所主张的"教育的正确目的,归根结底是宗教现在的东西,不能只图利益。教育应该是一种探索,使人理解人生的意义和目的,找到正确的生活方式的"②的思想非常赞同,指出"博士认为学问、教育的本质不是以谋实利为动机,而是要寻求与存在于宇宙背后的'精神存在'之间的心灵交流。我也认为,学问和教育本来的意义非常接近某种意义上的宗教性质的东西。教育的根本课题是在于说明和回答人类应当怎样存在,人生应该怎样度过这些人类最重要的问题。"③

教育应该反对功利主义倾向和注重人的健康发展。池田大作认为:"就教育来说,确实可以从中得到很大的实利效果。但这种光是作为结果而自然形成的,光是把实利作为动机和目的,这不是教育应有的状况。在现代技术文明的社会中,不能不令人感到教育以成了实利的下贱女,成了追逐欲望的工具。"④"现代教育陷入了功利主义,这是可悲的事情。这种风气带来了两个弊病,一个是学问成了政治和经济的工具,失掉了本来应有的主动性,因而也失去了尊严性。另一个是认为唯有实利的知识和技术才有价值,所以做这种学问的人都成了知识和技术的奴隶。""由此产生的结果是人类尊严的丧失。我觉得,像这种人为知识和技术服务,受政治和经济操纵的学问和教育,无论如何要恢复其原来的宗旨,即学问本来是为了阐明人类的基本生存和存在的根本,而教育则是要把这种学问传播开去。"⑤

只有让普罗大众广泛接受以人为本、生命为重、共生与慈爱的新的价值观,人性的革命才有了实现的可能。

---

① [英]汤因比、[日]池田大作著,荀春生等译:《展望二十一世纪——汤因比与池田大作对话录》,第426页,国际文化出版公司,1985年版。
② [英]汤因比、[日]池田大作著,荀春生等译:《展望二十一世纪——汤因比与池田大作对话录》,第60页,国际文化出版公司,1985年版。
③ [英]汤因比、[日]池田大作著,荀春生等译:《展望二十一世纪——汤因比与池田大作对话录》,第60页,国际文化出版公司,1985年版。
④ [英]汤因比、[日]池田大作著,荀春生等译:《展望二十一世纪——汤因比与池田大作对话录》,第60页,国际文化出版公司,1985年版。
⑤ [英]汤因比、[日]池田大作著,荀春生等译:《展望二十一世纪——汤因比与池田大作对话录》,第62页,国际文化出版公司,1985年版。

第五，以世界的调和为目标

人性的革命所致力的是克服20世纪人的存在的诸多危机,因此,21世纪人的复兴与生命的重建则是力图达成人与自然、人与人、人与自身的和谐。这是人类追求与达致的境界与理想。

"调和"是世界和谐实现的根本。正如和池田大作合著《黑夜追求黎明》一书的尤伊古所言:"调和是穹隆的楔石。没有它,任何人都不可能在时间的长河中实现自己。对于人来说,在其精神内部以及在其与外界关系方面,调和同样都是根本。人在其精神内部必须保持调和,使其所具有的各种可能性和能力不致受到丝毫窒息;在其与外部世界的关系方面,也必须同环境——即本质上称之为自然的我们所处的世界——之间建立调和。不幸的是现代文明并没有意识到这一点。现代的文明早已只有它自己在争取的那种部分的片面的未来理想。因为现代文明过于执著于直接的狭隘的功利性。"①对于尤伊古的思想,池田大作非常赞同,认为,"调和必然要支配人与自然的关系,它成为生命体的基础,作为其必然的结果,也成为生命的最高表现——我们心灵结构的基础。"②并且进一步补充应该从佛教所强调人的尊严性,强调使人与宇宙融合为一的调和原理以克服现代文明对人的存在造成的危机。"如果宇宙、自然的'五大'产生不调和,构成人的'五大'也会产生不调和,并会带来人类的灭亡。"③

"调和"是生命的法则。池田大作根据现代生物物理学发展揭示的生命秩序形成的机制,得出"生体内部构成因素相互协作而形成动的秩序的关系,可以说是有生命的生物的特征。……动的秩序在物质不停流动的活力中进行调和的律动。而这种律动随着向高阶段上升,会进一步扩大和增幅,出现自由度很大的振幅。不过,在这种大振幅中也必须贯穿高度的调和秩序。如果不能保持经受住这种大振幅的调和秩序,这个生命体恐怕只有毁灭。这种调和的律动产生混乱、遭到破坏,就会产生疾病。听说西方古代的医学也是怎么认为的。东方医学也是以生命体中的调和这一概念作为基本"。④池田大作指出人是生命中的一个物种,当然也

---

① [日]池田大作、[法]路奈·尤伊古著,卞立强译:《黑夜寻求黎明》,第195页,中国国际广播出版社,2003年版。

② [日]池田大作、[法]路奈·尤伊古著,卞立强译:《黑夜寻求黎明》,第217页,中国国际广播出版社,2003年版。

③ [日]池田大作、[法]路奈·尤伊古著,卞立强译:《黑夜寻求黎明》,第197页,中国国际广播出版社,2003年版。

④ [日]池田大作、[法]路奈·尤伊古著,卞立强译:《黑夜寻求黎明》,第213页,中国国际广播出版社,2003年版。

要遵循生命普遍共依的调和法则,只不过人是有意识的特殊的存在,"人可以通过自己的意志和固有的力量,主动地认识和掌握生命的原理,把充满了调和、活力和生命力的自我显示出来。"①

"调和"是心灵世界的法则。池田大作赞同尤伊古的看法:"调和必然要支配人与自然的关系,它成为生命体的基础,作为其必然的结果,也成为生命的最高表现——我们心灵结构的基础。歌德在其《亲和力》中运用调和的连续性来解释人性,扼要地作了这样的概括:'同自己及世界调和就会自觉。'因而在心灵世界恢复调和,将是日益显得必要的人的革命的关键。"②并根据佛教的思想,指出生命的哲理就是"空谛"、"假谛"、"中谛"三个方面的完全融合与统一,"空谛是生命所具有的智慧的作用,如花儿开放、人说话——通过这些行为所表现出来的存在本身的活力,就是空谛的一面。所谓假谛,是从'一切生命体暂时和睦存在'的观点,把这些生命体本身看作是有调和性的一面。另外,所谓中谛,是一切存在的根本,是支持、规制和使其得以存在的生命本身。……所以生命是有这三个方面,这三个方面保持完全的融合,仅从一方面来理解生命是不可能的。"③

总之,"调和"既是人性的革命所要求的,也是生命的重建所追求的目标。尽管实现这一目标有许多困难与险阻,但池田大作为了人性的复兴,愿意为之付出所有。"愈是黑暗,黎明就愈逼近。同理,世纪末的混乱越是严重,也许未来世纪的希望的彩虹就越加逼近。不,应该有这样的决心,为向着[人本主义]、[生命第一主义]的时代奋进,我们必须集合起大智慧。——我发誓,直至我生命的终点都将永远高呼这正义的主张。"④

---

① [日]池田大作、[法]路奈·尤伊古著,卞立强译:《黑夜寻求黎明》,第215—216页,中国国际广播出版社,2003年版。
② [日]池田大作、[法]路奈·尤伊古著,卞立强译:《黑夜寻求黎明》,第217页,中国国际广播出版社,2003年版。
③ [日]池田大作、[法]路奈·尤伊古著,卞立强译:《黑夜寻求黎明》,第214—215页,中国国际广播出版社,2003年版。
④ [俄]戈尔巴乔夫、[日]池田大作著,孙立川译:《二十世纪的精神教训》,第466页,天地图书有限公司,2004年版。

第五章　池田大作生命哲学基础

"尊重生命"是池田先生思想的核心与出发点，为我们指明了人的意义何在、人应该怎样生活等根本性的问题，他以"佛法即生命"的佛法生命哲学为理论根基，阐发出生命伦理思想，进一步通过教育把其生命哲学与生命伦理思想应用于现代社会，由尊崇《法华经》的"人人皆可成佛"教义而"致力于在佛教的悠久历史中探求其现实的理念和思想"，对当代人类面临的"地球问题群"，从佛法角度提出了根本解决路径，并从根本上揭示出当前比较流行的"功利主义教育"方式的本末倒置，提出以生命为核心的适应于现代社会的人本教育思想和方式。

一、生命哲学——"佛即生命"

池田先生以大乘佛教经典之一《法华经》为基础，继承了创价学会第一代会长牧口常三郎的"价值论"和第二代会长户田城圣的"生命论"，融汇了各种生命哲学，形成了自己独具特色的以佛法为依托，以现世关怀为指向，以身体力行为宗旨的"生命哲学"思想。池田认为，"在某种意义上，佛典讲的都是生命论。"①其中，所有的佛典都只是对宇宙和生命作了部分阐释，或者只讲生命的某些"片断"，而只有《法华经》阐明了完整的生命观和宇宙观。②特别是继承《法华经》智慧的日莲大圣人的佛法，本身就是生命哲学，池田认为，在今天，只有创价学会继承与发展了这种生命哲学，他以深厚的佛法为基础对生命的起源、生命的本质、生命意义以及生命本有的存在形态做出了全新的阐释。

（一）生命观的理论基础

适宜于现代社会的生命观的探讨集中在《法华经》的《方便品》和《寿量品》之中，其中，生命理论主要建基于"十界互具"、"一念三千"以及"诸法实相"的理论。

第一，"十界互具"

"十界互具"与"一念三千"是天台宗大师智顗提出的理论，他把众生分为十界，又叫六凡四圣，根据由低到高的秩序，分别为地狱、饿鬼、畜生、阿修罗、人间、天堂、声闻、缘觉、菩萨、佛界。

"十界互具"就是十界互相包含、互相具有、互相转化的意思。根据"十界互

---

① [日]池田大作等：《法华经的智慧》，第23页，明报出版社有限公司，1997年版。
② 参见[日]池田大作著，卞立强译：《佛法与宇宙》，第37—38页，经济日报出版社，1997年版。

具"理论,池田先生解释了人类的存在,论证了他的佛教生命观,并据此提出了人类解放的原则。他认为,十法界既是一种主观感受,同时也是一种客观标准,能够使人们认识到自己处在哪种境界,以及如何到达生命的完满境界,但是,佛教的真义并不是为了划分出从地狱到人到佛陀的十界,重要的是"互具哲学"。据此,人界作为十界中的一界,同时包含其他十界的存在状态,也可以说,这十种状态就是从人类切实的经验中抽象出来的存在状态,它们内在于个人的自我之中,构成每个人的生命基础,正是在这十种不同的基础之上,才建立起了不同的人格,每个人的自我人格中都有这样十种存在状态,但是现实生活中众多的人只是迷失在三恶道或六凡界的人格基础之中,往往忽略了菩萨与佛陀等最高的人格境界。在前三界中,人的自我以本能的欲望为生命的基础,人们就像动物一样沉迷于肉体或本能之中,"人界"是一种自身能够保持心理上的宁静,而且也能与外界和谐圆融的境界,在这里人能够作为人而生存,声闻与缘觉界则是超越六凡的中介,人们经过这一中介便可到达菩萨界,在菩萨界,人格的基础是"慈悲",其本质是利他的,以拯救他人出苦海为最终目的,而基于佛界基础上的人格,能够超越自我,拥有纯净、充沛的生命力,并能引起整个世界内部生命的变化,引导人们达到佛的境界,这也是拯救人类危机最根本的途径。

由此,每一界都包含他界,每一个生命体都包蕴着其他的生命体,彼此包容,圆融一体,人也只有通过修行实践展现出内在具有的佛性,把生命建立在佛的基础之上,这样十界中每一种生存状态以及外部世界对人的影响,都能转化成刺激自我发展的因素,而一个人同时也在汲取宇宙的生命力,获得自身的改变,并进而影响整个世界,达到人类完善自身、解放自身的目的。

第二,"诸法实相"与"一念三千"

"所谓'诸法实相',可说是'一切现象原本真实的姿态'。"① 其中,"诸法"就是十界的正报(主体)与依报(环境),亦即是一切众生及其环境,指森罗万象、一切事物、现象。"实相"是指原原本本的真实姿态,有"十如实相"。每一个事物和现象都是"诸法"之一,人同样如此,每个人或者每个生命,都依着十如是原则生存。十界的各个境界,都有对应其境界的十如是,除了佛界之外的九界中的任何众生都具有佛界。而且"十界又各具十界(十界互具),百界又各具十如是(百界千如),表现出不可思议的实相"。② 可以说,世界上各种事物的存在,都有自己的真实姿态,"十界"之中的各个境界,都有相对应于自己的原本姿态,地狱界有地狱界的十如,

---

① [日]池田大作:《法华经的幸福生命观》,第97页,香港:商务印书馆有限公司2000年版。
② [日]池田大作:《法华经的幸福生命观》,第106页,香港:商务印书馆有限公司2000年版。

人界有人界的十如,进而,"十界"中的每一界又有自己的"十界",而这百界就具有了千如是,这样,整个世界就展现出一种互相具有、互相包含、"你中有我,我中有你"的"不可思议"的原本姿态。而且,"就诸法与实相的关系来说,两者永远是一体,不离诸法才得见实相,实相须作为诸法才存在,正确地看清此事的就是佛眼。诸法实相绝非各自存在的。"①在池田看来,诸法与实相的关系有如波浪与海的关系,波浪由海上产生,离不开大海。因此,佛见到"诸法",就能明了其"实相"。佛观看人们的姿态,便可知道这个人的境涯,知晓他本来就是佛。能看清一切事物本质的,可以说就是诸法实相的智慧了。② 据此,我们可以认为,每一界都包含有佛界,也就是,不管身处"十界"中的何界,只要关照到自身的原本"实相",就能够成佛。我们作为人界,关照到自身的"十如实相"就是成佛。

关于"一念三千"的理论。天台宗创始者智𫖮大师在《摩诃止观》中说:夫一心具十法界,一法界又具十法界,百法界,一界具三十种世间,百法界即具三千种世间。此三千在一念心。若无心而已,介尔有心,即具三千。亦不言一心在前,一切法在后,亦不言一切法在前,一心在后。……若从一心生一切法者,此则是纵。若心一时念一切法者,此即是横。纵亦不可,横亦不可。祇心是一切法,一切法是心故。非纵非横,非一非异,玄妙深绝,非识所识,非言所言,所以称为不可思议境,意在于此。这里,"三千",即"十法界","十法界"互具成百法界;"十如是",是指每一法界都不外乎十如是法(相、性、体、力、作、因、缘、果、报、本末究竟等),如是即如实,从十个方面描述诸法实相;再配以"三种世间"(众生世间、国土世间、五阴世间),而构成三千的内容,此"三千"也即天台宗对宇宙的总称。"一念三千",是指人的当前一念心,就具有三千种法的内容,从而也就显现出宇宙的全体。一般来说,百界乘以十如是,即成一千,再配合五阴、友情、国土"三世用",即是"三千性相",都具足于一念之中。由此,起一念必落一界,起一念就是一个受生之因,超越世间的四圣法界也从一念相应而起。一念即三千,三千即一念。在池田看来,"以一念三千来说,一念是实相,三千是诸法。"③也就是说,一念即可成佛,一切都可"因一念心而改变","所谓一念三千的信仰,可说是深信自己一人的力量能改变一切,正是'一人起立'的信心。"④只要有慈悲的一念,就能将不幸和分裂的现实世

---

① [日]池田大作:《法华经的幸福生命观》,第101页,香港:商务印书馆有限公司,2000年版。
② [日]参见池田大作:《法华经的幸福生命观》,第100页,香港:商务印书馆有限公司,2000年版。
③ [日]池田大作:《法华经的幸福生命观》,第104页,香港:商务印书馆有限公司,2000年版。
④ [日]池田大作等:《法华经的智慧》,第188页,明报出版社有限公司,1997年版。

界,如实知见为"一念三千"的"佛世界",凡夫的一念里也同样同时具足本因、本果,只要一念改变,一切就从根本改变。

总之,根据"十界互具"与"诸法实相"理论以及"一念三千"的法门,池田打破了释尊成佛的"始成正觉"而确立了"久远成佛"的立场,认为佛、九界众生是常住不灭的,一念即可成佛,一念即是"实相"。

(二)缘起论——生命的起源

缘起论,即阐释宇宙万法皆由因缘所生起之相状及其原由等教理之论说,是佛教与其他宗教或古今任何哲学流派相区别的根本特征,是佛教解释世界、生命和各种现象产生根源的根本法理。"缘"是条件、因素的意思,"缘起"意即一切存在的事物都是"因缘而起",也就是说,事物是因某种条件、机缘而发起、产生的,一切事物都是无数的"因"和"条件"在相互发生关系的过程中所表现出来的结果,此来解释生命的产生,可以理解为,生命的发生是由于地球上具备了"缘"(使生命产生的一切因素和条件)而"起"的。根据"缘起"显现的万物相互依存、相互联系的状态,池田进一步提出"大宇宙"和"小宇宙"概念,"佛法所谓'缘起',阐说共生秩序感觉,通过万物相互依存的本性,指出人、自然和宇宙共存,小宇宙和大宇宙是融合为一的生命体。"①也就是说,大宇宙里的所有个体都是以"缘"结合起来的,所有个体都是生命,而且"一切存在,其自体并非单独的存在,而都是在与其他事物的依存性和关系性中形成的"。②

以此为基础,池田从生命诞生的逻辑上论证了生命产生于一种"力量",这种力量蕴藏于"因缘和合而生的"整个宇宙生命之中,"我们的宇宙也许就是'生命的海洋'。只要条件具备,整个宇宙里到处都有随时诞生生命的可能性。"③可以说,在宇宙空间,到处都存在着产生生命的因子,因为,根据"缘起论","只要具备诞生生命的因素和条件,生命在任何地方都会显现出来。"④"大圣人基于三千大千世界这一宏大的世界观、宇宙观,俨然阐释了现在我们所住的世界,并非唯一的世界,在宇宙的其他地方,也产生与人类相同的生命,在那里也有生命尊严之法。"⑤包括为科学所不及的"宇宙线"之外的彼处。而且,从逻辑上讲,"所以出现了生命,是

---

① [日]池田大作:《时代精神的潮流》,第37页,香港:商务印书馆有限公司,2005年版。
② [日]池田大作著,卞立强等译:《我的佛教观》,第217页,四川人民出版社,2001年版。
③ [日]池田大作著,卞立强等译:《人生箴言》,第169页,中国文联出版公司,1995版。
④ [日]池田大作、[苏]罗古诺夫著,卞立强等译:《第三条虹桥》,第173—174页,中国国际广播出版社,1990版。
⑤ [日]池田大作著,铭九等译:《我的人学》(下),第260页,北京大学出版社,1990版。

因为在无生命的地球内部,就已存在向生命发展的方向性。"①并且这种方向性是能动的存在,是池田称作"激发性"、"内在力"、"生命能"的一种使生命成为可能的"力量",池田说,"是无生包含有生,而这种生使自己显现出来,这一过程就是生命起源之意所在。"②从佛法的"大生命"概念来看,不仅生物学意义上的生命乃是一种生命的存在形式,而且能产生生命的力量本身也是生命的一种表现形式,这样看来,生命是一种既非"有"亦非"无"的"空","从无不能生任何东西,而空则包含了一切,由缘而成……一切现象为何而生?——并非从无生有。尽管如此,事物未生以前似乎仍是无。然而并不是无,这就是'空'。"③"包括地球的宇宙本身,本来就是有生命的存在,包含着处于'空'的状态的生命。它作为'有'而具备表面化的条件时,宇宙任何地方都有出现生命的可能性。"④由此可见,池田的"生命"与"空"是同一个概念,这也是他对"空"思想的创新所在,在他那里,"'空'从某种意义上说,它是潜藏着产生有的可能性的一种叫做'空'的无的状态。"⑤可见,"空"本身具有产生事物或使事物发生变化的力量,它既是一种创生的力量,又是生命本身的一种形态,"既是作家又是作品"。它不同于我国传统道家思想的"道生一、一生二、二生三、三生万物"和儒家的"太极生两仪、两仪生四象……"以及基督教的"上帝创世说"所具有的"第一因"思想,因为佛教的"因果原则"逻辑上排斥"第一因"的存在,所以"空"是一种蕴涵于宇宙万物之中的创造性力量,是一种神秘的、"无定体"的存在。⑥

根据池田对佛法中的"缘起论"和"空"思想的阐释,他关于生命起源的学说,可以说是一种在非有非无的"无生包含有生"的"空"的状态中,在"生命之海"的宇宙中生使自己显现出来,这种显现的"生命能"力量本身也是生命,从而形成了一种"宇宙即生命的""大生命观"。

根据"十界互具",每个个体生命都蕴涵有与宇宙大生命相同的"实相",在关

---

① [英]汤因比、[日]池田大作著,荀春生等译:《展望二十一世纪——汤因比与池田大作对话录》,第312页,国际文化出版公司,1985年版。

② [英]汤因比、[日]池田大作著,荀春生等译:《展望二十一世纪——汤因比与池田大作对话录》,第312页,国际文化出版公司,1985年版。

③ [日]池田大作著,卞立强等译:《我的佛教观》,第217页,四川人民出版社,2001年版。

④ [英]汤因比、[日]池田大作著,荀春生等译:《展望二十一世纪——汤因比与池田大作对话录》,第314页,国际文化出版公司,1985年版。

⑤ [英]汤因比、[日]池田大作著,荀春生等译:《展望二十一世纪——汤因比与池田大作对话录》,第314页,国际文化出版公司,1985年版。

⑥ 参见张怀承、冉毅:《论池田大作对"色心不二"生命本质论的发展》,载于《湖南师范大学学报(社会科学版)》,2001年第9期。

照到自己生命的同时,也能关照到大宇宙,从而获得个人的生命与大宇宙的一体感。实际上,这就是我们生命的最原本样相,"在我们的生命中开展成无量无边、如宇宙般大永远的生命,就是'永久实成。'"①所谓永久实成的佛,就表现为十界具足的常住生命,从空间上来说,是指"如宇宙般大的生命";从时间上来说,就是"永远的生命"。可以说,整个宇宙就是一种具足三千诸法的永远大生命。每个生命体都包含有其他的生命体,互相圆融。

在这里,任何生命都不是孤立地、只依靠自己的生存,而是与其他存在有着惊人的关联,它们"在宇宙的律动中,创造着各自的'生'。世上万物,都是在那大宇宙的绝妙的节奏的支配下,不断地进行着生和死的转换。而且,大宇宙的这种协调,完全体现、凝聚在作为小宇宙的人的生命之中"。② 从这种生命观出发,则不仅人是生命,而且地球也是生命,或者说"大宇宙即生命,生命即大宇宙"。由此,"以生命的观点来看,诸法是指各个生命,实相是指佛所觉知如宇宙般大的生命。各个不论大小的生命中,都含有宇宙生命。"③

可以说,十界的一切众生,都是永久佛的当体,佛的永久生命,都具备在我们的心中,具备在我们的个体生命之中。我们的生命本身就是十界具足常住的生命,而且是无始无终地具有佛界的。包括人界在内的九界生命里,也常住着佛界,佛的生命里也常住着九界,显示出一种"十界互具"的大生命观。据此,"全宇宙即是诸法实相、御本尊。我们生命也是诸法实相、御本尊。因此,信奉御本尊时,宇宙与我们生命即能生气蓬勃地交流。"④也就是说,当我们运用佛的智慧关照自己的生命时,会感觉到自己的个体生命与宇宙这个大生命融为一体,从而认识到自己的个体生命具有与宇宙大生命同等的一种"永久生命"。

在池田看来,这种佛法的"大生命观"与现代科学描述的世界观相一致,就"宇宙膨胀说"和"大爆炸说"以及"复数宇宙说"来看,在离地球二百亿光年以外的地方,即"'宇宙线'的彼处"是自然科学手段无能为力的地方,只能将其置于纯粹哲学的思维想象之下,因此,他从逻辑上用非有非无的"空"寻求无限的宇宙和生命之间的一致性。⑤ 在这里,池田结合了现代的科学成果研究佛法思想,对以前的佛法思想是一种超越和创新,但是他以自然科学的能力大小这种经验性考量为根

---

① [日]池田大作:《法华经的幸福生命观》,第 149 页,香港:商务印书馆有限公司,2000 年版。
② [日]池田大作著,铭九等译:《我的人学》(下),第 254 页,北京大学出版社,1990 版。
③ [日]池田大作:《法华经的幸福生命观》,第 102 页,香港:商务印书馆有限公司,2000 年版。
④ [日]池田大作:《法华经的幸福生命观》,第 105 页,香港:商务印书馆有限公司,2000 年版。
⑤ 参见张怀承、冉毅:《论池田大作对"色心不二"生命本质论的发展》,载于《湖南师范大学学报(社会科学版)》,2001 年第 9 期。

据,不具有必然性,这种理论无法解释随着自然科学的发展而扩展对宇宙的研究之后的情形。而且,"空"概念仍然具有一定的神秘性,它只能从否定的层面即"非有非无"说明其不是什么,却不能说明其是什么,一定程度上可以说,池田对"空"概念的发展,只是对传统佛法中"缘起"概念的一个重新命名。

(三)"色心不二"论——生命的本质

在以"缘起论"为基础形成的"大生命观"生命起源论基础上,以"诸法实相"、"十界互具"思想以及"一念三千"论为理论基础,以"空"为核心思想,池田进一步以佛法为基础阐述了生命的本质。池田先生的"大生命观"不仅把传统佛教中的"众生"视为一种生命存在形态,同时他也将"众生"所依存的"器世间"视为一种生命存在的形态,但是,他并没有把人的生命特征淹没于其他的生命形态之中,也就是说,在他看来,人的生命作为一种生命形态虽然与"众生"生命和"器世间"的生命形态是平等的,但是依然有自己独特的存在特征。

一方面,他用"色心不二"论解释了生命的存在状态。"色心不二"是佛法中对"涅槃"境界的一种描述,《涅槃无名论》讲道:对达到一定境界的人来说,万物由我心流出,执万物与我合一,这只有圣人能做到!因为不掌握这个真理就不能成为圣人,反之,不是圣人也不能知道这个真理,正因为掌握了这个真理才成为圣人,所以圣人与真理契合无间,凡是圣人都不能离开这个真理!这正如般若观照所说的色心不二,相即相离,空即是色,色即是空的不二之理。所以通达空境的圣人总是勘玄机于先兆,隐未来于变化,将东南西北上下六合统摄一心,过去未来同成一体。将浩浩然物我一心,就是涅槃。这就是佛经里说的"不离诸法而得涅槃"。所以说,"色心不二"论本来是对万物本空理念的一种思辨性的表述,但是户田先生将其还原为一种非理性的宗教信仰,认为生命的本质就存于人的"一念"之中,认为作为佛法根本的"色心不二"论也就是由日莲大圣人发明的本门的题目——"南无妙法莲华经",人们只要唱颂此题目,即接触到了生命的根源。他用"色心不二"论解释了人作为具有佛性的一种存在的独特性,即人是精神与肉体的统一,日莲大圣人在《御义口传》中说:色心不二,可谓一极。其中,"色"指外在于人的物质世界,就人这一生命存在而言,则指肉体,即生命的物质层面或者说可以量化的一面;"心"是指内在于生命之中的精神性层面,就人而言,是指人的意识;"不二",就是"一体不分"的意思,指物质与精神作为生命固有的东西,并没有本末之分、前后之分。二者浑然一体,无此即无彼,共同构成宇宙的实相和生命的本质,正如日莲

《御义口传》所说:"大地就是色法也,虚空就是心法也,应知这就是色心不二。"①

池田在更为开放和兼容的思想基础上继承了其恩师户田的"生命论",对"色心不二"的命题进一步作了发挥,并吸收近代自然科学和心理学上的成果为其论证。② 首先,池田先生超越其恩师只看到了唯物论与唯心论在生命本质"精神"和"肉体"关系上的缺陷,而是同时看到了两者对于生命本质问题的积极意义,看到了两者在人类社会发展中作出的贡献,以及吸收了两者在各自侧重点上对"精神"和"肉体"在生命能动性上发挥的重大作用;其次,在户田将人类生命存在的本质与实相规定为"色心不二"状态的基础上,池田将"色"与"心"共为"一极"的"一"界定为"空",他认为:"无论是现实的生命,还是现存的一切现象和事物,都可以用'空'来解释。……总之,只有正确地掌握'空'的概念,才能清楚地说明一切。"③从以上关于生命起源的"缘起论"来看,"色心不二"之"空"是就生命的"状态"而言的,生命的本质不是"有"而是一种"空"的状态,是一种产生"物"的可能性的地方即所谓"生命空间",是既非"有"亦非"无"的"空"的无的状态,宇宙本身就是有生命的存在,包含着处于"空"的状态的生命,当它具备产生生命的条件时,宇宙任何地方都有出现生命的可能性,可见,在池田先生那里,生命与"空"实际上是同一个概念。而"生命空间"本身"既是作者又是作品",从其"生命既是作者又是作品"的思想看,"空"作为一种生命状态的同时似乎又具有"本体论"意义,但是,这与其他宗教思想不同,在池田看来,不存在一种超越性的存在作为万物的本源或本体,佛法的生命论主张作者与作品具有同一性,"空"是一种精神性状态的存在,但这种存在并不能以物质或精神之中的某一层面来概括,而是物质和精神的统一体,他称之为"中性"的存在,这种"中道论"的观点与西方本体论把万物本源归结为超越性的实体性存在不同,认为"宇宙的流动性"本身或者生命之间内部的运动是世界的本体。由此,"空"与其他人格性的宗教也不同,在人格性的神作为本体的情况下,人的主体性不能得到发挥,人只是一种被创造物,从而生命中的"色"法与"心"法也处于一种对立的状态,必然影响生命创造性的发挥,佛法则把"空"当做生命的实相,是一种非人格性的状态性存在,内在于每一个生命体中,没有作者与作品之间的对立,这样"色"法与"心"法的浑然一体是可能的,可以说人就是两者的一

---

① [日]池田大作等:《法华经的智慧》,第93页,明报出版有限公司,1997年版。
② 参见张怀承、冉毅:《论池田大作对"色心不二"生命本质论的发展》,载于《湖南师范大学学报(社会科学版)》,2001年第9期。
③ [日]池田大作、[英]B.威尔逊著,潘桂明译:《社会变迁下的宗教角色》,第54页,三联书店有限公司,1995版。

体化。

　　另一方面,池田把生命看做一种能动的力量。在大生命观的基础上,池田进一步认为,个体生命产生于一种"力量",这种力量蕴藏于"因缘和合而生的"整个宇宙生命之中,"我们的宇宙也许就是'生命的海洋'。只要条件具备,整个宇宙里到处都有随时诞生生命的可能性。"①可以说,在宇宙空间,到处都存在着产生生命的因子。从逻辑上讲,"所以出现了生命,是因为在无生命的地球内部,就已存在向生命发展的方向性。"②并且这种方向性是能动的存在,被池田称作"激发性"、"内在力"、"生命能"的一种使生命成为可能的"力量",从佛法的"大生命"概念来看,不仅个体生命是一种生命的存在形式,而且能产生生命的力量本身也是生命的一种表现形式,由此,生命被看做一种既非"有"亦非"无"的"空"。死亡对于生命力来说,只是使生命从实体形式转到了一种非实体形式,从而个体生命也是久远生命。他认为:"佛法是从与宇宙生命相联系的角度来考察精神与肉体浑然成为一体而脉动的、能够持续进行主动活动的生命的特质。我认为根据这样的佛法考察,才能认识精神与肉体的统一的关系,而且可以主动地运用和有机地发挥生命进行新的创造的作用。"③生命的能动性本质在其对佛法"诸行无常"现象的解释中同样有所体现,池田认为,"大乘佛教,特别是《法华经》在'诸行无常'的现象中洞察到'常乐我净'的巨大生命力;从仅对现象的考察转变为确立不变常住的本质自我的境界。"④在对"诸行无常"现象的解读上,一般的佛法将其理解为万物都在不断地变化、运动之中,从而把握不住任何定在的东西,池田则超越了这种悲观解读,反而认为,大乘佛教从"常乐我净"的立场超越了"无常"层次,而是"把关注的视点转移到如何发掘人的意志和能力去改变命运的生命原则上"。这样"无常"就被赋予了全新的含义,"它是自发的和能动的,是不断生成和流动的;这就是生命的实相。……正因为现象界是'无常'的,人的主体性和自由生命的发扬才是有可能的。"⑤

　　从"色心不二"之"空"对生命实相的诠释以及对"诸行无常"之"无常"的全新解读,池田认为生命是一种"精神与肉体浑然成为一体而脉动的、能够持续进行主动活动"的存在特质,它不断的生成和流动,并且形成了"依靠人的意志和能力可

---

① [日]池田大作著,卞立强译:《人生箴言》,第169页,中国文联出版公司,1995年版。
② [英]汤因比、[日]池田大作著,荀春生等译:《展望二十一世纪——汤因比与池田大作对话录》,第312页,国际文化出版公司,1985年版。
③ [日]池田大作著,卞立强译:《人生箴言》,第70—71页,中国文联出版公司,1995年版。
④ [日]池田大作著,王健译:《佛法·西与东》,第90页,四川人民出版社,1996版。
⑤ [日]池田大作著,王健译:《佛法·西与东》,第90页,四川人民出版社,1996版。

以改变命运"的生命原则。这也是生命的目的和意义的出发点所在。

这种对生命本质的解释,一方面,将生命的存在看做物质和精神统一体的"中性"存在。当前世俗生活中人类生命的存在状态,精神和物质处于一种"分裂"和"异化"之中,人类精神生活严重缺失,由于近代"主体性"思想内在的"主客体"对立基因延伸到生活世界,自然界、他人甚至一部分自我都成为人自己的客体化存在,人们在很大程度上,精神价值被外在的物质利益和因此而膨胀的巨大欲望所吞噬,被戴上了牢牢的枷锁,所以,强调人类生命存在的"精神与物质"统一状态,对冲破外在枷锁凸显人类生命存在的本质、尤其是精神存在本质,具有重要的意义;另一方面,强调生命是一种"生命能"的能动力量。这种对生命本质的解读,肯定了潜存于人类自身生命中生生不息的巨大力量,在人类当前被巨大的"地球问题群"所困扰因而产生一定的"无能为力"思想态度的生存状态中,这种对生命本身的肯定对于改善人类的思想状态以及由此而产生的巨大的积极行动力量是一剂强心针。

(四)"己他两利"幸福论——生命的意义

根据"缘起论"而建立起的"大生命观"以及基于"色心不二"论发现的生命作为精神与肉体统一体的"流动性"存在,池田将幸福与成佛联系起来,通过对幸福的佛法解读——"幸福论"——进一步明确了生命的目的与意义。池田认为人生的根本目的和意义在于幸福,他曾经说过:"人生的目的是什么?——也许再也没有比对这一命题的解答更多分歧的了。而且也许再也没有比这一问题更难作出明快的回答和难以作出根本性的回答的了。不过,从根本上可以说它的目的在于幸福。"①而池田的幸福观建立在他的人生哲学之上,他说:"不探求深奥的生命观,就无法确立从容、悠然的生活态度和真实的幸福观。"②其"生命观"建立于佛法的"缘起论"和"色心不二"的生命本质论之上,所以,他的幸福观是与佛法相通的。

首先,从"大宇宙观"衍生的"小我"和"大我"思想以及大乘佛教的"菩萨道"来看,幸福在于"己他两利"。"在为环境的剧变所左右的软弱的自我或充满利己心的个人主义的自我、即'小我'的深层,佛法发现了可以扩大到宇宙的主体性的生命的自我、即'大我'。把我们自身生存的基础置于这种'大我'之上时,就会从人的生命的深层发动一种面向创造的主体性的力量。"③根据"宇宙即生命"的观点,整个宇宙包括其中的森罗万象属于一个生命体,个体的人("小我")只不过是宇宙

---

① 参见[日]池田大作著,铭九等译:《我的人学》,第47页,北京大学出版社,1992年版。
② 参见[日]池田大作著,铭九等译:《我的人学》,第551页,北京大学出版社,1992年版。
③ [日]池田大作著,卞立强译:《人生箴言》,第71—72页,中国文联出版社,1995年版。

生命("大我")的一个片断,然而个体又包含着整个宇宙,即"小我即大我"。所以,不可能存在只有自己的幸福而他人不幸的事,人的幸福应该建立在别人幸福的前提之上,"令别人幸福,自己也会随之幸福。若一个人不幸,自己就不会完全幸福"。① 而达成佛教的"菩萨道"或"自行化他"精神,是一种普度众生的"誓愿",即是说菩萨本身立誓要挽救世人,而本着这目标来进行所有行动,并且这种行为是一种发自内心深处的自发自动的精神,正如池田所说:"所谓'誓愿',不是简单的决心或愿望,而是付出自己的所有代价也要实现的崇高的信誓。无论遇到什么困难也朝着那信誓不断挑战,这就是菩萨道……决不逃离现实世界、不对苦于不幸的人们弃之不顾;率先投身于'狂涛恶浪'之中,把沉溺在苦恼中的人们全部救上幸福的'大船',可说是一种最人道的方式。"② 作为开发人的内在潜力、谋求人同宇宙万物深层次的交流融合的"四圣"之一的"菩萨"既寻求自身的觉悟,又为他人做出贡献。因此,池田认为,幸福只存在于为他人尽力当中,幸福是一种与大乘佛教的"菩萨道"或"自行化他"精神相通的广大的心境。③ 佛法的本质就在于舍己利人,把他人的痛苦看成自己的痛苦,进而为他人的幸福着想,池田认为"慈悲"是"拔苦与乐"之意,"慈"是"与乐",给予他人欢乐,"悲"是"拔苦",去除别人的痛苦,尊重他人,为他人的幸福着想就是善,为自己的利益而牺牲他人的利益就是恶,今天自觉地将他人之事视为自己之事的人日益减少,"缺乏'同苦'、'共感'之情。'拔苦'远远超越'同苦'、'共感'之情,是作为人的一种最崇高的积极的行为。"④ 为他人的利益作出牺牲,用爱和"慈悲"统一人类的行为,进行自我变革,就是"人间革命"。

其次,从生命"既是作者又是作品"来看,幸福在于创造价值。一方面"创造"是"生命的创造",另一面"生命"是"创造的生命"。这里的"创造",不是那种从无到有的传统意义的产生出"新事物",而是把本来就具有的东西"展现"出来,是一种"发现"。生命既是"作品",同时又是"作者",作为"作者",生命本身就是创造体。人作为生命的存在,从表面上看似乎只是宇宙生命的一个产物即"作品";但是,从佛法的角度来看,在人的生命中包含着宇宙生命的全部,人实际上是一个小宇宙,所以,人不只是一件大自然的"作品",他同时又是创造生命的主体即"作者"。作为"作者",他的主要目的就是创造,而这种创造是围绕着"生"进行的,

---

① [日]池田大作等:《法华经的智慧》,第166页,明报出版有限公司1997年版。
② [日]池田大作:《时代精神的潮流》,第79页,香港:商务印书馆有限公司,2005年版。
③ 参见[日]池田大作著,铭九等译:《我的人学》,第234页,北京大学出版社,1992年版。
④ [日]池田大作著,铭九等译:《我的人学》(下),第189—190页,北京大学出版社,1990年版。

是对自己"生命之门"的开启,可以说创造价值就是陶冶自己的人格,在现实生活中寻找自己人生的幸福,源泉就在于把创造价值作为人生的追求。正如池田所说:"幸福并不在遥远的、不可企及的地方。它就存在于自己的生活当中,存在于自己的生活道路当中,存在于自己的心中。"①作为一名"作者",每个人都具有主体性,主体地生活,就是创造性地生活,把自己当做创造的主体。真正的幸福就在于"立足于更广阔的社会视野,决定自己的目标,并朝着这一目标努力,主体地点燃自己生命的热情,从而感到一种生命的充实感"。② 这种积极、主体性的幸福或者说这种"充实感"就是佛法所说的"心财",与身体健康、经济富裕、社会地位稳定等内容相比,"心财"是幸福中最重要的因素,这种真正的满足感与快乐有所不同,它是通过生命主体的跃动而获得的,与在满足欲望的范畴中感受到的幸福相比,是更深层的满足感,也是更"积极、持久、主体性"的幸福。

在重构创造价值的主体中,池田主张"自力"与"他力"融合,二者相互作用并保持一种"绝妙的平衡"。从宇宙生命的角度来看,"他力"是宇宙生命,但又内在于众生之中,所以"他力亦定非他力",同样"自力"中未尝不具"他力"的因素,故"自力亦定非自力"。所以,创造生命价值必然包括两方面的内容,一是为自己,充实自己的生活,提升自己的精神境界,提高自己生命的创造力,一是为了他人,也就是要为别人的幸福贡献力量,从而从"自力"与"他力"两方面出发在"绝妙的平衡"中最大限度地提升生命创造力。而我们已经明白,这里的生命是包括宇宙生命和人的生命、生物生命在内的"大生命",可见,创造价值也就是在维护生命的尊严,实现与其他生命的相互融合。

由此,池田认为成佛是一个践履"利他"的过程,他说:"利他的行为,就是通向自我完成之路;如不尽的泉水,涌现出'生'的原动力。"③从而在他的幸福论中,反映出一种"己他两利"和"创造价值"的幸福观。这种幸福观,与伦理学中的"义务论"息息相关,以康德为代表的"义务论"认为,真正的道德行为是"为义务而义务"的行为,这种义务是因对道德法则的尊敬本身而起,不是因为外在的任何原因,道德就在于无条件的"善"意志本身,并将其普遍化。这种因义务而产生的道德行为,在解决人类被外在的"异化"力量控制的生存"困境"上具有极大的优势,从义务本身出发可以排除人类为了某些外在力量而失去生命本身的尊严,这是解决当

---

① 参见[日]池田大作著,铭九等译:《我的人学》,第 204 页,北京大学出版社,1992 年版。
② [日]池田大作、[日]松下幸之助:《人生问答》,第 60 页,香港:商务印书馆有限公司,2001 年版。
③ 参见池田大作著,铭九等译:《我的人学》,第 533 页,北京大学出版社,1992 年版。

代问题的根本途径所在。池田的"菩萨道"成佛之路与此相合,尤其就其现实旨向来看,具有内在的一致性。

(五)和谐——生命本有的存在形态

由"十界互具"、"诸法实相"和"一念三千"的理论基础,生命的缘起,"色心不二"的生命本质以及"己他两利"和创造价值的生命意义等生命理论可知,生命本来就是一种和谐的存在,人与宇宙之间、人与自然之间、人与人之间以及人自身的内在生命本身本来都是和谐的存在。

首先,"十界互具"和"诸法实相"以及"一念三千"的理论表明,人界作为"十界"中的一界,其人格生命基础之中同时包含着其他九界的存在状态,或者说人的完整的生命基础也同时存在于其他九界之中,这样人的生命与其他众生的生命就形成一种相互包含、相互具有和相互转化的关系。而"十界"中的每一界又有自己的"十界",形成具有"千如是"的百界,而菩萨界的人格基础具有以拯救他人出苦海为最终目的的利他"慈悲"本质,佛界的人格基础拥有纯净、充沛的超越自我的生命力,只要能够发挥这些我们生命中本有的人格基础实相,就能引起整个世界内部生命的变化,彰显佛的境界。根据生命缘起论,万事万物包括生命的产生都是因为具备了产生各自生命的无数"因素"和"条件",整个宇宙中充满了生命体以及产生生命的"力量",可以说万事万物都是生命,而且每个个体都不是单独、孤立的存在,而是相互依存、相互联系的,在这里,人、自然和宇宙形成一个融合、共生的"大生命体",通过任何一个生命个体都能关照到"宇宙大生命",而"宇宙大生命"是由各个生命体共同构成的一个互相圆融的"大生命体"。从而,根据"十界互具"和"诸法实相"以及"一念三千"的理论以及生命缘起论,整个世界的生命存在就形成一种"你中有我,我中有你"的"不可思议"的原本和谐姿态。

其次,根据"色心不二"的生命本质论,"色"指人的肉体,或者说是生命的物质层面、自然层面,"心"则是指内在于生命之中的精神性层面、价值层面,或者说是人的意识,人的物质和精神层面是浑然一体的,两者没有本末、前后之分,是生命中固有的东西,两者共同构成生命的本质以及宇宙的实相。"色"与"心"一体就是生命的状态"空",在这个"空"的状态里,两者没有主次之分,是一种"中性"的和谐统一体存在,不存在谁主导谁、谁决定谁的问题,两者的浑然一体化就是人,由此可知,人自身的生命构成本来就是圆融和谐的一种存在形态。"己他两利"与创造价值的幸福论,表明生命的目的和意义就在于寻求人类的幸福,而幸福就在于创造生命价值,就是从"自力"与"他力"两个方面出发维护生命的尊严,提升自己生命的创造力,充实自己的精神境界,同时为别人的幸福贡献力量。人的个体生命只是整个"宇宙大生命"的构成部分,而且与其他生命是相互具有、相互包含的圆融关系,所以不存在只有自己幸福而他人不幸的情况,只要有一人不幸福,自己就不可能完全幸福,所以他人的幸福是自己获得幸福的前提,只有将"自力"与"他力"融合,为他人的利益作出牺牲,才能最大限度地提升生命力,提升生命价值。由此可知,人类自身的生命是由物质和精神构成的和谐统一体,而生命创造力的发挥和生命价值的实现也要在与其他生命的和谐中共同提升。

由此,从池田先生的生命哲学理论、生命的起源、生命的本质以及生命的目的和意义等方面来看,人的生命与宇宙生命之间、与自然之间,人与人之间以及人自身的生命构成本身原本都是和谐圆融的存在。而在现代社会发展中,环境问题、科技问题都表明人与自然的关系日益恶化,世界上存在的种族冲突、国家战争说明人与人之间存在着严重的分裂倾向,一些人过度重视物质欲望的满足而失去精神上的追求,说明他们自身内在的和谐与平衡受到冲撞,因此,当前全球一系列问题产生的根源一定程度上可以说是因为打破了生命原本的圆融与和谐,所以解决问题的根本出路就在于通过"人间革命",促使人类发现生命尊严的不可替代性,关爱生命,关注人性,从而实现全人类的解放。

总之,池田以建立于"缘起论"基础上的"大生命观"为起源,以"色心不二"的生命本质论为中介,以生命和谐为存在状态,共同彰显了生命的目的和意义在于幸福的具有内在一致性的生命哲学思想。以"幸福"为基点,他的生命哲学与现实社会发生了息息相关的密切联系,同时这种联系也成为其生命哲学的特性——实践关怀。

二、生命伦理——"人性革命"之现世关怀

池田先生认为,佛教本身就是生命哲学,首先作为一名佛弟子,主张从佛教教导出发也即从生命出发是我们拯救人类之道。在现今的末法时代,我们应该以日莲大圣人的立场读《法华经》,其中《方便品》和《寿量品》是眼目,这种读法是"生存的解释"和"人生的解释"。池田先生以"诸法实相"和"十界互具"以及"一念三千"为基础,以"生命力"为宇宙与"小我"的中介,为我们揭示了佛的生命是永远的,我们的生命与佛相同,从而,因为真实永远的生命,让我们明白拥有生命的重要性和生命自身的无上尊严,一瞬的生命拥有无限的可能性。作为当代的"法华经行者",池田先生以此"永恒的生命"救渡末法时代的一切众生,使我们超越当前生命的"无意义状态",认识到生命的价值、意义和尊严,以实现人性的变革。因此,他以生命哲学为基础,形成了蕴涵人类普遍生命价值的生命伦理思想,这也是生命哲学理论与生命教育实践领域之间的重要中介。

(一)生命的尊严

第一,生命尊严的缺失。当代人类社会,在取得前所未有物质财富的同时,人类被自己所创造的物所奴役和囚禁,"体面"地生活在自己打造的"铁笼"里,在自己创造的机器、官僚制度以及商品和消费面前,人类自身毫无主体价值可言,"异化"为失去自由、尊严之本质的物。根本来说,就是人的生命观出现了扭曲,人的生命失去了它本来的意义,生命自身的价值被贬低,全人类都已沦为自己所创造文明和社会的囚徒,在自己创造的机器、官僚制度以及商品和消费面前,人类自身毫无主体价值可言:

首先,在自己创造的文明面前,人蜕变成与生命毫不相干的物。在机器化大生产的时代,人被看做机器上的一个或大或小的零件、一个齿轮,成为机器的奴隶。正如刘易斯·芒福德(Lewis Mumford)在《机器的神话》中所描述的那样:一个在"机械世界图景"的奴役下的人甚至会将有机生命看做机械生命,并且把人当成组合部件那样组装成一个巨大的社会机器。在机器世界观的支配下,精密、速度与准确是这个时代的首要价值,我们的世界充斥着滑车、杠杆与轮胎,在上班时间,我们忙碌于调节精密仪表和监视器,闲暇时间,又把在各种机械玩意上敲敲打打作为娱乐享受,我们用时钟调节日常生活,用电话交流思想,我们的学习离不开计算器、电子计算机和电视机,我们的旅行要靠汽车和飞机,甚至我们在赞美事物的时候,都是说它运转自如、计划完美,以至于,我们在判断社会的进步与否都要根据,它是否适应完善整部机器的需要。总之,我们生活在机器专制之下,机械程序已经渗透到生活的每一个方面,机器对我们的物质生活固然重要甚至是必须,但是它已经深深融入到我们生存的内核甚至成为我们作为人的价值本身,却是可怕的,这意味着人等同于机器,人和物的根本区别被我们抹杀了,生命仅仅是机械运动。

其次,为人类服务的手段成为目的本身。在"理性"基础上建立的官僚体制、机械化生产以及社会生活方式,本来都是作为满足人自身需要的手段而出现的。但是,由于只强调了理性的工具层面而忽略了价值层面的考虑,导致这些手段自身丧失了初始目的,转而将"工具理性"自身的形式与程序作为目的。例如,埃利希·弗洛姆在批判官僚管理阶层时指出,他们既无情感,又无人格,像冷冰冰的无感情的机器一样,对人像对待物一样没有一丝一毫的同情心,他们把遵循规章制度作为做事的唯一准则。由此,强调形式合理与程序正义的"工具理性"排斥了"价值理性",片面地追求程序与形式使得目的与手段倒置,当官僚组织为实现它的目标而不断地完善工具手段时,手段日益成为管理的目的,职业官僚只会根据僵硬的规章例行公事,办事拖拉,效率低下,从而违背理性设计的初衷。马克斯·韦伯将其形容为"新的奴役铁笼",这个"铁笼"会"窒息所有以价值为导向的社会行为",人被形式理性化的法律和制度编织的牢固网络所扼杀,而且没有任何反抗的可能。

同样,"消费"在当代人类生活中具有重要的地位,一些思想家甚至把现代社会称为"消费社会"。消费本来是人类为了满足自己的需要而采取的行为,但是在"商品拜物教"面前,人们错误地把社会的外观误认为是社会的现实和本质,错误地把市场·商品·消费·量化的生活标准等同于自己真正的物质利益,从而导致人的本质·人的需要被"异化",人的主体性受控于物的世界。消费成为满足人类欲望而不是人类需要的手段,甚至消费成为人们逃避现实痛苦与不幸的避难所,尤其体现在一些女性身上,你会发现身边很多女孩子通过"疯狂购物"或者"暴饮暴食"来发泄心中的不满和痛苦。

总之,在现代社会的"总体异化"面前,人类失去了自身的价值,人只是一个与生命毫不相干的物,人自身成为手段。而且,现代社会流行的一种观点是,根据一个人拥有财富的多少来判断一个人价值的高低。由此,人被贬低为商品,贬低为物、手段、工具。

第二,生命的尊严性。根据"诸法实相"和"十界互具"的观点,以"久远成佛"的立场来看,十界众生都具有十如是,十界所有众生都能平等成佛。从佛的观点看,就是"佛与众生拥有相同的生命"。所以,我们的生命与佛相同,是永远、不灭的尊贵生命。"一个人的生命、一个生命,比全宇宙还尊贵——可以说这是从诸法里看实相的、佛法了不起的生命观。""从这佛眼来看,这个世界、这个宇宙,是'生命辉耀的世界'、'万物歌颂的世界',能实感到一切万物拥有独一无二的特性、价值。充满'对生命的感动'、'生存的喜悦'的境涯——这就是佛知见了。"[①]所以说,"'诸法实相'是生命尊严的哲理。""所有人都是无可替代的'一个人',与民族无关,与地位、出身背景也无关。不可有歧视,绝不可有'杀戮'。"[②]

而且,人以人的姿态就可以成佛,人生命的"实相"就在于我们各种各样的现实生活之中,不管苦乐悲痛,不管身处顺境还是逆境,生活万象自身就是"实相"的展现,我们"无须到达远方的极乐世界,也不是变成特别的人,痛苦时就以痛苦的姿态,高兴时就以高兴的姿态,率直地礼拜御本尊,为广宣流布而行动的话,必定

---

① [日]池田大作:《法华经的幸福生命观》,第102页,香港:商务印书馆有限公司,2000年版。
② [日]池田大作:《法华经的幸福生命观》,第113页,香港:商务印书馆有限公司,2000年版。

能成为'诸法实相的佛';能完成属于自己的使命"。① 以各自的处境关照各自对应的现象,就能发现各自的"实相",就能发现生命的价值。

现代社会,人类生存在"总体异化"的处境,但是只要我们在面对外在机器、消费和官僚机构时,能够从中关照到它们的"实相",就会发现,它们只是人类生命的一个层面,从而认识到人的本质、人的真正需要,认识到手段背后的目的本身,进而发现人类自身的高贵价值。

池田先生深刻地认识到了当前人类社会的生命危机。在他看来,现代社会到处充斥着比生命力量弱小几倍,甚至几十倍的力量,而且在现代文明社会的各种危机中,能真正称得上是人们正在直面的不外是值得尊重的生命在各个方面都濒临危险,"生命"和"生命力"的缺失是现代社会所共有的危机意识,他多次指出,19世纪以来的科技万能论、生态环境的恶化、20世纪以来的以原子弹为代表的大规模杀伤性武器的使用及其开发,以及并没有消失的战火,都显示出人类生命的脆弱性。虽然大多数人并不否认生命的尊贵性,但是这并没有成为地球上所有人的共识,对"生命"的认识还远远不够。

首先,他认为,在当代世界,人类处于一种缺失幸福的生存状态。"环绕我们人类的状况,可以说陷入了进退维谷的境地。核武器等大规模破坏性武器的威胁、民族纠纷的计划、温室效应和臭氧层被破坏等地球环境的恶化、经济上南北差别的扩大、精神病理和残酷犯罪的蔓延,等等,前途一片黑暗。这种危机在个人身心、社会及民族、国家,还有生态系统和地球的存续等几重次元上层见叠出,雪上加霜,令人深感现代文明本身简直已走投无路。"②面对这些"地球性问题群",池田根据不同的佛法对其进行了深刻的解读。例如,针对废除核武的问题,池田继承了其恩师户田先生的思想,认为产生核武的本质性原因在于人类的"生命魔性",从而根本性的解决途径在于"与威胁人类生存的'生命魔性'不断地对抗。……必须把'生命尊严'的思想提升、推广为时代精神,恩师将这一后事托付给接班的青年们"。③

其次,关于"地球性问题群"的产生以及人类幸福缺失的根本原因,池田认为是没有意识到生命的尊严。在20世纪,社会变革被当做解决各种矛盾的第一要义,人类着重于"外在的改革",而池田认为这种满足于"外表改革"的20世纪是"战争与革命的世纪",发生了许多巨大的悲剧,而维护人的尊严的斗争绝不能只指向

---

① [日]池田大作:《法华经的幸福生命观》,第105页,香港:商务印书馆有限公司,2000年版。
② [日]池田大作:《时代精神的潮流》,第21—22页,香港:商务印书馆有限公司,2005年版。
③ [日]池田大作:《时代精神的潮流》,第47页,香港:商务印书馆有限公司,2005年版。

"世俗的安全保障",即不能"只改革外表",这样永远不能使人达到真正的目的。"结果,为了维护人尊严的运动,反而会带来贬低和损害人尊严的反效果。"①因此,池田认为:"进入21世纪首先不可避免的课题就应该是重新把目光转向内部,即自身的内部革命,'和平而渐进的'、'健全的革命'。"②因为,生命是此世的"最高之宝",世上不可能有值得以牺牲"生命"来保护的更高价值,"21世纪是'生命的世纪'。……生命最为可贵,一切的出发点在于生命。……今天,在从宇宙的广阔天地中,得到那宝贵生命的同时,建立一种真正能感受到生命尊严的,正确的生活方式,才是最最重要的。"③只有探究人与人、人与自然、人与社会之间相互关系的价值观层面,才能打开道路,也就是说,"在国际社会如此努力尝试解决各问题之际,必须着重于创造能充分引发每个人本来具备的'内发力量'的环境。"④由此,"在处于轻视生命和生命力日益衰弱的今天,这样的实践——如何使所有的人显现出生存的力量,迸发出生命的欢喜,必将日益显示出它那重要意义。"⑤因为,在他看来,生命是至上的,人不仅是社会的存在,而且也是生命的存在。

再次,从佛法的角度,池田先生把所有的存在都看成是具有生命的,可以说在生命性上,不存在"物质"与"灵魂"的区别,一切事物都是生命性的存在。佛法不是从"物质"固定后的"物"来看待整个世界的,而是从消灭变化的现象即"事"来看待,同样"生命"也是生灭变化的"事",一切都是"事",也即生成,安定,变化,消灭的过程,物质就是在一定时期暂时稳定了的东西。站在以万物为生命的立场,可以说生命是谁都有的,是谁都能切实感觉到的具体性,因此,从这一点上说,万物因生命而平等,同样因为生命而具有自足的内在尊严,这一点不应该也不能因任何原因和条件而改变。

由此,池田认为,21世纪,只有"生命"和"生命力"才是构筑21世纪的关键词,确立这一点,必须"使生命尊严这种思维方式成为所有人行为的根源,赋予它现实的力量",在伦理上的要求就是确立起"生命的尊严"的规范,使之成为伦理的基础。因为,只有"生命""生命的尊严"成为我们生活的根干,被我们生活本身的原理证明,才能称得上是现实性的东西,"生命的尊严"这个理念也才能成为现实,从此出发,"伦理"就是存在于生活中的生命原理,这种生命论的伦理观是池田伦理

---

① [日]池田大作:《时代精神的潮流》,第29页,香港:商务印书馆有限公司,2005年版。
② [日]池田大作:《时代精神的潮流》,第27页,香港:商务印书馆有限公司,2005年版。
③ [日]池田大作:《时代精神的潮流》,第261页,香港:商务印书馆有限公司,2005年版。
④ [日]池田大作:《时代精神的潮流》,第36页,香港:商务印书馆有限公司,2005年版。
⑤ [日]池田大作著,铭九等译:《我的人学》(下),第211页,北京大学出版社,1990年版。

思想的落脚点,作为基础支持着其他方面的伦理思想。

(二)人类幸福的建构

在"生命的尊严"这一核心伦理思想基础上,池田进一步认为"幸福"是生命的目的和意义的根本所在,他认为,"为了一切众生真正的幸福和安乐,向广大民众开示佛自身悟达的'法'、成佛的'法'——这样的教导就可以说是'普遍性的法华经'。"①而且,"'非让成千上万的人得到幸福不可'这种智慧与慈悲之心,就是'法华经的精神',就是永恒的真理。"②"现代社会之所以存在着堆积如山的'问题',根本的原因就是忘记了'人类幸福'这一根本。"③可见,我们对现实生活的关怀最终体现在重建当今人类的"幸福"生活。

第一,生命的目的和意义被遮蔽

在人的价值被贬低的基础上,以财富、技术和权力为代表的名利、地位成为人生的意义和本质,成为人们活着的目的和意义。

首先,在人们技术能力不断提高的今天,生存的危机感却越来越严重,生命也越来越脆弱。当代人类面临的普遍问题,诸如人类生存环境的破坏,精神家园的失落,资源的迅速消耗,持续不断的军备竞赛、局部战争、文明冲突,贫困与疾病的依然肆虐,道德价值观的旋转以及社会腐败现象的滋生、蔓延,都直接或间接地腐蚀和剥落着人的生命感,威胁着人类的生命存在;在全球化、网络化、生态化今天,人们的幸福感却降低了,在方便的生活面前,人自身却感到无所适从,生命无所依托;技术能力的巨大提高,却仍然无法使人摆脱生命的渺小感,空难、水灾、地震、海啸、恐怖事件以及癌症、艾滋病、SARS、禽流感等各种疾病的频繁出现,使人们感到生命愈加脆弱,甚至形同"草芥";另外,快速的生活节奏,残酷的竞争压力,常使人感到心力交瘁等,都使人不得不对生存的意义以及生命的价值产生怀疑。

其次,生命失去了尊严和敬畏。对生命的意义和目的怀疑,必然导致生命中顽强奋斗精神力量的缺失,导致生命的尊严和敬畏的失落,稍遇挫折和困难,就会轻易地放弃生命或者剥夺他人的生命。自杀现象是当代社会严重的问题之一,据《中国日报》报道,自杀已成为中国20~35岁人死亡的第一因。每天大约有685名、每年约有25万中国人自杀;有自杀企图的人则在250万到350万之间,其中青

---

① 季羡林、蒋忠新、[日]池田大作:《畅谈东方智慧》,第95页,香港:商务印书馆有限公司,2004年版。

② 季羡林、蒋忠新、[日]池田大作:《畅谈东方智慧》,第95页,香港:商务印书馆有限公司,2004年版。

③ [日]池田大作:《和平世纪的倡言》,第42页,天地图书有限公司,1997年版。

年人不在少数。① 尤其是在正在接受高等教育的大学生之中,自杀和杀人现象十分严重,"广东去年 26 名大学生自杀身亡,另有 5 人自杀未遂。2008 年是大学生自杀事件高发年,全国直属高校共发生 63 起大学生自杀事件,分布于 13 个省 38 所高校,达到历史顶峰;今年全国已发生 7 起大学生自杀事件。"② 其中,一些大学生自杀的原因令人啼笑皆非,不可思议,有人会因为嫌弃食堂的饭菜不合胃口而自杀,也有人因为减肥不成功而自杀。一个连环杀手在面临审判时,显得轻松自如,他说只是因为觉得活着没意思才去杀人。

可见,在我们的社会,急需一种理性的生命观,帮助我们正确地认识生命、理解生命、欣赏生命、尊重生命、珍惜生命,解放自己的精神枷锁,追求更高的人生境界。这也是池田先生发扬《法华经》生命观的主要目的之一,"现代正是人们缺乏有利思想、丧失信念的时代,生命力脆弱、心灵不健全。……人们是从生命奥义渴求以'人'为根本的哲学,追求彻底主张人的潜能和尊贵的思想。"③

第二,生命的目的和意义在于创造和奋斗

我们与佛相同的生命,也可以理解为一瞬的生命、一念之中,"十界互具",拥有无限的可能性,此即"一念三千"的法门。

首先,我们要有信心。"一个人的'一念'可以改变一切,所以说它淋漓尽致地教示我们一个人的能力之大与生命之尊贵"④ 一念的生命里有本因、本果,我们要时常从生命本源的出发点,重新向未来前进。对这一点的确信,就是要从心底里奉持佛法,就是要有勇气和希望,"所谓确信就是一念,确信就是勇气,确信就是希望,确信就是宽裕、慈爱。"⑤ 要实现怎样的未来,根据现在的一念而定。"自己怀抱希望,明朗地站起来,改变自己、周围与社会,甚至改变国土。此即一念三千。"⑥ 无论发生什么事,只要给予我们力量,就能把一切的事物都转向创造价值的一方。⑦ 对奉持佛法的我们来说,以"佛法的眼"、"信心的眼"来看一切,就是诸法实相的佛法智慧,信心就是为了实际上从心底去自觉、实现这诸法实相,这样就能打开自由自在的大境界、大生命,它要求我们"从现在起",以崭新的一念面对现实。

---

① 参见吴秦蓁:《论生命哲学视域中的死亡观教育及其现实意义》,载于《自然辩证法研究》,2008 年第 2 期。
② 金羊网—新快报,2009 年 4 月 23 日。
③ [日]池田大作:《法华经的幸福生命观》,第 235 页,香港:商务印书馆有限公司,2000 年版。
④ [日]池田大作等:《法华经的智慧》,第 5—6 页,明报出版有限公司,1997 年版。
⑤ [日]池田大作:《法华经的幸福生命观》,第 110 页,香港:商务印书馆有限公司,2000 年版。
⑥ [日]池田大作等:《法华经的寿量》,第 28 页,明报出版有限公司,2000 年版。
⑦ 参见池田大作:《法华经的幸福生命观》,第 109 页,香港:商务印书馆有限公司,2000 年版。

其次，我们要有坚持信心的行动。在确信佛法的力量之后，我们就要在是非颠倒的社会中，为丧失人生目的、徘徊流浪的人，不断诉说真正的人生方式。① 每个人都应该做"地涌菩萨"，成为"法华经行者"。池田认为，每个人都能够成为"法华经行者"，民众本身作为"行者"、"行动家"，以妙法为基盘，为人民、为社会鞠躬尽瘁，就是佛法的"广宣流布"。"彻底与'剥夺生命尊严者'奋战到底的，就是信仰佛法者的责任。""这是对使用核子武器的人的'魔性'，及弥漫宇宙的魔，即'夺命者'的挑战。""无论谁伤害别人，就是伤害宇宙、伤害自己。"② "诸法实相"的人生，就是"活着本身就是快乐"、"无论是苦或乐也快乐地面对"，遇到任何事情都很愉快，在生命的深底保持欢喜，对未来充满信心，每一步都产生价值，打开境界，这本身就是我们生命的目的。

总之，池田从"佛即生命"出发，以佛法为根基建立了一种"宇宙即生命"的大生命观，而在这个大生命观里，体现了人的生命的无上尊贵和生命力的蓬勃朝气，对于现代社会中生命价值和生命意义的缺失，无异于一剂"良药"和"猛药"。

第三，建构方式——创造价值

上文我们了解到，从生命"既是作者又是作品"来看，幸福在于创造价值。作为创造者，每个人的生命就在于创造价值，通过创造价值在现实生活中实践"生命的尊严"，寻找自己的幸福。关于价值，池田认为在价值取向多元化的当代社会，不同的社会体制、不同的个人都会产生不同的价值基准，而只有根据"对生命的敬畏"产生的价值基准是最具有普遍性、最终极的价值基准，因此他选择以"生命作为价值取向的基准"。③ 因为"人的生命是没有什么东西可以代替的。这本身就是尊严"。④ 生命本身具有不可替代性，而且是人类唯一共同的东西，作为宇宙生命的一部分，创造价值就在于维护生命的尊严和不可替代性。

在池田那里，幸福的根基就在于"生命"，在他看来，不深入探求生命观，即使心怀坦荡地生活，也不能确立真正的幸福。因此，实现幸福的关键也在于"生命"，而"生命"在现实生活中的表现就是我们的"生命力"，也即生命的活动力和能量，可以说"生命力"是幸福的源泉，他引用其恩师户田城圣的话说道：感知幸福，营造幸福人生的源泉就是我们的生命力。把这种生命力与外界的联系叫做价值，而这

---

① 参见池田大作：《法华经的幸福生命观》，第129页，香港：商务印书馆有限公司，2000年版。
② ［日］池田大作：《法华经的幸福生命观》，第114页，香港：商务印书馆有限公司，2000年版。
③ ［英］汤因比、［日］池田大作著，荀春生等译：《展望二十一世纪——汤因比与池田大作对话录》，第428页，国际文化出版公司，1985年版。
④ ［英］汤因比、［日］池田大作著，荀春生等译：《展望二十一世纪——汤因比与池田大作对话录》，第431页，国际文化出版公司，1985年版。

种价值就是幸福的内容。可见,在现实生活中,把我们的"生命力"持续不断地释放出来,并将其应用到我们生活中的各个方面,这就是创造价值,从而也实现了幸福生活。这也是实现池田所说的"绝对幸福"的必然途径,在池田看来,人生的幸福分为两种,一种是"相对幸福",这种幸福是由于欲望的满足而带来的,依赖于外物,容易被其他左右,一种是"绝对幸福",这种幸福是由于生命本身的跃动与充实所带来的,以追求自己成长和内在的充实为目标,是从生命本身涌动出来的,不受其他左右。

这种幸福要求我们必须从生命的内在创造性入手。因为,作为"劫浊"的文明全体的变化和紊乱的内容,"终究不得不归结于人本身的诸种浑浊。'心之病',成为'身之病'和'社会混乱'的诱因,而它又加剧了'心之病',形成一种可怕的恶性循环。"① 可见,根除"社会混乱"需要从人内心的分裂力量入手,而且生命的起源以及生命的本质都说明了人的生命是创造性的主体,因此,决定人生的"是其生命的主体者——个人的自觉和努力。换而言之,在其主体的范畴内维护生命的尊严,就是要立足于自发的使命感、目的观、理想追求之上,最有价值地最有意义地投入自己的生命,使其燃烧起来"。② 究竟选择哪条道路,完全由人自己决定,把宇宙和自己引向创生的道路,必须开发蕴涵于自己生命之中的这种主动性和驾驭力。无论是构筑"无核"的世界还是"没有战争的世界",其主导权完全在每个人的手中。并且,"所谓佛法并不是把什么东西硬灌进人们的心里。弘扬佛法的正确方式,应当是根据各个地区的生活方式和文化传统,从内部来启发生命。"③ 根据这种内部启发的方式,池田提出世界文明,应该在承认多元文化价值的基础上,重视一些"普遍性"的价值即生命价值,从而形成一种"多元共生"的状态。这也体现了佛法中的"自体显照"思想,即"把自己内藏的特长发挥得淋漓尽致,但并不是与他人发生冲突,也不令他人牺牲。教导真正的生活方式,就是以慈悲之心,通过认识与他人的差异,学习到如何成长、改进自己,创造出一个调和与共生的世界"。④

由此,幸福就存在于创造价值之中,在现实生活中把创造价值作为人生的追求,就是在实现幸福,而根据佛法的"小我即大我"、"宇宙即生命"的大生命观,创造生命价值的途径必然包涵多个方面。

---

① [日]池田大作著,铭九等译:《我的人学》(下),第183页,北京大学出版社,1990年版。
② [日]池田大作著,卞立强译:《人生箴言》,第166页,中国文联出版公司,1995年版。
③ [日]池田大作著,卞立强译:《人生箴言》,第68页,中国文联出版公司,1995年版。
④ [日]池田大作:《时代精神的潮流》,第71—72页,香港:商务印书馆有限公司,2005年版。

第四,建构途径——己他两利

我们已经明确,从"大宇宙观"衍生的"小我"和"大我"思想以及大乘佛教的"菩萨道"来看,根据"宇宙即生命"的观点,整个宇宙是一个生命体,个体的人("小我")只不过是宇宙生命("大我")的一个片断、一个部分,然而个体又包含着整个宇宙,即"小我即大我",因此,只有自己幸福而他人不幸的事不可能存在,"令别人幸福,自己也会随之幸福。若一个人不幸,自己就不会完全幸福"。① 自己的幸福与他人的幸福是紧密相连、不可分割的,如果只是注重其中任一方面,都不会实现幸福,因此,幸福生活的实现,生命价值的创造都必然要同时关注己、他两个层面。

首先,从自己出发创造价值,也即"为己"。不论身处何种环境与境遇,都要不断充实自己,提升自己的生命力和能量,提升自己的精神境界,以便为他人的价值创造和幸福贡献力量,我们称之为"个人价值"。这实际上就是要求我们保持自己生命的尊严性,谋求自身的变革。面对外界众多的物质和其他方面的诱惑,面对自己的"魔性",能够用理性生命观和道德自律引导各种欲望,而不受其牵引,通过这种方式实现具有尊严的生命价值,进行自我变革,确立自身的生命尊严性。

其次,从为他人贡献力量出发创造价值,也即"为人"。要为别人的幸福而贡献力量,这是一种"利他"的实践,是以他人生命为尊严的实践,具体来说,就是尊重别人的生命包括其他物种的生命,承认他人生命的尊严,不随意践踏他人的生命,以他人的生命为目的,而不是达到其他目标的手段和工具。因为,幸福是一种与大乘佛教的"菩萨道"或"自行化他"精神相通的广大的心境。② 可以说,幸福只存在于为他人尽力当中,不可能存在只有自己的幸福而他人不幸的事,"令别人幸福,自己也会随之幸福。若一个人不幸,自己就不会完全幸福"。③ 这也是一种通过以慈悲精神为指导的"利他"实践创造价值,因为人只有注目于它物的身上,才会显示出人的价值所在,人类在宇宙"网络生命"的支持作用,要求人类必然要努力和一切生物共生下去,与万物共同奏出和谐的旋律,在与万物共生之中走出新的创造性道路,实现人类的理想和幸福。

由此,在生命的目的和意义被严重遮蔽的当代社会,池田先生从佛法的视角,为我们提出了建构人类幸福的新诠释,他认为,佛法所说的佛界,是指不仅使自身,还能使他人幸福的境界,真正的幸福,是由充实了的生命力为支撑的,这样,从己、他或者内、外两方面创造生命价值的幸福建构模式在"生命论"的基础上形成。

---

① [日]池田大作等:《法华经的智慧》,第166页,明报出版社有限公司,1997年版。
② [日]池田大作著,铭九等译:《我的人学》,第234页,北京大学出版社,1992年版。
③ [日]池田大作等:《法华经的智慧》,第166页,明报出版社有限公司,1997年版。

总之,根据生命观和宇宙观,池田认为,当今时代出现的"地球问题群"的解决,必须从内在生命入手进行"人性革命",认为"佛性是人人都有的,佛性是宇宙生命的体现。佛教的根本任务就是要把佛性这个伟大生命从每一个个体生命深处引导和显现出来,从而开发人的智慧和慈悲,在现实的人生和行动中发挥作用。这就是池田大作所说的在人的意识深处进行变革的'人的革命'"。① 并且,只有通过每个人生命里的变革,才能实现"环境革命"和"地球革命",才能抹去人民的悲惨和不幸,这也是池田先生另外两个层面的伦理思想。

(三)环境伦理思想

针对环境恶化的问题,池田用佛法的"依正不二"说论证了人类与环境的密切联系。"正"指"正报","依"指"依报",其中"正报"指主体,而"依报"指环境之意,两者处于一种"二而非二"的"不二"关系,他说:"依报如同身影,受正报这个生命主体的支配,因正报而变革。反过来,'正报又是通过依报而形成。'意思是作为生命主体的正报是受其赖以生存的国土、环境等支持才形成的。只有在考虑这些相互关系并不断加以综合分析之后,才会看清生命与环境的关系。"② 可见,环境与人类的关系是不可分割的,两者虽然是两个不同的物质,但内在却是浑然一体、相互关联的。

第一,环境问题的根本原因——欲望

欲望就像一个"潘多拉盒子",一旦把它打开将会产生许许多多的烦恼,不幸的是近现代社会兴起的科学技术革命为人类可以无限膨胀的欲望打开了这个"魔盒",它改造自然和社会的强大力量使得人类能够按照自己的理想来建造自己的家园,尤其是近年来生物技术的出现更为人们提供了重组地球的可能性,我们可以按照自己的理想改造自身和其他生物,从根本上控制自身和自然界。而且"历史上每一次重大的经济和社会革命,都伴随着一次对生命产生和自然运作方式的新解释。新的自然观,总是构成所有新社会秩序的构架中最为重要的一股力量。在每一次变革中,新的宇宙观都被用于证明人类新的社会组织方式是正确的和不可避免的,因为自然本身也是通过类似的方式组织起来的。"③ 这样就造成了我们认为每个社会从事活动的方式都是与"自然的宏大设计"相符合的假象,认为我们的活动方式是与自然秩序相匹配的,从而获得所谓的"良好的自我感觉"。由此,

---

① 蔡德麟:《东方智慧之光——池田大作研究论纲》,第 81 页,清华大学出版社,2003 年版。
② [日]池田大作著,铭九等译:《我的人学》(下),第 179 页,北京大学出版社,1990 版。
③ [美]艾伦·杜宁著,毕聿译:《多少算够——消费社会与地球的未来》,第 201 页,吉林人民出版社,1997 年版。

由科学技术革命对自然观的解释本身构成了我们运作科学技术的社会的合理性支持,也就是说,我们运用科学技术条件改造自然和社会,是因为科学技术对自然的解释支持我们这样做,这样就构成了一个恶性循环,使得我们无限膨胀的欲望掩盖了其他的一切,包括我们的自然和社会发展的价值纬度。

艾伦·杜宁在《多少算够》一书中通过对当今人类社会中消费主义实质的揭露向我们展现了人类欲望的可怕以及我们对其限制的重要性。首先,他认为当前消费主义正在不断地扩张,而且消费已经渗透到社会价值之中。"在世界上两个最大经济机构——日本和美国——的民意测验显示人们正以他们的消费数量来衡量成功,并且这种势头继续呈增长之势。……在墨西哥,事实上'消费者'这个词和'人'这个词已经变成了实质上的同义词。"①然而,许多消费并不是为了满足人们的需求,而是被认可的欲望促动的,消费的满足是通过攀比或者胜过他人以及高于以前来达到的,"个人幸福更多的是提高消费的一个函数而不是高消费本身的函数。"②以前的富裕到后来就变成了贫穷,我们的需要是由社会规定的并且无止境地向上移动的"体面的"生活标准定义的,是随着经济的增长而逐步提高的,由此我们得知,在消费者社会里消费满足的是人们的欲望而不是人们的需要本身。然而,无限扩张的消费需求是无法满足的。杰厘米·里夫金认为,"高消费的社会,正如奢侈生活的个人一样,消费再多也不会得到满足。"③而且,几百年经济史的惯性和数以55亿计的人的物质渴望都处于增加消费的一边。他举了刘易斯·拉帕姆对人们的收入进行民意测验之后得出的结论来进行证明,"不论他们的收入怎样,许多美国人都认为他们能有两倍的钱,他们将得到独立宣言许诺给他们的幸福水平。年收入为1.5万美元的人确信如果他每年只要收入3万美元,就会解除忧虑。年收入为100万美元的人认为如果他每年收入200万一切就会更好了……"④最后,刘易斯·拉帕姆得出的结论是:"没有人曾拥有足够的金钱。"

其次,他进一步发现高消费并没有给人类带来幸福,或者说两者之间没有任何必然的联系。对我们高消费方式巨大转变的"悲剧性嘲弄在于消费者社会的历

---

① [美]艾伦·杜宁著,毕聿译:《多少算够——消费社会与地球的未来》,第5页,吉林人民出版社,1997年版。
② [美]艾伦·杜宁著,毕聿译:《多少算够——消费社会与地球的未来》,第21页,吉林人民出版社,1997年版。
③ [美]艾伦·杜宁著,毕聿译:《多少算够——消费社会与地球的未来》,第19页,吉林人民出版社,1997年版。
④ [美]艾伦·杜宁著,毕聿译:《多少算够——消费社会与地球的未来》,第19页,吉林人民出版社,1997年版。

史性兴起对于损害环境有着重大影响,却并没有给人民带来一种满意的生活"。①在收入和幸福之间存在的任何联系都是相对的而非绝对的,人们从消费中得到的幸福并不是因为高消费本身,而是建立在自己是否比他们的邻居或比他们的过去消费得更多的攀比上。艾伦·杜宁指出,从不同的社会,如美国、英国、以色列、巴西和印度等得出的心理资料表明了同样的道理:高收入阶层倾向于比中等收入阶层略幸福一点,并且最低收入阶层倾向于最不幸福。可以说,任何社会的上等阶层都比下等阶层对他们的生活更满意,但是他们并不比更贫穷国家的上等阶层更满意——也不比过去较不富裕国家的上等阶层更满意,每个人都用谁在前面和谁在后面来判断他们自己的位置。他认为,"从远处看,这种情绪似乎反映了纯粹的贪婪;但是从近处看,他们看起来更反映了人类社会的本性,我们是需要归属的人。在消费者社会,需要被别人承认和尊重往往通过消费表现出来。……买东西变成了既是自尊的一种证明,又是社会接受的方式——'金钱体面'的一种标志。"②因此,我们可以看到人们是在通过高消费的方式获得社会的承认和尊重,从而获得幸福感,给人们带来幸福的是消费以外的东西。

牛津大学心理学家迈克尔·阿盖尔断定,真正使幸福不同的生活条件是那些被三个源泉覆盖了的东西——社会关系、工作和闲暇。并且在这些领域中,一种满足的实现并不绝对或相对地依赖富有。生活中幸福的主要决定因素与消费竟然没有关系——在这些因素中最显著的是对家庭生活的满足,尤其是婚姻,接下来是对工作的满足以及对发展潜能及闲暇和友谊的满足,在决定幸福方面,这些因素都是比收入更重要的指标。③ 然而,一些迹象表明,在消费者社会中社会关系,特别是在家庭和团体中的社会关系,却被忽略了,闲暇在消费者阶层中同样也比许多假定的状况更糟糕。由此,我们明白,由于人类的欲望是无法被满足的,消费者社会并不能"兑现它的通过物质舒适而达到满足的诺言",我们的需要在整个社会中应该是有限的,并且真正幸福的决定性心理因素"社会关系的强度"和"闲暇的质量"在消费者阶层中似乎减少的比提高的多,消费者社会却通过提高我们的收入而使我们陷于"穷困"。

最后,艾伦·杜宁在本书的最后指出,联系人类和自然王国的命运掌握在我

---

① [美]艾伦·杜宁著,毕聿译:《多少算够——消费社会与地球的未来》,第17页,吉林人民出版社,1997年版。

② [美]艾伦·杜宁著,毕聿译:《多少算够——消费社会与地球的未来》,第21页,吉林人民出版社,1997年版。

③ 参见[美]艾伦·杜宁著,毕聿译:《多少算够——消费社会与地球的未来》,第21—22页,吉林人民出版社,1997年版。

们——消费者的手中,我们应该走出消费误区、走向持久文化运动。持久文化就是一个量入为出的社会;提取地球资源的利息而不是本金的社会;在友谊、家庭和有意义的工作之网中寻求充实的社会。这种情况只要我们消费者社会中的那些人转变我们的生活方式就有可能发生,在这个世界里,为了满足个人的食物、教育、充实的工作、居所和良好的健康状况的需要,人类的选择将会扩大而不是缩小。过多的消费对于资源的掠夺性开发,具有耗尽、毒害或不可更改地损害森林、土壤、水和空气的危险,而过多消费的反面——贫困——亦是既不能解决环境问题也不能解决人类问题的,它对于人们是无限糟糕的事情,对自然界也是如此,而且世界上赤贫的10亿人中有一半以上的人正陷于生态和经济枯竭的恶性循环中,在绝望中,他们无计可施地滥用土地,通过损害未来而拯救现在。可见环境的破坏根源在于人们拥有太少或者太多,"除非我们认识到,更多并不意味着更好,否则我们阻止生态恶化的努力将被我们的欲望压倒;除非我们反思,否则我们将可能看不到我们周围刺激这些欲望的动力,例如,无休止的广告、激增的购物中心,以及'跟上时髦'的社会压力。我们可能忽视了消费比其实际更大的破坏性力量,例如,对矿山、造纸厂和其他环境影响严重的工业补贴就属于这种力量,并且我们不可能依靠机遇在降低消费的时候提高生活质量,例如,在工作上花较少的时间,而在家庭和朋友上花更多的时间。"① 由此,地球上生命的未来取决于我们——世界人口中最富裕1/5人口——能否从物质需求的充分满足转向非物质需求的满足,消费者阶层的我们必须像那些处于世界经济阶梯中间的人们一样饮食、交通,以及使用能源和材料,同时还要寻找先进、清洁的技术,如果我们学会这样做,我们也许发现我们自己更幸福,因为在消费者社会里,富有已经把我们引向了歧途,接受和过着充裕的生活而不是过度地消费将使我们重返人类家园。②

可见,当前无止境的直线式发展很大程度上是受到人们无限扩张的欲望的推动的,通过欲望的满足来获得幸福是一种误解,这种误解掩盖了真正决定我们幸福的东西,被等同于总量经济增长、现代体制的建立以及消费欲望与专业野心的扩散的发展必须受到质疑,发展应该关注人类真正的幸福,而不能被其他所蒙蔽,我们需要一种正确的价值观来支撑发展观念。池田先生深刻地认识到了这一点,他多次强调,我们当前的社会问题当然包括环境问题,其根源就在于人类自身的

---

① [美]艾伦·杜宁著,毕聿译:《多少算够——消费社会与地球的未来》,第7页,吉林人民出版社,1997年版。
② 参见[美]艾伦·杜宁著,毕聿译:《多少算够——消费社会与地球的未来》,第112—113页,吉林人民出版社,1997年版。

"魔性",而欲望就是这种"魔性"的突出表现之一。

池田先生认为,生态危机从表面上看似乎是"天灾",但实际上是"人祸",或者说它是"以天灾形式出现的人灾","在现代,灭绝人类生存的不是天灾,而是人灾,这已经是昭然的事实。不,毋宁说科学能够发挥的力量变得如此巨大,以至于不可能有不包含人灾因素的天灾。"①自然灾害在科学发展力量的推动下成为"人祸",而科学又进一步成为"人祸"的帮凶。而且,这种人为之灾,不仅破坏了生态环境,同时也是对人类自身的一种破坏,人类生活环境遭受破坏的根本原因是人类的内在环境"心灵"出现了危机,是人们不受控制的欲望和需要所导致的,池田称这种不受控制的欲望和需要为在人类人性身处潜藏着的一种"魔性的欲望",它表现出来就是人类巨大的"贪欲",导致对自然的大肆掠夺,加上近现代社会的市场机制,造成了当今人类前所未有的贪欲膨胀。

可以说,自然环境的破坏是人类心灵危机的表现。人"一旦失去内心世界本来的韵律,生命能源就会出现不畅快的波动,变成破坏性的、攻击性的、支配性的欲望和冲动的能源。……外部地球的沙漠化与人类生命的'精神沙漠化'是分不开的"。而"从'内部环境'被污染,出现沙漠化的人的内心深处喷发而出的利己主义变成对文化、社会环境及自然环境所构成的外部环境的支配、掠夺和破坏"。②由此,池田先生认为,生态危机的根源就在于人类未能有效地控制住自己的内在贪欲,人类只有用与以往完全不同的态度对待生态危机,才能改变自己的前途和命运,也就是说,使生态危机得到缓解的根本有效的途径就是进行人的内在伦理性变革,"只有当产生了人类内在的变革,才可能找到防止灾害的办法吧。我认为政治家、企业家、科学家以及我们每一个人,都必须从这样的角度寻找灾害的原因。否则的话,现代社会就会发展无法避免地球毁灭的危险。"③在此基础上,池田先生提出了他与众不同的解决环境问题的途径。

第二,解决环境问题的根本途径——人的"内在伦理性变革"

在池田先生那里,核武器与环境污染问题是人类灭绝论的两个根据。环境问题一直是他始终关注的与人类的前途和发展密切相关的问题之一,这可以从他与世界众多知名人士的对话中多次提及得知,他也是世界上关于可持续发展理论的

---

① [英]汤因比、[日]池田大作著,荀春生等译:《展望二十一世纪——汤因比与池田大作对话录》,第37—38页,国际文化出版公司,1985年版。

② [日]池田大作著,何劲松编选,苗月译:《池田大作集——环境问题指南》,第261页,远东出版社,1997年版。

③ [英]汤因比、[日]池田大作著,荀春生等译:《展望二十一世纪——汤因比与池田大作对话录》,第38页,国际文化出版公司,1985年版。

最早倡导者之一,曾与世界上最早提出可持续发展理论的罗马俱乐部创始人、意大利科学家奥锐里欧·贝恰博士共同出版了《二十一世纪的警钟》这部可持续发展理论著作。他的"对谈"以及许多著作中都表达了他解决环境问题的根本途径。

从上文我们已经得知,佛法的"依正不二"论是他生态伦理观的理论基础,也是他看待环境问题的基本视角。与传统佛教不同,他从人与自然的关系出发对其做出了新诠释,在他看来,"依正不二"反映的是佛教关于人作为生命主体与所处自认环境客体之间的关系,"依""正"是密切相关、不可分割的,"生命主体与其环境在客观世界的现象中,虽然可以作为两个不同的东西来认识,但在其存在中,融合为不可分的一体来运动的。"① 可见,人与环境表面上似乎是两种不同的物质形态,但从佛教的"大生命观"来看,两者实际上是浑然一体、相互关联、不断互动的一体存在,环境塑造和规定着人,同时,人也可以塑造和影响环境。而实现"依正不二"的生态伦理观,根本的就是要进行"人的革命",也就是实行"人的内在伦理性变革",池田先生多次强调了这一点,他说:"从利己主义的人生态度转变为对全社会的人和一切生物施加慈爱的人生态度,这本身就可以说是一种伟大的人的革命。"②"我们相信,在人们的内部实现这种人与自然关系的变革,是紧急而必要的;所以我们一向呼吁,只有进行人的革命而别无其他办法。"③并且,只有从根本上进行"人的革命",才能建立起人与自然和谐相处的画面,"才能面对自然的破坏——可以说是现代文明所面临的最深刻的危机——筑起一道根本的防线"。④ 可见,我们必须对作为生命主体的人类进行思想意识上的"伦理变革",采取全新的态度,才能克服生态危机达成保护环境的目的。

首先,以"慈悲万物"的基本态度对待大自然。这种"慈悲"的理论根源在于佛法的生命观,池田先生承认任何生命包括人类把保护自己的生存作为至高无上目的的合理性,他认为,"这是生命世界的原则。……极端地说,保卫自己和追求自己利益的利己主义,乃是身心先天地、本能地所具有的机能的原理。"⑤从这一点来

---

① [英]汤因比、[日]池田大作著,荀春生等译:《展望二十一世纪——汤因比与池田大作对话录》,第12页,国际文化出版公司,1985年版。
② [日]池田大作、[意]奥里利欧·裴彻著,卞立强译:《二十一世纪的警钟》,第182页,中国国际广播出版社,1988年版。
③ [日]池田大作、[意]奥里利欧·裴彻著,卞立强译:《二十一世纪的警钟》,第186页,中国国际广播出版社,1988年版。
④ [日]池田大作、[意]奥里利欧·裴彻著,卞立强译:《二十一世纪的警钟》,第153页,中国国际广播出版社,1988年版。
⑤ [日]池田大作、[意]奥里利欧·裴彻著,卞立强译:《二十一世纪的警钟》,第82页,中国国际广播出版社,1988年版。

说,人类不可能因慈爱其他生命而牺牲自己的生命。但是,他进一步论述道,根据佛法的"大生命观",我们的生命是与宇宙生命融合在一起的,因此在我们生命内部还存在着一种"本源的欲望",这种欲望之中潜藏着一种与宇宙生命融合的需要,这种需要也是人与自然之间"依正不二"的客观事实的体现,也正是"慈悲万物"的合理性与必要性之所在。进一步可以说,"慈悲万物"源于"依正不二"的客观事实,"只把'人类应当如此对待世界的规则强加给人们是不够的,只有人们理解了为什么必须如此,规则才能发挥它的效力'。佛法中虽然也有'不能随便杀生'、'不能以诺言骗人'等伦理规范,但作为其根据,要说明'依正不二'的环境与我们主体的紧密关系,讲清因果法则。"① 可以说,人的身体是由其周围的物质形成的,人是受到万物恩惠的生命体,人因此也要为环境和其他生命做出贡献,作为宇宙生命的一部分,人类没有理由与大自然对立甚至去破坏它,这是"依正不二"内在蕴涵着的正确的生活态度,也是我们"慈悲万物"的根本所在。

  其次,以"慈悲万物"的基本态度为基础,确立全新的生态伦理观。第一,自然万物与人一样具有生命。由于自然万物与人都是宇宙生命的一部分,都是"生命的存在",而且是相互影响和作用的同一个生命体。我们应该将其视为与人的生命一样具有生命形式的存在,甚至可以将其视为人的生命的一部分,而不是完全把自然万物当做"客体",当做单纯的"物"随意践踏,它们作为生命存在,与人一样具有"生命的尊严性",我们应该尊重自然万物的生命权利,这与佛教的"众生平等"观念是一致的。在近代社会,随着人的尊严和理性的增强,逐渐忽略甚至贬低了其他物种的"尊严",甚至将其当做达到人的目的的工具,成为人的对立面,池田先生也深切认识到了这一点,他认为在近代社会,人类有一种强烈的倾向认为其他物种的存在只是靠本能在行动,而"这恐怕就是人们破坏自然,抢夺其他动物生存地盘,对某些动物采取斩尽杀绝等残酷的行动而不感到任何良心谴责的根本原因"。② 由此,我们应该改变这种态度,以"慈悲"之心施于万物,尊重它们的生存权利。第二,将"征服"转变为"共存"。池田先生认为,我们"要改变出于自然为人类服务这一思想而破坏或征服自然这一生活态度,应当认识到人类除了与自然的万物共同享受生存之外,没有其他持续繁荣的道路"。③ 我们不仅应该看到自然为人

---

  ① [日]池田大作、[德]狄尔鲍拉夫著,宋成有等译:《走向二十一世纪的人与哲学——寻求新的人性》,第350页,北京大学出版社,1992年版。
  ② [日]池田大作、[意]奥里利欧·裴彻著,卞立强译:《二十一世纪的警钟》,第69页,中国国际广播出版社,1988年版。
  ③ [日]池田大作、[意]奥里利欧·裴彻著,卞立强译:《二十一世纪的警钟》,第185页,中国国际广播出版社,1988年版。

类服务这一层面,同时也应该根据"依正不二"的理论,认识到人类同时也应该为自然服务,因为人和宇宙万物共同处于一张"生命网络"之中,人类因任何不负责任的行为而导致"生命网络"的震动与破坏,在破坏其他生物与自然环境的同时,也必然对人类自身的生命产生同样的破坏与威胁,由此,人类只有与自然万物一起经营和谐的"生命网络",实现人与自然之间的"共存",才能从根本上改变对人与自然的不和谐。第三,从"地球之王"转变为"调整人"与"保护人"的角色。虽然池田先生强调万物与人是具有生命形式的同等的存在,对"生命网络"共同起着支撑作用,但他同时认为,人类是"六道众生"之中具有较大开悟可能性的存在,因而对"生命网络"有着不同于其他万物的责任特殊,即赋有"调整"和"保护"的责任。而由于近代社会科学技术对人类改造世界能力的巨大促进以及人类自身无限膨胀的欲望作祟,人类将自己定位为自然界的"统治者"和"主人",单方面夸大了自然灾害对人类的威胁而注重去制伏和统治自然,却忽略了自然对人类的巨大恩惠,"不能一味地追求统治欲和物质的欲望的满足;要正确认识自身生命是靠着自然万物无法估量的恩惠才得以维持,要为有助于自然万物更丰富的生命经营作出贡献;要把这样的态度当做根本。"①我们必须认识到:"人同自然万物的关系是非常复杂的,应当是什么状态将是微妙的;要适应一个地区的自然特征,不能一律对待。不过,不论怎么说,必须懂得单方面的独裁统治反而会招致自身的毁灭。"②"单方面的独裁统治"必然导致人类凌驾于自然之上的观念,这正是我们进行"人的革命"面临的迫切问题之一,"当前要求人类最迫切的是,建立作为对一切生物的'调整人'和'保护人'的意识"。③可见,只有人类将自身的角色从"地球之王"和"主人"调整为"调整人"与"保护人",才能从根本上改变人类对待自然万物的态度。

总之,解决当前的生态危机与环境问题,必须树立"慈悲万物"的态度,并且在此基础上承认自然万物与人类生命的同等"尊严性",将人类对自然的"征服"转变为与自然的"共存",从而将人类的"主人"角色调整为"调整人"与"保护人",这样从人的内在"伦理性变革"出发才能根本解决问题。池田先生说道:"无论环境中的不平衡或社会中的不平衡,造成这种不平衡的是人自身,其根源显然在于我们

---

① [日]池田大作、[意]奥里利欧·裴彻著,卞立强译:《二十一世纪的警钟》,第191页,中国国际广播出版社,1988年版。

② [日]池田大作、[意]奥里利欧·裴彻著,卞立强译:《二十一世纪的警钟》,第191页,中国国际广播出版社,1988年版。

③ [日]池田大作、[意]奥里利欧·裴彻著,卞立强译:《二十一世纪的警钟》,第189页,中国国际广播出版社,1988年版。

人类内在自我的不平衡。"①例如,在谈到能源与资源问题时,他认为寻找和开发新的能源、资源代替固然是一种良策,但是开掘"心中的资源"却是最根本的资源。诚然,如果人类不改变一味追求无限膨胀的欲望这种生活方式,开发再多的资源和能源仍然不能解决根本问题。

(四)世界和平的追求——蕴涵着人类普遍生命及生命伦理价值

从池田先生的生平经历可以了解,他将一生全部的精力与心血倾注在了宗教文化、国际和平等活动之中,他不仅在理论上论证和平是佛法的应然之意,而且通过与各国领导人以及知名文化人士的交流与对谈的亲身实践,加强和促进各国文化教育事业的交流与发展,致力于实现世界的永久和平。与其他方面的思想理论一致,他仍然以佛法,即生命,为基础和出发点提出世界和平的理论。

第一,"积极的和平主义"

在"生命的尊严"的生命哲学理论基础上,与把和平看做是"无战争状态"的传统和平观不同,池田先生提出了"积极的和平观"。

根据"大生命观"与"生命的尊严"、"众生平等"的理论,每个人包括每个物种的生命都具有同等的尊严,并且是自足的尊严,没有什么可以抹杀。战争可以剥夺和残杀众多生命,但是像贫困、压迫等也可以间接剥夺人类的生命,这些间接的破坏力量与战争一起被池田先生称作"暴力"。暴力被分成两类,一类是恐怖活动和战争,即称之为"直接的暴力";另一类是"贫困和压迫",即称之为"结构性的暴力"。"不论是恐怖和战争这些直接的暴力,还是贫困和压迫这些结构性的暴力",都是和平的死敌。② 而"和平"是"暴力"的反义词,池田先生认为,一般来说,人们认为和平的反义词就是战争,但研究和平的人们不这么看,而是认为和平的反义词是暴力。和平是通过与包括战争在内的各种暴力——贫困、饥饿、环境破坏、压制人权等作斗争,通过根绝各种暴力而实现的。所以说,暴力是战争的根源,战争是最极端的暴力行为,要和平,就必须根绝所有的暴力。他自己将这种和平观称作"积极的和平主义",强调人类要解决的课题,不仅仅是实现没有战争状态这样的"消极的和平",而是要实现一种积极的、能从根本上改变威胁"人性尊严"的社会构造的和平,这才是和平的真正意义。"所谓和平,是相互之间不加任何恐怖于

---

① [日]池田大作、[意]奥里利欧·裴彻著,卞立强译:《二十一世纪的警钟》,第177页,中国国际广播出版社,1988年版。

② 参见[日]池田大作、[法]路奈·尤伊古著,卞立强译:《黑夜寻求黎明》,中文版前言,中国国际广播出版社,2003年版。

对方,衷心互信互爱的一种状态。这样的和平才是人类社会的正常状态。"①并且,反对暴力还体现在实现和平的途径之中。池田先生主张"非暴力的渐进式和平",也就是说,我们反对暴力实现和平,但不能"以暴易暴"、"以恶制恶",用暴力反对暴力与暴力是同等的"恶","暴力本是一种很软弱的行为,是人性的失败,相反,非暴力才是精神的强者,对此人们有必要加以重新认识。"②因此,他强烈呼吁:"和平是不能以武力来取得的,也不能以经济和军事手段来取得。藏在武力后面的和平绝不是和平。"③在反对暴力的斗争中,必须要贯彻关怀他人的"自律和自制",否则行动的一方同样会没有说服力,也就很难达到和平和安定的目的。如果"以暴制暴",只会造成"憎恶与报复连锁的反复",这同样会陷落到暴力的旋涡之中,是一种悲哀。

这里的"积极",不仅指一种观点的性质,它还表示我们要积极"入世"。池田先生进一步认为,这种和平要靠我们每个人、每个民族"主动地去争取",要迎难而上,"逃避现实"的"遁世"态度是没有任何意义的。"忽视'和平是争取得来的成果'、'没有不断争取就没有和平'的观点,只是和平、和平的在口中念念有词,却无所事事,其实是一种依赖他力,一厢情愿,不负责任的生活态度。"④因此,他认为各国人民群众是历史的主角,高举争取人类和平的旗帜、高呼"和平"的民众队伍愈是扩大,我们离和平就会愈近,离战争就会愈远。池田先生更是身体力行,他所主持的创价学会以及后来成立的国际创价学会的宗旨就是,以佛法为根本,通过发展文化交流和教育争取世界的持久和平,反对暴力和战争,反对法西斯军国主义,倡导人性主义,为人类幸福做出贡献。创价学会和国际创价学会除了用友众多的国内会员之外,还发展了大量的国外会员,遍及世界120多个国家和地区,他和众多会员一起在全世界开展废除核武器、维护世界和平以及争取各国人民之间的友好和交流活动。创价学会最活跃的骨干力量就是青年部,他们以"青年和平会议"和"妇女和平委员会"为中心,开展各种形式的反对核武器、反对战争的和平运动,例如,举办"反核、反战、现代世界核威胁展览",战争与和平展览,青年反战和平讲座以及出版"反核、反战、和平"丛书等,许多会员更是以持久开展和平运动、决心为废除核武器、建造一个和平的21世纪而努力作为自己整个人生的信条和理想。

---

① [日]池田大作、[英]汤因比著:《眺望人类新纪元》,第283页,天地图书有限公司,2008年版。
② [俄]戈尔巴乔夫、[日]池田大作著,孙立川译:《二十世纪的精神教训》,第341—342页,天地图书有限公司,2004年版。
③ [日]池田大作著,何劲松编选:《池田大作集》,第150页,上海远东出版社,1997年版。
④ [日]池田大作、[中]金庸著:《探求一个灿烂的世纪》,第343页,明河社出版有限公司,1998年版。

第二,"彻底的和平主义"

可以看出,池田先生的"积极的和平主义"思想是以"生命的尊严"为基础的,进一步说,"积极的和平主义"更偏重于形式,而从深层次的内容上来看,我们可以称他的和平观为"彻底的和平主义"。

首先,他的和平主义植根于彻底的"生命的尊严"之中。池田先生从维护生命的尊严出发,对善恶的标准从根本上作了界定,他认为:"生命的尊严是普遍的绝对的准则,生命的尊严是没有等价物的,是任何东西都不能代替的。"①因此"生命的尊严就是绝对的标准。我们只有把对人的认识回到原点,'以生命的眼光'看待人,而不是'以国家的眼光看人',才不会利用生命来当权力的后盾,将生命当成数量和物品来计算,而是会视生命为无上的存在加以珍惜,这也是人之所以为人的本质和基点,并且只有从这里才能真正激发出普遍的人类之爱。维护这种生命的尊严,为这种生命所追求的幸福尽最大的努力,这就是善,反之则为恶。可以说这是任何时代,任何社会都不变的标准。如果有一种社会把破坏生命当做是'善'——这种社会在各个地方,各个时代确实有过——那就应当说,这个社会本身就是'恶'。"②用"生命的尊严"作为判断善恶的标准,是一种彻底的善恶观,排除了其他相对标准的可能性,由此,破坏人类生命的战争就是一种"绝对恶",同样剥夺人类生命的饥饿、贫困等结构性暴力也是一种"绝对恶"。这决定了我们要反对一切战争与暴力,实现一种"慈悲与宽容的绝对和平主义",作为一种理想,它与现实世界之间有着较大的鸿沟,但是却隔断不了我们在理想与现实的冲突中进行苦苦探索和艰辛追求。现代社会最缺少的就是深刻的"人类之爱",现代化科技成果日益把人类引向"偏见狭隘的爱"的方向,这种爱不是真正的爱,对人类普遍的爱不应受此束缚,我们必须并且只有立足于普遍的爱,才能从偏见与狭隘的爱中解脱出来,体验到普遍的爱,这也是我们避免人类"集体自杀"的唯一途径,平等的爱所有人才是世界和平的根本。把和平植根于彻底的生命标准,这样我们就会有博大的爱,即对人类普遍的爱,把全世界看成"我的祖国"的人类爱、世界爱,甚至把爱的对象扩展至整个宇宙。这样,当被压迫民族和人民遭受殖民统治和暴政蹂躏而被迫进行暴力反抗时,我们就能寄予深切的同情与支持,而威胁人类生命的战争、暴力、核武器等也就无所立足了。

其次,他的和平主义具有时间和空间上的广泛适应性。我们已经看到,池田

---

① [日]池田大作著,卞立强编选:《池田大作选集》,第312页,北京大学出版社,1988年版。
② [日]池田大作、[日]松下幸之助著,卞立强译:《人生问答》,第243页,中国文联出版社,2000年版。

先生追求的不是短暂、一时的世界和平,他在不同的场合多次强调,要寻求一种稳妥的方式,追求"世界的持久和平"。所以,他一方面寻求实现和平的最根本出发点,即寻找最普遍、最绝对的标准,也就是维护生命的尊严,以生命来看待人,从生命这个人之为人的本质点出发激发人类的"普遍的爱",以此消除威胁人类生命与世界和平的"直接暴力"与"结构性暴力"。另一方面,他着眼于后代教育。主张实现世界和平的重要实践方法之一就是创办学校和教育,以他为首的国际创价学会,在世界各地不断的创办学校,包括大学、小学和幼儿园等,在教育理念以及各个学校的具体教育活动和途径之中,融入创造生命价值,为世界持久和平贡献力量的思想,在后代的思想中牢牢树立从人的本质出发的根本观点。除了追求时间上久远的和平之外,更是追求空间上的广泛和平。从其生命哲学思想以及生态伦理思想中,我们也已经可以了解,池田先生关注的不仅仅是人类之间的绝对和平,而是关注包括地球在内的整个宇宙的和谐,永恒的人类和平需要建立在永恒生态学的基础之上。所以,在他那里,和平不仅是一种社会状态,同时也是一种自然状态,人类应该彻底抛弃自己天生就具有尊贵性而自然界是用来为人类服务的偏颇观点,我们应该承认自然界万物是与人一样的"生命的存在",而且属于同一种生命体,它们同样具有生命的尊严,也应该受到应有的尊重,"自然也是保持一定规律的'生命的存在'。尽管与人类生命形式不同,但本质上是与人类生命相互关联的。"①把和平的理念贯彻到人与自然的关系之中,这样和平就无处不在。

总之,池田先生在他的"佛即生命"的"生命哲学"基础之上,形成了以"生命的尊严"为核心规范,并在"生命的尊严"基础上拓展了人类幸福的建构以及环境伦理思想,最后又统一在世界和平价值理念之中的蕴涵人类普遍生命价值之生命伦理思想。他的生命伦理思想可谓是即具有根本性,同时又融合到了我们生活的方方面面,但这也还只是具体层面上对伦理规范的理论考察,而池田先生"人性革命"的最终目标是将其生命伦理规范应用到具体实践之中,教育实践就是他所选择的重要实践方式之一,所以,他的生命伦理思想最终落实到生命教育实践领域之中。

---

① [日]池田大作、[英]汤因比:《眺望人类新纪元》,第41页,天地图书有限公司,2008年版。

第六章 池田大作科学发展观

科学技术的迅猛发展,使得当今社会的变化速度加快,同时也带来了人与自然关系的失衡;对外开放的不断深入,人们交往时空的扩大,使得各种文化价值观念大量的涌入和激烈的碰撞,同时也带来了人与人、人与社会之间关系的复杂。而这些也都增加了人们内心的困惑,冲击着人们心灵的和谐。这就要求我们要有新的德育理念—科学德育,来切实提高德育的实效性。

我们认为教育应该以"以人为本"为基本理念,以实施主体性德育为基本途径、以追求德育实效为工作方向、以促进学生的全面发展为目标的教育观念。① 实质上科学德育观是科学发展观在德育这个特殊领域的具体体现。所以从科学发展观的本质出发来理解科学德育观,就是要把世界和人类社会的科学发展与如何做人的教育结合起来,把培养人应该如何建立与自然、社会及其自身内外的和谐关系放在首位。

而在响彻国际各界的思想家、教育家的池田大作先生的众多论著、报告和其平生的各种躬身力行的教育活动中,都体现了科学德育观的理念和思想。在其博大深厚的教育思想中蕴含着丰富的科学德育观,池田大作先生的科学德育观基于不同的思想渊源,具有自己特色的德育内容体系,对我国的德育理论和实践具有重要的借鉴意义。

一、池田大作科学德育观的思想基础

池田大作先生作为世界著名的宗教活动家,其很多思想都是以宗教哲学为基础的,而科学德育观也括在其中。具体来说,主要体现在下述两个方面:

(一)自然观教育中的佛法基础

自然观是指人们对自然界的总的认识。大体包括人们关于自然界的本原、演化规律、结构以及人与自然的关系等方面的根本看法。它是人们对整个世界认识的基础,因此,是世界观的重要组成部分,因此也是德育的重要内容之一。特别是在当今社会科学技术的迅猛发展之下,人们片面追求科学技术所带来的经济的快速发展,丧失了对自然的依赖和敬畏之心,使得人们原有的与自然互惠互存的自然观,特别是生态自然观发生了变化,逐渐走上了极端的人类中心主义的生态自

---

① 单忠献:《试论科学德育观》,第 108—111 页,载于《前沿》,2006 年第 6 期。

然观,打破了人与自然关系的和谐。因此,自然观教育成为了现代德育教育内容中的重中之重,特别是生态自然观的教育。

池田大作先生一生都致力于整个世界和谐发展的工作,他认为,在自然观教育中,首先应当建立起一个把自然看做是有生命的个体,从而保护自然,使得人与自然建立互惠互利的良好关系的新的自然观,而这新的自然观的建构的首要基础就是宗教。

比如,池田大作先生在他的各种著作、报告以及活动中,都展现出了其对自然保护的重视,提出来一系列对森林、土地、能源和生物物种等的保护措施。他指出:"要保护自然、尝试利用自然,但在此之前,在破坏自然不断发展的现代,当务之急是建立囊括一切人们智慧的新的自然学。"① 而其所谓的新的自然学就是要寻求一条以佛法为基,以人的革命为本,从而实现人与然和谐的道路。即,他主张"要从如何理解人的存在开始,关于人与其周围支撑人的文化的、自然的正确关系,必须彻底重新设计和构筑"② 新的道路来解决自然这个问题。而池田先生所设计和构筑的改革现代文明社会的道路的顺序中,建立现代的哲学、宗教是首当其冲的,其次是意识革命,而这个意识革命也是以前面的建立的宗教哲学为基础的,例如,他说:"没有人类自然观的根本变革,与大自然共存的愿望就只能停留在理想之中,永远不会变为现实。我想,人的意识的变革,贪欲自私的克服,无论如何也应借助宗教的力量。"③ 最后就是组织和社会等的变革。而之所以以此为序,主要是因为,池田大作先生认为,现代的生态危机实际上是由于人类没有抑制自己的贪欲所造成的恶果,而要将人与自然从这种恶果中彻底地拯救出来,除了"皈依宗教没有别的办法"。④ 他认为一旦人们信从宗教,在宗教的沐浴中获得某种精神力量,人们才获得了"支配自己行动的生命力","才能够与大宇宙融为一体,或是觉悟到宇宙万物根源的法",⑤ 也就"成佛"了。而宗教之所以会有如此大威力,是因为"它在人的生命中,较之智能、伦理、良心占据着更加深入、更加本质的地位。换句话说,那打开人类自己道路上的'大门'的'关键',并不是人类的智能,也不是

---

① [日]池田大作著,卞立强译:《人生箴言》,第198页,中国文联出版社,1995年版。
② [日]池田大作著,卞立强译:《人生箴言》,第199页,中国文联出版社,1995年版。
③ [日]池田大作、[英]B.威尔逊著,梁鸿飞等译:《社会与宗教》,第464页,四川人民出版社,1991年版。
④ [英]汤因比、[日]池田大作著,荀春生等译:《展望二十一世纪——汤因比与池田大作对话录》,第33页,国际文化出版公司,1985年版。
⑤ [日]池田大作、[英]B.威尔逊著,梁鸿飞等译:《社会与宗教》,第388页,四川人民出版社,1991年版。

良心,而是宇宙根源生命产生的宗教性冲动,是寻求回归祖先之处的生命深处的宗教之心"。① 但与此同时,池田先生却只把有这种威力的宗教赋予了其所信仰的佛教。

可见,池田大作先生一直将宗教作为保护自然,解决人与自然关系,建筑人类科学的自然观的根本方向,认为离开宗教的导航和根基,人类就不成为人类,人与自然也不可能通过别的途径去达到和谐。所以,佛法,宗教哲学是池田大作先生对人们进行自然观教育的理论支撑。

(二)实施途径中的佛法基础

池田大作先生认为,教育,特别是创造人的道德教育,必须建立在以尊重生命和爱为核心的宗教之上,因此,它一方面提出了要将宗教教育与德育相结合的德育方法,重视宗教教育在整个德育方法体系中的重要性;另一方面,也从尊重人的个性出发,强调注重平等、和谐的人际关系的建构的主体性德育的实施途径,但这种主体性德育的实施途径中也融入了宗教因素,认为应该以宗教理论为其基础。

主体性德育的核心是"强调以人为中心和基本价值,重视人的发展,通过思想教化和道德教化陶冶人性,塑造健康饱满的人格"。池田大作先生在教育中也一直主张坚持人的主体地位的主体性德育途径,因为,他认为无论是世界观的形成发展,还是人生观、价值观的形成发展,都必须以人为本,从人本身出发,要进行人的革命。但池田大作先生的人本主义却是与佛法中道相结合的人本主义,用池田大作先生自己的话来说就是"佛法的'人本主义'",或"以日莲大圣人佛法为基调的'人本主义'"。那何谓基调? 基调就是指人本主义必须以佛法中道为指导。其实,更进一步说,池田大作先生就是通过佛教中道原理来诠释和演绎人本主义的,他认为"佛法从根本上讲就是人本主义",两者间是"合二为一"的。②

这在池田大作先生的一系列的发言著述中,特别是关于"人本主义"的著作中,都有鲜明的痕迹和论述。如:

首先,他在1971年11月创价学会第34回本部总会上的以《宗教的振兴与人类文化的再建》为题的演讲中就明确指出:"人类文化的特质是'调和','调和'的理论基础是'佛法',而真正的人的、从人出发、以人为本的文化之实现,必须借助

---

① [日]池田大作著,铭九等译:《我的人学》,第595—596页,北京大学出版社,1996年版。
② [日]池田大作:《迈向光辉的人的世纪》,东京:圣教新闻社,2003年版;另见池田大作,第25届"SGI日"纪念倡言[EB/OL],2000年1月26日(http://www.sgi.org)。

于'人性革命的大宗教的出现'。"①

其次,池田大作先生在1973年1月1日给《圣教新闻》撰写的新年寄语中明确将日本佛教日莲正宗创始人日莲上人的佛法界定为"人本主义、生命主义"。②即池田先生力图通过将人本主义引入日莲佛教,以佛法中道改造人本主义。

最后,进入90年代以后,池田大作先生先后发表了一系列以人本主义为题的演讲和文章,来阐述其佛法的人本主义的观点,如,1992年1月在香港中文大学以《中国的人本主义传统》为题的演讲;1994年1月在中国深圳大学以《"人本主义"大地万里无垠》为题的演讲;1995年11月在尼泊尔特里布文国立大学的以《瞻仰人本主义的最高峰:活在现代的释尊》的演讲以及在2002年1月的第27届"SGI日"的以《人本主义——全球文明的黎明》为题的纪念倡言等。

由上可见,池田大作先生的人本主义是以佛法为基础的人本主义,是以佛法为指导的中道人本主义,并且这种人本主义逐渐成为了池田大作先生的思想主线,进而成为其主体性德育的本质与核心。

池田大作先生在上述佛教的理论基础上,形成了适应当今社会发展和时代进步要求的独具特色的科学德育观。

二、池田大作科学德育观的基本特征

概括来说池田大作先生的科学德育观以坚持以人为本为基本理念,以追求世界和谐与人类幸福为目标,以强调平等对话的情感教育为具体的实施途径。

(一)"以人为本"是贯穿池田大作科学德育观的指导思想

以人为本的科学德育观在内涵上说至少有三点:一是以人为本就是以人为中心,突出人的发展,人是教的中心,是育的目的,教与育的归宿都是人。人是教的基础,亦是育的根本,一切教与育都必须以人为本。二是以人为本就是把教育和人的幸福、自由、尊严、终极价值联系起来,使教育真正成为人的教育而不是机器的教育。三是以人为本要体现在人文官宦和道德情操上。③

可见,人是德育的主体,是德育的核心,是德育的出发点和归宿。而"一切始于人,归结于人"。④ 正是池田大作先生在其科学德育思想中始终遵循的一条原则。池田大作先生认为教育就是关于人的事业,教育的最终目的就是为了实现人的意义和人的幸福。

---

① [日]《池田会长讲演集第四卷》,第18、33—35页,东京:圣教新闻社,1973年版。
② [日]《池田会长讲演集第五卷》,第308页,东京:圣教新闻社,1975年版。
③ 冯党坤:《实施以人为本的科学德育观》,第14页载于《广西教育》,2005年第1期。
④ [日]池田大作,创价学会译:《和平世纪的倡言》,第55页,天地图书有限公司,1997年版。

首先,池田大作先生认为教育就是"人"事业。曾经非常明确地指出,教育的对象始终都是人,其中绝大多数是承担未来众人的青少年。因此,他强调教育的目的就是培育下一时代的人,所以教育效果如何,直接关系到人类社会的未来。这从池田大作先生所规定的创价大学的教育理念中便可看出其观点,比如池田大作先生认为大学成为最高研究所的同时,更重要的还是最高的人的教育的场所。教育的目的是在于人的形成和人的建设,可以认为这是无需多谈的。因此他将其所创建的创价大学的教育理念就规定为要成为"人"的教育的高等学府。

其次,池田大作先生的以人为本还体现在其教育目的中。池田大作先生认为教育的目的就是为了世界和平和人类的幸福。而池田大作先生认为要实现世界的长久和平和人类的幸福,其根本途径就是进行"人间革命",因为人才是历史的创造者和建设者。

池田大作先生认为19世纪的人类沉湎于整顿社会和国家的外在条件,将其定为通向幸福的捷径,只是一种错觉,是造成"大量死亡的20世纪"的最大教训。① 因此,他认为21世纪最需要的是能统一人与体制,人与自然,物质和精神,科学和人文,民族主义和国际主义等,能超越意识形态的对立,能恢复人的资格的综合融合的思想"②是一个"绝对不应远离人类,而应配合人之需求,着眼于人的内心"的新的统合原理。③ 也就是说,"21世纪应该是'生命的世纪',就是社会、文明已把生命的尊严作为基础,把人类的生命、个人的幸福和个性(人格)作为一切事业的目的,而不是作为手段的世纪";④他还特别指出在"明暗交织的历史潮流里,为了使下一个世纪更充满希望,我们更应该确立起以人为主角的历史观"。⑤ 因为,只有人才是历史的创造者,是世界的建设者。池田先生他曾这样讴歌他心中的民众的重要性:

民众啊!

你才是现实,

离开你,世界就变得虚幻。

---

① [日]池田大作著,创价学会译:《和平世纪的倡言》,第94页,天地图书有限公司,1997年版。
② [日]池田大作著,程郁译:《人生寄语——池田大作箴言集》,第174页,上海社会科学院出版社,1992年版。
③ [日]池田大作著,创价学会译:《和平世纪的倡言》,第20页,天地图书有限公司,1997年版。
④ [日]池田大作著,程郁译:《人生寄语——池田大作箴言集》,第175页,上海社会科学院出版社,1992年版。
⑤ [日]池田大作著,香港国际创价学会译:《世界市民的展望——池田大作选集》,第69页,三联书店香港有限公司,1993年版。

……

缺少你的科学是冷酷,

缺少你的哲学是荒芜,

缺少你的艺术是空虚,

缺少你的宗教是无情。①

可见,人是世界的灵魂,他决定着整个国家乃至世界的命运。正如池田先生所言:"在一个人身上进行伟大的人之革命,不久就能改变一国的命运,甚至可以改变全世界的命运"②

但池田大作先生这里所谓的"人"是一个大写的"人",是超越了国家的界限,超越了意识形态的限制的人。是一个以生命存在为基础的胸怀人类,具有普遍性的人类意识的人。具体来说就是:具有深刻认识生命相关性的智慧之人;是对人种、民族、文化的差异,不畏惧、不排斥,而是去尊重、理解,并视这些差异为成长资源的勇敢之人;是对受苦受难的人,无论远近,都能给予关怀提拔的慈悲之人。"③是一个集"规范性"、"普遍性"、"内发性"等优秀品格于一身,能自我主宰,能以巨大的宇宙为目标的人。④ 即池田大作先生称之为的"世界市民"。因此,池田大作先生所谓的以人为本、人道主义实质上是指"以世界市民"为本,其所关注的也是全人类的幸福。

因此,池田大作先生认为,要想完成这种"人间革命",除了宗教之外,第二个途径就是教育了。他曾指出,人类和平不是一朝一夕就实现的,这需要付出几代人、甚至几十代人的艰苦努力,而其中的关键因素就在于通过教育把和平的种子播撒在人们心中,使之生根、发芽、开花、结果。

"总之,一切视人而定,唯有培育人、结合人,才能建筑其永不崩溃的人类和平桥梁。"⑤

(二)追求世界和谐与人类幸福是池田大作科学德育观的目的

池田大作先生认为教育的全部价值在于追求世界的和谐发展与人类幸福,实现世界的长久和平和人类的幸福是池田大作先生人生奋斗的最终目的,也是他的

---

① [日]池田大作著,创价学会译:《和平世纪的倡言》,第6页,天地图书有限公司,1997年版。

② [日]池田大作著,程郁译:《人生寄语——池田大作箴言集》,第56页,上海社会科学院出版社,1992年版。

③ [日]池田大作著,创价学会译:《和平世纪的倡言》,第144页,天地图书有限公司,1997年版。

④ [日]池田大作著,创价学会译:《和平世纪的倡言》,第73页,天地图书有限公司,1997年版。

⑤ [日]池田大作著,创价学会译:《和平世纪的倡言》,第159页,天地图书有限公司,1997年版。他的

长远的人生理想。而和谐发展思想要为人们普遍接受与认同必须经过教育的养成。

首先,池田大作先生深切地意识到现代科学技术的发展所带来的生产的扩张和经济的繁荣,使得人们的物质生活得以丰富的同时,也因为人们片面强调科学技术的绝对力量,而致使人与自然之间以及人自身内在心灵的不和谐。即,池田大作先生认为科学技术的发展只是片面增强了人们对外部世界的控制力量,扩大了外在的自由,但与此同时,人们却日益失去了对自己内部世界的控制力量,使得欲望占据了内在的主导。例如,他曾指出:"现在有威胁我们肉体健康的物质危机,其次有威胁心理健全的精神危机,而最后决定性表现出来的将是道德的危机,它将窒息我们的精神生活。"①

因此,作为生长于战争年代,历经了核武器的恐怖、环境危机所导致的"大量死亡的20世纪"的池田大作先生认为,"迈入21世纪,人类开始在国家、民族、社会、文化、教育、宗教、阶级、性别等一切层面上摸索'共生'和进一步深入的'和谐',在'环境与人'、'科学技术与人类'、'科学与宗教'等各个方面越来越注重'和谐'的重要性。"仔细研读池田先生的这些著作与言语,便可得知,其所谓的共存共荣制度、所谓的全球共生的革命,实质上就是要对宇宙中人与自然之间、人与人之间,人与社会之间以及人类自身的身心之间的不和谐关系进行革命。

而对于如何改变这种不和谐的关系,池田大作先生给出了教育和宗教两种途径。池田大作先生在与意大利罗马俱乐部创始人奥里利欧·裴彻的对话中指出:"除了宗教之外,第二个带来人类革命的因素就是教育了。"后又补充说:"我认为人类的革命主要有两部分。第一部分是运用宗教(在我来说是佛教)来发展和改善最深层次的意识。第二部分就是实际社会内的接触和活动(和宗教有关,如教育等)。"他认为,"当越来越多人做到内在和外在的人类革命时,人与人之间以及人与自然之间的关系会变得和谐。"②但与此同时,池田大作先生也明确指出两者并非是完全独立的,而是要相互配合,"只有教育与宗教两方面的相互配合,才能使人持有展望未来,甚至永远的目光"。③而其中教育是"把一切知识导向人类幸

---

① [日]池田大作、[法]路奈·尤伊古著,卞立强译:《黑夜寻求黎明》,第8、229页,中国国际广播出版社,2003年版。

② [意]奥里利欧·裴彻、[日]池田大作著,杨僖译:《为时未晚》,第86、87页,牛津大学出版社,1992年版。

③ [日]池田大作著,香港国际创价学会译:《世界市民的展望——池田大作选集》,第186页,三联书店香港有限公司,1993年版。

福与和平"的"唯一的原动力",①"是构成未来的生命线",②是历史发展的地下源泉。

其次,池田大作先生认为,教育就是为了人类的幸福。幸福就是人们对自己生存和发展等需求现状的一种满意程度的主观体验,人作为高级的生命体是有各种需求和欲望的,这些需求和欲望构成了追求幸福的原动力。人为了满足需求去奋斗,通过奋斗获取了自己所需要的,满足了自己的需求,从而产生快乐感和幸福感。③而池田大作先生的老师,创价学会首任会长牧口常三郎就认为并始终坚持教育最红是为了令人获得这种幸福和安乐的信念,池田大作先生也继承了其老师的教育目的理念,并在教育实践中始终坚持和践行这一理念。如,池田大作先生在给由北京师范大学和日本创价大学联合主办、北京师范大学比较教育研究中心承办的2008年的以"和平与教育"与主题的池田大作思想国际学术研讨会的贺词中就明确指出,"教育的本意不在于从外面灌输知识或信息,而是教育学生如何把知识和信息用于人类幸福、社会繁荣和世界和平"。

此外,在教育的途径中,极其重视对青少年的道德教育。池田大作先生认为,"道德操行"是所有教育中最重要的部分。"教育的终极目的是造就人。对于人类来说,磨炼知性、丰富知识固然重要,但我坚信更不可欠缺的是伦理和道德方面的修养。"④

由此可见,池田大作先生特别重视对人们进行道德教育,以培养人与自然、人与社会以及人自身内外和谐的健全人格的科学德育观。

而我国作为处于社会主义现代化建设的初级阶段的国家,在社会发展过程中,也深受西方唯经济主义的影响,而出现一些片面追求经济增长速度而,忽视了人与自然、社会之间的可持续发展以及自身的物质生活和精神文化生活的协调发展。从而引发资源耗竭、环境恶化等生态危机,也使得一些人在激烈的竞争中内心原有的平衡被打破,出现了一些严重的心理问题,甚至是心理疾病。2003年以来,我过提出了科学发展观,坚持构建和谐社会成为了社会主流,迫切需要将科学发展观与德育进行结合,以充分发挥德育的育人功能以实现人与自然、社会以及

---

① [日]池田大作著,创价学会译:《和平世纪的倡言》,第142页,天地图书有限公司,1997年版。
② [日]池田大作、[德]狄尔鲍拉夫著,宋成有、李国良、刘文柱、张力译:《走向21世纪的人与哲学——寻求新的人性》,第283页,北京大学出版社,1992年版。
③ 徐鸿武、郑曙村著:《以人为本与推进科学发展,社会和谐》,第23页,载自《北京社会科学》,2007年第6期。
④ [日]池田大作、[德]狄尔鲍拉夫著,宋成有等译:《走向21世纪的人与哲学》,第226页,北京大学出版社,1992年版。

自身之间的和谐,应该成为德育发展的当务之急。

因此,探索研究科学德育观已成为德育理论和实践发展的首要任务。

(三)强调以平等沟通为基础的情感教育是池田大作科学德育观的实施途径

首先,池田大作先生十分强调平等、互惠的沟通在整个世界和谐发展中的重要作用。

池田大作先生一直主张用平等、心与心的对话来解决人类面临的各种社会问题,以实现世界的永久和平。而这一思想在体现在教育理念中就表现为,他认为要培养一个与自然、社会以及自我身心和谐的人就应该诉诸彼此之间的以生命为基础的平等的对话,注重是学生拥有尊重、关爱,设身处地地理解他们情感的共情教育。

而池田大作先生的建立在对话与沟通基础上的共情教育具有丰富的内涵,即池田大作先生的对话与交流是以生命为基础,以互惠、平等和渐进为原则的,具体表现以下三端。

首先,关于自然观的教育。池田大作先生指出,人与自然都是有生命的存在,两者是一种互惠互存的关系,就像平静的池水与石块一样,即一方面,"大自然确实雄伟、壮观,同时也很纤细、微妙,因而自然界中复杂的活动都是相互紧密联系,相互支持的,一小块地方的自然被破坏和改观,会使相邻地方的一个一个地发生变化,甚至影响将会扩散到全球,这正像往静静的池水中投入石块,会激起波澜,进而使整个池水动荡起来。"①另一方面,"人类的生命活动,要靠同极其微妙的自然界保有一种和谐关系才能维持。因此即使自然界稍有变化,也有危及人类生存的可能,可以说是恰似平静的水池边的沙团,它会慢慢地被投入池中央的石块所激起的细波马上溶解掉"。②但20世纪的科学技术的迅速蔓延和发展,人们盲目追求经济发展的做法使得天人关系遭到了破坏,面临着严重的危机。池田大作先生在他的许多论述中深刻地揭示了这种关系所面临的种种危机,并对此表示出极大的担忧,他认为:"资源消费即使按现在的速度不再增加,据统计学者说,铝、水银、金、锡、锌的已知埋藏量20年左右就会用完;铜和钨可消费30年,铅可消费约70年,铁可消费100年。这些数字是令人悲观的,即使说未把未知的埋藏量计算进去,但这些统计学者无疑是强调了危机正在逼近。就是说,状况在大约百年后

---

① [日]池田大作、[德]狄尔鲍拉夫著,宋成有、李国良、刘文柱、张力译:《走向21世纪的人与哲学——寻求新的人性》,第283页,北京大学出版社,1992年版。

② [日]池田大作、[德]狄尔鲍拉夫著,宋成有、李国良、刘文柱、张力译:《走向21世纪的人与哲学——寻求新的人性》,第284页,北京大学出版社,1992年版。

会落到悲惨的结局,30年后会陷于无可挽回的地步。"①而与此同时,池田大作先生也一针见血地指出了环境遭到如此破坏的根本原因就在于"他们忘记了自然也是保持一定规律的'生命的存在'",忽视了自然与人类之间的平等对话关系,从而导致"受到创伤的自然开始向人类进行报复"的结果。因此,池田大作先生认为,面对自然,我们要树立"人的新立场":一方面要建立起人与自然之间"共存"观念,把自然界与人类当做一个命运共同体来对待。即我们"要改变出于自然为人类服务这一思想而破坏或征服自然这一生活态度,应该认识到人类除了与自然的万物共同享受生存之外,没有其他持续繁荣的道路"。②另一方面,我们应该把动物看做是"有心的生物",与之进行"对话"与交流,我们人类在生活态度上甚至应该"向动物学习","向自然学习"。③从这种种言词中可见,池田大作先生主张人与自然的共生共存,主张人类在利用自然、改造自然,追求经济发展的同时,也要尊重自然的生命发展规律,给予自然表达和维护自身利益的权利的新的自然观。

对此,池田大作先生一直身先示范,以行动给予证明。他一方面通过与自然的对话,举办了以"宣扬环境保护、倡导世界和平"为主题的《与自然对话》的大型国际巡回展览,将此宣传和活动深入到了全世界各地的每个角落,以使全世界人民了解自然,尊重自然、爱护自然,使人们认识到自然是个有生命的个体,是个与我们平等的应该与其对话的个体。据悉,自1990年以来,池田先生的《与自然对话》摄影展不仅先后深入到日本、中国、印度、法国、奥地利、俄罗斯、美国、加拿大等30多个国家,而且还深入到每个国家的很多城市,如截止到2004年就已在中国的北京、上海、广州、泉州、厦门、福州、深圳、潮州等众多城市举行,吸引了超过450万观众参观,反响强烈。④另一方面,他积极地以各种形式与全世界人民进行对话,以启发和激励人们对全球问题的关注。环境、教育和核武器带来的和平问题一直是池田先生演讲、倡言和活动的主题。比如他先后多次举办过"核武器——对现代世界的威胁展"、"战争与和平展"、"环境与开发展"等。⑤就最近的而言,就有2002年的题为"用教育营造可持续的未来"的环境倡言;2006年针对联合国应进行的改革发表倡言提出的来自民众的呼声可以推动各国政府去采取反核武器

---

① [日]池田大作:《佛法:与东》,第3页,王建译,四川人民出版社,1996年版。
② [日]池田大作、[意]奥里利欧·裴彻著,卞立强译:《二十一世纪的警钟》,第185、69页,中国国际广播出版社,1998年版。
③ [日]池田大作、[意]奥里利欧·裴彻著,卞立强译:《二十一世纪的警钟》,第69页,中国国际广播出版社,1998年版。
④ 来自新华网新闻中心(http://news.163.com,2004年10月12日)。
⑤ [日]池田大作著,创价学会译:《和平世纪的倡言》,第246页,天地图书有限公司,1997年版。

的政策;2007年的推行"废除核武器民众行动十年"活动,并积极与其他非政府组织(NGO)合作,致力提高公众对相关课题的认识;2009年的题为"全民一心,共建无核武器世界"的倡言以及2010的敦请国际社会加紧脚步废除核武器的倡言,等等。

其次,关于社会观的教育。池田大作先生一直主张"对话不论是在个人之间还是国家之间进行,都会给社会带来和平与稳定的'康庄大道'"。池田先生认为,人类"除了平等,相互尊重,站在友好的立场上共有之外,别无他法"。①正是基于这一意义,池田大作先生特别强调,只有坚持人的尊严的平等观点,才能搭建一座普遍主义的思想平台,才能使全人类打破民族、体制、地域、文化之种种壁垒,从而把地球作为一个统一体,站在全人类的整体利益的角度来共同应对现实危机,人的尊严的平等是绝对的前提。因为,他认为,"缺乏对话的社会,就像不流动的死水逐渐地淤塞一样,会产生无穷无尽的不信任、猜疑心、憎恶和恐怖心理。而且,这如果成为一种固定观念而放置不管,就会日益严重,成为一种难治之症。"②也就是说,池田大作先生十分重视对话在构建人与人之间的友好关系中的作用,特别是在当今全球化背景下,在这样一个文化多样性的社会里,池田大作先生认为各民族国家之间,民众与民众之间,只有坚持跨越国界、跨越意识形态的异质文化的对话才能带来人与人之间的信任感,加强人们之间的团结意识,增进人们之间的相互理解,从而促进整个社会的稳定发展和世界的永久和平。比如,他曾明确地指出:"立足于生命尊严,尊重人权等理念的'对话'是不可或缺的。……从世界的人不断对话的经验,我可以断言,即使有不同宗教、文化和历史的背景,也必须找出相互理解的通点。总之,除了贯彻'对话'便别无他法。"③再如,在刚刚过去的2009年的第34届"SGI日"的纪念倡言中他曾坚定的表示对话是"创造的新源泉",它有"无限的可能性","我对对话的力量深信不疑","我们胸怀自尊与使命感,决意以2010年创价学会创立八十周年,SGI成立三十五周年为目标,凭借对话之力量,在全球民众间推广友谊和连带,构筑和平与共生的社会"。④

---

① [日]池田大作、[英]汤因比著,荀春生等译:《展望二十一世纪——汤因比与池田大作对话录》,第204页,国际文化出版公司,1985年版。
② [日]池田大作、[美]亨利·A. 基辛格:《和平·人生与哲学》,第92—93页,中国国际广播出版社,1988年版。
③ [日]池田大作、[印]钱德拉《畅谈世界哲学》,第259页,香港:明报出版社有限公司,2005年版。国际创价学会:《人道主义竞争——历史的新潮流》(http://sgichn.org/works/chs/proposals/peace2009—chs.html)。
④ [日]池田大作、[法]路奈·尤伊古著,卞立强译:《黑夜寻求黎明》,第195、229页,中国国际广播出版社,2003年版。

最后,关于自我身心和谐的教育。池田大作先生非常赞成尤伊古关于"调和"的观点,"对于人来说,在其精神内部以及在其与外界关系方面调和同样都是根本。人在其精神内部必须保持调和,使其所具有的各种可能性和能力不致受到丝毫窒息;在其与外部世界的关系方面,也必须同环境——即本质上称之为自然的我们所处的世界——之间建立调和"。①

他认为,"现代文明最大的缺陷和歪曲,归根结底是在于使人们丧失了凝视自己的内面并加以正确引导的态度。"②这也就是说,现代人正在被消费文明所同化,逐渐丧失了对现实社会的反省和批判意识,变成了马尔库塞所说的"单向度的人"。正是在此基础上,池田大作认为,"人类确实把心只朝向外部,现在应当把心更多地朝向内部正确引导的态度。实现两者的均衡。"③他把"调和"(中文意"和谐")作为生命的法则和心灵世界的法则。

科学德育观是21世纪人类发展的愿望和要求,是21世纪世界德育发展的主要方向。它坚持以人为本的基本理念,尊重生命,尊重人,追求世界的和谐和人类的幸福,这是一种信念,更是一种普世道德。池田大作先生的科学德育观以其心灵沟通为道,情感教育为径,帮助人们尊重爱护自然,理解接受各种不同的文化、意识形态和信仰之间的差异,帮助人们建立科学合理的自然观和社会观,形成正确的世界观、人生观和价值观。池田大作先生的科学德育观具有普遍的启示和借鉴意义。

---

① [日]池田大作、[法]路奈·尤伊古著,卞立强译:《黑夜寻求黎明》,第195、229页,中国国际广播出版社,2003年版。

② [日]池田大作、[法]路奈·尤伊古著,卞立强译:《黑夜寻求黎明》,第195、229页,中国国际广播出版社,2003年版。

③ [日]池田大作、[法]路奈·尤伊古著,卞立强译:《黑夜寻求黎明》,第229页,中国国际广播出版社,2003年版。

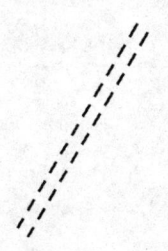

第三篇

理 论 维 度

　　池田大作德育理论十分丰富,本篇仅从池田大作的"人本德育"、"和谐德育"、"国际理解德育"、生态德育、儿童德育、女性德育、美育多个维度深度探究池田大作德育理论的内涵。21世纪是迈向"价值多样化"、生命尊严的世纪。注重宇宙生命的共生与融合、人类文明的对话与理解、人的生命价值的激发与创造,必然是"21世纪新文明"教育的基本特征。池田大作诸多德育观都反映了他对21世纪人性革命和创造价值的思考。

第七章　池田大作人本德育观

池田对教育的关注并非局限在具体而专门的教育领域和部门,而是着眼于人的人格培养的全局。虽然池田很少专门论及德育,但他关于"真正的人的教育"思想与我们国内通常所涉及的"德育"思想是相通的,两者具有内在的一致性。纵观池田的德育思想,我们发现从根本上来说,池田大作的德育思想是一种人本德育思想。在池田大作看来,21世纪是迈向"价值多样化"的世纪,是生命的世纪,是生命尊严的世纪。注重宇宙生命的共生与融合、人类文明的对话与理解、人的生命价值的激发与创造,必然是"21世纪新文明"的基本特征。池田大作的人本德育思想,与21世纪新文明有着内在的联系性和相通性。

一、池田人本德育的哲学基石——"佛法中道人本主义"

所谓人本德育,是始终把人作为教育的根本,以尊重、激发人的生命尊严和内在可能性作为教育的根本任务,以自己他人的共同幸福作为教育的最终旨归的一种全新德育理念。1990年5月28日,池田大作在北京大学以《教育之道,文化之桥》的演讲中曾指出:"可以说,开拓未来,维护未来,其主体在于'人',而造就'人'的事业正是教育。启发、锻炼'人'内在的无限潜能,把它导向创造价值的方向,就是教育。"①在池田看来,以人为对象,关注人的生命尊严和人的内在潜能开发,始终应该成为贯彻现代教育(德育)理论与实践的主线。"所谓教育理念,可以说首先应当以对人的彻底而深刻的洞察、理解和热爱作为其支柱。如果偏离了这一基本点,我认为任何教育技术、制度和理想都只会是沙砾上的楼阁。"②在思考21世纪的教育发展模式时,池田指出,21世纪要建设"为教育的社会",以取代"为社会的教育"。"为教育的社会"体系倡导社会为教育服务,为人的全面发展服务,教育并不是一种手段,而是人的生命的目的。由此可见,以人为本,以人的生命尊严和内在创造性为本,以实现人的同享幸福为本始终是池田德育思想的核心理念。

通过仔细探究可以发现,作为一个佛教思想家,池田大作人本德育思想的哲学基石是"佛法中道人本主义"。"佛法中道人本主义",就是以"佛法中道"为指导的人本主义。池田有时也将其称之为"中道人本主义"、"佛法的'人本主义'"、"以

---

① [日]池田大作:《北京大学演讲:教育之道、文化之桥》,1990年5月28日(http://www.daisakuikeda.org/chs/lecture-08.html)。

② [日]池田大作著,卞立强译:《人生箴言》,第85页,中国文联出版公司,1995年版。

日莲大圣人佛法为基调的'人本主义'"。由于这种人本主义是以"佛法中道"为基本指导思想的,为了更好地显示其与其他人本主义的本质区别,因此,笔者在这里将其概括为"佛法中道人本主义"。有学者认为,池田大作第一次比较集中论述佛法中道人本主义问题,是在1973年7月创价学会学生部夏季讲习会上。进入90年代以后,佛法中道人本主义越来越成为池田思想的主线,他的文章、演讲以及与世界著名人士的对谈中,有不少是直接以"人本主义"作为题目。而池田大作有关"佛法中道人本主义"完整命题第一次正式提出的标志,则是发表于2002年1月的第27届"SGI日"纪念倡言《人本主义——全球文明的黎明》。① 池田认为,佛法中道人本主义反映出《法华经》的根本精神,也就是对人与生俱来的尊严,以及对人可以进行正面变革的潜能深信不疑。佛法中道人本主义以人为本,把人视为拥有至高智慧的存在,认为人是一切变革的开始,因此一个人的根本变革,会牵动和影响整个"生命之网"。应该指出的是,尽管池田的"佛法中道人本主义"与近代以来盛行的欧洲人本主义思潮一样,都充分肯定人的价值和尊严,强调人类生命的意义,但是两者有着质的区别。欧洲人本主义从根本上来说是一种个人主义,不可否认这种个人主义在维护个人尊严上所起到的巨大历史作用,但是"欧洲个人主义的缺点,也就是'极端个人主义'或'超个人主义'的缺陷,则在于把国家和赤裸裸的个人对立,过于强调个人的权利,把人生活和活动的有机的'场所'变得十分不稳定"。② 佛法中道人本主义是佛法中道与人本主义的结合,将佛法的中道思想引入人本主义,具有宗教所独有的以"人"为坐标的终极关怀。佛法的中道思想是一种强调个人与他人、社会甚至整个宇宙生命共生、和谐的关系性思维,有助于克服欧洲人本主义思潮可能出现的将个人与社会对立起来的危险倾向。池田敏锐地觉察到一般的"主义主张"所具有的偏狭性和排他性,"一般社会的主义主张必然带有其限制性质。例如,自由主义,本身就存在着与'社会化'对立、互不相容的限制性质。……唯物论就是排斥唯心论;而唯心论者则排斥相反的唯物论。……其结果是把人与社会套进自己所主张的模子里";"世上的主义主张总是带有这种'套入模子'的作用。我们基于佛法的主张,并不重视这种定型化。我们着重于把握时代与状况的实质,并从此观察应走之方法。这又与顺应主义有根本上的不同。这是中道主义,它不是以某种特定的形式束缚个人或社会,再加以锤炼。就

---

① 关志钢:《池田大作"中道人本主义"论析》,《深圳大学学报》(人文社会科学版),2006年第2期。
② [日]池田大作:《澳门东亚大学演讲:通往新世界秩序之道》,1991年1月30日(http://www.daisakuikeda.org/chs/lecture-09.html)。

是说,我们能从完全相反的主义中找出各自的长处而加以发挥——这就是我们的特点。但,这又绝对不是没有原则。"①

池田将佛法中道思想和人本主义有机结合起来,使欧洲人本主义发生了彻底的改变,重新焕发出勃勃生机。"中道"是池田大作佛教思想的核心部分。所谓"中道",即"而二不二",是指宇宙的万事万物相互之间既有对立、冲突的一面,但它们之间的关系又不是绝对排斥的,而是相互作用、相互协调、相互依存、甚至相互成就的。佛法中道思想由很多"不二法门"组成,其中包括"色心不二"论、"依正不二"论,等等。池田大作从"色心不二"生命本质论出发,提出了"生命至尊论"的重要观点。池田指出:"佛法认为'人'是'色心不二'的本体。简单地说,'色'就是肉体,'心'就是精神。两者一体化就是'人'。"②站在"每一个人都是一个独特的生命存在"这一基点上,我们就必须树立"把决定人的这一本质状态的生命尊严始终当做第一义的思想,即认识到生命是没有任何代替物的至高无上的价值"。③ 池田重视人的生命尊严,将"人"看成是一个个活生生的具体的人,有效地克服了"抽象化主义"对人性所带来的破坏性。"抽象化主义"是"二战"后法国哲学家马塞尔在论文《抽象化主义成为战争的因素》中提出来的一个敏锐的观点,池田大作将其作为由美国次贷危机引发的全球金融风波的根源。抽象化主义将"人"作为一个抽象的概念来思考,遗忘了人所生活的具体世界,结果贬抑了人的独特个性和人格尊严。"'抽象化主义'(spirit of abstraction)也具有破坏性,因在那过程中,抽象的概念将成为背离现实的独立存在。举个例子来说,'人'这一事物并不存在,实际存在的是男人或女人,日本人、美国人或某个国家的人,青年或壮年人,或来自某某地方的人等。愈详细地观察和关注,愈会明白到没有同样的人存在,每个人都有其特征与性格,这就是有具体性的实际世界。在讨论到'人'或'人道主义',假如不从这个角度考虑,就只会环绕着远离主题的虚构概念空谈","当把对方贬低成为某种抽象的概念,就可以视对方为没有价值、低级的存在,甚至是一种应被铲除的有害物体。对方的人格、尊严已经消灭得无影无踪"。④ 池田大作进一步探讨了"生命尊严"概念的两个方面,即社会性和主体性。"把人的生命看做至高无上,

---

① [日]池田大作:《第27届"SGI日"纪念倡言:人本主义——全球文明的黎明》,2002年1月26日(http://www.daisakuikeda.org/chs/proposal-2002.html)。
② [日]池田大作、木口胜义、志村荣一:《佛法与宇宙》,第45页,经济日报出版社,1997年版;[日]池田大作著,卞立强译:《人生箴言》,第102页,中国文联出版公司,1995年版。
③ [日]池田大作著,卞立强译:《人生箴言》,第102页,中国文联出版公司,1995年版。
④ [日]池田大作:《第34届"SGI日"纪念倡言:人道主义竞争——历史的新潮流》,2009年1月26日(http://www.daisakuikeda.org/chs/proposal-2009.html)。

从而尊重其生存权利——这和维护生命尊严也是一脉相承的。这是对待他人而言,也可以说是社会性的一面。不过,正如以前所阐明的那样,作为现实的问题,既有尊贵的人生,也可能有相反的有害无益的人生。决定它的是其生命的主体者——个人的自觉和努力。"①基于此,21 世纪的德育必须成为引导学生尊重他人的生命尊严,并通过自身努力,开发和彰显自身内在的生命尊严的人本德育。池田大作从"依正不二"生命观、宇宙观出发,提出了意识到人作为生命主体与外在环境的关系性,以及发挥人自身生命能动性的重要意义。"佛典把生命的能动性清楚地阐说为'无正报则无依报,有正报以依报作之'。这里所说的'正报'是指人的生命,'依报'是其周围的环境世界。关键之处在于这两句话并非简单地排列着、静止地表明依报和正报的不二关系。"②"'正报'即主观世界,'依报'即客观世界,两者并不是二元地对立的,而是处于相即不离的关系中,这就是佛法基本的生命观、宇宙观。"③正因为"正报"与"依报"的相互作用、相互依存和相互成就,人本德育既必须引导学生努力做到人与外在环境的和谐共处以适应环境,又必须促进学生激发自身生命能动性以改良环境。

二、池田人本德育的目标——培育具有智慧、勇敢和慈悲的"地球公民"

21 世纪是不同的文明、文化对话、理解、融合和共生的世纪。基于此,池田大作提出德育所培养的人绝不应该是仅仅为一国的政治、经济服务的"心胸狭窄"的知识性人才,而应该是超越种族、国家、民族和意识形态限制的"地球公民"(也称地球公民、世界公民)。在池田看来,"地球公民"必须具备三种不可或缺的德性条件,即智慧、勇敢和慈悲。"'地球公民'可以说,就是:一、具有深刻认识生命相关性的'智慧之人';二、对人种、民族、文化的差异,不畏惧、不排斥,而是去尊重、理解,并视这些差异为成长资源的'勇敢之人';三、对受苦受难的人,无论远近,都能给予关怀提携的'慈悲之人'。"④

池田强调地球公民应该具备的智慧、勇敢和慈悲这三种德性条件,既是对全球化时代各国人才必须具备的内在素质的深刻认识,更是其将大乘佛法的基本精神贯穿于育人理念的深切体现。大乘佛法认为:"一切众生都有佛性。"佛者,觉

---

① [日]池田大作著,卞立强译:《人生箴言》,第 101 页,中国文联出版公司,1995 年版。
② [日]池田大作:《第 22 届"SGI 日"纪念倡言:地球文明的新地平线》,1997 年 1 月 26 日。
③ [日]池田大作:《美国哈佛大学演讲:"软能"之时代与哲学》,1991 年 9 月 26 日(http://www.daisakuikeda.org/chs/lecture−10.html)。
④ [日]池田大作:《美国哥伦比亚大学演讲:探讨"世界公民"的教育》,1996 年 6 月 12 日(http://www.daisakuikeda.org/chs/lecture−24.html)。

也。所谓"佛性",就是觉悟的可能性、开发自身生命潜能的可能性、理想人格的"种子"、智慧的本性或种子。其实每个人生命的深处本来都有一颗智慧的"种子",只是由于被各种有形、无形的烦恼、迷惑所遮盖,使得这颗智慧的"种子"蒙上了一层厚厚的"灰尘",生命也因此处于一种深深的"无明"状态。因此,"法华经有说:'开示悟入'。使人'打开'、'教示'人、使人'领悟'一个人本来拥有的智慧,并使人'进入'此智慧,是佛教的究极目的。"①对于信仰日莲佛法的池田大作来说,开启智慧,发掘生命深处内在的潜能和可能性,不仅仅是佛教的终极目的,也应该成为以培养人为主要旨归的现代德育的重要目标。"众生皆有佛性",这里的"众生"不但指人,还包括山河草木、宇宙万物。"众生皆有佛性",揭示了一切平等的生命观,也暗含了宇宙生命的相关性这一佛法真理。在池田看来,深刻认识生命的相关性,也就是深刻领会到佛法"缘起论"的生命起源观的真谛。"佛教指'共生'为'缘起'。'缘起',因缘而起,无论人间界还是自然界,并不是单独存在的,一切都互相有缘,形成现象界。即事象的真实姿态,比起个别性来,根底更在于相关性和相互依存性。一切生物相互关联、相互依存,构成一个活生生的世界,用哲学的语言来说,就是意味相关的构造,这就是大乘佛教自然观的骨骼。"②宇宙间的万事万物并不能单独存在,都是因缘(条件)而生,彼此互相作用、互为条件和互相依存,宛如一个丝丝入扣的关系网,这就是揭示一切生命相关性的缘起律。在时空压缩的全球化时代,唯有造就更多的深刻认识到生命相关性的"智慧之人",才有助于尽早实现人类的共生与世界的和平这一伟大的愿景。

当然,"智慧"并不等同于"知识"。池田秉承他的老师、创价学会第二代会长户田城圣的思想,一针见血地指出,将知识与智慧混为一谈是现代社会的一大弊病。"'知识'与'智慧'宛如是抽水机与水的关系,知识可视为是为了汲取智慧的手段。光有知识,无法创造价值。唯有运用知识、活用智慧,才能创造出创价教育之父牧口常三郎先生所提倡的'美的价值'、'利的价值'和'善的价值'。"③由此可见,知识只是一种工具和手段,它本身可被用于行善,也可被用于作恶,关键是取决于应用知识的人。与之相对的是,智慧总是引导我们走向幸福。单凭知识有可能会使人们陷入困境,而智慧则在幸福的道路上永无止境。因此,尽管传授知识

---

① [日]池田大作:《印度拉吉夫•甘地现代问题研究所演讲:迈向"新人道主义"的世纪》,1997年10月21日(http://www.daisakuikeda.org/chs/lecture—26.html)。
② [日]池田大作:《美国哈佛大学演讲:二十一世纪文明与大乘佛教》,1993年9月24日(http://www.daisakuikeda.org/chs/lecture—16.html)。
③ [日]池田大作:《美国创价大学第一届毕业典礼演讲:二十一世纪的大学——世界市民的摇篮》,2005年5月22日(http://www.daisakuikeda.org/chs/lecture—27.html)。

是教育的重要组成部分,但是知识教育不能等同于真正的人的教育。"人的教育不只是偏重于知识,而是要身心都能得到锻炼,培育完美的人格。如果不是学问积累越多,人格也越提高,成长为优秀的人,那就不能称之为真正的教育。仅有知识的教育,一定会培养出不全面的有缺陷的人。"①"知识本身并不能直接给人的生活态度、为人的理想带来影响。知识对人不能创造性发生作用,通过人如何灵活运用知识——即人的智慧,才能带来创造性。"②唯有凭借以启迪智慧为目标的人本德育,引导学生理解人性共通、丰富的一面,才能抵御各种抹杀人性的社会风潮,最终带领学生走向幸福的康庄大道。

21世纪应该是重视文明间对话和倡导宽容精神的"价值多样化"的时代。不同文明对话的前提是每个人不恐惧、不排斥种族、民族和文化之间的差异,对不同的价值观给予理解和尊重,把这些差异作为自身精神成长的"食粮"。培育具有对差异的包容力和开放性、愿意对话、敢于对话、善于对话的"勇敢之人",必然是人本德育迈向"价值多样化"世界的重要使命之一。"勇敢之人"拔除了"对差异的执著"这把刺在人心上的"无形之箭",能够超越彼此背景的不同,去发现在每一个生命深处都潜在的"人类的共通点"。池田大作在谈到勇敢(勇气)的重要性时,指出:"尽管心中有着对人的关怀、精辟的思想和美好的希望,如果没有将其付诸实行的勇气,那在现实中也不会有任何效果,最后甚至和心中一无所思的人一样。……重要的是勇气。勇气是争取度过真正人生的'动力',是'发动机'。"③

人本德育的根本目的是引导人们走向幸福。池田大作基于大乘佛法"色心不二"的生命本质论、"缘起"的生命起源观和"依正不二"的宇宙观,对于"什么是幸福"这一复杂的问题,有着自己深刻的洞见。"现在很多人却把欲望和理性所追求的本来是争取幸福的条件和手段看成是目的。……我认为,人们之所以错觉地把非目的看做是目的,其原因是在于丧失了对本来的目的、即真正的幸福的明确的思考。"④由于深刻认识到宇宙生命的相关性,池田敏锐地洞察到,受一己私利所束缚而倾注全力去满足自己的物质欲望,所带来的只能是一种很容易崩溃的、短暂的幸福,这种幸福缺乏让一个人充实地度过自己人生的牢固基础。真正的幸福是"己他两利"、"己他同享"的幸福。"如果能进一步懂得不单纯是精神上的满足,还

---

① [日]池田大作著,卞立强译:《孩子们是"未来的宝贝"》,第62—63页,中国文联出版社,2005年版。
② [日]池田大作著,卞立强译:《人生箴言》,第86页,中国文联出版公司,1995年版。
③ [日]池田大作著,卞立强译:《孩子们是"未来的宝贝"》,第35页,中国文联出版社,2005年版。
④ [日]池田大作、[法]路奈·尤伊古著,卞立强译:《黑夜寻求黎明》,第220—221页,中国国际广播出版社,2003年版。

有通过把自己的人生奉献给他人的幸福和喜悦而获得的广阔的幸福,那就可以使自己的人生具有不会陷入困境的深厚的基础。"①要达到己他两利的幸福,必须依靠地球公民的慈悲行动。地球公民要做一个具有同苦精神,对他人的痛苦感同身受,并愿意以自己的行动去关怀和帮助他人的"慈悲之人"。"慈悲"就是"拔苦与乐"之意,即通过自身的行动,拔除他人的痛苦,给予他人快乐。在池田看来,慈悲就是践行"菩萨道"精神。如果每一个人都有为他人着想和考虑的慈悲行动,智慧才有无限的作用,人的生命才有真正的意义。池田大作也提醒人们要警惕"无痛文明"这种现代文明的病理,因为无痛文明正在逐渐让人们失去与他人同苦的精神和对他人痛苦的感知能力,这必然会削弱人们关怀他人的慈悲行动。池田引用日本学者森冈正博教授《无痛文明》一书中的话,指出:"将自己的痛苦尽量变成无痛化的人,是最感觉不到他人的痛苦、听不到他人的诉说的人。甚至排斥了、毁灭了他人,也完全意识不到。"②同时,对当前日本青少年中潜在的"家里主义"所带来的危害,池田大作也表示深深的担忧。奉行"家里主义"的青少年不能区别"自己"与"他人"、"私有"与"公有",封闭在自我的狭小空间之中。本来是在公众场合,却旁若无人地我行我素。这种青少年将过多的注意力放在自我身上,逐渐丧失了对他人痛苦的关怀兴趣和能力,也很难产生为他人着想和考虑的慈悲行动。"在什么地方都与在娇生惯养的自己家里一样行动,是不能造就出只有意识到'他人'才能形成到的自律、公德心、最低限的教养及紧张感。这是因为它是只有通过持续努力的意识,才能形成的习惯。……不管环境是大是小,忽视'他人'的存在,生命感觉会变得迟钝、麻痹,缺乏感情,对周围的人及事物漠不关心,愤世嫉俗。"③

应该指出的是,智慧、勇敢和慈悲这"三德"之间并不是彼此隔离开来的,而是具有内在的相通性。其中,"智慧"是前提和基础,"勇敢"是动力和关键,"慈悲"是行动和目标。使人觉悟到一切生命具有内在的相关性,对彼此的差异免于恐惧并给予尊重和理解,最后通过慈悲行动导向"自他同享幸福"的目标,这就是人本德育的根本目的之所在。

三、池田人本德育的根本路径——开发人内在生命潜能和创造性的"人性革命"

以智慧、勇敢和慈悲来创造充满无限价值的人生,就是"人性革命"(日语:人

---

① [日]池田大作、[法]路奈·尤伊古著,卞立强译:《黑夜寻求黎明》,第 221 页,中国国际广播出版社,2003 年版。
② [日]池田大作:《第 29 届"SGI 日"纪念倡言:内在的精神革命——创建世界和平的关键》,2004年 1 月 26 日(http://www.daisakuikeda.org/chs/proposal—2004.html)。
③ [日]池田大作:《第 29 届"SGI 日"纪念倡言:内在的精神革命——创建世界和平的关键》,2004年 1 月 26 日(http://www.daisakuikeda.org/chs/proposal—2004.html)。

间革命)。"人性革命"是始终贯穿于池田大作广博而精深的思想的一条主线,也是人本德育的根本路径。人本德育"就是让自他彼此的'生命潜能'——万人平等具备却毫无自觉的宝物,得以尽情开发,并陶冶'与所有生命有密不可分关系'的感性,这也是 21 世纪教育所不可或缺的要件"。① 在池田看来,现代文明的危机从根本上来说是人的危机、人的精神的危机。自近代启蒙运动以来,西方社会一直片面追求科学技术的发展和经济产量的扩大,并将这种"进步主义"发展理念的信仰逐渐扩张到整个人类社会。对进步主义的信仰虽然促进了物质的繁荣和科技成果的丰富,却使人类社会掉入了意想不到的陷阱,"当人们像酒醉一般不断追求'进步主义'的梦想时,事实上变成了为'蓝图'而蔑视'现实',为'未来'而蔑视'现在',为'成长'而蔑视'环境',为'理论'而蔑视'人'"。② 结果,导致了环境恶化、全球气候变暖、南北经济差距扩大、精神病理增多、恐怖主义的威胁、核武器的威胁等"地球问题群"的出现。对于现代文明所带来的"地球问题群",池田尖锐地指出了其产生的根源:"现代文明的根本性的恶,归根结底是主观性领域的缩小,反之是客观性领域的增大,以及对质的轻视和对量的偏重,这是没有异议的。换而言之,我认为带来这种弊病的根源在于人忘记了自我变革,而一味追求其他的人们和物质的条件等周围事物的变革。"③因此,人们必须改变过去那种看重"外在的改革"的僵化思维模式,将目光重新转向内部,去发现自身生命这个"小宇宙"所潜藏着的无限"软能",这就是自身的人性革命。"我们的人性革命是用自己的手来开拓内在宇宙——即自身内在的创造性的生命——的、争取人的自立的变革工作;是人站在新的生命思想的高度来展望和缔造 21 世纪的运动。"④而人本德育的主要任务就是引导人们深入到意识的深层,去发现和探索自身生命"小宇宙"的无穷力量(即"心之财"),并开发出生命主体内在的潜在可能性和创造性,继而为他人和自己的幸福创造最大的价值。这也是引导人以主体性力量,克服和抑制受本能的欲望所左右的"小我",并使其得到升华,最终逐渐扩大到与宇宙生命一体的"大我"的一个充满创造性的过程。

从生命个体的角度上来看,池田大作倡导"人性革命"是由于他认识到每一个

---

① [日]池田大作:《对可持续发展世界首脑会议建言:用教育营造可持续的未来》,2002 年 8 月(http://www.daisakuikeda.org/chs/edu-proposal-2002.html)。

② [日]池田大作:《尼泊尔特里市文国立大学演讲:瞻仰人本主义的最高峰——活在现代的释尊》,1995 年 11 月 2 日(http://www.daisakuikeda.org/chs/lecture-21.html)。

③ [日]池田大作、[法]路奈·尤伊古著,卞立强译:《黑夜寻求黎明》,第 189 页,中国国际广播出版社,2003 年版。

④ [日]池田大作:《人生箴言》,第 42 页,中国文联出版公司,1995 年版。

人的生命都本具的创造性、内发性和共生性。池田提出生命本具创造性、内发性和共生性,与佛法"一切人都有佛性"和天台宗"一念三千"的法理是一脉相承的。既然一切人都有智慧的本性,那么,变革社会的根本出路就必须从生命自身入手。如果舍弃了对自身生命小宇宙中蕴含的"无价宝藏"的觉知和发掘,其他任何变革社会的方法必然是舍本逐末的权宜之计,不可能从根本上解决现今世界纷繁复杂的社会问题。什么是"一念三千"呢?"一念三千"论出自中国天台宗大师智𫖮所著的《摩诃止观》。简单地说,所谓"一念",是指每一瞬间的生命。"三千"就是宇宙的森罗万象。"一念三千"是指一个人每一瞬间的生命具备了宇宙森罗万象,寓意每一个人都拥有无限的潜能和至尊的生命尊严,即使"一念心"的力量也是无比巨大的,甚至可以改变一切。在池田看来,"一念三千"论目的是要引导人们将变革的目光转向自身,激发出生命内部的潜能,实现人性深处的变革,以向内促使生命自身得以成长,向外实现人与宇宙万物的共生和融合。每个人都要始终视自己为"变革的主体",与其他生命积极地建立关系,在此基础上,强有力地带动社会、国家甚至世界等外在环境的变革。

  同时,基于"善恶不二"的人性观和"十界具足"的法理,池田大作认为,人性革命是一个在生命内部扬善抑恶,在意识底层诱导出自我超克的自制力量的过程。池田大作坚持佛教"善恶不二"的人性论,认为人的生命不能片面地规定是善还是恶,而是可善可恶,包涵着善恶两方面的可能性。因此,"最重要的是:每个人都应该自觉认识到人的内心深处都存在着善恶两方面,并竭力抑制残暴的破坏性冲动。"① "十界具足"是"一念三千"法理中的关键思想。池田大作对"十界具足"法理进行了创造性地阐发,他把"十界"(即地狱、恶鬼、畜牲、修罗、人、天、声闻、缘觉、菩萨、佛)并不是看做生命的十种固定类型,而是看成是人的十种"流动"的生命状态。"从恶劣状态按次介绍:无限痛苦的状态是地狱界,欲望缠身的是恶鬼界,欺善怕恶的是畜牲界,盛气凌人的是修罗界,心境平静的是人界,满怀喜悦的是天界,接触学问真理而激发求知欲的是声闻界,能自觉宇宙真理的是缘觉界,普度众生的慈悲心境是菩萨界,而最后是圆满自在的佛界。"② 这十界中每一界又包含了十界,也就是说这十种生命状态是每一个人都会具有的,可能会不断出现在每个人生命的某一个瞬间。由此看来,生命的瞬间是快速变动的,刹那间就可能会移动到十界的其他部分。因此,池田认为,人性革命就是每一个人都通过内心的奋斗与自律,使自己的生命状态不被地狱、恶鬼、畜牲、修罗这些"恶能量"所束缚和

---

①②[日]池田大作、[德]狄尔鲍拉夫著,宋成有等译:《走向21世纪的人与哲学》,第100页,北京大学出版社,1992年版。

左右,并发掘出菩萨界或佛界的"善能量"。如此不断重复,逐渐养成习惯,最终让善的能量成为人生命活动的基调。引导每个人不断磨炼自身的人格意志,进行人性最底层的变革,达到扬善抑恶,并将其延伸到他周围的环境,最终带动整个社会的转变,这也是人本德育的最根本意义所在。"人的生命中既有'善'也有'恶'。所以人通过教育也可以变成善,也可以变成恶。日本的军国主义教育就是如此。它引导出恶,走上了战争的道路。所以必须要贯彻'为人的教育'、'为人的幸福、和平与自由的教育'。"① "在每个人的成长过程中,如何使他掌握可以作为各种判断因素的知识和思想方法,以便他在现实的人生的行动中能够不陷于恶,而选择向善的道路——我认为教育对人的最根本的意义就在这里。"②

尽管池田大作的人本德育思想是以《法华经》佛法为根本依托,但其中却跃动着人本主义的灿烂光辉。更难能可贵的是,池田秉承与实践人本德育的理念,创办了由幼儿园至大学的一系列创价教育体系,为实现人性的开发、人类的幸福与世界的和平做出了不可磨灭的贡献。池田关注人的生命尊严与价值,注重发展人内在生命的创造性、内发性和共生性,着眼于自他两利的幸福目标,这些人本德育的理念必将对21世纪新文明的产生带来积极的推动作用,也对现代德育理论和实践的发展具有重大的启发意义。

---

① [日]池田大作:《孩子们是"未来的宝贝"》,第53页,中国文联出版社,2005年版。
② [日]池田大作、[苏]A.A.罗古诺夫著,卞立强译:《第三条虹桥》,第71页,中国国际广播出版社,1990年版。

第八章　池田大作的和谐德育观

池田大作先生把培养拥有健全人格的和谐发展的人作为教育的最终目的,认为,教育中最重要的是"道德操行"教育。"我认为教育的终极目的是造就人。对于人类来说,磨炼知性、丰富知识固然重要,但我坚信更不可欠缺的是伦理和道德方面的修养。"① 当今时代,科学技术的迅猛发展,使得社会的变化速度加快,不同文化价值观念之间激烈碰撞。随之而来的是,人们内心的烦恼和困惑也在不断增加,原有的心灵和谐受到严重冲击。

一、超越性和本真性——和谐德育的根本属性

培养什么人,怎样培养人,是德育的根本问题和中心任务。在谈到现代教育的弊病时,池田大作认为,"在现代技术文明的社会中,不能不令人感到教育已成了实利的下贱侍女,成了追逐欲望的工具。……现代教育陷入了功利主义,这是可悲的事情。这种风气带来了两个弊病,一个是学问成了政治和经济的工具,失掉了本来应有的主动性,因而也失去了尊严性。另一个是认为唯有实利的知识和技术才有价值,所以做这种学问的人都成了知识和技术的奴隶。"② 德育不应该只培养把实利作为动机和目的的人,必须回到其根本课题,即"说明和回答人类应当怎样存在,人生应该怎样度过这些人类最重要的问题",③ 使人理解人生的意义和目的,找到正确的生活方式。所有这些,都说明了德育必须超越现有的功利性,复归到其本真性,关注人的存在和发展,关心人的生命价值和尊严。

为此,池田大作极力主张实现德育理念的转换,从"为社会的教育"转向"为教育的社会"。"我要呼吁,在思考21世纪教育之际,把'为社会的教育体系'转换成'为教育的社会体系',才是当务之急。"④ 两者从字面上看只是将"社会"和"教育"的位置对换,但却反映出极大的不同。"为社会的教育"侧重于为社会政治和经济

---

① [日]池田大作、[德]狄尔鲍拉夫著,宋成有等译:《走向21世纪的人与哲学》,第226页,北京大学出版社,1992年版。
② [英]汤因比、[日]池田大作著,荀春生等译:《展望二十一世纪——汤因比与池田大作对话录》,第60页,国际文化出版公司,1985年版。
③ [英]汤因比、[日]池田大作著,荀春生等译:《展望二十一世纪——汤因比与池田大作对话录》,第60页,国际文化出版公司,1985年版。
④ [日]池田大作:《21世纪:建设"为教育的社会"》,载于《学术研究》,2001年第7期。

发展输送专门人才,所培养的是具有某种专业化技能的"政治人"和"经济人",这实质上是一种社会本位的德育目的。虽然社会本位的德育目的有其一定的合理性,有利于促进个体的道德社会化,为社会制造和输送有"用"的人材,但其缺陷是十分明显的,容易导致在德育过程中对个体的强制和对个性的压抑。"为社会的教育"也是一种外在的德育目的理论。外在的德育目的往往强调国家对公民的统一道德要求,忽视了公民的个性差异和生命价值,最终造就的是只会服从统一命令的"奴性"人。如果德育只有外在的目的,不但会在实施过程中遭到学生内心的排斥和抵制,丧失其实效性,而且有导致道德功利主义的危险。

池田大作正是看到了社会本位、外在的德育目的所导致的令人担忧的教育状况,如青少年犯罪现象激增,校园暴力事件频发,学生自杀悲剧层出不穷,滥用毒品等,而非常认同由哥伦比亚大学宗教系主任罗伯·撒曼博士首次提出的"为教育的社会"思考模式。"为教育的社会"体现了池田先生人本主义的德育理念,认为德育应当从受教育者的道德本性和需要出发,注重发挥个人价值的重要性,强调德育的目的在于提升学生个体的生存价值和生命质量,使之成为自主、自由的道德主体。池田先生创立的"创价大学"的校名就深深地包含了这层寓意。"创价"二字是"创造价值"的缩写,寓意"通过教育,帮助每个人过上幸福的生活,创造有价值的人生"。

信息时代是知识量不断膨胀,知识更新日新月异的时代。为了赶上时代发展的潮流,现代教育一味注重对学生进行知识灌输,把学生当成储藏知识的大容器。现代教育轻德育,重智育,越来越表面化、肤浅化、技术化,是各国教育共同面临的问题。正如我国学者所指出的,世界范围内的现代教育在增加它的"长度"("终身教育")和"广度"("大教育")的同时,正在失去它应有的"深度"("人的、人性的或人生的教育"),亦即,世界各国的现代教育在日益满足教育主体(如国家主体、集体主体、个人主体)不断延长和增加的教育需要,提高受教育者个体对于社会、集体和自身的"价值量"的同时,不同程度地忽视了对作为"个体人"的受教育者生命本体的关怀,放弃了对作为"个体人"的受教育者的"人性"、"人生"或"人的意义"的引导。① 池田大作基于人道的生命尊严观,对现代教育侧重灌输造成学生个体尊严感丧失和人性受到挤压的状况进行了深刻批判。"在科学急速进步和信息流通手段呈现多样化状态下,教育偏重于知识的倾向会越来越明显。特别是日本教

---

① 石中英:《试论现代教育的"深度"》,载于《教育理论与实践》,1998年第3期。

育,据说与其他国家相比,各学年必修的知识量相当大。确切些说,多数教师拼命让学生掌握标准量,而对于跟不上的学生也就只得弃之不顾。"[1]他看到了德育相对于智育而言所具有的超越本性,认为"让学生掌握任何时代都不会变的、超越民族或国度差异的、作人的伦理观或蒙泰涅所说的'德操',是比什么都重要的"。[2]人面临着两个世界:现实世界和可能世界。人不但要适应现实世界,而且要对可能世界进行理解和把握,因为可能世界反映的是现实发展的趋向、可能和前景,使人得以不断超越现实存在,创造更有意义和价值的人生。而道德,作为人类的一种精神活动,是对可能世界的一种把握和理解。道德的这一特性,决定了德育的超越本质。

池田大作拒斥教育功利主义,高扬德育的超越性和本真性,对我国德育理念的发展也有重要的启示意义。随着我国改革开放的不断深化和现代化进程的逐步推进,科学技术的迅猛发展,一方面促进了物质文明水平的提高和人们物质生活的改善,另一方面也带来工具理性的张扬和价值理性的迷失。工具理性逐渐渗透到我国的教育领域,并对德育带来极大的负面影响,使德育的功利化趋势较为严重。在工具理性的支配下,教育决策者在制订德育目的和方针时,优先考虑的是德育的经济、政治功能,追求的是德育服务和服从于社会政治需要和国家的经济发展,而关于德育的文化、育人功能,德育对人自身的个性发展、精神需求的促进和提升等作用则被有意无意地忽略了。国家的德育目的和方针又深刻影响了学校德育的培养目标、课程设置及德育教学的方式。在培养目标上,片面强调按照社会、市场对人才的标准化、规范化和职业化的要求来培养国家所需要的人才,使得受教育者的独立个性及创新意识受到极大的压抑;在课程设置上,偏重专业知识的传授,德育课程设置不足,而且泛政治化趋向严重,忽视了对学生人文精神的培养;在德育教学的方式上,较注重道德规范、训条的灌输,一味追求量化指标和现代化的教学手段,而贬低教师对学生进行人生观、价值观引导教育的隐性劳动。德育要走出功利化的困境,必须由外向内,重新关注人的内心世界,关怀人的精神生活,真正发挥和实现其超越性和本真性。

二、和谐德育的目标——内外调和的人

科学技术的不断进步,带来了生产的扩张和经济的繁荣,使得人们的生活变

---

[1] [日]池田大作、[德]狄尔鲍拉夫著,宋成有等译:《走向21世纪的人与哲学》,第234页,北京大学出版社,1992年版。

[2] [日]池田大作、[德]狄尔鲍拉夫著,宋成有等译:《走向21世纪的人与哲学》,第234页,北京大学出版社,1992年版。

得更为富足、便利和舒适。但是,由于人们认为依靠科技能够从自然界获取所需要的一切,改变了以前对自然的依赖感和敬畏之心,开始大肆地掠夺和蹂躏自然。这导致和加剧了人口爆炸、资源枯竭、环境污染等生态危机,打破了人与自然之间原有的平衡与和谐。技术文明的进步带来的危害,还进入了人们精神生活的领域和道德的领域,引起精神的危机和道德的危机,威胁着人与人、人与自身之间的和谐关系。关于现代社会这种物质文明和精神文明二律背反的发展结果,正如尤伊古在与池田大作的对话中所谈到的,"现在有威胁我们肉体健康的物质危机,其次有威胁心理健全的精神危机。而最后决定性表现出来的将是道德的危机,它将窒息我们的精神生活。"①

池田先生深切地观察到现代技术文明的扩张并没有真正带来人的自由的扩大和内在心灵的和谐。因为科学技术的发展虽然增强了人们对自在外部世界的控制力量,扩大了外在的自由,但是另一方面,人却正在日益失去对自己内在力量的控制,被迫屈服于自身各种本能的欲望,逐渐成为欲望的奴隶。他认为,"现代文明最大的缺陷和歪曲,归根结底是在于使人们丧失了凝视自己的内面并加以正确引导的态度。"②这也就是说,现代人正在被消费文明所同化,逐渐丧失了对现实社会的反省和批判意识,变成了马尔库塞所说的"单向度的人"。正是在此基础上,池田大作认为,"人类确实把心只朝向外部,现在应当把心更多地朝向内部,实现两者的均衡。"③他把调和作为生命的法则和心灵世界的法则,充分意识到人与自然、社会以及人自身保持和谐关系的重要性。他非常赞成尤伊古关于调和的观点,"对于人来说,在其精神内部以及在其与外界关系方面,调和同样都是根本。人在其精神内部必须保持调和,使其所具有的各种可能性和能力不致受到丝毫窒息;在其与外部世界的关系方面,也必须同环境——即本质上称之为自然的我们所处的世界——之间建立调和"。④

池田大作认为,要实现人的内外调和,最根本的出路在于发动生命内在的革命,即"人性革命"。而在他看来,要实现人性革命,主要是通过两条途径——宗教

---

① [日]池田大作、[法]路奈·尤伊古著,卞立强译:《黑夜寻求黎明》,第8页,中国国际广播出版社,2003年版。
② [日]池田大作、[法]路奈·尤伊古著,卞立强译:《黑夜寻求黎明》,第229页,中国国际广播出版社,2003年版。
③ [日]池田大作、[法]路奈·尤伊古著,卞立强译:《黑夜寻求黎明》,第229页,中国国际广播出版社,2003年版。
④ [日]池田大作、[法]路奈·尤伊古著,卞立强译:《黑夜寻求黎明》,第195页,中国国际广播出版社,2003年版。

和教育。池田先生在与意大利罗马俱乐部创始人奥里利欧·裴彻对话中指出："除了宗教之外,第二个带来人类革命的因素就是教育了。"①后面又说:"我认为人类的革命主要有两部分。第一部分是应用宗教(在我来说是佛教)来发展和改善最深层次的意识。第二部分就是实际社会内的接触和活动(和宗教有关,如教育等)。当越来越多人做到内在和外在的人类革命时,人与人之间以及人与自然之间的关系会变得和谐。"②由此,可以看出池田先生的注重培养内外调和的健全人格的和谐德育理念。

我国作为后发现代化国家,在赶超西方先进发达国家的进程中,也受到西方唯经济主义和唯科学主义思潮的一定影响和冲击。在发展过程中,过去一些地方片面追求经济增长速度,一切以经济发展为主导,忽视了人们精神文化生活的改善和提高。经济的过快、单一增长,不但会引发资源耗竭、环境恶化等生态危机,而且也使得一些人在激烈的竞争中变得无所适从,内心原有的平衡被打破,出现了一些严重的心理问题,甚至是心理疾病。近年来,我国的人均国民总收入已步入中等收入国家行列,而坚持科学发展观,构建和谐社会也已经取得了社会各界的共识。充分发挥德育的育人功能,培养内外调和的人,实现人与自然、社会以及自身之间的和谐,应该成为德育发展的当务之急。

三、和谐德育的基本方法——情感教育、自我教育

池田大作一直主张用对话、爱和慈悲来解决人类面临的各种社会问题,以实现世界的永久和平。这一思想在其教育理念中的表现是,他认为教育不应该只是造就社会人和职业人的知性教育,而且更应该是使学生拥有丰富心灵的情感教育。在谈到日本的教育状况时,池田先生指出:"现在的大学教育'大量生产'化,已经丧失了这种人的相互接触,说是毫无感情教育也不算过分。在知性教育方面,也是单纯灌输知识的教育,可以说根本没有进行人格方面的知性磨炼。"③德育是教学生做人的学问,毫无疑问更应该进行情感教育。

在学校,实施情感教育的关键是教师。池田认为,教师是德育的首要条件,是最重要的德育环境,对学生的人格健全起着至关重要的作用。在师生关系上,他

---

① [意]奥里利欧·裴彻、[日]池田大作著,杨僖译:《为时未晚》,第86页,牛津大学出版社,1992年版。
② [意]奥里利欧·裴彻、[日]池田大作著,杨僖译:《为时未晚》,第87页,牛津大学出版社,1992年版。
③ [日]池田大作著,卞立强译:《人生箴言》,第136页,中国文联出版公司,1995年版。

一直主张"师弟不二"。也就是说,师生之间应该"异体同心",通过相互接触和交流,走进各自的心灵世界,达成"世界融合"。为此,教师必须首先认识到自身职责的重要性,具有作为教师的神圣感和自豪感。"教师从事着培育肩负未来的青少年人格的重要工作,如果没有'圣职'的自豪和热情,就不要指望有成效的教育活动。我认为,教师'不是被硬加给',而是作为自身的觉悟,恢复'圣职'这一职业的荣耀,才是再建教育的一个出发点。"① 只有热爱教育事业,能舍弃对金钱和名誉的欲望的人,才能从事好和献身于教育事业,成为一个受人尊敬的教师。在德育过程中,教师要与学生进行双向对话,平等沟通,以增进彼此的相互理解和信任。教师要意识到师生之间不是对立的关系,德育的效果也不是来自于教师的威权,可以在"师生的遇合"中通过爱和良知来建立师生间的牢固情谊。正如池田所说,"因权威结成的师生,在现实中已坠入来自儒教思想单纯的礼节,变成徒具形式的过去的遗物。……也就是说,当意识到彼此既是老师又是学生这种深刻的人与人的关系来相互接触时,友好也会结出极为丰硕的果实。没有人在一切方面都是老师,也没有人在一切方面都必须作为学生来学习。在这里会无意识地出现彼此既是老师又是学生的人与人的关系。"② 在与路奈·尤伊古的对话中,池田大作还谈道,佛教的不轻精神应当是真正意义上的教育的根本精神,"不论是任何时代,优秀的教师都会以这种不轻的精神来对待学生。我觉得东方和西方这一点都是同样的。我要强调的是,在教育制度的体系、教育机构和教育理念的基本上都应当贯彻这样的精神。教育如果能进行这样根本的变革,我认为整个社会的思想和人们的生活态度也会发生变化的"。③ 所谓不轻,是指因为一切人身上皆有佛性,对一切人的生命、人格都表示敬意,对任何人都从不轻视。教师以不轻精神对待学生,也就是说教师要把学生当做与自己平等的人,对学生加以关爱,同时平等地对待学生,关注到每个学生的生命尊严和独特个性,不与成绩好坏作为评判和区别对待学生的标准。另外,池田先生还高度重视家庭德育的情感教育功能,认为"家庭是一切的基础,根本是教育","父母能真心实意,一定会感动孩子的心。要最大限度地想着孩子。这会铭刻在孩子的心里,长大以后一定会起作用。最好家庭教

---

① [日]池田大作、[德]狄尔鲍拉夫著,宋成有等译:《走向21世纪的人与哲学》,第264页,北京大学出版社,1992年版。

② [日]池田大作著,卞立强译:《人生箴言》,第141页,中国文联出版公司,1995年版。

③ [日]池田大作、[法]路奈·尤伊古著,卞立强译:《黑夜寻求黎明》,第142页,中国国际广播出版社,2003年版。

育是'爱'"。①

德育要走进学生的心灵，除了教师应该与学生建立良好的双向互动关系外，还应该充分弘扬学生的自主性，帮助他们通过自我认识、自我评价、自我审察、自我批评等途径实现自我教育，达到我们通常所说的"教是为了不教"的教育效果。在人性观上，池田大作坚持佛教的"善恶不二"论，认为人性可善可恶，包涵着善恶两方面的可能性。"佛教则主张'善恶不二'，认为人的生命本来就不能片面地规定是善还是恶，而是既具有善的可能性，同时也具有恶的可能性。"②正是基于"善恶不二"的人性观，池田认为，人必须弘扬人性善的一面，并努力抑制人性恶的一面。"最重要的是：每个人都应该自觉认识到人的内心深处都存在着善恶两方面，并竭力抑制残暴的破坏性冲动。"③实现扬善抑恶，不是依靠社会的强制性力量，而是依靠道德教育充分发扬生命的自主性和能动性。池田大作认为，仅仅依靠法律制度来约束和恐吓人，必将导致人的尊严的丧失，"因为仅依靠来自外部的社会的和权力的力量来消除人的野蛮性，必然会忽视个人的内在的抑制力"。④ 发动生命内在的革命，实现自我教育，必须处理好"小我"和"大我"的关系。池田认为，小我是与欲望相连的，完全消除欲望是不可能的，必须"通过对'大我'（宇宙的普遍的自我）的觉悟，去克服跟欲望相通的'小我'（个人的自我）"。⑤ 在教育过程中，首先要靠个体自我（"小我"）进行自我教育，其次要把个体自我（"小我"）和类自我（"大我"）结合起来，互相联结，互相渗透，互相促进，形成比较完整意义上和初步发挥作用的自我教育。池田大作也非常重视家庭教育在培养孩子自我教育能力方面的重要性。他认为，"教育的'育'就是培育的意思，并不只是在父母的庇护下单纯的保护。如何培育孩子自己去开辟人生的能力、坚定生活的能力——即'自主的精神，可以说是家庭教育中的一个重点'。"⑥

池田大作推崇的情感教育和自我教育等德育方法对我国现阶段的德育实践

---

① ［日］池田大作著，卞立强译：《人生的坐标》，第102、103页，上海外语教育出版社，2002年版。
② ［日］池田大作、［意］奥里利欧·裴彻：《二十一世纪的警钟》，第94页，中国国际广播出版社，1988年版。
③ ［日］池田大作、［德］狄尔鲍拉夫著，宋成有等译：《走向21世纪的人与哲学》，第100页，北京大学出版社，1992年版。
④ ［日］池田大作、［苏］A.A.罗古诺夫著，卞立强译：《第三条虹桥》，第42页，中国国际广播出版社，1990年版。
⑤ ［英］汤因比、［日］池田大作著，荀春生等译：《展望二十一世纪——汤因比与池田大作对话录》，第395页，国际文化出版公司，1985年版。
⑥ ［日］池田大作著，卞立强译：《人生的坐标》，第100页，上海外语教育出版社，2002年版。

也有很大的启发作用。德育,本质上就是在教育者的正确引导下受教育者的自我精神建构活动。德育虽然存在从外部施加影响的过程,但是其主题却应是促进、改善受教育者主体自我建构、自我改建的实践活动的过程。在当前德育片面强调正面理论灌输的情况下,调动学生的自主性、能动性、积极性,引导他们进行自我教育,已经成为德育界以及全社会的共识。由于人不仅是理性的人,而且还是理性、情感和意志和谐统一的人,德育就不能被片面发展成知性教育,而应该是认知、情感、意志和行为等德育心理要素相结合的全面教育。针对当前我国德育大多偏重知识教育的病理,德育应重点加强对学生的情感教育,实现教育者与受教育者心灵之间的沟通,促进受教育者的精神建构过程的实现。德育通过陶冶受教育者的道德情感,锻炼受教育者的道德意志,推动和促使道德行为的发生。

第九章 池田大作"国际理解"德育观

"国际理解"教育作为 21 世纪的新型教育理念应运而生,并在世界各国逐渐推广开来,是缘于全球化劲风迅猛推进、构建和谐世界成为各国普遍共识的时代背景下,为加强异质文化之间的交流对话、促进各国人民之间的相互理解而产生的教育潮流。现在其日益成为各国政府积极应对的时代课题。所谓"国际理解教育"(Education for International Understanding)是指世界各国在国际社会组织的倡导下,以"国际理解"为教育理念而开展的教育活动和教育理念,目的是增进不同文化背景、不同种族、不同宗教信仰的和不同区域、国家、地区的人们之间相互了解、相互尊重、相互宽容和相互合作,促使"每个人能够通过对世界的进一步认识来了解自己和了解他人",将事实上的相互依赖变成为有意识的团结互助,以便共同处理全球性问题,维护世界的永久和平。

作为蜚声国际的思想家、宗教家、社会活动家和教育家的池田大作先生,始终以促进各国人们相互理解、推动世界永久和平为己任,奔走世界各地,与各国政要、学者不断展开交流对话,推进和平、文化和教育事业。通过研读池田先生的对话录、演讲报告及其论著,我们不难发现,在其丰富的思想内涵之中,处处闪烁着可贵的"国际理解教育"思想。

一、"国际理解"德育的逻辑起点——人性和人的生命尊严

池田大作先生的"国际理解"德育思想始终贯彻着一条主线,即人性和人的生命尊严观。他反对把人按照意识形态、政治体制、宗教信仰、种族、国别或地域来进行划分,认为必须打破非敌即友二选一的片面认识,而应该极力发掘人性的普遍性和共同性。他说:"尽管意识形态不同、体制不同,但潜藏于人类文化此创造性深处的'生命光辉',是普世共通的。"他在和印度宗教家钱德拉对话的时候也谈到,"记得我在访问前苏联时,也曾被质问:'宗教家为什么要到访否定宗教的国家?'我严正地回答:'因为那里有人。'"① 池田先生正是基于佛教的"依正不二"的生命观,所以一向把人的生命尊严放在第一位,认为生命本身是没有等价物的,因而具有最高的价值。换言之就是一切均有生命;一切生命都有尊严;一切生命的尊严都是不可替代、至高无上的。"因为那里有人",这不正是池田大作人本主义思

---

① [日]池田大作、[印]钱德拉:《畅谈世界哲学》,第 41 页,明报出版社有限公司,2005 年版。

想的最高体现吗？正因为有了对人的尊敬和关怀，池田才能超越了意识形态、社会制度界限，出访了中国和前苏联等社会主义国家，从而为推进中日等国家的友好交流架构了桥梁。

必须指出，池田先生所说的人和人性并不是抽象的、物体化的，而是具体的、"具有具体的名字和面孔的"活生生的人，因为"历史要向地球社会、地球村前进。决定这种未来的并不是什么遥远的东西，而是我们的心是活着还是死了，是能不能打破心灵的'狭窄的牢笼'，是能不能认清把人抽象化、物体化的谬误"；生命的尊严将地球上的所有生物都相互联系在一起，要求人类必须克服自身的贪欲、狭隘的利己主义、自我中心主义，牢固树立生命的依存感和共生意识，将"爱的对象指向全人类，向地球上全部生命扩展，良心树立在对生命尊严的无限敬畏上"。①池田还强调要"使人的生命在事实上成为尊严"，人类必须与其他生命"同乐共苦"，"只有把自己生命的作用变为美好的东西，去怜悯一切其他生命，不作损害他人的丑事"。②

反思现代文明的发展史，池田对现代文明片面追求科技进步、物质繁荣和经济发展的单一价值模式进行了严厉的抨击和批判，认为片面追求物的价值将会造成环境的恶化、人性的丧失和对人的精神价值、生命尊严的挤压，人仅仅被作为手段而不是目的。任其发展下去，人与人的关系将变成狼与狼的关系，最终将不可避免地会出现霍布斯所说的"一切人对一切人的战争"，这将极大地威胁着人类的和平和世界的稳定。池田大作既是一个积极的和平主义者，又是一个绝对的和平主义者。作为一个积极的和平主义者，他强调："人类所要解决的课题，不单是实现没有战争这一消极的和平，而是要实现积极的、一种能从根本上改变威胁'人性尊严'的社会构造的和平。只有这样，我们才可以明白并享受到和平的真正意义。"③作为一个绝对的和平主义者，池田指出战争是"人性的危机"和对人性的严重践踏，把战争看做是绝对的恶，反对一切战争。可见，无论是作为一个积极的和平主义者，还是绝对的和平主义者，池田大作都是以人本主义和生命尊严为其和平思想的核心，这也是池田提倡国际理解教育的逻辑起点。

正是在如此起点上，池田认为，必须彻底改变20世纪地球文明一直被物质价

---

① [英]汤因比、[日]池田大作著，荀春生等译：《展望二十一世纪——汤因比与池田大作对话录》，第415页，国际文化出版公司，1985年版。
② [英]汤因比、[日]池田大作著，荀春生等译：《展望二十一世纪——汤因比与池田大作对话录》，第431页，国际文化出版公司，1985年版。
③ [日]池田大作：《第25届SGI之日：和平文化、对话硕果》（[EB/OL]. http://sgichn.org/works/node/459/print. 2008－5－30）。

值这单一"价值观"支配的现状,应以"重视文明间对话与宽容精神的'价值多样化'世界"①取而代之。池田先生继承了牧口常三郎的价值理念,相信每个人都拥有无限的潜能和多样的可能性,人类应该尊重、接纳这种价值的多样性,并且去努力发现存在于多样性中人类共有的价值。唯有如此,人与人之间的和谐共生与世界的和平稳定才有可能。"人类由各式各样的'个人'构成,深植在他们生命活动中的'价值',才可谓'真正的普遍'。'真正的普遍'并非外间强加的价值观,它既不否定多样性,亦不谋求统一,而是一种存在于丰富的多样性当中人类共有的价值。唯有以这种价值为基础,多样性才能成立。"②池田先生认为,正是因为人的价值和文化的多样性和普遍性,而不同风格和特质的价值必须得到同等尊重,国际理解教育才有实现的可能。国际理解教育在认同、尊重、接纳、包容人的文化多样性的基础上,通过不同价值和文化间的对话,尽量减少彼此间的分歧,寻求人类共有的价值,以实现不同价值观之间的相互理解。只有这样,才能摆脱以西方国家为主的一极中心、中心地带与边缘地带、压抑与被压抑的全球化模式和与之对立的民族主义纠纷。池田认为,通过文明间的接触以及宗教和教育带来的意识革命、人间革命,未来的世界将由20世纪的"军事竞争"、"政治竞争"、"经济竞争"等转向创价学会牧口先生所主张的"人道竞争"时代。

二、"国际理解"德育根本途径——增进异质文化之间对话和理解

在文化多样性的社会,只有异质文化间的对话才能带来人与人之间的信任感,加强人们之间的团结意识,增进人们之间的相互理解,促进社会的稳定发展和世界的永久和平。池田大作高度评价对话在增进人际理解方面的重要性。"对话不论是在个人之间还是国家之间进行,都会给社会带来和平与稳定的'康庄大道'。缺乏对话的社会,就像不流动的死水逐渐地淤塞一样,会产生无穷无尽的不信任、猜疑心、憎恶和恐怖心理。而且不要忘记,这如果成为一种固定观念而放置不管,就会日益严重,成为一种难治之症。"③现代社会是一个陌生人的社会,我们每天都在与陌生人接触和打交道。如何与作为文化他者的陌生人相处,已经不是一个仅停留在理论研究层面的课题,而是现代人都必须面对和处理好的一个实践议题。对陌生他者"有礼貌的不关注",带来人们空间上的隔离和道德上的冷漠,只会增加人们之间的臆测和不信任感,在人与人之间,甚至是国与国之间埋下暴

---

① [日]池田大作、[印]钱德拉:《畅谈世界哲学》,第234页,明报出版社有限公司,2005年版。
② [日]池田大作、[印]钱德拉:《畅谈世界哲学》,第243页,明报出版社有限公司,2005年版。
③ [日]池田大作、[美]亨利.A.基辛格:《和平·人生与哲学》,第92—93页,中国国际广播出版社,1988年版。

力和战争的"死结"。正是为了解开人心中的"结",防止出现人对人的战争这一极端罪恶的状况,池田先生认为:"立足于生命尊严、尊重人权等理念的'对话'是不可或缺的。……从与世界的人不断对话的经验,我可以断言,即使有不同宗教、文化和历史的背景,也必须找出相互理解的共通点。总之,除了贯彻'对话'便别无他法。"①国际理解教育作为增进国际理解的教育新理念,贯彻"对话"无疑应该作为教育的根本途径。

  对话的前提是超越种族、民族和文化的差异和界限,把异质文化的对方看成是跟自己一样的人,对不同风格和特质的文化具有包容心。这是一种马丁·布伯所称的真正平等的"我—你"关系,"我"与"你"首先都作为享有生命尊严的同等的人在这一刻实现了精神的相遇。池田大作对现实生活中一些日本人狭隘的民族主义情绪进行了深刻的揭露,"不能把外国人看成是'同样的人',那是由于心灵的贫困,由于自己不具有'作为人'应该怎样生活的哲学。……重要的是要'作为人'而生活。可是许多日本人在设想'作为人'而生活之前,首先要作为日本人。这是心胸狭隘的岛国劣根性。认为他人有点儿'异质',就加以排挤打击。这种封闭性已招来国际上的孤立"。②歧视具有异质文化的外国人,对他们排挤打击,这是一种"我—它"的关系。也就是说,我作为主体,把他者作为可经验的、可利用的对象物来对待,他者不过是我用来满足我之需要、利益和欲求的工具而已。这无疑会遭到他者的强烈不满和激烈反抗,因此招来国际社会的孤立。

  学校作为培养孩子健全人格,促进人与人相互理解的场所,必须为师生之间、学生之间的平等对话创造一种和谐与友好的氛围。为此,池田先生坚决反对校园暴力的发生,指出,"学校本来是学习的场所,是培养人格的教育的地方。可是,现在都相互侮辱、斗殴,太卑劣了,简直是畜牲之心。如果日本乃至世界,学习的场所都变成这个样子,人类的未来就会变成暴力的世界"。③教师作为最大的教育环境,要"和学生经常进行公开的对话"。④为了更好地进行师生对话,池田大作一直主张建立"师弟不二"的师生关系。他深信,"在师生的关系中可以找到人们相互接触中的最高的方式""当意识到这种广泛的师生关系时,友好这种相互接触也

---

  ① [日]池田大作、[印]钱德拉:《畅谈世界哲学》,第259页,明报出版社有限公司,2005年版。
  ② [日]池田大作:《孩子们是"未来的宝贝"——教育箴言录》,第54-55页,中国文联出版社,2005年版。
  ③ [日]池田大作:《孩子们是"未来的宝贝"——教育箴言录》,第51页,中国文联出版社,2005年版。
  ④ [日]池田大作:《孩子们是"未来的宝贝"——教育箴言录》,第137页,中国文联出版社,2005年版。

会成为一种最理想的形式。也就是说,当意识到彼此既是老师又是学生这种深刻的人与人的关系来相互接触时,友好也会结出极为丰硕的果实。没有人在一切方面都是老师,也没有人在一切方面都必须作为学生来学习。在这里会无意识地出现彼此既是老师又是学生的人与人的关系"。① 这种最理想的师生关系,其实就是上面所讲到的那种完全平等的"我—你"关系。

那么如何促进教育对话和相互理解呢?首先,学习外国语言是对话交流的第一步。只有掌握一门或几门外语,具备运用外语会话的能力,真正的国际交流和国际理解才有可能。在多元文化并存的全球化时代,"学习外语越来越重要。外语是在世界飞翔的'翅膀'和'护照'"。② 当然,要学好外语,还必须对该国的文化产生浓厚兴趣。池田先生认为,"的确要先了解该外语的'文化',才能更容易学懂'外语'"。③ 在外语教育方面,池田大作先生创立的美国创价大学拥有成功的实践经验。"美国创价大学有一个必修的留学科目,规定所有的学生要体验到外国留学。具体来说,除英语外,为了在汉语、西班牙语、日语中选学一种语言,要到该语言圈的大学里留学一学期。这在提高外语的同时,还会成为超越国家与民族的差异、从多样性中学习与人交流的宝贵的机会。"④

其次,双方必须消除对差异的执著,不能拘泥于各自差异。池田大作先生认为,真正构成对话和相互理解障碍的差异,其实并非来自于事物本身具有的多样性意义上的差异,而是人们为确立自身,为了保持自我对他人在竞争中的优势而刻意构筑并传承的差异。在池田看来,对差异的执著,也就是佛教所说的"仗恃",这好比是刺在人心的"无形的箭"。"我以'对差异的执著'来阐释这支'无形的箭'。这也是一种被'根源的利己主义'所束缚,而处处歧视、藐视、排斥他人的作用。若以佛教的教义来说,这就是藏于生命深处的'无明'(avidya)。"⑤

再次,对话并不是试图赢取对方,也不会强求对方接受自己的观点,而是在尊重他人的文化多样性的基础上,积极地向对方学习,尽可能地达成和扩大双方的共识,以寻求人们之间的相互理解。"要尊重他人的存在,积极地与他人密切关

---

① [日]池田大作:《人生箴言》,第141页,中国文联出版公司,1995年版。
② [日]池田大作、[美]杜维明著,张彩虹译:《对话的文明》,第48页,四川人民出版社,2007年版。
③ [日]池田大作、[印]钱德拉:《畅谈世界哲学》,第28页,明报出版社有限公司,2005年版。
④ [日]池田大作、[美]杜维明著,张彩虹译:《对话的文明》,第227页,四川人民出版社,2007年版。
⑤ [日]池田大作、[印]钱德拉:《畅谈世界哲学》,第125页,明报出版社有限公司,2005年版。

系,向他人学习。甚至把差异当做创造价值的源泉,共同争取开出更富人性的花朵。"①为此,要保持开放的心态,学会倾听对方的看法和观点。"'倾听'可以说是一种向对方敞开心灵、接受对立的态度。"②"阻止对方说话,独断专横地下结论,不能称之为对话。即使觉得对方的话'有点儿不对头',也希望心胸宽大一些,不要一一探究,对对方的话表示理解。能这样做,对方的人也会安心地听取我们的意见。"③

三、"国际理解"德育目标——培育"地球公民"

在池田大作看来,"国际理解教育"的目标是培育既有爱国情怀,又具有国际视野和国际交往合作能力的地球公民或世界市民。他提出21世纪"地球公民"的产生有三个条件,即"地球公民"必须是"深刻认识生命相互关联性的'智慧的人';对于人格、民族或文化的差异,不是害怕和否定,而是尊重和理解,并能把它当做成长的食粮,成为这样'勇敢的人';对于苦难的人们,不仅是身边,即使在远处,也能与他们同甘共苦、团结合作的'慈悲的人'"。④ 这三个条件是池田大作先生基于佛教的"三德",即师德(智慧)、主德(从恐惧中解放)和亲德(爱与慈悲)而提出的,他认为,"以这三德为基础的'菩萨道'的生存态度,跟21世纪地球公民的条件是一致的。"⑤所以,"地球公民"应当立足于生命的尊严和世界的相互依存这一共同的基础,并且承认、尊重、包容和接纳其他文明的多样性,愿意与文化他者和谐共处,以多元的视点努力去发现、寻求和扩大"共同的统一性"。池田认为未来的"地球公民"是充满"多样性"、"开放性"和"宽容性"的人,他们作为"好邻居"、"好公民"和"好地球人"和其他人共同生活,从而可以为文明的"共生共荣"和人类的和平稳定做出自己的贡献。

那么培养地球公民的载体如何?池田先生指出,首先必须实现教育权的独立。教育的目的本来是培养具有独立健全人格,能与他人和谐共处,拥有全球性视野的公民,而现代的教育却沦落为经济的"婢女"和政治的"附庸",丧失了其自

---

① [日]池田大作、[美]杜维明著,张彩虹译:《对话的文明》,第79页,四川人民出版社,2007年版。

② [日]池田大作、[美]杜维明著,张彩虹译:《对话的文明》,第81页,四川人民出版社,2007年版。

③ [日]池田大作:《孩子们是"未来的宝贝"——教育箴言录》,第117页,中国文联出版社,2005年版。

④ [日]池田大作:《孩子们是"未来的宝贝"——教育箴言录》,第120-121页,中国文联出版社,2005年版。

⑤ [日]池田大作、[印]钱德拉:《畅谈世界哲学》,第269页,明报出版社有限公司,2005年版。

身的独立性。他对现代教育的这种弊端进行了深刻地抨击,"在现代技术文明的社会中,不能不令人感到教育已成了势利的下贱侍女,成了追逐欲望的工具。……现代教育陷入了功利主义,这是可悲的事情。这种风气带来了两个弊病,一个是学问成了政治和经济的工具,失掉了本来应有的主动性,因而也失去了尊严性。另一个是认为唯有实利的知识和技术才有价值,所以做这种学问的人都成了知识和技术的奴隶"。① 为了能够消除政治主导型的教育所带来的弊端和负面作用,池田先生呼吁,"教育是培育下一代人的远大的事业,不可缺少不为当时的政治权力所左右的独立性,需要在立法、司法、行政三权之上加上教育的'四权分立'"。②

那么,如何才能真正实现世界范围内的"教育权独立"呢?池田先生独特地提出了建立"教育联合国"的远大设想,他说:"在超越国家利害的教育领域里进行交流和合作,会成为实现世界和平的基础。以前我从这一观点出发,一直呼吁'教育联合国'的设想,目的是要全世界实现'教育权的独立'。"③在"教育联合国"里,世界各国的教师、家长、学生和硕学之士就可以汇聚一堂,不同文明间相互尊重、相互交流、相互学习和相互理解,具有全人类视野的地球公民才得以产生。

也许池田先生"教育联合国"的设想具有较大的理想性,实现起来还有很长的路要走,但或许是最终实现异质文化间人们相互理解的可能之路。无论最终结果如何,只要人们去为之努力,就一定能为促进人类之间的国际理解与和谐世界的繁荣稳定做出卓有成效的贡献。池田先生正是这样一位孜孜不倦地以教育实践来促进人类和平与理解的斗士。其创立的创价大学的三条校训,即"成为人本教育的最高学府"、"成为新的大文化建设的摇篮"、"成为保卫人类和平的要塞",充分反映了池田先生以教育为载体来促进人类幸福与和平的基本理念。为了实现"保卫人类和平的要塞"的历史使命,增加国际理解。实现"教育联合国"最初设想,20世纪70年代初池田先生就先后与英国、法国、美国、中国、中国香港等多个国家和地区的大学在办学理念、教学经验、人员交流方面展开了国际交流和合作,互相接纳对方的留学生。创价大学学生也意识到,为了永久和平,必须提高国际语言交流能力,深入研究各国文化,加深与各国间的相互理解,组织了多方面的研

---

① [英]汤因比、[日]池田大作:《展望二十一世纪——汤因比与池田大作对话录》,第60页,国际文化出版公司,1985年版。
② [日]池田大作:《孩子们是"未来的宝贝"——教育箴言录》,第145页,中国文联出版社,2005年版。
③ [日]池田大作:《孩子们是"未来的宝贝"——教育箴言录》,第144页,中国文联出版社,2005年版。

究学会,如自1968年9月池田大作在日大讲堂学生部总会发表中日邦交正常化倡言后,创价大学学生就成立了"中国研究会"。1975年,创价大学成为首个接收来自新中国留学生的日本大学。截至2006年春,有来自世界43个国家、超过250名留学生在创价大学学习。

池田大作先生极其重视留学生在推进各国友好交流中的重要作用,大力开展国际教育交流合作,加强以留学生为中介的人员友好往来,认为,"不受国界约束的教育的有利点是,可以给肩负未来的青年们带来不受国界约束的视野,而且当这些在大学生活中结成友谊的青年们很快成为各个国家的领袖时,就可以防患国家之间的纠纷于未然,给处理各种问题的协商与合作的顺利进行打下基础。"①由于"留学生是将来处于各自国家领导地位的存在",所以,"重视留学生就是重视世界的未来"。② 池田大作这种"国际理解教育"理念及其一系列实践活动,为推进国际理解,加强日本与中国以及世界各国的友好关系,积极构建和谐世界做出了不可磨灭的贡献。正是因为池田大作先生在推动国际理解和世界和平方面所做出的重大贡献,他先后被授予联合国和平奖、泰戈尔和平奖、爱因斯坦和平奖。

研究池田大作先生"国际理解"德育思想,对于增进两国人民间的了解、促进中日两国人民的世代友好就更加具有重要的现实意义。同时,由于全球化浪潮席卷社会生活各领域的21世纪里,不同民族、文化、宗教之间的碰撞、摩擦乃至对立、冲突,将成为影响世界和平与稳定的重要因素,研究池田先生"国际理解教育"思想,对于通过文明间对话和教育文化交流来弘扬宽容多元、尊重差异的精神,促进和谐世界的构建也有着极大的现实意义。

---

① [日]池田大作、[意]奥里利欧·裴彻著,卞立强译:《二十一世纪的警钟》,第197页,中国国际广播出版社,1988年版。
② [日]池田大作、[美]杜维明著,张彩虹译:《对话的文明》,第228页,四川人民出版社,2007年版。

第十章　池田大作生态德育观

池田大作先生在他与汤因比的《展望二十一世纪》与贝恰的《二十一世纪的警钟》等对话录中，通过"人与自然"、"人与人"、"人的革命"等思想的分析，基本上形成了其生态观体系。池田大作先生关注生态问题，不是就生态而生态，而是把它作为人类现实变革和未来发展的重大问题来对待，池田大作先生谈生态，是为了说明人而不是相反，正如池田大作先生在《"生命世纪"的探求》一文中强调指出的，创价学会所信奉的日莲佛法以人为"原点和目的"。从另一方面看，池田大作先生讨论人的问题从来都没有脱离人与自然的关系，在题为《干部的责任感与使命感》和《广宣流布前程之展望》等演讲中，池田大作先生进一步强调，日莲佛法原本就是"人本主义、生命主义"的。本章主要探讨池田大作生态观中的人本主义思想。

一、以"天灾"形式出现的"人祸"——从池田先生对生态危机的缘由和实质的分析看其人本主义思想

19世纪末20世纪初，随着西方社会经济与科学技术的繁荣与发展，随着工业文明的迅猛前进，人们一方面享受着高科技所带来的舒适生活，另一方面生态危机已成为威胁人类生存的全球性问题。人口剧增，资源短缺，全球变暖，环境污染，生态失衡，自然灾害频发……池田先生在为人类的生存环境状况担忧的同时，认真思考着造成今天这种环境状况的原因。池田先生认为，生态危机看起来是"外在的破坏"，是"天灾"，实际上并非仅仅如此，它是"内在的破坏"导致的结果。是以"天灾"形式出现的"人祸"。"在现代技术文明还没有覆盖住整个地球之前，差不多的灾害都可以说是自然灾害，即天灾。但是，在现代，灭绝人类生存的不是天灾，而是人灾，这已经是昭然的事实。"[①]

池田先生认为，危机的出现首先与人自然观的变化有关。"可以肯定地说，在现代科学文明的深层，有一种把人与自然相对立，为了人的利益要征服自然、利用自然的自以为是的思想动机"[②]。也就是说，人在自然界居于什么地位，对自然界

---

① [英]汤因比、[日]池田大作著，荀春生等译：《展望二十一世纪——汤因比与池田大作对话录》，第37—38页，国际文化出版公司，1985年版。
② [日]池田大作、[英]B.威尔逊著，梁鸿飞等译：《社会与宗教》，第464页，四川人民出版社，1991年版。

应持什么态度,在这些问题上,显然出现了严重的失衡或颠倒,正是这种"自以为是的思想动机"导致了人类的生存危机。

其次,危机的出现是人欲望膨胀的结果。人有各种欲望。池田把人的欲望分为两种:一种是"本源的欲望"。它是"追求和宇宙生命合一的欲望,给人的生命以全部感情—生命感情,传送生的活力,并使其高涨起来"。① 人类生命引起的各种欲望,都跟它有着联系,同时,它还在强化新的创造性。另一种是"魔性的欲望"。这种欲望可以说是"切断'本源的欲望'跟各种欲望之间的联系,把各种欲望置于自己的统治之下的那种欲望"。② 人被"魔性的欲望"所迷惑后,就会想统治别人,或统治自然。

最后,科学技术被滥用也是导致危机出现的原因。科学技术是把双刃剑,既能造福于人类,也能导致人类走向灭亡,关键在于掌握科学技术的人如何运用它。科学技术作为工具理性的实现,是由一定的价值理性或目的理性支配的,正因为如此,真正的问题出在人与自然的价值关系上。

由此可见,池田先生从人类文化、人文价值等角度对日益严重的生态危机进行了深层思考,揭示了以"天灾"形式出现的生态危机,其实质是"人祸",旨在提醒人们要从自身改变对待自然的态度,从而防止人类反叛自然而产生的灾害。

二、"依正不二"——从池田先生主张的人与自然和谐论看其人本主义思想

池田先生经常使用"佛教人本主义"来描述自己的哲学。人本主义是以人为主题的,是解决人的问题的,诸如人的本性、人生价值一类的问题,但是池田大作先生的人本主义思想除了具有这些一般性质之外,还有一大特征,这就是认识到宇宙森罗万象、宇宙中所有生命,宛如一个相互依存和关联的网络。池田讨论人的问题时,始终没有脱离人与自然的关系(即"依正不二")这一基本前提。这就是说,人是不能离开自然界而存在的,人的问题必须在人与自然界的关系中去解决。

人与自然之间的关系究竟如何?在这个问题上,启蒙运动以后的西方哲学将自然界视为无生命的、死亡了的自然,在人与自然的关系中只有人才是最优越的,最有价值的,自然界本身则是没有价值的,如果有什么价值的话,那就是向人类提供资源,供人类使用。因此,人才是自然界的主宰,自然界只能是被主宰、被统治的对象,其主导观点是机械论的、决定论的和还原论的。从宗教的立场来看,上帝

---

① [日]池田大作、[英]汤因比著,荀春生等译:《展望二十一世纪——汤因比与池田大作对话录》,第378页,国际文化出版公司,1997年版。
② [日]池田大作、[英]汤因比著,荀春生等译:《展望二十一世纪——汤因比与池田大作对话录》,第378、379页,国际文化出版公司,1997年版。

是超自然的创造者,而上帝创造人,就是为了统治和主宰自然。在这种观念的指导下,人类开始无止境地、肆无忌惮地征服自然,结果造成了严重的、直接威胁到人类生存的生态危机。池田先生指出,这种态度是"使现代的自然和人类的协调关系崩溃的一个原因"。①那么如何才能使得人与自然的关系协调起来呢?池田先生认为,能真正处理好生命与环境之间关系的是佛教的学说。佛法认为自然界本身是维系独立生存的生命的一个存在。又认为,"人类只有和自然——即环境融合,才能共存和获益。此外,再没有创造性发挥自己的生存的途径。这就是佛教的'依正不二'。'依正不二'原理明确主张人和自然不是相互对立的关系,而是相互依存。"②"依正不二"中的依就是依报、正就是正报,正报指生命活动的主体,而其依凭的环境、国土等叫依报。正如池田先生在《展望二十一世纪》中所说:"一言以蔽之,生命主体与其环境,在客观世界的现象中,虽然可以作为两个不同的事物来认识,但在其存在中,是融合为不可分的一体来运动的。"③

　　因此池田的人本主义虽然把焦点放在人身上,但却不把人与自然分化为对立的两极,主张人与自然和谐相处,共生共荣,一方面,人类需要从自然界获取生活资料,以维持人类的生命;另一方面,人类需要承担起保护自然的义务和责任,使人类的家园更加美好。池田先生强调人类的幸福,是在协调与万物之间的关系中创造出来的。这就有别于极端的人类中心主义。极端的人类中心主义是建立在人与自然相分离、相对立的二元论的学说之上的,认为人类是自然界的主宰,是自然界万物进化的最终目的,只有人类才是衡量生命和非生命实体能否存在的唯一价值尺度,它把自然界视为僵死的、无生命的存在,是人的统治对象;它确立了人作为认识主体和价值主体的地位,否定了自然界的"内在价值";它赋予人以控制、掠夺自然界的无上权力,而否定了自然界一切生命的生存权利。池田大作先生在谈及西方人本主义中的征服主义的弊端及人类中心主义时提出了自己的见解。他指出,"这种征服主义在对他人的关系中表现为殖民主义,在对自然的关系中则引发自然破坏和环境破坏。""现在,人类中心主义已明显地露出破绽。我想,它必然被作为东方思想之基点的以自然为中心的共和主义、调和主义所取代。如果以这一思想基点为根本,就有可能从侵略、征服自然的思想转变为共存思想,

---

① [日]池田大作、[英]汤因比著,荀春生等译:《展望二十一世纪——汤因比与池田大作对话录》,第31页,国际文化出版公司,1997年版。
② [日]池田大作著,何劲松编选:《池田大作集》,第47页,上海远东出版社,2002年版。
③ [日]池田大作、[英]汤因比著,荀春生等译:《展望二十一世纪——汤因比与池田大作对话录》,第12页,国际文化出版公司,1985年版。

进而达到一体观的思想。"①

当然,池田先生认为要真正实现"依正不二"必须进行"人间革命",只有通过主观世界的变革,人类才可能真正实现人与自然之间的和谐。

三、"生命的尊严"、"众生平等"——从池田先生对生命的深刻领悟看其人本主义思想

所有人本主义都要维护人的尊严。与西方人本主义不同,池田大作人本主义思想是从对生命的深刻领悟来强调人的尊严的。池田大作指出,"西方人道主义的思想方法不对,它导致对其他缺乏智慧的生灵的蔑视,进而增强了对同样是人,但未接受过智慧思考训练的人,或对思考方法不同的人皆加以轻视的风潮。"②而佛法人本主义的根本理念是众生平等。池田大作说:"我认为,这种思考方法是最符合道理的,它是在人生命尊严名义下,阻止人不惜牺牲其他生灵的利己主义的制动器;同时,也能在尊重生命的名义下,禁止一切杀生,防止陷入否定自我的生命。"③所以生命是至上的,生命是至尊的;人不仅是社会的存在,而且是生命的存在。池田的"生命的尊严"是推重所有生命的尊严。他特别指出,仅仅强调人的生命尊严是狭隘的,"只尊重人的生命,往往会使人类陷入利己主义。利己主义的人,也容易陷入只尊重特定的民族、特定的信仰者、特定阶级的人们的生命的狭隘圈子中。与此相对照,把尊重生命的精神推广到动物身上,才是最根本的尊重生命的精神。"④"佛法是把包括一切的自然——不,把大宇宙本身,作为'生命'来理解的。"⑤可见,池田先生所谓的生命尊严,已不仅限于"神"和"人"的"有价值"。池田先生认为,生命是尊严的,比它再贵的价值是没有的。生命的尊严是普通的绝对的准则,是任何东西都不能取代的,是超越等价物的一切事物的基点。"生命是尊严的。就是说,它没有任何等价物。任何东西都不能代替它。"⑥要维护生命的尊严,要求人类必须克服狭隘的利己主义、自我中心主义,将"爱的对象指

---

① [日]池田大作著,何劲松编选:《池田大作集》,第46—47页,上海远东出版社,2002年版。
② [日]池田大作、[德]狄尔鲍拉夫著,宋成有等译:《走向21世纪的人与哲学》,第82页,北京大学出版社,1992年版。
③ [日]池田大作、[德]狄尔鲍拉夫著,宋成有等译:《走向21世纪的人与哲学》,第83页,北京大学出版社,1992年版。
④ [日]池田大作、[英]B.威尔逊著,梁鸿飞等译:《社会与宗教》,第106页,四川人民出版社,1991年版。
⑤ [日]池田大作、[英]汤因比著,荀春生等译:《展望二十一世纪——汤因比与池田大作对话录》,第429页,国际文化出版公司,1985年版。
⑥ [日]池田大作、[英]汤因比著,荀春生等译:《展望二十一世纪——汤因比与池田大作对话录》,第429页,国际文化出版公司,1985年版。

向全人类,向地球上全部生命扩展,良心树立在对生命尊严的无限敬畏上"。① 池田大作先生强调要"使人的生命在事实上成为尊严",人类必须与其他生命"同乐共苦","把自己生命的作用变为美好的东西,去怜悯一切其他生命,不作损害他人的丑事"。②

从生命的意义上看,"众生平等",人并没有什么优越性,也没有什么"特殊"地位,更不能高居万物之上,对万物实行主宰。这看起来是将人降到一般到生物的水平,实际上正是对生命的尊重,对万物的尊重,同时提高了人的地位和作用,突出了人的责任和义务;从人自身的生命中体会万物生命之宝贵,尽其性以尽人之性,尽物之性。正如《中庸》所说:"能尽其性,则能尽人之性;能尽人之性,则能尽物之性;能尽物之性,则可以赞天地之化育;可以赞天地之化育,则可以与天地参矣。"这种由己及物的过程正是人所特有的,也是人的可贵之处。由此,池田先生把"生命的尊严"、"众生平等"与人的责任和义务很好地联系起来。

四、"人的革命"——从池田大作对化解生态危机途径的分析看其人本主义思想

面对日益严重的生态危机,池田大作从人性论的角度对化解危机的途径进行了分析。

人性论是东西方人本主义学说的重要基础和内容。正如池田大作所说,有什么样的人性论,就有什么样的人道主义原则。池田大作在人性上主张"善恶不二"论。他说:"我认为人的本性既非善,也非恶,而是两者兼而有之。"③"佛教则主张善恶不二,认为人的生命本来就不能片面地规定是善还是恶,而是既具有善的可能性,同时也具有恶的可能性。"④

如前所述,池田大作认为,生态危机的出现是人以自我为中心的"魔性的欲望"膨胀的结果。魔性的欲望经常表现为想统治别人,并以自然的统治者姿态出现。其危害性是切断了"本源的欲望"跟各种欲望之间的联系,而将各种欲望置于自己的统治之下。要弘扬人性,就要扬善制恶。因此他十分强调教育特别是道德教

---

① [日]池田大作、[英]汤因比著,荀春生等译:《展望二十一世纪——汤因比与池田大作对话录》,第415页,国际文化出版公司,1985年版。
② [日]池田大作、[英]汤因比著,荀春生等译:《展望二十一世纪——汤因比与池田大作对话录》,第431页,国际文化出版公司,1985年版。
③ [日]池田大作、[英]汤因比著,荀春生等译:《展望二十一世纪——汤因比与池田大作对话录》,第385页,国际文化出版公司,1985年版。
④ [日]池田大作、[意]奥里利欧·裴彻著,卞立强译:《二十一世纪的警钟》,第94页,中国国际广播出版社,1988年版。

育的重要性。他建议通过学校、父母以及书籍等,把有关道德的知识灌输给年轻人,此外他一直在探索如何将道德方面的知识通过自我控制的环节而运用于现实中。但他同时认为,仅仅依靠道德来处理人的自我是不够的,"抑制恶,并不是从外部进行的,而是通过每个人生命内部的主体性来实现的,也就是说每个人要培养自己控制恶的能力,这才是最重要的。"①

为此,池田先生提出要在人的意识深处进行变革。他强调:"当然,这一变革不是外界强加的,而是从力图提高自己人格的本身意愿中产生的,但是,论述精神革命的哲学,起码蕴藏着一种力量,它促使坚持这种哲学的人进行自我变革。我们呼吁的'人的革命',就是这种整个人性的改革。"②因此,池田大作所说的在人的意识深处进行变革的"人的革命"是要把佛性这个伟大生命从每一个个体生命的深处引导和显现出来,从而开发人的智慧和慈悲,在现实的人生和行动中发挥作用。可见,从人的生命内部的主体性来培养抑制恶的能力,其实是从佛性的觉悟这一深层的人性角度来讲的,它不同于与儒家性善论只是讲"人性",池田除言"人性"外,还讲"佛性"。所以池田先生有时也将其人本主义称为"佛法的'人本主义'",或"以日莲大圣人佛法为基调的'人本主义'"。

建立在日莲佛法上的"人的革命"在进行自我变革的同时,也在进行社会变革。池田先生指出,"在一个人的身上所进行的人的革命,很快使一个国家的命运发生转变,甚至能使全人类的命运发生转变。……在20世纪的今天,平民前赴后继、壮烈展开的和平与文化的史剧,推动着真理的发展。事实是由每一个无名的民众进行人的变革的积累,而推动了这一和平运动向前发展。"③这种人的革命同传统的东方文化中所说的反求诸己闭门思过以及小乘佛教的自我解脱不同,它同人的现实的实践,同国家和人类的命运联系在一起。因此,池田先生的人本主义思想通过"人的革命"沟通了理论和实践之间的渠道。

五、从池田先生环境正义观看其人本主义思想

池田先生生态观中包含着思考和解决环境正义问题的思想财富。

"环境正义"或"环境公正"(environmentaljustice)在广义上是指人类与自然之间实施正义的可能性问题,即种际正义;狭义上包含两层含义:一是指所有主体都应拥有平等享用环境资源、清洁环境而不遭受资源限制和不利环境伤害的权利,二是指享用环境权利与承担环境保护义务的统一性,即环境利益上的社会公正。

---

① [日]池田大作:《社会变迁下的宗教角色》,第36页,三联书店香港有限公司,1995年版。
② [日]池田大作:《人生寄语——池田大作箴言集》,第58页,上海社会科学院出版社。
③ [日]池田大作:《我的履历书》,第90页,吉林人民出版社,1984年版。

环境正义可分为程序意义上的环境正义即分配正义、地理意义上的环境正义即补偿正义和社会意义上的环境正义(实质正义)。从时空上看,环境正义包括种际正义、代际正义、代内正义。①

在种际关系上,池田先生主张人与自然的"依正不二",强调人类只有和自然——即环境融合,才能共存和获益。此外,再没有创造性发挥自己的生存的途径。在代际关系上,池田先生强调当代对于后代的环境责任,在与贝恰博士谈话中指出,"今天这些民众对其他的生物或未来世代的人们是处于强者的地位。其他的生物不具有可以保护自己的手段,未来的世代也不可能要求自己的权利,所以我们应当想象他们理所当然地要求的权利,给自己的权利加上义务的框架,对它加以抑制,使得他们的权利不致受到侵犯。"②池田先生生态观除坚持种际正义、代际正义外还坚持代内公平正义。池田认为环境问题是全球性的问题,是可与核问题相匹敌的人类课题。它是近代科技文明所带来的负面效应。科技文明的受益者只不过是先进诸国,众多的发展中国家得不到这种恩惠。③"无论是'南'和'北'的平衡,还是经济增长与环境保护的平衡,所面对的大部分环境问题,显然都是先进工业国人们的课题。"④他说,"今天,发达国家的权力欲、集团的利己主义已成为直接地(开发、战争)和间接地(对发展中国家的不照顾)破坏自然的主要原因。"⑤因此,发达国家应对今日的环境危机负主要责任。

池田先生生活在发达国家,但他从不隐讳指责发达国家对于发展中国家的盘剥和掠夺,这实际上触及了对发达国家工业文明的不公正性和非生态性的反思和批判,这既体现了其生态观的实践性品格,同时也体现了池田先生人本主义思想的灵魂:从"小我"升华到"大我"、站在人类共同利益之上的广泛而博大的爱。

综上所述,池田大作生态观处处洋溢着人本主义的情怀,正如池田先生所说:"说到底,一切始于人,归结于人。"⑥

---

① 曾建平:《环境正义——发展中国家环境伦理问题探究》,第9页,山东人民出版社,2007年版。
② [日]池田大作、[意]奥里利欧·裴彻著,卞立强译:《二十一世纪的警钟》,第200页,中国国际广播出版社,1988年版。
③ [日]池田大作著,何劲松编选:《池田大作集》,第51页,上海远东出版社,2002年版。
④ [日]池田大作著,何劲松编选:《池田大作集》,第261页,上海远东出版社,2002年版。
⑤ [日]池田大作著,何劲松编选:《池田大作集》,第29页,上海远东出版社,2002年版。
⑥ [日]池田大作:《和平世纪的倡言》,第55页,天地图书有限公司,1997年版。

第十一章　池田大作儿童德育观

儿童是未来的主人,是美好生活的缔造者,是和平与发展的使者,人们总是用纯真、美好、善良等词语来形容儿童。作为人生命历程中不可缺少的阶段,儿童时期养成的生活方式和思维方式影响着、甚至有时决定着人生的道路和方向。因此,对儿童的教育自古以来就是教育家们关注的焦点。儿童教育思想规范化、科学化开始于西方文艺复兴时期,在欧洲启蒙运动和生命学科研究的推动下,儿童教育思想逐渐走向发展和完善,在杜威提出"儿童中心说"时达到了高峰,随后关于儿童教育思想学派林立,无论是理论建构还是实践操作都越来越丰富和完善。作为国际创价学会创始人的池田大作在全世界各地创办了创价教育体系,其教育思想是创价教育体系的指导思想。创价教育体系涵盖了从幼儿园、小学、初中、高中以及大学的整套教育,他以人为本教育思想是其教育思想体系的理论基础,他的儿童教育思想正是在此基础上建立和完善。

一、池田大作儿童德育思想的师承渊源

池田大作儿童教育思想不仅直接受到日莲宗教的影响,而且也深受两位恩师牧口常三郎和户田城圣教育思想影响。

(一)牧口常三郎"创造价值"思想

牧口常三郎是日本创价学会的创始人,倡导"创造价值"的教育理念,代表作是《人生地理学》和《创价教育体系》。《人生地理学》的出版改变了日本传统的地理学教育教学模式,并且提出具有独特意义的地理教育方法。在此书中,牧口常三郎首先提出人是自然界的核心,提出了一种全新的价值理念,即:对生命的重视、对人的重视和对人创造价值谋求幸福生活的重视。人类与地球的关系是非常复杂的,但与我们的日常生活并不遥远,更确切地说这种关系渗入到我们所做的每一件事,影响着我们人生经历的各个方面。这种观点对池田大作儿童教育思想中加强儿童与环境共生理论具有极其重要的作用。此外,牧口常三郎强调课外学习和实践对智力开发的重要性,要求革新传统的教育中存在的僵硬知识拼凑的教育方式。这些思想观点深深影响着池田大作儿童教育思想的方式和方法。①

牧口常三郎对池田大作儿童教育思想影响最大的莫过于《创价教育体系》和

---

① 参见[日]牧口常三郎著,李力、卞立强译:《人生地理学》,上海复旦大学出版社,2004年版。

"美、利、善"的教育价值论,尤其是"教育价值论"对池田大作影响深远。创价学会的教育理论根基和实践支柱是牧口常三郎在《创价教育体系》第二卷第三篇中的"价值论"。这种"价值论"不同于康德价值论的"真、善、美"在于,牧口常三郎把"真理"和"价值"进行了区分,并把"利"引入了其价值论。"利"是指关于个体生活的个体价值,"利的价值是每个个人同能使他保持和发展其生存的客体之间的一种关系状态",①真理不能归为价值在于真理是主体符合客体要求,而价值是主体与客体的关系解读。因此,牧口常三郎提出人的价值在于过上幸福的生活,而教育的目的在于让人过上幸福生活,过上有价值的生活,教育要以人的幸福为目的,以"真、利、美"为教育的目标,在牧口常三郎独特的"价值论"教育理念下,池田大作儿童教育思想就有了理论的支持和借鉴。

(二)户田城圣"生命教育"思想

户田城圣是创价学会的第二位会长,也是池田大作另一位恩师。日本当时的教育制度以国家利益为上,压制独立创新的教育思想,年轻的户田城圣师从于牧口常三郎,并和恩师一起创办创价教育学会。户田城圣提出了具有日莲宗教意义的"生命论"教育理念。户田城圣认为"佛"就是"生命",是可以实实在在能够体会的,不是虚无缥缈的,因此就把日莲宗教教义与现代社会生活联系在一起,从而实现了日莲佛教在《御义口传》中的"色不二心,可谓一级"②的思想。因此,户田城圣教育思想极其重视对生命的尊重,加强对人进行生命意义和价值的教育,倡导尊重每一个人的生存权和教育权。在苏美两国冷战趋于白热化,核军备竞赛空前高涨和国内日本军权横行双重压力下,户田城圣倡导儿童是和平的希望,指出对儿童进行和平教育的重要性和必要性,并提出"世界市民"的思想。池田大作继承了户田城圣儿童教育思想中的"色不二心"生命哲学思想和和平教育理论,并在结合当今儿童教育现状进行创新和运用。

二、池田大作儿童德育思想的理论渊源

池田大作儿童教育思想不仅是池田大作结合现今时代发展的要求,在继承西方儿童教育理论基础上创新的重要成果,同时也深受日本日莲宗教和其恩师牧口常三郎和户田城圣教育思想的影响。主要是从三个方面进行的:一是为什么要进行儿童教育;二是怎么样进行儿童教育;三是教育后的儿童应达到什么要求。这三个问题其实就是池田大作认为儿童教育的必要性与重要性。

---

① [日]仓贯势津子:《日本和美国教学方法的比较》,载于《中国教育教学研究》,2006年第4期。
② 参见[日]池田大作、[日]日兴:《御义口传》,《日莲大圣人御收全集》,日莲宗书。

池田大作认为幼年就是人生，并不是"人生的前奏"，儿童是未来的宝贝。只有在幼年时期注重教育儿童，发展其健全的人格，陶冶其高尚的情操，培育其爱家、爱国、爱和平的思想，才能够建立和平的世界；同样，一个健全社会也会促进儿童的健康成长。池田大作通过说明儿童与人生、社会、自然和世界的休戚关系，指出儿童教育重要性。池田大作对这些问题的看法与日莲佛法所基于"社会共苦"所从事的社会改革和教育改革的终极关怀是一致的。具体来说，池田大作信仰的宗教是日莲佛法，是日莲大圣人在十三世纪所创立的。池田大作探讨儿童教育本质时提出的"善恶不二"、"宿业论"、"缘起说"和"生命尊严"等主张，是与日莲佛法的教义密切相关。例如，"善恶不二"强调人生来"善""恶"兼有，谁都不可以避免，因此人生要不断地教育反省，才可以保持本有的"善"。池田大作认为这是儿童教育的根源所在。池田大作作为一名日莲佛法继承者，始终认为自己是"大成佛教的实践者"。他不止一次地说道："我对现代世界的问题很关心，为求得其解决，而和人们进行对话，寻求努力，是从作为一个佛教的信仰者的自觉出发的。"①由此可以看出，池田大作始终把日莲佛教教义作为儿童教育思想的出发点，从日莲佛教的教义理论中去寻求教育儿童的实然和应然关系。

第一，性具善恶。池田大作在与俄国教育家里哈诺夫交谈时具体地提出了儿童教育思想的佛教渊源。池田大作从日莲佛教的"善恶不二"的人性论出发提出了"性具善恶"观点。"性具善恶"是指人生来就是善恶兼有。池田大作说"法华宗之心，犹备'一念三千'、性恶性善及妙觉之位，大乘佛教主张不需要完全灭绝人所具有的烦恼，甚至认为脱离烦恼会导致对生命本身的否定"，②就是圣人生来也有善性与恶性，这是池田大作人性论的佛教思想。在儿童教育中，池田大作认为要注重挖掘儿童的善性，摒除或抑制恶性，让儿童在幼年时期逐渐具备辨别善恶的能力。

第二，宿业论。在日莲佛教的"宿业论"基础上提出儿童教育的目标。日莲"佛教的'宿业论'是在'无意识'、'集约的无意识'的深度的基础上，把重点放在如何挖掘善性上"。③日莲佛教认为人生来是背负罪恶的，因此在"现世"中要做善事以此消除自己的恶，从而在下个轮回中解除恶，获得新生。池田大作认为在现世

---

① ［法］路奈·尤伊古、［日］池田大作：《黑夜寻求黎明》，第14页，中国国际广播出版社，2003年版。
② 参见［日］池田大作著，何劲松编选：《池田大作集》上海远东出版社，2002年版。
③ ［日］池田大作、［俄］哈里诺夫著，李力、卞立强译：《孩子的世界》，第126页，中国文联出版社，2002年版。

中"获得新生"的途径是"真、善、美"人生价值观,而这种观点培育在于儿童时期教育目标的制定。

第三,缘起论。重视"缘起论"思想。"缘起论"思想是日莲佛教的基本思想之一,认为无论是自然界还是人类社会,事物都是有关联的不是孤独而立的。池田大作说:"'缘起'就是'因缘而起'的意思。不论是人间界还是自然界,事物不是单独发生的,都是互有关联的。"①因此,儿童的教育离不开父母、学校和社会。父母要经常与儿童共同交流,儿童在成长中也要接受学校教育,不断地与社会相联系,这样才能够成长为人格健全的人。

由此可见,佛法的"善恶不二"、"宿业论"、"缘起"等思想,正是池田大作儿童教育思想产生的宗教来源。

三、池田大作儿童德育思想的现实根源

人的思想产生不但要受到前人思想影响,同时也是自己时代的产物,不可避免打上时代烙印。自然环境与社会环境的变化,既促进了时代的发展,又提出了现实所存在的问题。如何解决现实问题以更好地适应时代变化,是新思想观念产生的现实根源。池田大作认为"保证生活环境才是健全的社会",儿童只有在健全的社会环境中才能够健康成长。以"大量生产,大量消费,大量废弃为基轴的"20世纪工业文明在带来世纪经济繁荣同时,也带来了人类生活环境遇到了"三面受堵"的困境。一是新科技革命以来,经济迅速发展带来的人口数量空前膨胀,劳动力巨大增长伴随着严重的失业问题和贫困问题;二是人口膨胀,经济发展带来了巨大资源、能源的消耗和浪费;三是发展不可避免带来了生态环境破坏和人与自然矛盾加剧。鉴于儿童成长环境离不开社会环境,池田大作认为"大人世界"的世界观和价值论会直接改变和影响儿童逐渐形成的世界观和价值观,因此提出了适应时代变化的能够促进儿童健康发展的儿童教育理论。

(一)人与自然的矛盾

池田大作说:"对他人的关系中表现为殖民主义,在对自然的关系中则引发为自然破坏和环境破坏。"②资本主义在20世纪的崛起和发展,资本在全球范围的扩张,寻找最高利润和最低生产成本成为资本主义主要任务。在这过程中表现出的殖民主义,在自然关系中就表现为自然生态环境平衡失调,物种濒临灭绝,能源过

---

① [日]池田大作、[俄]哈里诺夫著,李力、卞立强译:《孩子的世界》,第12页,中国文联出版社,2002年版。

② [日]池田大作著,何劲松编选:《池田大作集》,第44页,上海远东出版社,2002年版。

度使用、浪费以及环境污染,最终导致人与自然关系的紧张。20世纪70年代,随着科学技术泛滥,环境问题逐渐从区域性转变为世界性,进而影响到人类的生活甚至生存。这种表面上看来是"天灾"的环境破坏实际上"人祸"使然。"天灾"仅仅是"人祸"的外在表现形式,究其根源在于人对自然的态度从原始的崇敬畏惧到征服改造。"尽管表面看来是大自然独立的现象,但若从本质的观点来看,可以认为是包含人类在内的整个生命世界在起作用,而形成了异常变化的几个原因。如果这一推测是正确的,那么最近发生的许多灾害就间接地与人类活动有关,也就可以说是以天灾形式出现的人灾。"①人与自然关系的紧张最根本原因是"在人类对'自然'与'生命网络'不够尊重时,便会忘记人与自然共生的'生命的存在',进而产生利己主义思想,认为迫令其他生物与自然界均为自己服务是理所当然的"②的观念的支配。从原始的对自然的畏惧逐渐走向征服,在表现人性张力的同时也是把人与自然主客对立的结果。在新科技革命的支配下,人类在拥有了征服自然的一些能力,但是这种能力的过度夸张和表现就会背离人与自然"共生"理念,导致"以自然的主人"自居这种主客二分的思维方式。把自然看做是奴役的对象,不断地加以利用,使之成为满足人类欲望的工具。

(二)人与人的矛盾

池田大作说人性有善恶,二者兼有之。善的存在是因为"人人皆可成佛",每个人心中的"善"都有他能够成为佛的可能性,恶的存在在于"人需要顿悟",不是每个人生来就是佛,要通过不断刻苦的修炼才能够成为佛。在"善"的认知中,人和人是平等的关系,和睦共处,在"恶"的认知中,人放任极端自私的利己思想,放大自己的欲望,即"魔性的欲望",就会想控制别人,控制社会。人与人是共生关系,都是宇宙的成员,从生到死都是紧密联系在一起的,人与人是平等的关系,有尊严的生命体,怀着"爱和慈悲"心理去对待人才会有幸福、和平的人际关系,反之人与人之间就成为最残酷无情的生物。现代社会人的精神极度空虚,拜金主义物质主义横行,贪图享乐,试图逃避痛苦和悲伤,这是放任"魔性的欲望"结果。这种利己思想会消解儿童成长健康的环境,只有"利他"动机,慈悲的作为,才能够压抑这种欲望,使之处于"冥伏"状态,从而让其他的欲望从他的枷锁中解脱出来,最终达到人与人和谐、平等、共生的关系。

---

① [日]池田大作、[英]汤因比著,荀春生等译:《展望二十一世纪——汤因比与池田大作对话录》,第35页,国际文化出版公司,1997年版。

② 冉毅、曾建平:《关爱人性善待生命——池田大作思想研究》,第40页,湖南师范大学出版社,2005年版。

四、池田大作儿童教育思想

池田大作并没有具体的界定儿童的年龄标准和生理心理标准,但从创价学会在世界范围建立的五所创价幼儿园来看,池田大作对儿童年龄的界定在三周岁到六周岁。池田大作儿童教育思想更多地体现在世界各地创价幼儿园的教育实践活动中。

(一)池田大作儿童教育思想的界定

池田大作儿童教育思想是在实践的基础上不断完善和成熟的,主要目的在于促进儿童身心健康发展和健全的人格建立,最终目的是为人与生态和谐共生,世界和平发展,人类生命的延续,因此具有长远的战略意义。池田大作儿童教育思想是在其以人为本教育理论指导下建立的以儿童为主体,以儿童的知、情、信、意、行和身心人格健康发展为主要内容,实行家庭、学校和社会三位一体管理模式的教育理论。其要素包括:尊重生命教育、爱的教育、幸福教育、创造性教育和和平教育这五方面内容。首先,池田大作对儿童的界定。池田大作并没有具体的界定儿童的年龄标准和生理心理标准,但从创价学会在世界范围建立的五所创价幼儿园来看,池田大作对儿童年龄的界定在三周岁到六周岁。池田大作儿童教育思想更多地体现在世界各地创价幼儿园的教育实践活动中,因此我们把儿童的年龄定位在创价幼儿园入学年龄和毕业年龄之间。其次,池田大作儿童教育思想主体为儿童。在以人为本教育思想中,人是作为教育主体,但在儿童教育思想中就体现为儿童是教育的主体。教育的主要目的是培育具有初步健全人格的儿童,在符合儿童身心健康发展规律的基础上对儿童进行初步的、有意义的教育。再次,教育内容主要倾向于道德教育和认知教育。此时,儿童身心和智力都逐渐成长,逐渐社会化,对其多数进行的是道德教育和认知教育,科普教育大多采取的童话和游戏的形式。在道德教育中,注重培育儿童在知、情、信、意、行方面的道德认知,道德情感,道德意志和道德行为,并促进儿童的社会化,培育其健全的人格。最后,池田大作儿童教育的模式是家长、学校和社会的三位一体的教育模式。这三方面相互影响,相互制约,相互促进,共同构成儿童教育系统,其中家庭教育是核心,学校教育是根本,社会教育是基础。只有合理发挥各自的作用,才能够创造儿童健康发展的家庭环境、学校环境和社会环境。

(二)池田大作儿童德育思想的特点

池田大作儿童教育思想在全世界各地的创价幼儿园进行了丰富多彩的实践,对其理论进行了丰富、完善和发展。从世界各地创价幼儿园活动可以看出,池田大作儿童教育思想具有宗教性、时代性和实践性这三个特点。

第一,宗教性。池田大作作为著名宗教理论家,其思想深受日本日莲宗教影响,在儿童教育思想方面深受佛教"缘起论"的影响。"缘起论"是指万事万物之间都存在相互关系,我中有你,你中有我,相互依存不可分割,这就是说我们要用动态的、发展的眼光来看待这种联系,而不是孤立地、静止地看待。"缘起论"的意义在于:第一,要用运动、发展和变化的眼光看待周围的相互联系的事物;第二,要重视事物之间的这种关联性,重视与他人的共存和共生的关系。因此儿童教育理论方面,运用"缘起论"就在于,一方面让儿童能够认识到社会中事物是相互联系的,自己也是社会的一员;另一方面让儿童认识到自然重要性和主动关心他人,逐步具有利他主义倾向。

第二,时代性。池田大作与时俱进提出儿童教育思想应当随时代变化而变化,应当顺应时代要求对儿童进行教育,尤其是儿童心理学和生理学的每一次实验的成功,就不断地更新儿童教育的理论,以更好地促进儿童教育事业的发展。在当代,新科技和崇尚工具理性的广泛影响下,由传统的工业所逐步培养起来的个人和社会道德遭到了前所未有的挑战和颠覆,传统道德岌岌可危,新的道德体系没有系统的建立之前,给儿童创造一个优良道德环境的要求放在人们的面前。在思考如何把现代社会发展给儿童带来的负面影响降到最低,池田先生提出在现代社会要把儿童时代和人生置于同一平台基础上,强调坚持把儿童作为中心,即把以教师作为主体传统儿童教育转变为以儿童作为教育的主体。这样就利于发挥儿童的主体性和能动性,在家长和教师正确引领之下,做出正确的道德判断和选择。

第三,实践性。池田大作儿童教育思想基本上是世界各地创价幼儿园实践活动的总结,并不只是单纯理论教条。池田通过细心观察儿童各种各样行为和现代儿童本身特点,再结合其亲身经历基础上提出的,具有针对性和指导性。池田儿童教育思想从儿童教育的实践中来,经过理论升华和借鉴优秀的儿童教育思想,然后再去指导创价幼儿园教育实践活动,从中找出理论的缺陷和错误,从而不断促进儿童教育思想的丰富和发展。因此,池田大作儿童教育思想具有鲜明的实践性。

(三)池田大作儿童德育思想的内容

池田大作以人为本教育的儿童德育观,既借鉴了其两位恩师教育的想法和观点,又顺应了时代的要求,具有现实性和时代性。第一,池田大作提出儿童教育思想的理论基础。池田大作先师、创价学会首任会长牧口常三郎提出的"创价教育学"的理念,即"教育的目的是为了孩子们的幸福",在此基础上池田大作进一步发展,提出"幼年时代、幼年就是人生,并不是人生的前奏"这一重要命题,把儿童时期放在了和人生平等的高度。这既是对社会上普遍认同的幼儿时期是人生前奏的否定,更是站在时代前沿看到了儿童教育的重要性和必要性。第二,池田大作提出儿童教育思想的现实基础。池田大作认为当代社会是一个"远离'童话世界'的现代社会",原因在于现代社会更多地体现为"大人社会"。"大人社会"是指"人与人、人与自然、自然与自然等之间的联系纽带正在削弱、磨灭"。在崇尚技术,物质横流的当代,"大人社会"的尔虞我诈的斗争,对自然界肆意破坏,人与人之间信用破产,等等,都不可避免的潜移默化影响到儿童健康成长。正是在此基础上,池田大作呼吁认为建立一个"不用艰深的大道理,而是用'完整的形象'来教育儿童关于人的生活方式、人生的意义以及对事物善恶的分辨"的"童话世界"。这个世界的具体指导思想就是池田大作的儿童教育思想。

池田大作儿童教育思想内容丰富,涵盖面广,涉及儿童身心健康发展各个方面,其要素包括:尊重生命教育、爱的教育、幸福教育、创造性教育和和平教育这五方面内容。这五个方面相互联系,相互影响,共同发生作用。尊重生命教育是池田大作儿童教育思想的前提,只有教育儿童学会尊重生命、尊重自己和尊重他人,才是成为真正人的"先决条件";爱的教育是池田大作儿童教育思想的基础,儿童只有学会爱,才能在当代物质横流、道德逐渐败坏的社会找到"正义和善的力量";幸福的教育是池田大作儿童教育思想的核心,儿童只有学会寻找幸福、拥有幸福和珍惜幸福,才能拥有诗意和乐观的生活。个性教育即创造性教育是池田大作儿童教育思想的灵魂,创造性教育是当今社会要求也是儿童发挥作用的动力源泉,只有创造性教育才能创造美好人生。和平教育是池田大作教育思想的目标,儿童只有拥有爱好和平之心,才可能成为"世界市民"并为避免战争和世界和平做出巨大贡献。

第一,尊重生命教育——坚强意志

池田大作尊重生命教育思想来自于他的生命观。池田的生命观既继承了其恩师户田城圣生命观,又在大乘佛教生命观基础上结合当今时代的特点,加以创新和改造,因此池田的生命观主要内容为:第一,对待生命要树立正确的生死观。人都有生老病死,对待生和死要有正确的态度。所谓"生"就是"不断地创造自身",所谓"死"就是"不仅仅是悲,而是生命的不同阶段",平常心对待生死就会"一边唱着'生命的凯歌',一边迎接着'庄严的死',才能显示出最富有价值的人生极其最终的乐章"。① 第二,池田提出 21 世纪是从"科技的世纪"到"生命的世纪"。在两个世纪的转变就是要摆脱工具理性对人性的颠覆和压制,重新确立人的意义和生存的价值。第三,池田提出"共生观"。尊重生命意味着不仅要尊重自己生命,也要尊重他人的生命,更要尊重宇宙万物生命。宇宙万物包括人地位是平等的,仅仅是生存方式不同而已,只有相互尊重的"共生"才能够达到"共荣"。第四,池田提出"永恒的生命观才是创建文明之路"。② 只有真正懂得了生命的根源、生命的价值,才不拘泥生死的限制,才能从容、悠然地去创造新的生活,"这才在根本上改变已陷入僵局的时代和文明之路……定会促使社会观、自然观、幸福观等一切文明化、思想的基础,发生巨大地改变",③人类终将走向文明之路。

  正是在生命观支配下,池田认为进行生命观教育有着极其重要的作用和意义。尊重生命教育是池田大作以人为本儿童教育思想的前提。尊严和生命是人类存在的基础,培养儿童尊重生命、尊重尊严是必不可少的教育。池田认为,"不懂得自己的尊贵,就不会懂得他人的尊贵。自我本身是多么尊贵的存在啊! 有着多么不可估量的可能性啊! 让孩子意识和觉悟到这些,可以说是教育的根本使命。"④尊重生命教育是池田大作生命伦理思想在儿童教育上的实践。池田认为万事万物都有生命,但是只有人才能意识到这种生命的存在,因此只有先通过"他人的方向",即尊重他人生命,然后再通过"自己的方向",即尊重自己生命,才能找到真正尊重世间万物,解决现代各种问题的关键。因此,池田说:"21 世纪的关键词是'生命'。"对儿童进行尊重生命教育在当代具有了必要性和紧迫性。自工业社会以来,人口数量便以前所未有速度增长,在增长的过程中出现了许许多多问题,人与自然关系的紧张,生态环境破坏,轻生和自杀率节节攀升,工具理性的横行,物质社会的肆虐,等等,都以前所未有的速度威胁着人的生命和尊严,在这种情况下,重新确立人的意义和价值,尊重人生命尊严,与自然和谐共生便成为当代社会重大社会问题,这些问题是儿童的成才和发展危险因素,同样这些问题的解决还是依赖于对儿童生命观教育。因此,对儿童进行尊重生命教育的内容是:第一,培育儿童对万物的尊重意识。教育"应当经常回归的原点是'自我本身',是'生命本体',只有回归生命本身,培养孩子尊重生命思想,才能实现真正的人的'幸福'、

---

① [日]池田大作著,潘金生、庞春兰译:《我的人学·下》,第 244 页,北京大学出版社,1990 年版。
② [日]池田大作著,潘金生、庞春兰译:《我的人学·下》,第 226 页,北京大学出版社,1990 年版。
③ [日]池田大作著,潘金生、庞春兰译:《我的人学·下》,第 229 页,北京大学出版社,1990 年版。
④ 参见[日]池田大作著,何劲松编选:《池田大作集》上海远东出版社,2002 年版。

'和平'以及'与大自然共生'。① 第二，尊重生命教育还体现在要教育儿童"'生命'没有等级"。教育儿童不要因为种族、肤色、语言、性别进行高低贵贱的区别对待，对待生命要一视同仁，不能歧视人和伤害人。池田说："歧视人，就等于歧视自己的生命；伤害人，就会伤害自己的生命。"对于儿童来说，也会有欺辱人的"小暴力"，根源在于歧视和排挤自己不认同的他人，是儿童自私利己主义的体现，应当在一视同仁的基础上进行利他主义教育。第三，树立坚强的意志。尊重自己生命，就意味着在遇到任何困难时，能够以积极向上的态度面对困难，并思考解决问题的方法，再以极大的耐力和坚强的意志，去解决问题最终获得成功，这是儿童尊重生命教育的最终目标。

第二，爱的教育——关怀他人

池田说："在人的一生中，幼小时期所培育的素质，对日后的人生方向和人格的形成会有很大的、本质性的影响。"幼年时期所受到的爱的教育，深深影响到以后成人后能否对他人表现爱心，能否对家庭有爱心，能否对社会有爱心。因此，爱的教育是人类所特有的，是人性光辉的彰显。池田爱的教育主要内容是：爱的教育就是培育民众有爱的意识，爱的能力，爱的奉献。爱的意识就是每个人中都有爱的认知，对爱有着正确的理解，爱既有小爱也有大爱。池田说："爱家与爱国是一致的。"爱家是小爱，爱国家，爱人类是大爱，要两者结合起来。爱的能力就是能够勇敢表达自己的爱意，爱是"最无私，最光荣，最神圣的事情"，爱的教育就是要正确表达自己的爱。爱的奉献就是把爱无私地奉献给缺少爱的人，就像"护士"一样，把爱心洒满人间，关心贫穷、战乱下的人们。池田希望通过爱的教育，使民众们有爱心，能够主动关心自己，他人以及自然，最终构建一个"充满爱意的童话世界"。

爱的教育是池田大作以人为本儿童教育思想的基础，体现在教育儿童时能够关怀他人，心存善心，乐于助人，这是对现代社会人与人之间关系冷漠的一种强有力反击。池田认为"培育对弱者的关怀是教育的最大目的之一"，因为佛法中"善缘"是非常重要的，它更能够使人对他人遭遇有着感同身受，从而激发人心理同情心，进而去帮助需要帮助的人振奋精神，渡过困难。对儿童进行爱的教育是为了从小就制止"人的生命机能中天生就有的欺侮人、作恶之类的冲动"，激发儿童天性中的善。"孩子社会是大人社会的反映。大人不负责任，自以为是，对眼前发生的事置之不问"，这会对儿童起到负面影响。当代社会中战争和以强欺弱的现象

---

① 参见[日]池田大作著，何劲松编选：《池田大作集》上海远东出版社，2002年版。

时有发生,因此对儿童爱的教育就刻不容缓。教育儿童不要"看到恶而默不做声",这样会成为恶的朋友,让儿童意识到"不做好事和做坏事的结果是一样的"。对待处于险境中的人要"扶弱抑强",但是不能够盲目,单凭自己的力量可能无法战胜暂时强大的恶的力量,就需要儿童培养"团结正义和善的力量来打破狗群的逻辑"。对儿童进行爱的教育内容是:第一,是培育儿童正义心。正义心意味着具有对是非善恶辨别能力,能够站在正义一方反对暴力主义的蔓延。第二,关爱弱小同学。关爱弱小同学,表现为在学习生活中进行帮助,尤其是当弱小同学受到欺辱时,能坚决地同恶势力作斗争。第三,培育儿童拥有国际人道主义精神。主动关心世界各国儿童,在别人遭遇困难和灾害时,能主动伸出援助之手,帮助受苦同龄人。最后,坚持自己的爱的立场。即使是自己一个人在坚守正义,也要拒绝加入拉帮结伙的恶。儿童在接受爱的教育之后,能够主动关爱他人,包括同龄人和长者,会用怜悯的心态对待他人。

第三,幸福教育——高洁情操

池田大作幸福教育思想基础来自于他的幸福观,而著作《谈幸福》集中体现了他的幸福观。在这本书中,池田详细谈到了幸福的定义以及走向幸福的路径和方法。池田说道,真实的幸福之花,是开在忍耐的大地上……没有忍耐的幸福,一定会破灭为梦幻的虚荣。因此,池田把幸福分为"绝对的幸福"和"相对的幸福"。池田说"绝对的幸福"是指"由生命本身的跃动、充实而感到的幸福",而"相对的幸福"是指"由欲望得到满足的幸福,这种幸福常常依存于外界"。池田说这两种幸福都是人所拥有的,并不否定"相对的幸福",认为这是人之常情,是人性的使然,正是这种"相对的幸福"才促使人类文化的进步。但是,不能把这作为人生的终极奋斗目标,真正的幸福在于"反回自我,争取自我的成长和内在充实的人生,从生命深处洋溢出来的幸福感,是不受外界所左右的……能够像享受滑浪运动一样去享受人生的喜怒哀乐"。[①] 池田提出幸福获得的路径是从内心生命深处去缔造,而不是通过外部欲望的满足来实现。在缔造的过程中,在保持自身独立基础上,"与社会保持生动活泼的联系",积极完成自我的建设,在夫妇之间建立亲密的合作关系共同进步,在家庭中建立亲子间的互动,在社会中为他人服务,学会关怀和护理他人。

幸福教育是池田大作以人为本儿童教育思想的核心。幸福教育就是让每一个人完成自我建设,从而家庭、社会乃至全球进入到幸福时代。对儿童来说,幸福

---

① [日]池田大作:《谈幸福》,香港:商务印书馆,第10页,2009年版。

教育既是必要的也是可能的。只有把儿童教育成为一个幸福的人,社会未来才能真正走向幸福和平。对儿童进行幸福教育就是让每个儿童通过幸福教育途径都成为完全的人,因为他们是"未来的宝贝"。儿童幸福教育内容:第一,正确看待欲望满足而得到的幸福。由于儿童身心发展的特殊性,暂时只能把物质欲望的满足作为幸福和开心的原因。但是,要教育儿童正确控制自我欲望,正确看待欲望满足的结果,以及正确提出合理的物质欲望。第二,劳动才是获得幸福的方式。让儿童明了物质欲望的满足是自己辛勤劳动换来的,不是通过不正当手段获得的,只有自己劳动获得奖励才能够是真正的快乐。第三,幸福获得是有过程的。重点是要培育儿童有一个忍耐的心,懂得幸福之花不是马上就开花的,而是需要有持久的耐心去灌溉和培育。最后,培育儿童高尚的情操,有一双发现生活处处充满幸福的眼睛。培育儿童能够拥有"一颗充满诗意的心"和"乐观的生活态度",善于发现和寻找生活中的一点一滴的细小幸福。总之,对儿童进行幸福教育就是要让儿童学会去体验人生中的欢乐和痛苦,从中获得享受和成长,为成为"拥有人生睿智、丰富教养、对他人亲切和全面关爱的人"做准备。儿童幸福教育之所以重要,是因为池田认为只有"幸福的人是坚强的人。坚强的人是真正的人。真正的人是愉快的人。愉快的人是快乐的人。快乐的人是胜利的人"。① 只有这样,儿童不但能健康成长,同时对促使全人类幸福起到积极作用。

第四,创新教育——独立创造

池田对创新有着自己独到的见解。他认为创造并不仅限于物质创造,要从"更广泛的意义上来理解,因为我们生活密切相关的并不是物质本身,而是在人与物,人与人之间流动的价值……因此,洞察人性微妙的活动,共同开辟通往幸福的道路,这也是创造",②因此,对民众进行创新教育就不仅仅是提高民众创造看得见,摸得着的具体事物,更是发现人与物,人与人之间那种亲密关系,这才是通往文明之路。池田对创新独特的理解,扩大了创新的范围,把创新从物质层面中解救出来,赋予了其更多人性的意义和价值,让创新更加贴近生活,贴近民众。

创新教育,也就是培育儿童独立创造性教育。池田大作认为"每一个孩子都富有创造性",激发鼓励儿童创造性,这是教育根本,也是池田大作以人为本儿童教育思想的灵魂。"所谓创造性,是授予人类的勋章,也可以说是人之所以为人的证明。只有人才是主动、生气勃勃地、日复一日地争取更高的目标、创造新价值的

---

① 参见[日]池田大作著,何劲松编选:《池田大作集》上海远东出版社,2002年版。
② [日]池田大作:《谈幸福》,第111页,香港:商务印书馆,2009年版。

存在。"①儿童自身就具有创造的可能性,是"未经加工的金刚石",只有通过创造性教育激发,才能成为闪耀美丽光辉的钻石。儿童创造性是要通过心灵相互撞击和锻炼的触发,才能培育和激发。对儿童进行创造性教育同样也是21世纪的要求。当代社会急剧发展变化,强烈要求技术不断创新发展才能适应社会发展,而技术创新就需要人的创新,儿童是人类的未来,培养其创造性是关乎人类社会发展的关键。对儿童进行创造性教育的主要内容是:第一,要有创新的自信。要让儿童相信自己,能够认识到自己就是发明家并且有信心去发挥自己的内在潜力。第二,培育创新的灵感。鼓励儿童多读书,相互之间要进行心灵对话,为创造"培育土壤",鼓励儿童走向自然、亲近自然、回归生命,用心去体验自然,激发创造的灵感。第三,正确认识创新的过程性。让儿童认识到伟大的创造都是在艰苦的过程中产生出来的,没有艰苦的努力就不会有一闪而过的创造灵感。最后,培育儿童正确理解创新。让儿童认识到独创和任性是不同的。真正有创造性的人是谦逊的顺从自然、生命和社会的,"创造就是自然流露出来的一种有特征的个性"。

第五,和平教育——充满希望

池田大作说:"世界和平,不是单靠政治领导人签署条约或商界领袖进行经济上的合作,便可以实现。只有在人民之间,在他们的内心深处,建立起最深层的互信,才能实现真正永久的和平。"②因此,池田认为真正的和平力量在民众之中,倡导和平应从民众中扩散出去。池田本人在经历了"二战"之后,极其向往和平,对和平有自己的主张和看法。池田的和平观为:第一,和平的定义。池田说:"一般说来,人们认为和平的反义词就是战争。但是,研究和平的人们不这么看,而是认为和平的反义词是暴力。和平是通过同包括战争在内的各种暴力——贫困、饥饿、环境破坏、压制人权等作斗争,通过根绝各种暴力而实现的。"③并且池田又指出:"所谓和平,是相互之间不加任何恐怖于对方,衷心互信互爱的一种状态。这样的和平才是人类社会的正常状态。"④可以从中看出,池田把和平理解为人类之间一种不平衡的状态,不仅仅是局限于战争。第二,池田认为和平主要途径是构建和平文化,对话以及草根运动。池田说文化是"软能",构建和平文化能消除文化和民族之间的偏见,对话能增进了解,是和平的"王道",草根运动是因为"和平并不是游离于日常生活的虚无概念。实践和平,就是指每一个人在现实生活中、

---

① 参见[日]池田大作著,何劲松编选:《池田大作集》上海远东出版社,2002年版。
② http://www.daisakuikeda.org/cht/advancing-peace.html。
③ [日]池田大作:《池田大作全集》(第2卷),第24页,日本:圣教新闻社,1999年版。
④ [日]池田大作、[英]汤因比:《眺望人类新纪元》,第28页,天地图书有限公司,2000年版。

在自己的生命里、在自己的一生中如何积极地播下并培育和平的种子。我深信这正是争取永久和平最稳健的方法"。① 第三，和平实现需要对民众进行世界公民的教育。所谓世界公民教育，就是要培育对于全球人类共同体的归属感与责任感。池田认为，只有身为世界公民的自觉和责任，能真正的关注世界和平与繁荣，这是实现和平的真正力量。

池田说21世纪是和平世纪和教育世纪，因此和平教育是池田大作以人为本儿童教育思想的目标。和平教育的理论就在于各个民族能够立足于正确的宇宙观和生命观，即扩大我们心灵、思想，加强团结对话，才能"为了生活在21世纪的人类能消除战争和纠纷，建立真正的和平"。亲历过战争的池田，希望21世纪是和平世纪，并把希望寄托在儿童身上。池田认为："儿童确切可以说是最具有国际人的资格，具有成为国际人的条件就是能够站在对方立场上考虑问题，做人所理所应当的事。"②在世界多极化，交流日益频繁的当代，和平教育仍然对维护世界和平起着难以估量作用，尤其是对儿童的和平教育。儿童能够跨越种族、语言、国别界限，相互之间"约束"少，有利于和平思想的推广。池田儿童和平教育主要内容是：第一，重视友谊。要教会儿童能够重视与人缔结的友谊，并在缔结以后能够予以特定的重视，不能随便破坏，因为友谊"会带来和平，意义深远，是缔造共生、协调的理想社会的第一步"，如果不重视友谊，随意破坏就是"自己背叛自己的人性"，是不道德的行为。第二，教会儿童要真诚的交流。培养儿童能够进行"心与心的沟通"，这意味着交流是自己内心真诚的需求，不带有利益的色彩，只有"心与心"沟通和交流才能够打破利益的束缚，真正实现和平的对话。如果没有心灵沟通，友谊之树就会没有"扎根于民众的大地，很快就会枯死"。第三，培养儿童与善人交往的友谊。"善人与善人的友谊是宝贵而美好的，是作为一个人的精髓"，教会儿童区分善人和恶人，要和善人做朋友，只有和善人交往才能促使自己向善，在善的氛围中努力提高完善自己，从而扩大和平的范围，不要与恶人相聚。最后，培育儿童平等意识。培养儿童用平等眼光看待周围的同学，不论肤色，性别，种族，都是全球大家庭的一员，要彼此相互关爱和尊重，要能够以心胸广阔和和蔼可亲的对待友情，对他人的不幸要理解和分担。经过了和平教育的儿童，在池田看来就有可能成为世界公民，才可能具备世界公民素质和具有推动世界和平运动的使命和责任。

---

① ［日］池田大作：《SGI日和平倡言：内在的精神革命——创建世界和平的关键》，创价学会，2004年版。

② 参见［日］池田大作著，何劲松编选：《池田大作集》，上海远东出版社，2002年版。

第十二章　池田大作的女性德育观

一、背景追寻——池田大作女性德育观的来源

(一)师承来源

池田大作的老师牧口常三郎、户田城圣都皈依日莲佛教,所以,池田关于女性的思想既来源于佛法教义,也受之于他的两代恩师的影响。

佛教教义据说有八万四千法藏之多,其中以《法华经》最博大精深,最具有影响力,日莲佛教以及池田大作的思想皆以此为根本。《法华经》中最重要的概念莫过于万众平等。《法华经》教示,所有人的生命,都蕴含成佛的可能性,即所谓的"佛性"。成佛并非是一个缥缈遥远的目标,不论男女、老幼、贫富、贵贱,人人都可发掘这种生命的状态,在现实生活中展现出智慧、慈悲、勇气等德性。

何谓女人,日莲大圣人曾在书中写道:"大凡女人必是跟从别人,又使别人跟从自己之人。"池田的女性德育观中亦体现出了女性的这种主体性、能动性,女性不仅以丈夫和孩子为主,还从物质和精神上反作用于他们,作为一家的太阳,主导着一个家庭的幸福与否。

对于日本民族向来男尊女卑的历史传统,佛法则从生命永恒的观点出发,提倡:"在六道四生的众生中均有男女,此男女皆我等前生父母,倘遗漏一人,既不能成佛。"①意思是说在万灵众生中均有男女,这些男女是我们的前生父母,哪怕对其中一个不予尊重,也不能成其为完人,体现了佛法"我观一切,普皆平等""男女皆能成僧"的超越时代的男女平等意识,奠定了池田女性德育观中的男女平等思想。

池田大作的青年时期,恰逢日本饱受战乱之苦的时期,人民在水深火热之中一方面,担心的是生存问题,因此,战争严重限制了日本的教育事业发展;另一方面,池田年轻时身体羸弱,更不幸的是患上肺结核,不得不中途退学。他的授业恩师户田城圣为了不耽误池田的学习和发展,利用早会的时间或者星期假日,对他开展一对一的全程教学,内容包罗万象。户田最初是一个教育工作者,后来当了企业家,晚年是作为一个宗教家而度过的。他可以说是池田人生教育的最高师表。池田从19岁至30岁的11年间,在户田先生的教导下,广泛涉猎佛法、人文、

---

① [日]池田大作著,吴瑞钧、王秀云、王云涛译:《生活的花束》,第11页,国际文化出版公司,1992年版。

社会和自然的各门科学,以及礼节和组织管理的问题,乃至对世界形势的分析和判断,池田说:"凡是我所学到的东西,可以说全都是先生教给我的。"他自称读的是"户田大学"。"谈我自身时,如果抛开户田先生,那等于是画龙而没有点睛。"因此可以说,池田的思想直接来源于户田城圣,之后在此基础上有了进一步的发展和升华。而牧口常三郎是户田城圣的恩师,因此也是池田的隔代恩师。

牧口同时也是创价学会的首任会长,他认为妇女是未来理想社会的建设人,在一百年前妇女地位极端低微的日本,为普及妇女教育倾注满腔热忱。他为小学毕业后因某些原因不能继续接受中等教育的妇女设立函授教育组织,并亲自编辑教材及刊物。另外,他为那些家境贫寒的妇女提供免费班级,教授她们当时在女子教育中占重要席位的裁缝、刺绣等手艺。户田即使再忙碌,对于创价学会女子部的发问也会以御书、教学等方式予以认真的指导。池田继承了这一精神,在设置创价大学函授教育部的同时,创办了创价女子短期大学,为更多的女性提供了接受教育的机会。并在创价学会特别设立了女子部和妇女部开展活动,引导和鼓励女性培养积极乐观健康的生活方式,坚持自我教育和终身学习。同时,牧口推崇佛典所教导的"为人点灯,明在我前"的生活方式,他呼吁世人,要从独善其身或依靠他人的生活方式,转向为他人贡献的生活方式。这也奠定了池田女性德育观中提倡女性要为他人,为社会尽自己最大努力做出贡献的思想。

牧口与户田以日莲佛法为指导思想共同创立的"创价教育学会"(后改名为"创价学会")是一个以佛教的生命尊严思想为根本,使人人幸福,推进世界永久和平的民众团体,也是受到联合国承认的非政府组织。牧口常三郎是该学会的首任会长,而后他的弟子户田和池田相继接任第二任、第三任会长。创价的言下之意即为"创造价值",那么这个价值的核心是什么,牧口说:"能被称为价值的唯一价值,是生命。"①牧口的焦点不是对准国家,而是民众,是每一个具体的个人。他认为,每一个个体的人的生命价值是至高无上的,无所谓男女差别,体现出佛法"我观一切,普皆平等"的思想。

牧口和户田均为反对日本军国主义的残暴而奔走呼号,几度被捕入狱,他们毕生反对战争,倡导和平,牧口在狱中仍然坚持开展座谈,宣扬和平,宣扬佛法,户田也积极地推进核裁军,是最早提出世界市民的一个人。池田为了纪念和发扬户田的和平主义思想于1996年创立了户田纪念国际和平研究所。在和平事业上,牧口秉承着"妇女才是和平创始人"的信念,他的学生户田亦坚持着要"让悲惨二

---

① [日]弘毅:《牧口常三郎——人道与正义的一生》(http://www.douban.com/group/topic/8520833/)。

字从地球上消失"的信念,池田继承他们的思想也认为,女性的特质决定了其在推进世界和平的进程上起着不可替代的作用。

以牧口《价值论》与户田《生命论》为依据,主张人生的目的在于追求幸福,而幸福则在于创造利、善、美的价值。池田继承了他们的宗教思想,生命教育,毕生倡导人性革命,推进世界和平。

(二)家庭影响

从现实来考察池田大作女性德育观,我们发现母亲对他影响深远。

池田家是经营紫菜业的,他的母亲每天天未亮就到海边去劳作,池田回忆说母亲的劳动强度是如今的城市妇女所无法想象的。在严寒的冬天,要从早晨天没亮一直忙到深夜,伤风感冒也不能休息,就是这样,整天忙于干活的小个子的母亲的身影,给池田留下了强烈的印象。池田说,现在回想起来,感到母亲是作为母亲,作为一个人,找到了自己为之奉献的地方,所以,她总是以淡泊为怀,对自己的境遇没有任何不满和牢骚。从母亲身上我逐渐体会到,不论贫富差别多大,境遇如何,只要有克服一切的信念,顽强地生活,就不会丧失丰富的心灵。[①] 后来由于战争,家道中落,生活窘迫,池田的母亲需费尽心机安排一家人的饭食。她既要帮助池田父亲干活,又要种菜、养鸡、腌制咸菜,甚至自己做豆酱,以便省下买菜的钱,总之,除了最起码的生活开支外,从不多花一文钱。就是这样,池田的母亲以她纯朴的智慧顽强地支撑整个家庭活下来,池田回忆说:"有母亲才有我们一家。"正是他母亲的节俭和持家,勤劳和勇敢,在池田心中树立起了光辉的女性形象。

池田说:"母亲的一生是平凡的,她说的话也都平凡无奇,但在其言语中蕴含着一片爱心,使我终身难以忘怀。"[②]在战争期间,当池田家的房屋被大火焚毁时,母亲说了一句话:"希望大家加油干吧!"使全家人为之振作起来,心灵也踏实了下来。"如果母亲那时怨天尤人或惊慌失措,全家人都将难以从悲伤中摆脱出来。母亲的话像阳光一样照亮了全家,给一家人的前途带来了希望。总之,母亲的存在和作用是伟大的。"[③]池田一生都在为推动世界和平、人类教育及发展鞠躬尽瘁,陪伴和照顾母亲的时间并不多,当他的母亲晚期卧病在床时,池田去探病,感到愧疚万分,可是他的母亲却说:"我没什么事,不用挂念我,还是回到等待着你的人们

---

① 参见[日]池田大作著,卞立强、张彩虹译:《谈幸福》,中国文联出版公司,2007年版。
② [日]池田大作著,吴瑞钧、王秀云、王云涛译:《生活的花束》,第13页,国际文化出版公司,1992年版。
③ [日]池田大作著,吴瑞钧、王秀云、王云涛译:《生活的花束》,第4页,国际文化出版公司,1992年版。

那儿去吧。"池田母亲这样博大的胸怀,以社会、人类的福祉为重的济世情怀可以说完完全全印刻在池田的精神气质里。

同样,池田的恩师户田晚年也常说,他的母亲的恩情重于千钧。"恩师的母亲和我的母亲都并无与众不同的地方。我认识的许多别的母亲,也像她们一样美丽,生活清苦,默默无闻,但她们却像路旁永远带着笑容的蒲公英一样,愉快地度过了自己的一生。"①池田正是在这样一位伟大的母亲影响下,学会了勇敢、豁达地去面对困境,学会了积极、果敢地处理事情。母亲们的非凡正是寓于平凡之中。可以说,池田母亲对他的影响在形成他的女性德育观上起着不可忽视的作用。

(三)战争的影响

池田说:"我的青春是不可能脱离战争来考虑的。"当问及池田大作:回忆以往的人生,您最深刻的记忆是什么?池田说:"依然是战争的惨状。"池田目睹了因为战争而流离失所的家庭,他的四位兄长都被无情地卷入战争中,"那噩梦一般的战争悲剧,对我们家也不例外。当四个哥哥好不容易长大成人,就要代替母亲干活劳动的时候,说是为了天皇,为了国家,四个哥哥一个接一个地都被拉去当兵了。"②大的兄长阵亡于亚洲战场,成为侵略战争的工具,池田母亲接到儿子阵亡的消息时悲痛的面容、颤抖的背影一直刻印在池田的脑海。随着战火加剧,政府当局以控制空袭火灾为理由,把池田家拆掉,迫使他们疏散到远方避难。在无可奈何的情况下,他们在亲戚家的旁边搭建一间临时住所,但那也在一场空袭中被烧毁。房子被烧时,池田拉着弟弟的手逃了出来,池田回忆说那时候的恐惧感至今仍记忆犹新。"这段少年时期的经历,是我后来投身和平运动的原动力。"③因此他认为:战争是绝对不能打的。不论有什么样的理由,人类绝对不能重复这样愚蠢的行为。他目睹了母亲失去亲人的悲痛却为了维系家庭而坚强地微笑着面对生活,鼓励家人即使深陷困境,也要勇敢生活。母亲坚强乐观的生活态度给池田以很大震撼,他感到女性在对孩子的培育和支撑家庭上具有不可替代的作用,他将女性喻作家庭的太阳。正因为他感到女性是战争的最大受伤害者,尤其是母亲,因此女性痛恨战争,女性是天生的和平主义者,是推进和平的最积极响应者。

---

① [日]池田大作著,吴瑞钧、王秀云、王云涛译:《生活的花束》,第33页,国际文化出版公司,1992年版。
② 参见[日]池田大作著:《池田大作选集》(http://www.daisakuikeda.org/chs/essay-mother.html)。
③ [日]池田大作、[英]海瑟·亨德森:《珍爱地球——迈向光辉的女性世纪》,第12页,香港:商务印书馆,2010年版。

二、价值导向——池田大作女性德育观

(一)女性自身的发展

"佛法是为了救渡一切众生而有的,不能存在男女差别观。不论是出家或在家,人种,学历,权力,经济能力或社会地位等皆与佛法无关。"①池田正是立足于佛法所说"我观一切,普皆平等"的基础上,认为男女在尊严上,人格上,接受教育上是平等的。不论男人女人,首先都是作为人而存在。对于我们人来说,"人"是一切的出发点,同时也是一切的归结点,而且应当是各种人生态度的规范。迷失、忘却这一不言自明的道理,可以说是现代人最大的不幸。②同时他认为:构筑具有自己特殊的人生是与年龄无关的,而且伟大的人生没有男女之别。③ 因此,池田很重视女性树立自我发展,自我教育意识,时刻不忘自身在科学文化素质和道德品质修养等多方面的培养和提高。

第一,女性要"立志"

理想是人们对美好未来的追求,也即是佛法中说的大愿,大目标。日莲大圣人说:"大愿即是法华弘通。"(《御书全集》736页)大目标即是广宣流布。信念则是建立在认识和情感基础上的一种思想意识,理想的实现依靠信念的力量,信念的坚定源于理想的选择。理想信念作为一种观念形态,是人类特有的精神现象,是一个人的世界观和立场在奋斗目标上的集中体现。所以,池田认为只有树立大愿才能体会到生命深层的幸福和喜悦,"南无妙法莲华经实乃人生之最大喜悦也。"(《御书全集》788页)而弘扬佛法之意,则是希冀以此创造和平的世界。亦即"如万民同唱南无妙法莲华经……现世必得安稳"(《御书全集》502页)。因此,池田在创价学会第二十一次女子部总会上说道,女性首先要"立志"。

现代社会极其复杂,人心无比微妙,命运又深不可测,欲望却无限膨胀,因此,立志是必须的,必然的,决不能随波逐流,放任自己。池田告诉女性,这种立志可以小到是"作一个经验丰富的女性",可以是"辛苦算得了什么,要主动找苦吃"等等,为这样简单却朴实的愿望努力发展自己,提升自己,进而才有能力为他人,为社会贡献自己的力量,将自己的人生价值的实现引向社会事业。

正如他要求创价学会妇女部的女性,无论为公为私,都要"能在自己所处的位置上发挥作用",而对于女子部,则要具备"将来在任何地方都能发挥作用"的涵

---

① 参见[日]池田大作著,创价学会编译:《法华经的智慧》,台湾:正因文化事业有限公司,1997年版。
② 参见[日]池田大作著,卞立强、张彩虹译:《谈幸福》,中国文联出版公司,2007年版。
③ 参见[日]池田大作著,潘金生、庞春兰译:《我的人学(下)》,北京大学出版社,1990年版。

养。因此,池田认为,女性的最高志向归根到底都是回归到为了众生的幸福,为了社会的繁荣,为了世界的和平而广布佛法。佛法在他看来是一个基于生活,基于民众的产物,是个人幸福和世界和平的原动力。而女性就应该树立这样远大的理想信念,即大愿。他认为,对人类来说,没有比为使命而活着更可贵的了,同时也没有比不知为何生存更空虚的了。没有使命感,没有目的,便彷徨于人生路上。①他在著作中列举了诸多优秀伟大的女性,如废奴作家斯托夫人,获诺贝尔物理奖和化学奖的居里夫人。

第二,女性要培养圆满的人格

人格是个人相对稳定的比较重要的心理特征的总和,是指一个人的品格、品质、思想境界、道德水平等。池田提倡女性要追求"圆满的人格",使自己朝气蓬勃,自强自立,为此,他给出了几点建议:"第一,要具备独立精神。第二,平常必须坚持不懈地学习。最起码,你要常常阅读报纸、一流杂志或出色的周刊,努力开阔自己的眼界。在社会上,要成为一个当之无愧的现代女性,也有必要掌握丰富的常识。第三,要有一颗永远年轻、积极向上的心。必须时时保持朝气,努力使自己成为很有修养的人。要随时准备和丈夫一道勤奋工作,为此,要和丈夫一起成长,同步前进,当然,更不能落在孩子后面。"②从中不难看出,池田的女性德育观中体现出的男女平等意识,女性不依附于男性,是作为附庸而存在,而是作为独立个体,有主体性,主动性,同时要有积极上进的人生态度,要不断地坚持自我教育和学习,不断地提高自己,不论是文化素质还是品格修养。正如池田香峰子所说:"母亲自己也必须成长,否则,孩子就不可能在真正意义上成长。"③要取得内涵与外延相呼应的真正进步,因为社会对人的成长和进步是用价值尺度来衡量的。

池田认为女性要修行以达至善美。何谓善?与善相反,恶的本性是分裂,是破坏,佛法里有十界,而恶就是要破坏原有的十界,从地狱到修罗,到处闹分裂,被称之为四恶趣。"对遭破坏,被分裂,在孤独和隔绝的极点彷徨的人,给他们以希望,使其有一定的位置,发挥一定的作用,给所有的形形色色的人以生存的意义——我想这样的行为就应该称之为善。"④同样,将恶所破坏的,分裂的重新组合

---

① 参见[日]池田大作著,程郁译:《人生寄语——池田大作箴言集》,上海社会科学院出版社,1992年版。

② [日]池田大作著,程郁译:《人生寄语——池田大作箴言集》,第71—72页,上海社会科学院出版社,1992年版。

③ 参见[日]池田香峰子著,刘晓芳译:《香峰子抄》,作家出版社,2006年版。

④ [日]池田大作著,吴瑞钧、王秀云、王云涛译:《生活的花束》,第59页,国际文化出版公司,1992年版。

起来,也是善,池田把一切有助于结合人心、让人相互尊重的人事物定义为"善",善是内化于心,外化于行的道德修养。

何为美?池田认为,与美相反,丑包含在相互对立,憎恶的动物性感情中,包含在"生活便是痛苦"的思想中。女性的美是个性,才智和丰富的心,而不应该只考虑容貌,"真正的女性美是更为内在的,是生命自身的美。外表的美确实要受年龄限制,这是谁也免不了的。然而,生命自身的美恰巧相反,生活中的磨难越多,它的色彩越浓,年龄越大,它的光辉越灿烂。"①而这种生命美则来自于女性不断的自我建设,培养自身广博的才智,坚定的信念,良好的道德修养,等等。善和美是统一的,善的一定是美的。二者都是强调一种内心状态,思想意识,二者都追求人性,人格修为的完善。真正的美是"生有欢快,和有乐趣",是一种人道的建设性的体验。不管对人还是对自然,要做到美,就都需谦虚的尊重对方,满怀善意的与对方共鸣。美只有靠热情呼吁人所固有的深厚的沟通感情才能产生,倘能悉心对此加以培育,美就可以升华为崇高。② 当现实社会处处都充满崇高时,呈现出的必然是和平的,稳定的,友爱的和谐社会。

池田夫人池田香峰子深受池田影响,她说:"连在写给我的信里,我先生都在努力培养我。"同时她作为创价学会妇女部带头人,从池田香峰子身上的品质可以窥见一斑池田对培养女性完善人格的要求。首先是池田的家训,这既是对孩子的要求,也是对父母的要求,作为家里太阳的母亲,首先要以身作则。家训中提到:一、要为别人,为社会而活着;二、对所有人都要诚实;三、信念要贯彻一生;四、不输比赢更重要,它能使你战胜一切。这体现出女性要树立"大我"的奉献精神的价值观,要坚持诚实的品格,树立远大的理想信念,要有坦荡与从容的人生观。同时,与日本男尊女卑的传统文化相反,池田强调女性要摆脱传统女性角色的束缚,自我确立生活目标,自我选择生活道路,自我驾驭生活航船,女性不应该封闭在家庭里……这并不是说所有的女性都应该拥有职业,家务极其繁多,育儿和家庭教育,不用说都是非常重要的,但我认为,如果因此而与社会的接触断绝,仅把目光放在家内,不考虑家庭以外的社区,女性的思想就不会提高和变革。③

(二)女性在家庭中的作用

家庭是社会的细胞,是人类社会生活的基础组织形式。家庭美德是每个公民

---

① [日]池田大作著,程郁译:《人生寄语——池田大作箴言集》,第77页,上海社会科学院出版社,1992年版。
② 参见[日]池田大作著,程郁译:《人生寄语——池田大作箴言集》,上海社会科学院出版社,1992年版。
③ 参见[日]池田大作著,卞立强、张彩虹译:《谈幸福》,中国文联出版公司,2007年版。

在家庭生活中应该遵循的行为准则,是调节家庭内部成员和家庭生活密切相关的人际交往关系的行为规范。家庭是培育道德的学校,虽也有学知识和技术的学府,但要学习如何做一个人,家庭才是最高学府,而不是别的学校。① 因此,女性在家庭中的双重角色,既作为妻子又作为母亲,决定了一个家庭的幸福与否。正如池田在诗中写的:"在痛苦的日子里/莫忘朝夕相互的微笑/这微笑能给社会战场上/搏斗的丈夫强韧的活力/这微笑/能给孩子的心田/送去葱茏的绿洲和温暖的朝阳"。② 由每一个家庭辐射到社会,将决定社会是否安泰和谐。

第一,母亲角色——培育下一代的导师

家庭既是人们生活的基本环境,也是作为父母培育下一代的第一个场所。"家庭教育是各种教育中最完善的育人教育,灵魂教育。"子女首先接受到的教育就来自家庭,来自父母。池田认为,孩子是看着父母的背影成长的,尤其是母亲。池田在与英国历史学家汤因比对话,谈及母亲对孩子的影响时,汤因比也认为:在孩子的人格和气质形成的幼儿期,家庭环境中的母亲作为孩子的教育者来说,是没人能够代替的。③ "大脑生理也认为,人的大脑在5岁之前,大部分已发育完全,个人的人格基础,是在这个时期固定下来的,在这期间,与孩子最亲密接触的人,正是母亲,也就是说,母亲是决定孩子一生的教师。"④因此,女性作为培育下一代的主要组织者、实施者、承担者,其自身必须具备较高的道德素质、思想素质、知识素养、能力素质等。其中,又尤以道德教育首当其冲,学会如何做人才能学会如何做事。

首先,人生态度上。佛法说,"仓库的财富"不如"身上的财富"好,而"精神的财富"则比"身上的财富"更重要。父母工作挣得的家产谓之"仓库的财富";让孩子接受良好的教育,获得谋生技能谓之"身上的财富";而高尚的人格和人性,即是"精神的财富"。池田认为,父母给予孩子最宝贵的东西,莫过于"精神的财富"。池田回忆他的母亲在教育孩子上并无任何的野心,他从来没有听母亲说过一句要他和几个兄长将来出人头地、追求学位或学历之类的话,"其实,母亲说过的,留在我记忆中的话,无非是人们常说的极其普通的话,比如'不要撒谎''不要给别人添

---

① 参见[日]池田大作著,吴瑞钧、王秀云、王云涛译:《生活的花束》,国际文化出版公司,1992年版。
② 参见[日]池田大作著,吴瑞钧、王秀云、王云涛译:《生活的花束》,国际文化出版公司,1992年版。
③ 参见[日]池田大作、[英]汤因比著,荀春生等译:《展望二十一世纪——汤因比与池田大作对话录》,国际文化出版公司,1985年版。
④ [日]池田香峰子著,刘晓芳译:《香峰子抄》,第81页,作家出版社,2006年版。

麻烦',等等。到少年时代,母亲又对我增加了一句话'一旦下决心要做的事一定要负责做到底'。……我心中也一直铭记着母亲的教诲,这些教诲有时闪烁出钻石般的光芒。母亲的言行是我心目中的典范"。正是这些基本的道德认识,高尚的道德信念,优秀的道德品质奠定了池田的人生发展。因此,"不管是一个多么平凡的母亲,只要她永远积极乐观,性格开朗,这就是她送给子女的最宝贵的'心灵财富'。"①

其次,母亲作为施教的主角,如何准确地把握科学的教育方法、原则、过程,池田也作了相关的论述。池田非常重视幼年时期的教育,他认为幼年时期是人格形成的关键期,人性最本质的东西便在这时形成,这段时期的教育对人一生的成长都起着至关重要的作用,因此池田非常重视母亲在这段关键时期对孩子的品格形成的教育。创价学会目前就以家中有幼童的母亲为中心,开展"每天读十分钟书给孩子听"的活动。通过让孩子听书来丰富他们的心灵,同时他提倡要用正面引导和鼓励的教育方式,要尊重孩子的自主精神和主体意识,培养他们依靠自己内在的积极性。在幼年时期让让孩子们尽情玩耍,在游戏中培养他们的独立精神和规则意识,"孩子们在做游戏时,既要遵守他们自己订立的规则,也要遵守游戏本身的规则"。因此池田建议"做父母的,尤其是母亲,千万不要把孩子拴在自己身边,而应把他们送到游戏的世界中去"。

同时,他还倡导要让孩子自由的生长,尊重孩子的兴趣爱好和理想,"父母可以有自己的理想,但干涉孩子各自的理想,就等于不承认孩子的人格。"②池田夫人在培育三个孩子的过程中,就充分尊重他们各自的兴趣和意愿,大儿子博正喜好文学,二儿子城久想考医科大学,尽管池田夫妇很希望他进入创价大学,可还是尊重他自己的选择不予干涉,三儿子尊弘则热衷于天文观测,池田香峰子给他们提供一切或精神或物质的帮助去发展他们各自的兴趣爱好,始终置自己和他们平等的地位来相处。"即使是孩子,也有一个人格,也是一个独立的人,这个前提必须明确,孩子绝不是父母的所有物。……从小把孩子当做独立的社会人来养育。这样培育出的孩子,走上社会就能够成为独立的社会人。"③

第二,妻子角色——夫如箭,妻如弓

---

① [日]池田大作著,吴瑞钧、王秀云、王云涛译:《生活的花束》,第13页,国际文化出版公司,1992年版。

② 参见[日]池田大作著,程郁译:《人生寄语——池田大作箴言集》,上海社会科学院出版社,1992年版。

③ [日]池田大作著,程郁译:《人生寄语——池田大作箴言集》,第95页,上海社会科学院出版社,1992年版。

佛法说:"箭之行在于弓之力,男人的行动来自女人的力量'夫如箭,妻如弓'。"池田认为:"妻子既是人生的伴侣,又应是生活中的良友。既是朋友,当然得互相帮助。受伤时,烦恼时,相互赠予鼓励的话语,愉快时共同欢欣。对丈夫来说,妻子是不可缺少的,反之对妻子来说,丈夫也是如此。真正的朋友,绝不会在苦难面前私下逃走,人生旅途上常亘着漫漫长坡,两人应携手攀登。"①

在生活上,女性应勤俭持家,尽管池田是创价学会的会长,出版书籍众多,收入丰厚,但其妻池田香峰子一直都坚持记账,过着简朴的生活,决不铺张浪费,将家计整理得井井有条。在人格上,与日本男尊女卑的传统文化不同,池田认为男女是平等的。夫妇要同样作为人平等的相处,朝着共同的目标成长……既然家庭是一个生命体,就没有谁是谁的主人,谁了不起的问题,而是浑然一体的。②两人作为幸福家庭的缔造者,要在相互信赖、宽容和理解的气氛中,精诚团结,相互启发,共同创造。在思想上,夫妻双方要有共同的理想信念,共同的奋斗目标,两人能拥有一个共同的理想,即所谓志,便是不可或缺的基础。③他说:"和丈夫一起,为了孩子,为邻居,特别是那些在自己的使命道路上生活的妻子,作为女性,作为人,是最幸福的。"④

日本文化强调忍耐,尤其对男性而言,在除了家以外的公司或社会其他一些事物中,忍可以说是日本男性的精神,服从上司,服从公司,即使面对巨大的压力也要默默承担,工作的失败,无法负担家庭的维系对于日本男性来说是人生的失败和耻辱,因此,池田建议作为妻子的女性们,要学会看丈夫的疲劳程度来选择话题,努力做一个持家能手,根据家庭的经济情况,做出既便宜又富于营养的饭菜,从内在气质来说,则要努力做一个性格文静,闪烁着心灵美的女性。同时,她还应该是一个活泼开朗,对丈夫十分温存的女性。⑤他认为这是作为妻子的责任,这并不是说女性的重要性或自尊就没有得到重视,而是在日本的特殊文化背景里,丈夫作为男人,在工作单位实际比妻子更压抑自我,不得不做着屈从的事,因此,女性应该理解丈夫,对丈夫来说,妻子如大地。她具有磐石般的安定感,有取之不尽

---

① [日]池田大作著,程郁译:《人生寄语——池田大作箴言集》,第92—93页,上海社会科学院出版社,1992年版。
② 参见[日]池田大作著,卞立强、张彩虹译:《谈幸福》,中国文联出版公司,2007年版。
③ 参见[日]池田大作著,程郁译:《人生寄语——池田大作箴言集》,上海社会科学院出版社,1992年版。
④ 参见[日]池田大作著,卞立强、张彩虹译:《谈幸福》,中国文联出版公司,2007年版。
⑤ 参见[日]池田大作著,程郁译:《人生寄语——池田大作箴言集》,上海社会科学院出版社,1992年版。

的丰富蕴藏,对微妙变化又十分敏感。在她那里,男人求得心灵的平静,解除心身的疲劳,恢复了走向明天的活力。丈夫和妻子并不是相互敌视的对立关系,而是共同的向着新的人生目标前行的一个整体,是共同的建设者。特别是妻子,既是一家的太阳,又是女王。你的家庭幸福或者不幸福,既不取决于你的丈夫,也不取决于周围的条件,它只不过反映出你自身的决心,努力和聪明。① 他认为要想为社会做出贡献,首先必须消除家庭中的不幸,如果连家庭都得不到欢乐,那么还能有什么作为呢? 女性建设好幸福的家庭,也就确立了自己一生幸福的基础。完成作为一个妻子的任务,自己便进入社会,做着恰如其分的工作,活跃于社会的大舞台,是女性最理想的状态。

(三)女性与世界

池田的女性德育观始终贯穿着两个原则,一是以人为本,二是如佛法所说普度众生,也即是要树立为社会,为世界做贡献的理想信念。微观上追求个人的思想提升,道德修养,生活幸福等,宏观上追求社会稳定,世界和平,人类幸福。个人的幸福是人类幸福的基础,世界的和平为个人幸福创造环境与条件,二者相辅相成,相互促进,和谐统一。池田的女性德育观同样也表现出了日本传统的道德教育特点,即以"集团主义"为目标的道德教育。池田家的家训中就提到"要为别人,为社会而活着"。深受池田影响的香峰子夫人也说:"绝不吝惜为社会做些有益的事情,为了大家而竭尽全力决不反悔。"当然,这并不是对个人发展或需求的遏制,池田更注重的是社会本位和个人本位的结合。池田说:我强调奉献的爱,绝不是主张自我牺牲,奉献的爱不是什么牺牲,而是自我觉醒。② 既强调女性要有为他人,为社会,为国家服务和贡献自己的思想品质和理想信念,同时也强调女性要不断完善自我,不断提升。知识经济时代,科技的进步,观念的更新使女性的主体意识开始回归,她们强烈地意识到自己是社会属性与家庭属性的统一,信息化和全球化必将使她们主动或被动的与世界发生联系。主张妇女把视野扩大到社会,充分施展自己的才智,因此出现这种'女性时代'的现象,我是双手赞成和支持的。③

尼克松在《展望21世纪——和平竞争的胜利》一书中指出:20世纪将作为一个战争和奇迹并存的世纪载入史册。我们必须使21世纪作为一个和平的世纪。推动世界和平也是创价学会永恒不变的宗旨。池田的女性德育观中关于女性在

---

① 参见[日]池田大作著,程郁译:《人生寄语——池田大作箴言集》,上海社会科学院出版社,1992年版。
② 参见[日]池田香峰子著,刘晓芳译:《香峰子抄》,作家出版社,2006年版。
③ 参见[日]池田大作著,潘金生、庞春兰译:《我的人学(上)》,北京大学出版社,1990年版。

推动世界和平进程中的作用这一思想可以说是池田所有关于女性德育观论述的集中体现,不论是女性加强自身修养,还是恪守家庭美德,培育人格完善的后代,都是希望以个人的变革辐射社会、国家和世界的变革,实现世界的和平。"培育新生命的女性是最伟大,最令人尊敬的。一家的繁荣,一族的繁荣,不,应该说社会的繁荣,国家的繁荣,人类的繁荣,归根结底,其重任都压在女性,尤其是母亲的双肩上。这是人类最崇高的使命。可以说,那些正在好好培育我们孩子的人,才是真正的和平国家的建设者。"①

池田认为女性的特质使她们是天生的和平主义者,由于女性孕育生命的特殊使命,她们天生理解生命的尊严,具有慈爱,珍爱生命,富有正义感,女性的特点是耐心,细致,善于体察关心别人。有强的审美观点,如能重视她们的这些特点,使其发展,必将有利于社会。②池田在与海瑟·亨德森博士的对话中提到,日本国民对政治的不信任感日益高涨,民众更希冀不贪污,正义感强烈的女政治家参与。根据1999年世界银行的调查显示,女性积极参与政治的国家里,贪官污吏比较少。国际社会诉求女性参与解决纷争的动向,也越来越明显。2000年10月,联合国安全理事会通过一项划时代的决议,要求各加盟国保证增加女性参与预防或解决纷争等所有决策的代表名额。国际上诸多有识之士也都表达了与池田同样的观点,前任联合国的安南秘书长曾说:"预防纷争最好的战略,即是扩大和平创造者——女性的职责。"欧洲EC之父库登霍夫·卡勒吉也说:"世界上的议会或政府,如果女性占半数以上,世界和平基础就能更稳固。"还有非常信任女性的圣雄甘地曾说:"女性拥有无限的爱,能教导这个渴望和平甘露,却又互相争战的世界走向和平。"池田倡言21世纪是女性的世纪,女性用与军事、经济力量等"硬力量"相对立的,以文化、信息、智慧为象征的"软力量",顽强耐心地从底流来推动时代的变革,引导社会转向"善"、"希望"与"和平"的方向。"妇女是家庭中的太阳,当她们也成为社会中的太阳时,将标志着人类真正的21世纪的开始。我对此充满信心,满怀希望。"③

三、实现途径——池田大作女性德育的实践方法

池田大作在肯定女性价值的同时,对女性自身的发展提出了较高的要求,如

---

① 参见[日]池田大作著,程郁译:《人生寄语——池田大作箴言集》,上海社会科学院出版社,1992年版。
② 参见[日]池田大作、[英]海瑟·亨德森:《珍爱地球——迈向光辉的女性世纪》,香港:商务印书馆,2010年版。
③ [日]池田大作著,吴瑞钧、王秀云、王云涛译:《生活的花束》,第112页,国际文化出版公司,1992年版。

何实现女性能力素质的提高,思想的觉悟提升,就要求有相应的方法体系来支撑效果的实现。唯有方法得当,才能巧妙而艺术的实现女性个体价值和社会价值。

(一)多元化学习方式

运用佛教的教义(这里特指妙法莲华经),对女性进行正面教育,透过学习正确的佛法哲理,确立心中的哲学与价值观,引导女性提高自己的思想觉悟,道德修养,树立"真、善、美"的信念。

池田大作认为,一切众生得以成佛的原理,尽在"南无妙法莲华经"之中。他认为这不仅仅是一部佛典的名称,而是贯穿宇宙与所有生命的法理。"南无"是印度梵文"Namas"的汉译,有"皈依、皈命"之意。在原来的梵文辞汇中,也代表了行动与思维,所指的是在一生之中得证佛果所需的言行举止、意念思维。"妙法"是大宇宙的生命,以及由此体现出来的森罗万象。"妙"是生命的本体,肉眼无法观察,言语也无法形容,但表现出来的形态——"法",是肉眼等六根所能够感知的。这具有形体的"法"(森罗万象)变化无常,而"妙"则是这诸多现象中永恒不变的根源法理。"莲华"意为莲花。莲花盛开时花果两具,代表因果俱时的法门。现在的一切皆是由过去所做的因而起,同样的,现在所作的一切也决定了将来必承受的果。这便是人们常言的"宿业"的原理。因果的法则,含有劝勉人们对自己的人生负责之意——命运由自己创作,也由自己改变。另外,莲花扎根于污泥之中,但开出的花却清丽且不染尘垢,代表了凡夫生命能显现佛性之理。

佛法阐释了宇宙万物的法则,这是生命终极之法,即所有生命乃至全宇宙都遵循的规律。日莲指出,这终极之法是"南无妙法莲华经",凭借正确的佛道修行,人们可以充分展现潜藏于生命中的智慧、勇气、生命力和慈悲心。这便是在生命中开启佛界之意。

佛法的学习方式则多种多样,主要有诵读经文、讲解、对话、演讲、座谈会。

诵读经文主要以日莲大圣人的《御书》为主。创价学会会员在家中安置御本尊,向着御本尊朗朗唱念"南无妙法莲华经",通过这种修行,开启生命中的佛性。户田城圣曾教导女性"审视人生,把自我观、人生观、社会观、宇宙观这四种观点概况起来的就是佛法,要更仔细的拜读御书……如果树立起妙法这最高的价值观,就会明白什么事情该以什么方法来处理"。池田大作也一直在多种场合谆谆教诲,要不忘学习佛法。

讲解和演讲则类似课堂,是教育者的单向系统传授。创价学会女子部要以教学立身,这也是户田先生的不朽指针。池田大作也多次在诸如创价女子会馆成立周年纪念,"SGI日"纪念倡言,北京大学,哈佛大学等发表讲话或演讲,阐述学习佛法的必要性和重要性。

自从创价学会成立以来,对话就占有重要地位,通过开诚布公的对话,探求生命至理,乃至造福万民之道。池田及学会认为人的伟大之处可在对话中显现出来,封闭心扉、漠视其他人的无限潜能、执守成见等都是进行对话时应避讳之事,因那都可使对话停顿不前。"克服自己的偏见及对差异的执著,是对话的原则,也是建设和平及维护人权的必要条件。"我们应该本着慈悲的胸襟,敞开心扉虚心学习,把相互的差异视为生产价值的源泉,认清彼此的共通点,唯有如此,对话才可娓娓地展开。

除了在家中进行的个人修行,创价学会会员也定时召开座谈会,在日本,小型的座谈会自1930年起就一直是佛法教学与实践的重要场所。创价学会也注重于推行一对一对话及个人指导等活动,大家一起学习佛法,叙述体验,交换心得,彼此勉励,无论是在奋斗中取得的胜利,或是与人生课题奋战的经历,一切皆可毫不避讳地在座谈会上分享。

(二)加强实践

宗教教义的学习是纯理论的学习,但任何思想观念要从知转化为行并形成习惯,一定要经过实践活动来加强和巩固,并辅之以环境来营造舆论的氛围,才能最终实现观念的固化。

实践活动是在组织者有目的,有计划,有原则的指导下开展的,使女性在改造客观世界的同时改造自己的主观世界。"信、行、学"是信仰日莲大圣人佛法基本实践的三要点。首先通过阅读,对话,座谈等方式学习佛法,加强自己对佛法,对御本尊的信仰,确信,然后通过亲身实践的体验,一方面将习得的理论转化为自己的思想认识,另一方面有利于巩固和提高这种思想觉悟。让女性在实践的过程中去感受真、善、美,感受和平、团结、互助,感受尊重、平等、幸福,将自身的思想情感,意志信念在实践中强化并不断追求自我的完善。

实践的形式多种多样,唱念"南无妙法莲华经",组织参观展览,社区活动,社会公益活动等。日莲所教导的佛道修行具有三个部分,其中就提到为了自己和他人的幸福而唱念"南无妙法莲华经",二是学习日莲的教导,三则是弘扬佛法,让他人也能受惠于佛法的教义,得享不崩溃的幸福。正如"信、行、学"中的"行"就包含两层含义,一是自行,一是化他。自行是进行一天两次的"勤行",这包括了唱念"南无妙法莲华经"以及法华经的部分经文。而"化他"则是弘教对话及为了广宣流布的种种实践活动,要帮助在烦恼中的人,创造胜利的人生,实现自他彼此的幸福。这和日莲教导的修行是一致的。

组织展览参观,如 2006 年在我国台湾文化大学举行的"甘地、金、池田——和平建设的传承"展,印度尼西亚等多国"与自然对话"摄影展,2011 年在韩国首尔"世界真美妙"展等。组织社会公益活动,如 2008 年国际创价学会支援中国四川汶川地震,2010 年支援海地赈灾活动,等等。此外还通过建立协会这种形式来凝聚女性,开展活动。2008 年在香港还成立了以女性为主体的池田华阳会,华阳会意思是"像花一般美丽,像太阳一般豪迈",池田期冀女性像太阳般积极向上地生活。它以"姐妹友好团结一生不退转,以御书为根本终身爱护学习,永远与池田夫人一起"为池田华阳会永远的三个指针。

创价学会妇人部在实践上也有五个实践指针:1. 一切从祈求开始;2. 建设前进和乐的家庭;3. 培育后继人才;4. 重视地域与社会;5. 神采奕奕地诉说体验。创价学会的女性会员,德国的玛莉安娜·阿克(Marianne Acker),在退休后选择到监狱探视女性囚犯,她认为无论做过什么,人的尊严是依然平等的,她以平等的真诚的心和女囚交流,立志帮助他们改变自己现在是罪犯、今后也依然是罪犯,以及改变自己没有未来、出狱后没有机会重新做人等种种负面的想法。并于 2001 年夏天,举行了第一回的讲座,对象为一小群对佛法感兴趣的女囚,后来又分六期召开了另一回的讲座。还成立了名为"Buddhist Circle"的佛法讨论小组,一星期聚会一次,活动总是在一片和谐的气氛中展开,大家踊跃参与,互相鼓励,让大家都感受到希望、善良和爱。创价学会女子部有太多这样奉献自己力所能及的力量帮助他人和社会的人。对于创价会员而言,佛法的实践可带来内心的变革,转怯弱为勇气,化迷惑为睿智,改傲慢为慈悲。来自这种改革的影响并不只局限于个人的层次,而将更进一步惠及自己的社区、社会乃至全世界。

强调熏陶强化。熏陶强化是指利用环境因素和教育者的身教来创设一种情景,让女性在这种情景中潜移默化地受到熏陶感染,建立或是强化已经建立的道德情感、思想认识。熏陶的特点在于隐性、软性、渗透性、无意识性,是让女性在不知不觉中提高自身素质和修养的一种有效途径。

通过熏陶实现强化的方法有很多种,主要有三类。首先池田及其夫人池田香峰子自身树立良好的榜样,以深博的思想、高尚的道德品质、真善美的行为来感染包括创价学会在内的女性。正如香港池田华阳会的所有女性都奉行着"一生追随师匠池田学生"的指针。其次是通过文字、图片、音乐、影视等艺术手段来激发女性情感,引起共鸣,达到在潜移默化中建立起内心的善和美。池田大作喜欢摄影,常常在世界各地举办一些以自然、和平为主题的摄影展,创价学会也办自己的报纸"圣教新闻",出版池田大作的著作及一些简短刊物,还会拍摄一些以环保、奉献、公益为主题的短片,都是希望通过多种渠道来达到熏陶感化。再次则是池田及其创价学会营造的氛围和环境,学会的男子部与女子部之间彼此尊重,互帮互助,开展学习研讨会、共同参与公益事业、共同学习进步,建立一个平等、和谐、充满爱的氛围。人的内心是随着所接触的外缘而改变的,与人相遇、感受着天气的转变、听音乐、看电影等外在的缘都能对人的心境造就某种程度的影响。每一个人在这样的氛围里都感受到佛法所宣扬的大大的爱,都在这样的氛围里无意识地提升了自我的道德修养和思想觉悟。

四、价值解读——池田大作女性德育观的价值

池田大作关注女性的教育,女性的作用,乃至整个人类的发展。其中,他在诸多著作中论述的女性德育观,对女性个体发展和社会文明进步都具有的重要意义。他的女性德育观的个体价值和社会价值互为前提,相互促进,辩证统一。

(一)女性的个体价值

个体价值是指女性通过学习池田思想,肯定自我,激发自身的精神动力,在知识文化,道德品质,人格修养等方面不断自我完善,规范调控自身行为,形成良好的行为习惯,建构幸福的人生。

第一,引导女性树立坚定的信仰

池田认为宗教信仰在人类社会是不可或缺的,然而他也深切地了解到宗教信仰有可能成为压迫人民的道具。如此历史事例不胜枚举。在池田看来,宗教的目的,是让人摆脱不幸的镣铐,建立幸福的人生。他在1996年洛杉矶西蒙·维森塔尔中心(Simon Wiesenthal Center)演讲时简洁地表述自身的想法:"'人'不是为了'宗教'而存在,'宗教'是为了'人'而存在的。"他还将宗教根本的使命,认定是培育有能力应付人生诸多挑战的人,让他们的生活过得充实又有价值。在池田看来,任何一个宗教,无论是教义或实际行动都必须遵循这一基本精神。他说:"在'救人'此'利的价值'及'救世'此'善的价值'中,宗教才有其存在于社会的意义。"①佛教是拥有2500年历史的宗教,作为一个博大精深的思想体系,包含了哲学,道德,艺术等多种形式。池田希望女性坚定不移地信奉以法华经为根本来源的日莲佛教,践行佛法所倡导的人生观和价值观,引导女性自我启发和觉醒,追求"万众成佛",无时不以"常乐我净"生活,无地不以"我此土安稳"营生。思想决定行为,女性首先要在思想上、意识上树立起坚定的宗教信仰,以此获得坚定的生活

---

① 参见[日]池田大作,SGI日和平倡言:《和平凯歌——宇宙主义的复兴》,东京:创价学会,1999年版。

信念,宽容的心,奋斗的激情,完善的人格,在复杂的、多元的、浮躁的社会中获得幸福。

第二,塑造完善人格

池田的女性德育观里,出发点是女性个体的变革,进而带动家庭,辐射社会,扩展到世界的变革。因此,首先池田强调的是女性要塑造个体健全的人格,形成崇高丰富的精神境界,健康良好的心理品质。在此过程中,一方面,女性通过学习池田的女性德育观,不断明确自己的人生规划与定位,确立相应的认知、态度、情感,做出相应的行为。另一方面创价学会女子部和妇女部又通过组织大量的实践活动,诸如开展研修会、诗歌诵读、专题研习会、香港创价学会每两个月开展一次类似这样的研修会,还有集体观摩池田的演讲,女性之间彼此交换书籍,分享心得,等等,进一步形成和巩固女性的认知、态度、情感和行为。

人格完善和发展也包含着人的需求体系的不断丰富,而池田女性德育观的价值在于不断丰富女性的精神需求。它旨在培养女性形成健全完善的人格,良好的个性心理品质,提升丰富女性的精神境界和道德品质,形成崇高的理想和坚定的信念,促进女性的全面发展。

第三,引导良好行为

池田将佛教的生命价值原则,理论观点,行为规范等结合现实通过多种形式转化为女性内在的个人意识,再由女性将个人意识,思想动机转化为外在的行为和行为习惯。共同的价值观念决定人们愿意接受相同的或相似的事物和肩负共同的使命。池田列举了形形色色各类成功女性的案例,有诸如诺贝尔奖获得者居里夫人这样成功的世界科学家,也有普通民众中的一些家庭妇女,给所有女性树立一个行为楷模,激发她们的精神动力,充分发挥自身的积极性,主动性和创造性,使她们因钦佩而在精神、心理、人格、行为等方面加以仿效,实现她们的个体价值,为社会、国家和人类发展而奋斗。

(二)女性社会价值

与个体价值相统一的,池田女性德育观还具有社会价值,主要表现在三个方面。

第一,经济价值

首先,对推动生产力发展的精神动力价值。生产力包括劳动者,劳动工具和劳动对象,其中劳动者是生产力中最活跃、最主要的因素,而女性又占到劳动者的半数。池田的女性德育观目的在使女性具有良好的思想品质、职业道德以及科学文化知识在内的综合素质,可以激发和调动女性劳动者在生产中的积极性和创造性,提高效率,促进生产力发展。同时人作为经济的主体,他们的经济行为,经济生活总要受到一定思想意识的支配。池田女性德育观认为男女是平等的,激发女性树立主体意识、竞争意识,科技意识等,推动社会经济的发展和全面进步。

其次,对于担任家庭主妇角色的妇女,也不能因为她们没有创造直接的经济价值而否定她们的劳动价值,她们创造的是爱情经济。池田在与亨德森的谈话中,亨德森博士认为育儿、家事、看护、社区义工等活动,是支持政府与企业的经济活动,在GNP等数值中却无法表现出来。"因为有这些人,世界才能永续,也才能提供与社区融合,充满爱情的服务。而且,男性才能够安心外出工作,在经济战场上与人竞争。如果世上没有这些母亲,社会将会分崩离析吧!以实质的意义来说,支撑经济的人,其实就是这些母亲。可是,她们在经济世界里的地位并未被承认,她们的工作被当成毫无价值。她们秉持爱心努力工作,却没有薪水。而且她们从来没有想得到金钱报酬。"①亨德森博士把家庭中女性的这些活动称为"爱情经济"。池田亦颇为赞同,认为正是由于女性,才有了和睦的家庭,稳定的社会,稳定是发展的前提,才有了经济的发展,所以应该充分肯定女性在家庭中的劳动,间接地创造了经济价值。

第二,生态价值

池田倡导女性不能禁锢在家庭,而要关注社会,关注世界,要以一个世界市民的身份来要求自己,培养自己。因此关注自然环境的保护和生态的平衡是不可或缺的部分。他认为对人类而言,大自然是独一无二的母体和基础,自然和人类之间存在着有机联系,都是"有生命的存在"。自然不归人类所有,人类不具备对自然的绝对使用和开发权,人类不能无节制地开发掠夺自然资源。佛法所谓"依正不二",就是说人类和自然本为一体,相互融合,形成一个更大的生命体。池田女性德育观要求女性要有崇高的思想道德修养,其中就包含着对自然,对生态的道德责任感,培养女性这种的道德情感,道德信念,使生态的责任感深入人心并与道德责任感融合在一起。同时他倡导作为世界市民的女性,要能以整体的,系统的思维模式来看待自然,看待世界,要认识到人在自然生态系统中的地位,将事实认识和价值认识统一起来,道德责任和生态责任统一起来,树立生态意识和生态思想。共同的理解和认同,化为女性的意识和动机,并将这种共识转化为融为一体的社会合力,必将产生良好的社会效果。池田说:"'内心的破坏'和'外部的破坏'是密切相关的,那么'内心的调和'就必然可以换来'外部的调和'。"池田的女性德

---

① [日]池田大作、[英]海瑟·亨德森:《珍爱地球——迈向光辉的女性世纪》,第200页,香港:商务印书馆,2010年版。

育观通过调和包括女性在内的人类的内心,培养人类热爱自然,保护生态的道德情操,进而实现人与自然的和谐共生。

第三,时代价值

这里有三个维度,首先,培育人才的发展维度。池田女性德育观中强调母亲作为培育下一代的第一任导师,在孩子各个特殊时期该如何教,教什么,秉持什么原则,等等,为社会和国家培育出兼具人品和学品的优秀人才,从长远来看,有利于促进和推动人类文明进步,具有发展性价值。

其次,对精神资源的开发维度。在今天复杂多元,局部仍然纷争不断,贫富差距拉大,功利主义与虚无主义盛行的社会,重新建构包括女性在内的人类的世界市民意识和价值导向势在必行,开发人的精神资源显得尤为重要。精神资源作为人力资源的一个重要组成部分,包括人的情感、意志、认知、信仰等在内的各种主体性因素。池田女性德育观具有开发包括女性在内的人类的精神资源的价值,也即是通过引导人们提高自身的思想道德水平,激发人的主动性、积极性和创造性,以顽强拼搏的精神,实现社会需要和个人价值的统一,为社会发展提供精神动力。理论的东西一经群众掌握,也会变成物质的力量,人的精神资源的开发不仅关系到个人,也关系到整个社会和国家乃至世界的发展水平。正如池田在人性革命中提到的"一个人伟大的人性革命,将能转换一国甚至全人类的宿命"。池田的女性德育观理论在广大女性的学习实践中,终将成为推动社会进步,世界和平与发展的强大动力。

再次,构建和谐社会,和平世界的长远性维度。池田女性德育观中非常强调女性在构建和谐社会,促进世界和平上的角色和作用。这主要是通过几个方面来实现。一方面,池田信奉日莲佛教,也倡导女性要有坚定的佛法信仰,共同的宗教信仰使得人们思想能达成一致,观念能达成共识,从而行动也能达成的统一。另一方面,不论是佛法教义,还是池田结合现实的建言,都致力于提高女性的道德认知和道德水平,既是完善自我,也是为培育下一代身教示范,构建和睦的家庭,而"和睦的家庭,正是争取和平世界的航海起点"。每个人的完善,又必然带来友好团结,互帮互助,安定有序的和谐社会。因此,池田的女性德育观有作用于女性而带来的社会和谐,世界和平的长远性时代价值。

五、时代借鉴——对中国女性的启示

日本是个学习型民族,奉行拿来主义,曾三次大规模的吸收外来文化,古代日本文化主要得益于对中国文化的吸收和融合,包括汉字、儒学、律令制度和佛教等,池田常说中国是日本文化的大恩人。相似的文化背景下,中国和日本在女性地位,女性角色,女性价值上有共通之处,因此池田的女性德育观也更容易为我们所吸收和借鉴。

(一)重视女性发展

池田对女性发展非常重视,他认为女性的发展不仅仅是女性这个群体的发展,更关系着一个家庭,一个社会,一个国家,甚至是世界的发展。《中国妇女发展纲要(1995—2000年)》中也明确提到:"妇女是创造人类文明和推动社会发展的一支伟大的力量。妇女的发展水平是社会发展的重要标志,也是衡量社会进步的尺度。"在传统的男权文化中心社会里,女性一直作为被动的客体存在,尽管我国自成立以来,女性在法律上的平等地位得以确立,地位也得到前所未有的提高。但是由于中国是一个发展中国家,受历史的、经济的和社会发展水平的制约,现实生活中仍然存在着诸多事实上的男女不平等现象,女性在诸如参政、就业、受教育等多方面与男性相比仍处于劣势,甚至许多女性自身也缺乏自我意识,主体意识。而马克思主义所追求的人的自由全面发展,是全人类的自由全面发展,如果忽视女性的发展,谈何全人类的发展?

经济上,"马克思主义最注重发展生产力",①而生产力诸要素中,人是最积极,最有活力的因素。我国也一直坚持人才强国战略,依靠人才兴邦,依靠人才提升国家的核心竞争力和综合国力。因此,要解放生产力,发展生产力,要全面提升国家的综合实力和国际地位,首先要重视人,解放人,武装人。据最近一次我国的人口普查数据显示,我国总人口数量中,男性为65355万人,占总人口的51.63%,而女性为61228万人,占总人口比例的48.37%。占据人口数量将近一半的女性,是庞大的生产力资源,是一支不容忽视的强大的建设力量,是延续中华文明不可或缺的中流砥柱。毛泽东就指出:"妇女的伟大作用第一在经济方面,没有她们,生产就不能进行。"②这里主要指的是妇女对人力资源的贡献,女性不仅本身就是一支伟大的人力资源,而且她还为人类社会提供巨大的人力资源。因此要不断提高女性的自我发展意识、自主参与意识,努力推动女性人力资源开发,为人类社会的发展提供重要的人力资源保障。

思想上,从生物学、神经科学的角度上来说,男女的思维方式,思想特点存在一定差异,男性更富有攻击性、狂妄、自负,女性则更倾向保守、细腻和冷静,当然,个体的复杂性不能单纯靠性别来断定,但正如池田先生所说,女性特有的精神气

---

① 《邓小平文选(第三卷)》,第63页,人民出版社,1993年版。
② 中华全国妇女联合会:《毛泽东、周恩来、刘少奇、朱德论妇女解放》,第73页,人民出版社,1988年版。

质使其成为天生的和平主义者,和平学者加尼杜革博士也认为,99%的战争是由男性挑起和发动的。如果说这是先天生理差异引起的,是不可改变性的,那么教育带来女性素质的高低则是后天的、是可改变性因素。女性素质的提高离不开教育。女性受教育程度和素质的高低,直接影响到她们能否充分发挥自身的优势,广泛参与人类社会的发展和建设。"当今世界正处在历史性的大变动之中,国际竞争日趋激烈。世界范围的经济,文化和科学技术的竞争,归根到底是民族素质的竞争。女性的素质影响到民族的素质,女性发展水平影响着一个国家的综合国力。"①占据半边天的女性,除了本身是一支建设力量外,还作为培育下一代的第一任导师,她们自身的知识素质、思想素质、道德素质、心理素质绝对性地影响着下一代的整体素质,进而影响着整个民族、国家、人类的综合素质。中国传统的"男主外女主内"状况虽然在经济发展的今天,随着女性更多走出家门走向社会开始工作而有所改变,但就整体而言女性承担家务的角色分工仍然是主调。女性既要照顾家庭的日常生活,又要担负对子女的教育,还要外出工作,辛劳程度是不言而喻的。因此,不论是社会还是家人,都要尊重女性的地位和角色,肯定女性的劳动和付出,让其体会到愉悦感和自我价值实现的成就感。同时,积极创造条件,并不把女性束缚在家庭上,而是让其有更多自我提升和自我实现的机会,丰富她们的精神文化生活,保持身心的健康和豁达,提升女性作为教育者的精神质量和生命价值,将女性的个体成长和自我实现的需要结合起来,让其成为一个完整的人。正如 1990 年 3 月 7 日江泽民总书记在纪念"三八"国际劳动妇女节 80 周年大会上讲话说:"希望你们发扬'自尊,自信,自立,自强'的精神,做社会主义有理想,有道德,有文化,有纪律的新女性。"池田也说:"要想同时实现个人幸福,阖家快乐和充满活力的和平文明社会这三项目标,必须依靠为人之'母'的妇女们。"②因此,重视女性的发展不容忽视。

(二) 提升女性在家庭道德教育中的作用

第一,将道德教育生活化

当前,我国社会正处于经济多元,思想开放,文化包容的阶段,改革开放 30 多年来,经济政治体制改革,社会阶层分化,给几千年来平静,稳定的中国家庭带来了冲击和裂变,产生了很多诸如单亲家庭,重组家庭,暴力家庭,下岗工人家庭等各式各样问题家庭,这些家庭多多少少存在着包括家庭道德教育在内的家庭教育

---

① 国务院:《中国妇女发展纲要(1995—2000 年)》,1995 年版。
② 参见[日]池田大作著,吴瑞钧、王秀云、王云涛译:《生活的花束》,国际文化出版公司,1992 年版。

系统性,连续性的缺失。李萍老师认为,家庭德育功能在由传统到现代的发展过程有所弱化,而家庭是培育家庭成员形成高尚的道德品质,道德情操,道德习惯的起点,家庭作为社会的细胞,只有每一个细胞都健康,社会才会健康。

女性在家庭中作为母亲肩负着培育下一代的重任,尤其是女性对下一代的道德教育,不是强制灌输,而是让受教育者在日常生活中受到感染和熏陶,在潜移默化过程中提升道德品质和道德修养。从生活中的点滴出发,从受教育者身边所能接触到的一切事物出发。家庭教育、学校教育、社会教育三者都在生活中创设着看似与道德无关,却时刻体现自己特色的道德情景,可以说,生活是德育的载体。受教育者的道德教育早期主要来自于家庭,入学后则主要是家庭教育和学校教育的交叉影响,踏入社会开始工作之前,基本上形成一个人的世界观,人生观和价值观,基本的道德人格形成。因此,家庭生活和学校生活对受教育者的道德品格形成就起着关键作用,其中家庭生活从始至终贯穿着人的一生。在生活中开展德育是道德教育的必然趋势,是提高德育水平的必然选择。

现在很多家庭在培育孩子上,奉行变味了的所谓"穷养男富养女"的金科玉律,不让他们做一点家务,认为只要把学校的课程以及父母安排的诸多课外特长班学好就行。尤其是与孩子接触较多的母亲,可以让孩子做一些家务,让他们在劳动中体会父母兼顾工作和家务的辛苦,懂得分担,学习勤劳。只有从生活中出发,在生活中开展并最后回归到生活的道德教育才具有实效性。池田说:"正是女性那脚踏实地地扎根于大地的实践经验和生活体会,可以使容易走向空洞化的各种运动得到充实。"同样,只有扎根于生活实践的道德教育,才可以使容易走向假、大、空的德育更贴近生活、贴近实际。

作为母亲的女性一方面以下一代生活的环境为背景,根据他们不同阶段的心理状况,兴趣特点,思想需求,选取相应的道德教育内容引导其了解生活、体验生活、热爱生活,用教育指导生活,又用生活验证教育,在生活实践中通过不断确立信念、培养感情、锻炼意志、规范行为,通过不断总结经验教训和切身体验培养下一代形成良好的道德品质。

因此,重视女性在培养下一代的思想道德水平上的作用,构建家庭和谐德育,从一个家庭辐射到整个社会,形成诚信友爱、充满活力、安定有序的社会氛围。

第二,重视身教示范

父母尤其是母亲作为孩子第一任老师,除了自身具备传授给下一代的知识外,在行为习惯、待人处事、道德选择等方面还必须树立榜样,以身作则。中国现在很多家庭在对孩子的教育经费上,投入是大大增加了,但相较以前,和孩子在一起的相处时间是大大减少了,许多家庭要么选择让爷爷奶奶一辈的老人带小孩,要么请保姆或者送到相关的托儿所。可能引起的结果是:和孩子的相处时间少了,父母每一次说话的内容和做出的行为会给孩子留下更深刻的印象,尤其从幼童到青少年这个阶段,下一代的可塑性和模仿性很强,因此家长对孩子的示范,在家庭教育过程中必不可少。因此父母更应该要重视在孩子面前树立榜样,引导他们树立正确的世界观、人生观和价值观。池田非常重视父母尤其是母亲通过身教示范引导孩子树立远大的理想信仰,高尚的道德品质,良好的行为习惯。"与其用嘴向他们灌输正义良知,不如父母在自己的生活中用身体力行来示范,可以说这才是高明的方法。"①"语言不是教育的唯一形式,母亲的人生观会自然地流露出来,并反映在孩子身上。通过身教,可培育出正确的人生观和美好的人性,有了这些东西,孩子就能符合民主主义时代的要求,成为强有力的人。"②就女性而言,作为自己从事工作,作为主妇安排生活,作为母亲教育孩子,她们严谨的工作态度,勤劳节俭的生活方式,积极乐观的生活态度,都直接给孩子树立了典范,这种身教示范的潜移默化教育比抽象的、宏大的英雄伟人要更真实,更贴近孩子的生活和实际,更容易被他们理解、接收、认可、模仿并内化。池田很欣赏的居里夫人就是这样一位伟大的母亲,既在科学领域严谨认真,两次获得诺贝尔奖,又培养了两个非常优秀的女儿,大女儿也是一名科学家,小女儿则是一名作家和教育家。

池田建言创价学会妇女部的母亲们,要注意在家庭中培养孩子自小养成尊重他人的习惯。如果母亲常在背后说别人的坏话,她的子女就不可能成为心胸开阔的人。如果母亲总是注意别人的缺点,她的子女就不可能学习别人的长处。所谓"身无道德,虽吐辞为经,不可以信世"(魏源语)。家庭成员之间要诚实守信。父母对孩子要言而有信,信守承诺,夫妻之间也要彼此忠诚,池田家训中就明确提到"对所有人都要诚实"。相对接触孩子时间比较多的女性作为一个活生生的案例,一言一行都刻画在孩子们的生活中,孩子就会明确什么是该做的,什么是不该做的,什么是提倡的,什么是禁止的。因此,担负教育下一代的母亲们要时刻谨记自己作为一个道德示范者和创设者的身份,以行示人、以行感人、以行化人,自身的道德品质,道德行为就是家庭道德教育的最佳养分。

---

① 参见[日]池田大作著,吴瑞钧、王秀云、王云涛译:《生活的花束》,国际文化出版公司,1992年版。

② [日]池田大作著,程郁译:《人生寄语——池田大作箴言集》,第15页,上海社会科学院出版社,1992年版。

(三)培养女性树立世界公民意识及终身学习理念

第一,培养世界公民意识

我们可以从池田的女性德育观中看到他对培养女性成为世界市民的期许,女性孕育生命的特殊使命使得她们天生理解生命的尊严,是天生的和平主义者,女性要不断成长,自我教育,构建和谐和睦的家庭,力所能及地帮助他人,贡献社会,积极促进世界的和平与繁荣。世界上一些女子大学的校训也体现出培育世界公民的治学理念。如金陵女子大学的"厚生",即教诲学生明白人生的目的不光是为自己活着,而是要用自己的智慧和能力来帮助他人和社会,这样不但有益于别人,自己的生命也因此更加丰满。韩国梨花女子大学的"真、善、美",丰富的智慧和知识、美好的德性、高尚的情操、综合的人性教育正是梨花做追求的教育理念。这些都旨在培养女性关爱社会与他人的人文精神和女性情怀。同样,这不仅是对女性的要求,也是对所有人的要求。我国的教育涉及较多的是集体主义、爱国主义教育,固然,首先要爱自己的乡土、爱国家,这是具备大爱的前提和心理基础,但是在此基础上进一步的人类之爱也是必不可少的。我们身为乡里一员的同时,也是身处之国乃至全世界的公民。因此,"我们的职责,不是培育无价值的庸俗学者,或充满野心的领导人,也不是培养躲进学问的象牙之塔,与整个未来毫无关系的研究人员。我们最重要的任务,是培养世界的公民。"何谓世界市民,池田勾勒出三个特征:一、智慧——让人洞悉生命的相关性;二、勇气——让人不畏惧或排斥人种、民族、文化等差异,勇于尊重、理解和接触并视这些差异为成长之源;三、慈悲——让人体恤其他人的痛苦并给予帮助,无论对方距离远近。21世纪及未来,人类共同生存于地球村,人与人,人与自然的命运息息相关。培养具有尊重生命、理解他人,关爱地球的世界公民是各国教育共同的主题。

第二,女性要始终树立终身学习理念

池田认为女性作为完善自我,需要不断学习,作为母亲教育下一代,自身更需要不忘随时学习。他强调要追求人生的高度和深度,始终不忘学习和努力。既有理论性知识的学习,也有除此之外的人格,品德,思维方式的不断学习和完善。"不能将这种终身教育仅仅理解成为纯知识性的学习,其中也包括道德伦理、人格的陶冶熏陶,即怎样做人、做什么样的人。"中国从古至今也一直很重视终身学习的态度,"吾生也有涯,而知也无涯"。终身教育的教育思潮早在20世纪就兴起兴盛。池田认为在家庭教育方面,无论是父母还是孩子,都是未完成的人,都是在人生路上不断寻求自我完善的过程,父母并不是作为绝对圣人的姿态来教育孩子,"父母要正确认识孩子的不断成长,不断地进行相应的生活,因此,重要的是母亲要经常谋求自身的成长",用自身已经具备的道德修养,科学的思维方式,正确的世界观、人生观、价值观来影响、引导孩子学会做人、学会做事、学会学习和学会与他人共同生活。"在人生路上不断建设,直到最后一刻"。① 女性通过受教育与自我教育的学习方式,进一步提高女性的地位和价值,推动社会文明。党的十六大报告中也提出:"要形成全民学习,终身学习的学习型社会,促进人的全面发展。"

---

① 参见[日]池田大作著,卞立强译:《人生箴言》,中国文联出版社,1995年版。

第十三章　池田大作美育观

与上述研究相比较,池田大作美育思想研究几乎还是学术研究的薄弱环节,从这个角度上的探究稍显不足。相关学界关于池田大作美育方面研究多见于某一领域的研究,即池田大作的文学与美学思想研究、音乐文化研究、摄影艺术研究等,而将池田大作的美育思想进行提炼,综合各个方位的专题性研究,则是凤毛麟角,显得十分薄弱。到目前为止,还没有关于池田大作美育思想研究方面的专著。我们认为:池田大作的人文思想中蕴含丰富的美育思想资源,它的价值和意义有待不断开拓,因此,我们就此课题尝试做些梳理性的工作,以此完善池田大作教育思想体系。

我们选择池田大作美育思想研究,是基于以下考虑:美育是素质教育的重要组成部分,它贯穿于素质教育的实施过程之中,对青少年身心的全面发展,尤其对青少年人格的构建和完善具有其他教育不可替代的重要作用。他高度重视并积极倡导、推行美的教育,强调艺术的塑造力、沟通力、联结力,并认为通过发挥艺术的积极作用,紧扣"人"的灵魂主题,可以实现人的尊严和幸福。他将美育与宗教、人生联系起来,从哲学的思维角度对"人类和自然"这二者之间的深刻关系不断进行积极努力的寻绎和解答。因此,我们认为对池田大作美育思想的研究有利于当代青年学生德育研究工作,成为当代青年学生德育工作不可或缺的一部分。

在人类社会高速发展的当下,科技日新月异、物质极大丰富、信息迅速强大,城市化进程加快步伐,土地私有导致财富加速集中,越来越多的人们认识到,人的道德、文化及文化艺术修养等各方面的人类文明发展进程则显得过于缓慢,人的矛盾冲突、异化现象越来越明显,甚至影响到人类文明的发展。因此,21世纪需要全面提升人的综合素养,将人从物欲的束缚中解救出来,重新用美来审视人生,丰富人生。池田大作在这方面进行了深刻的思考与总结,用美育思想阐发并构建人的尊严、人的幸福体系,把培养"人"作为一项最伟大的艺术工程,建立独特的美育观念,在美育的理论和实践上取得创造性的成就。这对于现阶段青年学生美育教育有着不可多得的启示作用,同时对青年学生良好素质的养成有着积极的意义。

第一节　池田大作美育思想的概述

美育也称审美教育,是一种按照美的标准,培养人认识美、爱好美和创造美的形象化的情感教育。我国过去没有把美育明确列入教育方针,把它视为德育的一部分或手段,认为美育没有独立的价值,这主要是受苏联的影响。美育与德育互相配合、补充、渗透,但不能互相代替,它们的性质、社会功用都有所区别。通过美育,可以使人具有美的理想、美的情操、美的品格、美的素养,具有欣赏美和创造美的能力,等等。

一、池田大作美育的概念

"美育可以使人具有美的理想、美的情操、美的品格、美的素养,具有欣赏美和创造美的能力,等等。"①我国近代著名教育家蔡元培先生说:"美育者,应用美学理论与教育,以陶养感情为目的者也。"②由此可见,美育是审美与教育结合为一体的产物,它具有明显的情感特征。

在人的全面发展教育中,美育占有重要地位。美育以特定时代、特定阶级的审美观念为标准,以形象为手段,以情感为核心,以实现人的全面发展为宗旨。美育要通过各种艺术以及自然界和社会生活中美好的事物来进行,它属于教育范畴,是一个相对独立的、明确分支。教育发展到一定程度势必要往更高级的水平发展,这种趋势导致了审美的发生,最终产生了美育。我们认为,美育实际上是审美和教育的结合产物。从内容上来说,美育包括审美教育与艺术教育两个方面,二者相互联系,相互影响,审美教育以感观为载体,而艺术教育不仅仅停留单纯的知识传播、感受美、鉴赏美之上,而必须掌握一定的技能训练。但审美教育并不完全依赖于艺术教育,而是把视角放得更宽更大,如发现人格高尚、生活之美,等等。明确两者间的关系,有助于我们更好的实施两种教育并发挥出各自相应的功能,相得益彰。

池田大作美育思想是一个以人性为关注点的思想系统,它既具有一般性美育思想的特征,也有着自己独特的视角和阐释。池田先生既无美育论文,又无美育专著,那么,我们是如何界定池田大作美育思想这个概念的?他的美育思想包括了哪些含义?这是首先要解决的一个问题。我们认为,要给池田大作美育思想下定义,应该要从以下美感与教育两方面入手,这两方面是构成美育的两个基本要素。

(一)美感教育

与德育的实践形式不一样,美育不像德育一样通过说教,灌输实施,而是通过

---

① 何立主编:《美学与美育词典》,第65页,学苑出版社,1999年版。
② 蔡元培:《蔡元培美学文选》,第174页,北京大学出版社,1983年版。

诱发,引导实施。美育不可能离开美感,没有美,美感就无从说起。池田大作对"美"这样描述:"艺术不只是特殊人的创造。培育人也是艺术,培养自己也是艺术。美的人生、美的行为,美的祈祷都是艺术。把全部生命燃烧全身起来,像真正的人那样,把美的心和心结合起来,那就是杰出的和平的艺术。"通过这段话充分表现了池田大作对美感的追求,"把美的思想、美的人生、美的行为、美的祈祷"结合起来,将思维与行动结合起来。有了美感,美育蓄势待发。"美育的直接任务就是培养人的美感,并使之发展、完善。"①

我们认为,池田大作的美育思想里抛弃了传统德育说教式的传授方法,他主张对受教育者进行积极的有计划的美感教育活动,对受教育者进行长时间的启发和熏陶,使之掌握获得美感的能力,从而培养全面发展的人才。这就需要教育者必须要有深厚的文化知识水平和理论基础的沉淀,以此才能对受教育者进行熏陶教育。池田大作是在其社会活动中对民众进行美育熏陶教育的。1963年,池田亲手创立了"民主音乐协会",20年后又在东京创立了东京富士美术馆。本着"为青少年的情操教育做贡献"、"让更多的民众分享音乐艺的喜悦与感动"、"一流的艺术品,超越国家、民族、时代,感人肺腑,具有扩大共鸣的力量"②这样的理念,他利用民主音乐协会和美术馆这样的组织机构有效传播艺术,通过这种传播可以给民众制造接触优秀艺术品的机会,提高民众的艺术审美趣味,发现美、欣赏美、表现美、创造美,为美好人生奠下基础。几十年的苦心经营,池田大作创立的民主音乐协会成为世界著名的艺术园地,富士美术馆也成为日本国内最大的私立美术馆。以一流的艺术品提升民众的艺术修养,这正是池田先生美育思想中最重要的真谛。

(二)情感教育

情感教育是教育过程的一部分,它关注教育过程中学生的态度、情绪、情感以及信念,以促进受教育者的个体发展和整个社会的健康发展。即情感教育是使受教育者身心感到愉快的教育。池田大作十分注重青年学生的情感教育,通过人的美好情感的塑造以达成个人的自我完善。在池田大作的演讲、著作、对话等文献中,关于21世纪人类教育的主张占有相当大的一部分。他认为,当代社会已经步入了全球知识化经济时代,国家与国家之间、民族与民族之间的竞争实际上就是人才之间的竞争,教育是一个国家得以发展和进步的关键。在池田大作的教育思

---

① 王善忠:《王善忠美育美学文选》,第11页,社会科学文献出版社,2010年版。
② 孙立川:《试论池田大作的艺术教育思想与实践》,《和平与教育——池田大作思想国际学术研讨会》,第334页,北京师范大学。

想里,家庭教育、学校教育、社会教育和自我教育组成一个立体的人才培养网络,四种教育各有自己的侧重点,但都是围绕"幸福"与"和平"展开。池田大作说:"'培育人'这一意义上的'教育',本来就不只是学校现场,而是应由整个社会承担的使命。我们有必要再一次回到'为了孩子们的幸福'这一原点上,重新探求社会的理想状态和我们自己的生活态度。"①这一观点表明池田大作对四位一体教育模式的思考,主张人们在生活中用心关怀教育对象,用善良的、美好的、温暖的、正面的、积极的引导方式,而不是消极、辱骂、羞辱、负面的方式来进行,寻求幸福和和平的光源,找到理想的生活态度,在心灵、道德层面给与指导与帮助。这是一种情感教育方式,人们只有在经过这全方位立体式的教育后体会到生活之美、艺术之美,那才能真正把握住幸福与和平的心境,从而将美育反馈于人的道德素质教育,让美育达到"辅翼道德"之作用。

以上论述表明,审美教育与情感教育是池田先生美育思想之独特视角下的产物,其美育思想也深深地刻上了对人性的关怀、对和平的追求、对生命的尊重、对教育的重视之符号,极大程度上将人性的光辉放大到具有极强的时代意义。总而言之,我们把池田大作美育思想的概念理解为:它是运用审美形象的感染作用,创造兴趣及道德、审美等精神发育的一套情感教育思想理论,关注心灵与精神成长,塑造人的感知、情感、意志、行为等各种符号实践能力的教育模式,其目的在于提高人的综合素质,实现人的全面发展。

第二节 池田大作美育思想生成的背景渊源

池田大作的美育思想并没有一个系统的完整的体系,甚至其所关于美育的观点都是零散的,但池田大作美育思想却能散发出感动人心的力量,在默默的感染中传递真善美,塑造优秀的人格。由于他对美育有着独特的视角与丰富的人生阅历,他的美育思想所能达到的思想境界可以说是其他美育家所不能共有的,对人有着深刻的影响。我们认为,池田大作美育思想的生成与其曾经经历过战争的危害、与家庭背景及恩师教导有着千丝万缕的关系。

一、战争渊源

池田大作出生于东京湾边一个以紫菜业为生的家庭,从小就经受了海风的洗礼。从童年到青少年的成长过程中,池田大作正好经历了整个第二次世界大战这个国际社会公共秩序巨变的大时代,因此,"二战"对他的影响是毋庸置疑的。在

---

① [日]池田大作著,卞立强译:《人生的坐标》,第117页,商务印书馆,2003年版。

日本京都一带,池田家族原本是有相当规模的紫菜业渔家,父亲患重病后,家道逐渐中落。池田的哥哥被无情的战争夺去了生命,这使已经开始衰落的池田家族更加雪上加霜了。

战争对池田大作的影响非常巨大,战争的残酷使池田大作在青年时代起就有了追求世界和平的抱负。经历了第二次世界大战,池田先生亲眼所见战争对于人类的极端破坏性,对战争深恶痛绝并主张用和平的手段来解决国家民族之间的问题,这更加强了他追求真理、寻求人类和平精神所在的决心。关于战争,池田大作在与英国历史学家汤因比博士的对谈时明确指出:"战争的本质,一直被认为是以武力进行的政治、外交的一种形态。现代的战争及战争准备,当然有政治因素,不过,更重要的原因还是源于经济因素……关于从地球上消灭战争的方法,当然得从各种角度讨论。现在各国的军费在国家预算中所占的百分比很大,其背景大概有种种原因。然而经济的巨大发展是与战争相关的一个重大因素,这是显而易见的事实。在这样的状态中,如能找到不停止经济发展而又能杜绝战争和战争准备的途径,这对人类可以说是一个很大的进步。"①他们认为,池田大作提出消弭战争、坚持和平的伟大倡言,是基于 20 世纪的人类习惯以战争的手段来处理人类社会化进程中的诸多问题,但这些问题却未能从根本上得到解决,于是,池田大作坚持对 21 世纪的和平发展之路的作出全新探讨。池田所处的大时代背景,是形成池田大作思想体系最有影响力的原因之一。

深受战争磨难的池田先生,强烈追求和平,希望人类能以和平的方式去处理矛盾和冲突。文化、艺术是人类精神生活中最丰富的人文表现,文化艺术的交流有利于缓和暴力、战争的冲突,甚至有可能化干戈为玉帛,将战争、暴力对人类的伤害降低到最低程度。池田大作说,"文化和破坏、暴力是对立的两极。文化从内部启发人。与此相反,破坏、暴力是从外部压抑人。艺术把心灵朝着光明开放,权利把心灵禁闭在黑暗中。所以,要争取美好的未来,文化、艺术的交流是极其重要的。"②我们认为,池田先生对文化艺术是持以肯定态度的。文化和艺术可以软化暴力和战争,可以从人的内心世界来改变人心丑陋之处,从而心向光明,为人类美好的未来而努力。

二、师承渊源

池田大作作为创价学会的接班人,他的两位恩师牧口常三郎和户田城圣虽然

---

① 汤因比、池田大作著,荀春生等译:《展望二十一世纪——汤因比与池田大作对话录》,第 229 页,北京:国际文化出版公司,1985 年版。

② [日]池田大作著,卞立强译:《人生的坐标》,第 135 页,商务印书馆出版,2003 年出版。

没有美育相关的理论,但他们自身的光辉普照着大地,其思想内容直接引导着池田大作美育思想的生成。

(一)牧口常三郎

牧口常三郎可谓是池田大作的隔代恩师。他是创价学会的开创者,他的教育思想研究有着宝贵的参考价值,其创价教育理念对池田大作后来的思想体系影响深远。牧口常三郎一生致力于教育事业的发展,尊崇生命的价值,积极传播和平思想。池田在美国西蒙·维森塔尔中心的一次演讲中,将"人道与正义的一生"作为牧口常三郎的真实写照。

我们认为,牧口常三郎的这种思想品质闪耀着美育思想的光辉。牧口常三郎深深了解到教育对改善社会生活和民众素质的重要性,认为教育的目的在于让孩子们幸福。牧口先生一直认为,孩子的幸福是在成长和发现中产生的,真切地感觉到在世界中有自己应该存在的地方和意义,同时自己也在贡献于社会。他引导孩子们发现生命本身的价值,寻找人生幸福点所在。这与美育中"生命美"的意义是相一致。他说:"国民教育的基本目的为何?与其解释得很复杂,倒不如考虑如何使你身边所教育的可爱儿童将来过着最幸福的人生,从这点出发。"所谓幸福,就是创造价值,从"人与人生"这个角度来诠释幸福的价值所在。他认为,能称为价值的唯一价值是生命,而其他的价值只有在与生命产生某种关系时才可成立。亦即是以对于人的生命、对于生存是否有正面作用这一点,来作为价值判断的根本标准。① 他提倡孩们需要发现生命的美,创造生命的价值,认知生活中美的所在,从而过着幸福的人生。因此,牧口先生把学生的幸福确立为教育的最终目的,学生在受教育的过程中能感知幸福所在。这是牧口先生人道主义的体现,也是他教育理念的核心所在,这种教育理念最终成为其创立"创造价值"理论的奠基石。

作为弟子的池田大作在接受牧口先生上述的理念后,在创价学会乃至国际学术思想界倡导和弘扬和平思想,并且将"发现生活中的美与创造生命的价值"带到他的美育思想体系之中。他讴歌生命的美好,寻找幸福的感悟,可以说,牧口先生的创造价值理论是池田大作美育思想的铺垫。

(二)户田城圣

户田是创价学会第二任会长。1947年夏,池田参加了一个由户田城圣主持的座谈会,会上户田谈到对佛法独特而明确的见解深深打动了当时只有19岁的池

---

① 参见:[日]仓贯势津子:《日本现代教育家牧口常三郎的教育思想述评》,陕西师范大学,2006年版。

田大作。与户田的邂逅,可以说是决定了池田大作此后人生的方向,也可以说是池田先生人生的转折点。第二次世界大战时,牧口常三郎和户田城圣因反对军政府的独裁政策招致被捕入狱。在狱中,户田不屈不挠,始终保持高风亮节,潜心钻研日莲佛法,尤其加深对"万人皆怀佛性"的理解,坚信践行日莲佛法最终能敞开这一佛性的必经之道。"二战"结束后,牧口先生不幸在狱中逝世,创价教育学会面临瓦解。户田城圣不甘辛苦创办的学会因此而衰败,于是他在获释后投身于学会的重建工作,并将其改名为创价学会,教导战后的日本人民全体信众,修行佛道,推行"人间革命"。

户田通过他那切实易懂的教导,将日莲佛法高深的教义活用于人们的日常生活中,使广大中下层饱受战争煎熬的日本人民重新点燃了希望的火花。户田先生常常以《三国演义》等中国历史小说为教材作为创价学会讲学用的教材,讲述英雄人物故事,给青年们讲述人学观和人生观,传授他独特的领导方法论、人生观、历史观。通过由众多富有个性的英雄、豪杰交织而成的人物形象,池田大作学到了人应如何生活的道理。他说:"《三国志》对于培养我的历史观,形成我的人生观,是一部极其重要的书。"①

由此可见,户田不屈不挠的精神,以及充满人性的人格和深远的见识使池田先生深感敬佩,他对池田大作此后的人生产生了深远的影响。正如池田大作所言:"我从19岁到30岁的11年间,在先生手下受到熏陶。无论佛法,还是人文、社会和自然的各门科学,从礼节和组织管理的问题,乃至对世界形势的分析和判断,凡是我所学到的,可以说全都是先生所教。"②从这个角度上来说,户田先生身上这种作用于人的感性、情感、无意识层面、潜移默化地影响人的气质、性格、胸襟等的深层因素,实质上是美育作用于人的精神,通过熏陶、感发,"兴发"人的精神,激励、净化升华人的精神境界。

综上所述,"和平"与"教育"是池田大作思想研究的关键词,在这二者之间,美育承载着优化和平与教育的社会功能。可以说,美育是一个近代的概念,是近代教育的特有范畴,是为了解决近代工业化社会给人类提出的诸多课题的重要手段之一。有了美育的手段,和平与教育可以得以更好地发展。池田大作的两位恩师所处的是一个风云四起的大时代,尽管他们并没有提出美育的相关理念,但其追求和平、重视教育的思想在池田大作身上有着强烈的影响,这对池田先生在思考21世纪人类社会关注的问题上有着不可忽视的作用。战争与暴力不能彻底解决

---

① 李庆:《池田大作传》,第44页,浙江人民出版社,2008年1月。
② 李庆:《池田大作传》,第27页,浙江人民出版社,2008年1月。

人类社会所面对的问题,通过文化艺术的交流与传播,通过美育影响人、教育人,人的心灵才得以美化,和平的绿洲才得以蔓延——这是池田大作在和平与教育的这个问题上关于美育思想的呈现。

第三节 池田大作美育思想的内容

池田大作虽然没有专门的美育思想理论,但他的美育思想却遍布他的作品之中,形成一张立体的多维度的美育网络。诗歌、散文、著作、摄影、演讲等都是池田大作最能体现出其美育思想的媒介,我们希望通过这几种媒介的研究,从中挖掘池田大作思想中所蕴含的丰富的美育思想资源,探讨了池田大作在和平的视野下提出的文化艺术领域新理论和新希冀。本研究成果对全面和深入地认识池田大作博大深邃的精神人格、了解池田大作丰厚饱满的美育思想内容、评价池田大作美育思想上的精髓,都具有重要的学术价值和理论意义。

一、文学中的美育

池田大作又是一位博学多才、睿智的作家。从青少年时代开始,池田先生就酷爱文学经典,认真研读了中外著名文学家的作品,如《三国演义》、《水浒传》、《草叶集》、《枕草子》、《复活》等,他的文学阅读视野可谓令人敬佩。池田本人也是笔耕不辍,经常进行文学创作,诗歌、小说、童话等都是他的经典之作。他认为:"文学是时代的精神,也是反映社会的镜子。""文学家只有自由的精神流露才能产生真正伟大的作品。"①他指出随着西方科学技术的发达,人类也在不断地进步,这种进步换来的代价是人类对自身控制力的不断增强,"西方以上帝为象征的共同的话语体系轰然倒塌,包括文学在内的西方思想文化进入全面解构、游戏至上和狂欢的荒原时代。"②文学的崇高与优美已经过去,人们不再追求与表达理想,不再保持文学的高贵地位。从池田大作的有关论述中可以看到,他对后现代主义为代表的西方主流文学表示不满。这种主流文学不仅没有帮助人类更好地创作文学作品,反而在人类思想史的发展上起到阻碍作用。池田说:"艺术是人性最崇高的表现方式。能把学术和艺术结合起来的都只是'人'才能做得到。"因而,他提出了新的艺术目的:"如今正是人类必须要觉醒人生命内在世界的丰饶和尊贵,从而创造出新的文艺复兴。这是崭新的'世界与人类的发现'。为此,要普照这'人类完整的内在',深厚的'人类观'、'生命观'和'世界观'的哲学就不可或缺了。同时,这

---

① [英]汤因比、[日]池田大作著,荀春生等译:《展望二十一世纪——汤因比与池田大作对话录》,第72—73页,国际文化出版公司,1985年版。

② 参见谭桂林:《论池田大作"新的文艺复兴"思想》,《广东社会科学》,2011年第6期。

也要把所有的艺术文化结合,活性化过来。"①"新的文艺复兴"成为了池田大作号召文学改革的口号,他在繁忙的公务中创作了大量充满了宗教的文化理念的各种体裁的文学创作。这不仅是池田大作文学观念的概括,更是当下文学革命的一个中心理念。我们分别以下三个角度提炼池田大作文学作品中的美育内容。

(一)诗歌

池田大作的诗歌文笔清新自然,意蕴深远流长,字里行间,清秀优雅,明丽如画,透露着强烈的东方传统文化精神,蕴藏着中国古典诗词的优美意境。他的诗歌价值远远不止诗歌本身的文学性方面的价值。"池田大作先生以一位佛教徒、一位和平使者的眼光来观察世界,其诗作对世间万物、人性善美充满了歌颂与关怀,洋溢着对青春、人生和未来的热切期待与美好祝福,内容深厚,富含哲理。"②这是池田先生诗歌价值的体现,它的价值不仅体现在文学意义之上,更多的是体现在它所包含的人生价值观中。

池田大作诗歌具有生命诗学的美学特征,人们在阅读他的诗歌的时候,不可避免地在这个文学载体中体会到诗歌的美育功能。"生命诗学乃是以生命作为根基,从生命出来来思考和阐述诗的本质、作用乃至技术的一种诗歌理论。"③以生命为诗歌的核心,将志与情作为精神结果的表层意识,人的精神结构作为深层次的观察视野,这是生命诗学鲜明的独特性,这也是诗歌中的美育育人因子的聚集点。池田大作诗歌中涌现出的"诗心"展现在人的生命深处,"和谐地、激动人心地与大宇宙、大自然融合为一体,一边歌唱着那辉煌的人生,一边讲述人生的真诚,向着幸福的方向奔去"。④他对自然万物、社会百态、一切生命都怀着深深的尊敬与挚爱,努力发现、歌颂世间的真善美。他有很多诗歌作品映射出其生命诗学要素。如描写东京春天之光的诗歌:"春光日日增艳/木兰白花映辉/东都徐徐春风/奏出樱花季节序曲"。⑤春天里鲜花怒放、清风拂面、风光旖旎的景象跃然纸上,流露出诗人对自然景色的热爱之心,对美好景象的自我陶醉之情。再如一首隐喻母亲的

---

① 孙立川:《试论池田大作的艺术教育思想与实践》,《和平与教育——池田大作思想国际学术研讨会》,北京师范大学,第336页,2008年10月。
② 贾先奎:《池田大作先生诗歌略论》,载于《广西师范大学学报(哲学社会科学版)》,第66页,2007年第1期。
③ 谭桂林:《现代中国生命诗学的理论内涵与当代发展》,载于《文学评论》,第94页,2004年第6期。
④ [日]池田大作著,潘金生、庞春兰译:《我的人学(下)》,第189页,北京大学出版社,1990年版。
⑤ [日]池田大作著,文洁若译:《理解、友谊、和平——池田大作诗选》,第26页,作家出版社,2002年版。

诗歌:"那天/母亲挺立/笑容温馨优雅/宛如冲破严寒的红梅/胸中蕴藏着人生的波澜万丈/挺立着诉说/我人生得胜"。① 在这首诗歌里,池田大作以傲雪的红梅比喻母亲表面上温暖而柔情,内心却具有无比坚强与毅力之精神,从中可以看出池田大作对女性的尊重与敬意,歌颂母亲的伟大与平凡。正如池田大作在"关于母亲的心的考察"中说:"'母亲'真挚的爱,一定会在人生的重大岔路口上发挥作用。越是困难的时候,越是能给孩子带来生活的力量。"②这是池田大作生命诗学的力量,跳动着理解、关怀与博爱的脉搏,从生命的基点开始,以诗歌的审美教育践行着美育的潜移默化之作用,感染着青年人关注人性的美好、人间的真情。

(二)著书

虽然池田大作有很多政治活动,但他同时也是一个笔耕不辍的学者,他有很多收录了其思想精髓的著书,如《我的人学》、《走在大道上:我的人生记录》、《人生问答》、《孩子的世界》,等等,这里我们将以《我的人学》为研究对象,评述其在美育思想方面的渗透力。《我的人学》这是池田大作一部史诗般的力作。现代社会每时每刻都在发生着巨大的变化,人的意识和价值观也处在一个多样化的轨道中,在这千变万化的人世间,人有一条普通而永恒不变的人之道,这是池田大作撰写此部著作的目的。他以佛法为视角的基础,从世界和平的立场出发,通过对国内外著名历史人物如拿破仑、武田信玄、南丁格尔、鲁迅等和著名文学作品如《浮士德》、《战争与和平》、《三国演义》、《新·平家物语》等的精密剖析,探索了现代人应有的生活态度和如何坚强地对待人生等问题;并对宗教、生命、道德、教育、人才、孝道、社会乃至世界等均有独到的阐述。

《我的人学》是一部能给人以启迪的著作,同时也在内化人的美德方面有良好的启示作用。譬如池田大作在探究亚里士多德美德观中指出:亚里士多德在《尼古玛古斯伦理学》一书中向人们提示了 aretē(卓越性、美德)这一中心命题,详细论述了卓越性(即美德)里边蕴涵着勇敢、节制、真实、亲爱等多种的内容,阐释了"伦理的卓越性和理智的卓越性",同时还论及了与佛法中的中道的一部分相通的"中庸"。亚里士多德指出:"学问或行为的目的是最高善,即'人的善'(包括其他各种目的在内的终极的善),而这不外是幸福的实现;同时又详细论述了人的 aretē(卓越性、美德)和'正义'的问题。"③亚里士多德在书中提到"特别值得注意的是正义",他认为只有正义才是最重要的美德、最完美无缺的美德。其理由是,因为正

---

① 方召麐、[日]池田大作:《澄心·天籁》,天地图书有限公司(香港),1999年(摄影集)。
② [日]池田大作著,卞立强译:《人生的坐标》,第97页,商务印书馆,2003年版。
③ 参见[日]池田大作著,潘金生、庞春兰译:《我的人学》,北京大学出版社,1990年版。

义不只局限在自己的行为上,而且它也能波及别人身上。也就是说,他指出:给集体或同胞带来幸福或创造出带来幸福条件的行为,就是正义;因为虽在自己身上能发挥出美德,但在对待他人的事情上不能按美德行事的人是很多的。就这样,亚里士多德把作用于旁人的"正义"作为"完美的美德",举了出来并在这点上认为人是"社会性的(有组织的)动物"。我认为在这点上显示了他的哲学的精髓。

池田大作最后在点评亚里士多德的美德观中提到:"对社会,还有对群体的'最高善'的行为,当然成为最高'美德'的表露——这一主张,可以说是和大乘佛教中实践方轨的'自行'与'化他'的逻辑,是一脉相通的。"[①]从这里我们可以看到,池田大作主张以亚里士多德的美德观来指导人的价值取向,以"最高善"来达成"最高美德",引导人追求"真、善、美",追求生命本身的美,他从文学的角度来强调人的美育价值所在,陶冶了人类美的心灵,烘托出生命美的境界。《我的人学》一书中关于这样的例子非常多,池田大作以一个个鲜活的例子来向人们传播美育理论,提高人的思想、道德、心理素质水平,弘扬人的主体精神,指导从人的情感、习惯、行为、文化等角度来塑造美的人生。

(三)童话

身为教育家的池田对儿童教育相当关注,他认为对儿童的培养是教育的关键。他始终注意儿童的人生导向问题,他创作了不少童话作品,如《两个王子》、《沙漠中的宝城》、《喜马拉雅山光之王国》、《星星游乐园》,等等。池田大作的童话立意深邃,以平白易懂的语言凝结着作者对人类生存处境的深沉思考,采用了佛教文献"取譬说经"的形象化手段,让丰富的幻想、卡通的形象激发小读者的欣赏美感,使"教育"的目的在美的愉悦中实现,宣传了池田大作"和平"、"平等"、"博爱"的理念。

池田大作的童话叙事风格表现出一种返璞归真的自然状态。优美的描述,明朗的意境,语句不加雕琢,话语直白,容易在儿童心底孕育出美的情感,审美教育由此而生。童话作品设计的故事情节也是颇具心思。在善与恶的冲突中,往往都是正义高举胜利大旗,浓墨重彩重点渲染人性善良的一面。善良的人虽然一开始要经过一些磨难,但最后都是排除万难取得胜利,故事结局都是以善战胜恶为结局。如《喜马拉雅山光之王国》中,斯鲁亚接到公主的求救信,从家乡尼泊尔乘坐鹤群托起的"密封舱",来到黑暗的"光谷",经过艰苦卓绝的战斗,完成了自己的使

---

① 参见[日]池田大作著,潘金生、庞春兰译:《我的人学》,北京大学出版社,1990年版。

命,告别公主和朋友们,踏上了归途。① 池田大作很好地把握了东方人的审美习惯,淡化冲突,调和矛盾,使情节由低到高一浪推一浪前进,吸引人心,鼓舞意志,表达了池田大作深厚的东方美学观思想。

池田大作说:"所谓'童话世界'就是不用艰深的大道理,而是用'完整的形象'来教导我们有关人的生活方式,人生的意义以及对事物善恶的分辨。"②"完整的形象"是他所展示给少年儿童的亦真亦幻的童话世界,孩子们通过童话故事的形象和内容,品味着五彩缤纷的人生,感知着千变万化的世界,不断地从幼稚单纯走向成熟。池田大作的每一个童话故事都有着积极的主题,以贴近儿童的心态吸引着儿童的眼光。不论形象的塑造、故事逻辑、内容剪裁、叙事手法,都无可争辩地表现出童话创作的经典性,堪称"教育童话"的典范,具有很强的美育示范意义。

二、摄影中的美育

池田大作不能说是一名专业的摄影家,甚至他所用的摄影器材也不是专业的,但池田大作的摄影作品却得到专家领域的肯定。正如池田所言,文学是他的兴趣,摄影也如是。他频繁奔走于世界各地,见到世界各地不一样的风土人情和风光景色,他带着哲学的思辨,用自己独特的角度和眼光将这些见闻记录下来。他在《畅谈摄影》诗中写到:"摄影,是无言之诗,美丽的自然光彩,没有国界。摄影,这'和平的映像诗',可说在刹那见,使人的心与心结合的'奇妙的世界语言'。能与各位共同拥有那充满生命之剧、生存在美丽地球,如珍宝般的每一瞬间,透过摄影,若能扩展出超越国境、超越时间的和平与友谊大道,对我而言,这是无上的喜悦。"池田大作对于摄影是这么理解的:"所谓摄影,不仅仅是技术,而且是透彻的心灵活动;因为要具有为表现自己的手段这样的哲学。出色的照片中,有着某种撞击观看者心胸的东西,那就是把通过镜头具体化的摄影者的生命激荡。"③这是池田大作作为摄影家的真实写照。摄影家的能力是把日常生活中稍纵即逝的平凡事物转化为不朽的视觉图像,这是作为摄影家发现美、传播美的宗旨和目的。

(一)摄影取材

池田大作的摄影取材是具有一定规律的。从他的众多题材的摄影作品中,我们可以看到其充满哲学意味的艺术特质。植物、山川、海洋、月亮、天空等是他经

---

① 乔丽媛:《池田大作"教育童话"艺术浅论》,第15页,《肇庆学院学报》,第25卷第6期,2004年12月。

② 参见[日]池田大作、[俄]里哈诺夫著,卞立强、李立译:《孩子的世界》,中国文联出版社,2002年版。

③ 参见[日]池田大作:《我的履历书》,第195页,日本:圣教新闻社,2005年版。

常取景的素材,建筑也常常出现在他的镜头之中,哲学都隐藏了池田大作从哲学家的角度去看待世间万物的执著与追求。池田大作的作品很少捕抓人的镜头,但这并不等于他对人的忽略,相反的,我们认为,这可以说是一种"大写意的人",透过自然物的展现,以人的视角去看待自然,看待建筑,看待生命,栩栩如生地刻画出人对自然的理解、对建筑的热爱、对生命的珍视。这不是纯粹的自然主义,而是面向自然的人道主义主张。

艺术家的思想根源和文化素养可以从他的艺术创作中展现出来,池田大作的摄影作品也是如此。池田大作的作品取材都是纯净、安逸、和谐、唯美的,无论是山水风景或是城市建筑风光都蕴含着强烈的生命力和积极进取的精神,以及对大自然的无比热爱。例如,其摄影作品《少女们的聚会》(1995年8月,日本,长野,轻井泽)将普普通通的一张拍摄花朵绽放的照片给予温暖的情感,红、粉、白、橙等各色野菊花迎风摇曳、婀娜多姿,犹如一个个打扮得花枝招展的女孩在草丛中翩翩起舞,惹人怜爱。这是对青春的礼赞和欣赏,是对人生的思索与追寻。池田大作说:"我坚信,青春并不仅仅意味着年龄或身体的年轻。只有终生恪守青年时代的信念,矢志不移,孜孜以求,才是真正的青春的光彩。"①

(二)摄影构图

摄影的魅力很大程度上是在于构图上的心思,换一个角度构图,也许就是完全不一样的效果。纵观池田大作的摄影作品,其在构图上与中国传统山水画的"三远"构图法有着异曲同工之妙。池田大作的摄影作品多以平角的角度构图,这与中国传统山水画的"平远"构图角度较为接近,同时,也可以反映出池田大作众生平等的教育观。而顶角、俯角、仰角等构图方式他也经常采纳,随类赋形,各有各的特点和精彩之处。他的作品如摄影作品《交响曲的最终乐章》(2005年12月,日本,东京)是一幅以深远来构图的作品,选取仰视的角度来拍摄。雄伟的高山层层叠叠,红日西沉,霞光万丈,热情如火。画面中远远近近的高山、赤朱丹彤的天空、光芒四射的太阳似乎在交织成一首优美动听交响曲,正如宋代王禹偁《村行》"万壑有声含晚籁,数峰无语立斜阳"所描绘的美妙绝伦的景象,令人陶醉其中。另外一件摄影作品《旭日之港》(1991年1月,香港)则很好地表现出平远透视法的构图方式。平远法以俯视的视角构图,形成纵深的视觉效果,最易表达平淡冲和之境界,呈现优美。这张摄影作品描绘了一大片港湾码头与高楼大厦相互映衬的开阔清旷景象,突出表现了香港忙碌而有序的现代化国际都市形象。池田大作诗

---

① 参见[日]池田大作:《青春对话:与二十一世纪主人翁倾谈》,中国友谊出版公司,2000年版。

云:"出发吧,我挚爱的香港朋友,新时代正在张开双臂,等待着你们尽情歌舞。"

(三)光影色调

如前所述,池田大作的摄影作品取材于大自然,其光影色调也是来源于大自然真实的色彩,丝毫没有夸张化修饰。以中国传统山水画作为参照,池田大作摄影作品是明亮且色彩分明的,绚丽多彩,颇具鲜明之个性特点。例如,摄影作品《极光翻滚》(1998年11月,日本,京都)、《大自然的调色板》(1998年11月,日本,京都)、《垂樱缤纷》(2001年4月,日本,东京,八王子)、《花的演奏会》(2005年5月、东京)、《水中的舞蹈》(2006年5月,东京)等,这些作品画面优美,色彩浓重而缤纷,使人心境晴朗,心旷神怡;"崇尚意境"之理论也见之于其摄影作品中,如《湖面映射的富士山》(2005年9月,日本,山梨)、《白雪包裹的远方》(1996年6月,美国)、《汽笛鸣,街喧闹》(1996年3月,香港)等,风光旖旎,目酣神醉,虽不如中国画"墨分五色"般耐人寻味,但也有水墨山水浓淡相宜的艺术意境。对光影和色彩的触觉十分敏感的池田说:"摄影,是无言之诗。美丽的自然光彩,没有国界。"这是池田大作对摄影、对大自然的感悟,同时在他的摄影中映射出来——"光影极尽绚烂,而绚烂归于平淡;色彩不拒繁复,而繁复趋于单纯"。① 作品表现出来的意象都充满生机和希望——朝阳喷薄而出,晚霞金光万丈;鲜花娇艳欲滴,树林郁郁葱葱;高山层峦叠嶂,天空蔚蓝壮观。他的作品很少枯枝败叶,很少颓废彷徨,相反他总是取景于生机勃勃、五彩斑斓的景象,体现了他对生命、对大自然的热爱和尊重。

(四)摄影美学

池田大作将美学领域里"优美"与"崇高美"两个概念融入到其摄影作品里,"优美"的愉悦、温润表现得淋漓精致,而"崇高美"的宏大、无限和壮丽也得到恰如其分的体现,二者互相统一,共同构成一幅幅美丽无比的画卷,呈现在读者面前。

1.优美。美学之优美定义为婉约柔和的美。在哲学上来说,优美的特点在于美处于矛盾的相对统一,相对平和状态;从美感上来看,优美给人以轻松愉快和心旷神怡的感受;从形式上来看,它表现为柔和、安静。和谐之美。优美是和谐的,这是主客体之间的一种统一、平衡的状态,是真与善的统一,因此能给人感官上的愉悦。在艺术领域中,优美则是内容和形式的和谐统一,达到艺术意境的优美,陶

---

① 赵慧英、崔学森:《圣人感人心而天下和平——从摄影作品看池田大作和谐思想的内涵》,第168页,《和谐社会与和谐世界——池田大作思想国际学术研讨会》,华中师范大学、创价大学编,2006年10月。

冶人的灵魂。优美还可以说是一种情感的宣泄,夹杂着个人情感和主观体悟阐释于文学艺术创作之中。池田大作的摄影正是如此。他的摄影作品无不显现着自然、社会、艺术三个领域上的优美之处,同时也将他关注自然、关注人性的人道主义精神融入优美的摄影作品之中。

2. 崇高美。崇高是一种庄严、伟岸之美,这种美主要体现人与自然界相互矛盾激化过程中实践主体的巨大力量,更多的展示着主客体在现阶段的冲突对立状态。池田大作很多摄影作品表现的是天地万物和谐的情景,有一种"独与天地精神往来,而不傲睨于万物,不谴是非,以与世俗处"①的思想境界,完全融入自然之中,"与自然内心的对话",迸发出"天地与我并生,而万物与我为一"②之缥缈空灵的情绪。山川的宽广、星空的深邃、海洋的苍茫、建筑的宏伟,这都是展现池田摄影作品崇高美的素材。池田大作认为,摄影的崇高美在于将摄影对象瞬间的变化具体化,将自己的感悟印刻在照片里,在瞬间的生命里,凝缩着永恒。这就是一种崇高的美的状态。

总的来说,摄影对池田来说不单是趣味,而是精神斗争的一种方式。"我觉得生命就是一架相机。生命在每一瞬间都咔嚓咔嚓地在按快门。深深印在生命上的回忆,连同映像一起永不褪色。所以,不擦净自己生命的镜头,就拍不出照片。"③人的生命就是照相机,不可以重新再来一次。池田大作本着这样的看法,将自己的人生观融入到摄影中去,手持照相机看世界,将这个无可代替的世界用镜头一个个记录下来,把大自然里交织着刹那间的生命之美永远地保留下来。

三、演讲中的美育

大学演讲是池田大作教育行动的一个重要内容。为实现自己的教育理念,向世界宣传其和平教育的美好愿望,池田大作积极在各地著名学府、学术机构进行着各种形式的交流,足迹遍布世界各地。他先后在哈佛大学、莫斯科大学、加利福尼亚大学洛杉矶学院、法国学士院、哥伦比亚大学、北京大学、复旦大学、香港中文大学等著名大学学府做过精彩绝妙的学术演讲,将他的和平教育思想广为传播。演讲的内容主要以"人"作为一切的出发点,阐述了 21 世纪文明、和平、人道主义思想等,充分体现了池田大作的思想特征。他的大学演讲的措辞亲切自然,字字珠玑,给人以热情的力量和坚定的信念。纵观池田大作的演讲稿,其演讲内容既通向人类历史文化的纵深内涵,又涉及 21 世纪人类社会的多个主题,为人们建造

---

① 参见庄子:《天下》。
② 参见庄子:《齐物论》。
③ [日]池田大作著,卞立强译:《人生的坐标》,第138页,商务印书馆。

文化教育交流的桥梁。其中隐含丰富的情感特征，以此陶冶人的性情，促使人养成美的理想、美的情操、美的品格、美的素养，这种内在的、超功利的价值指向"至高的善"。

与著作、诗歌的形式不同，池田大作大学演讲面对的由于演讲具社会性、针对性、感染性和鼓动性的鲜明特点，池田大作在学术演讲中融入了较多的情感元素，将自己鲜明的观点、独到的见解和看法以及深刻的思想用流畅生动、朴实平白的语言和恰当的修辞手法表达出来，以此感染打动听众。演讲中的表达手段有较多的议论、抒情，将生活中获得的各种体验真实地倾泻到演讲稿中，动之以情、晓之以理，使人在思想感情上产生共鸣，具有较强的感召力。措辞得体，使人信服。如池田大作在法国学士院的一次题为《东西方之艺术与人性》演讲中说道："无论诗歌、绘画还是音乐，优秀的艺术作品所带给我们的感受。就是一种任凭精妙的旋律驱动，飞向遥远天际的生命充实感。那种共鸣宛如一圈一圈的涟漪，在我们心湖中扩展开去。那就是一种自我扩大的实感。"我们认为，池田先生将艺术作品比喻成精妙的旋律，将艺术与宇宙生命的共鸣比喻成一圈一圈的涟漪，生动形象地向观众诠释了其对艺术与宇宙生命融合为"统一实体"的理解。

池田大作以其深刻而明确的教育思想传递给观众，塑造人的精神灵魂，美化人的内心世界。他主要是围绕主题展开阐述，有强烈的针对性，过程精辟，结论得当。1990年5月池田大作先生在北京大学题为《教育之道、文化之桥》的精彩演讲中，池田大作侃侃而谈，对"教育是培育人的事业"这一命题进行深刻阐释，让观众在听取演讲的过程中产生认同感。他说："我早就抱有一信念，即'教育是我毕生的大事业'。可以说，开拓未来，维护未来，其主体在于'人'，而造就'人'的事业正是教育。启发、锻炼'人'内在的无限潜能，把它导向创造价值的方向，就是教育。教育是建设社会，决定时代的最根源力量。""古希腊和中国的教育思想中，令我感叹不已的是：第一，常常以人为中心。如卢梭所指出的，在希腊的神话里，并不是人为神而流血；而常常是神为人而战争。孔子的'不语怪力乱神'。拒绝神怪的东西，也是个好例子。第二，带有很强的伦理性。虽然以陶冶人性为重，但并不止于此，而是把它连接上经世济民的实践上去。在古希腊，例如柏拉图的名著《理想国》，看起来重点好像是一心要整顿灵魂的层次序列，而他本人直到晚年犹对政治抱有烈火般的兴趣和热情。在中国的传统里，例如《大学》中提出'古之欲明明德于天下者'的八项条件里，前四项的'格物'、'致知'、'诚意'和'正心'，是为了达到后半的'修身'、'齐家'、'治国'、'平天下'（即是说迈向和平的康庄大道）的不可欠缺的前提。"我们认为，池田大作的这段话，将"美的教育"潜移默化的育人功能用直白化的形式展现出来,让观众在古今中外学者对教育的重视中得到启发,对教育促使美好人格的形成、塑造人的精神灵魂之观点有所了解,美育的情感号召功能由此发挥出来,在塑造人的精神品格方面起到良好的指导作用。

四、对话中的美育

与世界友人的对话是池田大作和平行动的重要内容。身为思想家、教育家、宗教家、社会活动家的池田大作,在和平与教育的视野下多个国家的专家、学者、名人进行多次的会晤、对话,如与英国著名历史学家汤因比的对话《展望二十一世纪——汤因比与池田大作对话录》探讨了关于人类社会与当代社会的问题;与印度文化国际学院理事长洛克什·钱德拉的对话《畅谈东方哲学》探讨了东方哲学史上引人注目的事件和思想;与前苏联总统戈尔巴乔夫的对话《20世纪的精神教训》讨论如何解决20世纪遗留问题的一些想法;与德国哲学家狄尔鲍拉夫的对话《走向21世纪的人与哲学——寻求新的人性》探讨了关于人与哲学的问题;与中国著名学者季羡林、蒋忠新的对话《畅谈东方智慧》探讨了民众、民族、宗教和文化联结在一起的"统和"和"共存"的智慧;与中国著名历史学家、教育家章开沅的对话《世纪的馈赠》围绕历史、文化与教育进行讨论;与中国著名学者、艺术家常书鸿的对话《敦煌的光彩》探究关于敦煌丝绸之路人类文化遗产的光彩;与中国香港学者饶宗颐、孙立川的对话《文化艺术之旅》探讨了艺术与文化;与中国当代著名武侠小说家金庸的对话《探求一个灿烂的世纪》围绕香港回归、言论自由、佛学哲理、文学等诸多问题进行讨论。在池田大作一系列的对话录中,大部分的内容与人道主义和东方文明息息相关,同时,他多次谈到一些关于人的美育问题,直观地展现了他对人类美好的未来奋斗的决心。他与中国香港学者饶宗颐、孙立川的对话《文化艺术之旅》中讲述了他对"东方美术"的理解:"中国绘画特征不单是描写客观性'外在的宇宙',而是以此为素材,画家希望描绘自己'内在的宇宙'的思想及精神。这也是为了取得人的精神与宇宙或大自然的作息之间有深厚的共鸣和一体感。佛法里有'依正不二'——这是说明'环境'与'自己'相互间有深厚的关系,是不二的存在。"①在这里,他所描述的"外在宇宙"与"内在的宇宙"印证了"外师造化,中得心源"这一个艺术创作的根源,以佛法的"依正不二"思想解释人类与环境和谐共处之关系。我们认为,这个观点可谓是池田大作自然美育思想的本质内涵,以自然美育来启迪人的智慧,帮助建立人与自然和谐共处的人生观。

---

① [日]池田大作、饶宗颐、孙立川:《文化艺术之旅》,第174页,天地图书有限公司,2009年版。

第四节 池田大作美育观评析

每个人的人生意义价值不同,构成不同的人生境界。池田大作有着宽广的胸襟,渊博的知识,有着很高的人生境界。他的美育思想涉及了文化艺术和教育交流方方面面,强调人与自然共生,关怀人的精神生命,促进人格教育,推动人间革命,创造人生价值,建立符合当下时代发展的价值观,成为有利于个人个性发展的和有利于社会进步的和谐美育思想。

池田大作认为美育的作用在于完善人的生命,耕耘人的内心。这是滋生池田大作美育思想的学术文化基础最合理化的阐释。长期致力于教育、文化和推进和平工作的发展的池田先生,其美育思想也刻上了尊重生命、追求和平、促进教育的符号,极大程度上将人性的光辉方法到具有极强的时代意义。由于池田先生有着深厚的学术文化理论,他的学术思想覆盖了自然与社会、思维与人生、宗教与哲学、伦理道德与世界和谐等方方面面,因此,池田先生的美育思想可谓是独树一帜,富于多元文化思想。其思想理论具有春风化雨的特点,引导人关注时代、关注人性,启发人的智慧,探求美的形式,创造美的作品,践行美的人生。他把培育人作为一项"伟大的艺术",这是"构筑灵魂"的自我陶冶塑造,推行美的教育,将美的教育作为幸福和力量的源泉,极大地提升了美育的功能,对美育的内容和形式进行了拓展与普及。美育是人类的精神食粮,通过美育教育民众,促使优秀人格的形成,人的精神得到崇高与优美的体现。

一、人道主义美育观

人道主义是关于人的本质、使命、地位、价值和个性发展等的思潮和理论。在人类思想史上,人道主义这个可谓是源远流长,西方和东方都有学者不同程度地对人道主义进行相关的研究。在西方,古希腊罗马的智者学派在其哲学思想的发展中首先阐述了人道主义的相关思想,普罗泰戈拉的著名命题"人是万物的尺度"成为这一时期思潮的哲学概括;在东方,孔子与孟子主张的"仁"和"民本"成为春秋战国时期人本思想的主导。池田大作的人道主义思想是根植于东方的人学思想之上,批判性地吸取了西方人道主义思想精髓,将东方人道主义思想继续弘扬和传播,并付诸实践,成为促进世界和平事业发展的精神力量。

池田大作《我的人学》一书可以说最能反映出他对于人道主义的研究。此书"最好的继承和发扬'对人的探索的传统',采用讲故事、说道理的方法来阐明'人因如何处世、生活'这个主题,达到对青年进行人学观和人生教育观的目的"。①在这里我们可以看到池田大作美育思想的体现。《我的人学》第一章已论述了"人性的解放"的思想核心。"人性"是人类自然的本性,是人对待世界的态度,它在后天的影响中形成的对世界的看法、观点,即一个人的人性主要是从他对周围的人和事物以及整个世界的认识与判断反映出来的,因此人性的善、恶之分不是一个遗传生物学的问题,而是一个社会学或伦理学的问题。在池田看来,人性具有善恶之分,人性之善恶可以直接造成两种截然不同的效果,在对待自然的问题上同样如此。"如果把人与周围环境物质或其他生物的关系,理解成征服与被征服的关系,这种人道主义只能是自私的、攻击型的和残暴的。……与此相反,如果把周围的物质或其他生物理解为有助于维护我们尊严的恩人,则理应对周围的物质世界或其他生物表示感激,以慈善之心代之。这种人道主义将成为协调的、和平的和开放的。"②这里不仅阐释了池田大作对西方文明的怀疑与否定,表明了人性之善,应促使人们以"慈悲的心"去看世界,改变人与人、人与自然敌对的态度,实现人类的和平与福利,形成一种着眼全球和全人类的意识。

我们认为,池田大作的人道主义美育观可以这样理解:人道主义美育观是一种人本美育,它以审美的眼光来看待人的问题,它的价值取向直接指向人本身,指向人的自身发展与个性张扬。以生命为人之尊严的根据、以大众为人道主义的主体、以成就完善人格的"人性革命"为方法,这是池田先生建构他的新人道主义的依据。美育人性化是人的本性要求,从整体上关心人,关心精神生命和肉体生命,由审美教育来提高人整体综合素质,发挥潜能,实现人全面发展的目标。

二、和平主义美育观

池田大作的和平教育思想是池田大作思想的重要组成部分。池田先生认为和平与教育紧密相连:教育的最终价值是追求社会的和平、人类的幸福;和平思想要为人们普遍接受,需要经过教育的养成。人与人之间互相友爱、和睦共处是谋求世界和平的重要的源泉,同时还认为,实现世界和平,人与自然之间同样应该共生共存、共依共荣、和谐共处。人不是孤立与分裂开来的,而是要超越人种和国境,加强人与人之间的团结,加强人与自然之间的和谐,与大自然尽情地交流,这样才能创造出和谐社会与和平世界。为此,池田大作对人与自然的关系提出"依正不二"论,即认为,"生命主体与其环境在客观世界的现象中,虽然可以作为两个

---

① 蔡德麟:《东方人道主义的当代智慧》,第97页,《学术界》。
② [日]池田大作、[德]狄尔鲍拉夫著,宋成有等译:《走向21世纪的人与哲学》,第104页,北京大学出版社,1992年版。

不同的东西来认识,但在其存在中,融合为不可分的一体来运动的。"①

我们认为,池田大作的美育思想紧扣教育的主题,密切联系和平主义而展开。他在美育实践中将和平的符号融入其中,把人与人的心连接起来,创造出一种"奇妙的世界语言"。他通过文学创作、摄影、音乐、美术等文艺媒介将一个和平美好的世界呈现在大众面前,使人受到感化和熏陶,从而获得审美的感染力,塑造出人的知情意等各种符号实践能力。我们认为,池田大作所推崇的和平主义反映在美育思想之上是分享大自然和谐、人与人的和谐、人与自然的和谐,在这些和谐之中体会一个真实的、美好的世界。

池田大作和平主义美育观的建构需要以人为中心,以爱为旨归,开拓情感美的教育。池田大作的和平主义美育观在"爱人"方面含有丰富的精神内涵,爱与和平息息相关。他在与汤因比的对话中,特别谈到爱和慈悲的实践问题,认为现代社会最缺乏的是深刻的"人类之爱"。② 这种"爱"不是观念上的爱,而是对爱赋予实践性意义的,正如佛法中所说的"慈悲"这一个概念。我们认为,爱由情感延伸出来,通过情感美的教育,赋予对世间万物爱的情感,能在和平世界中找到美的落脚点,找到世界的和谐之美。池田大作曾说过:"看到一片蔚蓝的天空,会觉得'啊,多美呀!'小河潺潺流水声听得出神,会产生一种耳朵像被清水洗过的心情。这种心就是爱'美'之心,就是艺术、文化之心。"③这表明他主张用爱心去培养喜爱大自然的情感,以和平共处的角度来看待人与自然的和谐,从而提升人的道德精神,美化人的心灵,这就是池田大作和平主义美育思想观之精神内涵。

三、自然主义美育观

池田大作自然主义美育观是以自然主义为审美角度的思想观念。自然主义在不同的领域有不同的解释。在池田大作思想领域里,自然主义是人对自然的崇尚。在处理人与自然的关系这个问题上,西方人和东方人是迥然不同的。在西方,"自然"概念最终确立经历了一个开放式的螺旋式的上升的运动过程。"古代有机论自然观和近代机械论自然观分别对原始——农业文明和工业文明时代人类的生存方式及社会结构产生了实质性的影响,而19世纪后期以来对机械论自

---

① 汤因比、池田大作著,荀春生等译:《展望二十一世纪——汤因比与池田大作对话录》,第12页,国际文化出版公司,1985年版。

② 汤因比、池田大作著,荀春生等译:《展望二十一世纪——汤因比与池田大作对话录》,第417页,国际文化出版公司,1985年版。

③ [日]池田大作著,卞立强译:《人生的坐标》,第132页,商务印书馆。

然观的批判则为现代环境运动的兴起提供了必要的哲学前提。"①池田大作在与季羡林的对话中谈到:"在基督教的世界观中,本来就有等级的划分,认为首先存在的是创造主'上帝',下面是'人',再下面是上帝赐给人的'自然'。"②从认识自然,到基督的反叛,再重新认识自然,这个过程为自然科学和技术的崛起和发展提供了广阔的天地,但也带来了新的问题。可以说,欧洲人在回归古希腊文化的途中由上帝的奴仆变成了自然的征服者,但同样带来了诸多问题。而在东方,池田大作认为对"自然"最基础的阐释是"自然而然",也就是表示一种遵循根本原理,听其自然的存在状态。③ 东方人特有的文化基础决定了他们对"自然"友好的思维模式,并主张人与自然的关系为一整体。天,就是大自然;人,就是人类。也就是说人和大自然要互相和谐,互相理解,不能对视为敌人。"天人合一"就是东方人在对待自然这个问题上的哲学命题,是"东方思想的极致"。④ 池田大作说:"在大自然的怀抱中,有无数的生物,互相帮助,互相影响,在总体上,俨然维持着和谐与秩序。"⑤池田大作对比了东西方自然观的异同,揭示了西方人道主义"征服自然"、破坏环境、造成生态危机的恶果。他的自然主义观是要从"天人合一"的东方智慧中获得对自然的认识,是审美经验中对人与自然天然之亲和关系的认同。

人与自然的关系是相互依存的,只有人把自己看做是自然的一部分,与自然融为一体,那么才能在自然中觅得人合理的位置。池田大作在《展望二十一世纪——汤因比与池田大作对话录》中谈到:"人类只有和自然——即环境相结合,才能共存和获益。此外再没有创造性发挥自己的生存的途径。"⑥这个观点在池田大作的摄影里有着恰如其分的表现。如他的摄影作品《富士山》(摄于2005年9月,山梨)拍摄了近景的开得争芳斗艳的花儿,远处是一座白云缠绕的富士山,自然界互不相干的山脉与花朵互相映衬,共同组合成一幅色彩鲜明的摄影作品,优美而充满生机。环境结合得刚刚好,正是由于池田大作把人的视角降低来拍摄,让花儿和富士山尽收眼底。

---

① 陈剑澜、邓文碧、叶文虎:《西方传统自然观的演变与影响》,第1页,《中国人口·资源与环境》,2000年第10卷第4期。
② [日]池田大作、季羡林、蒋忠新著,卞立强译:《畅谈东方智慧》,第280页,四川人民出版社,2004年1月。
③ 曾庆平:《池田大作的自然观论析》,第34页,《武陵学刊》第36卷第4期,2011年7月。
④ [日]池田大作、季羡林、蒋忠新著,卞立强译:《畅谈东方智慧》,第218页,四川人民出版社,2004年1月。
⑤ 以上参见李庆:《池田大作传》,第210页,浙江人民出版社,2008年版。
⑥ [英]汤因比、[日]池田大作著,荀春生等译:《展望二十一世纪——汤因比与池田大作对话录》,第30页,国际文化出版公司,1985年版。

我们认为:池田大作自然主义美育观是以自然为角度形成的美育观,它指导人们关注自然生命之美,主张"天人合一"的人与自然融洽之道。池田先生的"天人合一"精神紧扣"人"展开,富含关爱自然的意味。例如,池田大作的摄影作品通过构图取景、色彩搭配等技巧,将他所认同的"人与自然的关系"表现得十分巧妙。如作品《人工与自然的造型对比》(1986年2月,日本,东京,元赤坂)中,池田大作采用俯视的角度,将普通的一张照片作了三个对比:高大挺拔的大树和钢铁焊接的护栏,耀眼灿烂的阳光和暗沉低调的天空,蓝紫色调的背景与墨黑色调的前景,这三个对比组合在一起,表现出大自然温暖的生命力和人工冷漠的造型,互相映衬,相互依偎成为一幅平淡无奇却又充满爱的画面。这幅摄影作品很好地表现了池田大作希望建构的人与自然之关系——人与自然互相尊重,和谐相处,共同发展。

四、教育主义美育观

教育是人类一个永恒的话题。池田大作认为,"教育必须具有感召性。如果单纯教知识,那就只有'教'而没有'育',无法培养人。但是实行感召、激发,最重要的条件是教者要有满腔炽烈的热情。教者自己不热烈燃烧,便不可能使别人燃烧起来。"①在与德国狄尔鲍拉夫博士的对话中探讨关于教育最重要的问题是什么时,池田大作说:"教育的终极目的就是造就人。"②

池田大作十分重视教育事业,他从户田城圣恩师那里接受过多年教育,获取了很多智慧。正因为如此,池田先生在教育事业上倾注了毕生的精力和热情。他演讲中有不少关于教育的观点。例如,他说"教育是培养'人'的事业";③"教育者应该致力的最重要的事情不是'讲授某个学科的知识',而是'教育人'本身,就是使教育者的人格健康向上,德才都得到开发";④"教育本应是人的生命的目的,是人格的形成,即人之所以像人的最重要的因素";⑤"教育是构成未来的重要生命线";⑥"教育是我终生投入最多的事业","我决心将人生奉献给教育"。⑦显然,池

---

① 参见[日]池田大作著,潘金生、庞春兰译:《我的人学(下)》,北京大学出版社,1990年版。
② [日]池田大作、[德]狄尔鲍拉夫著,宋成有译:《走向21世纪的人与哲学》,第226页,北京大学出版社,1992年版。
③ [日]池田大作:《教育之道、文化之桥》,第54页,作家出版社,2002年版。
④ [日]池田大作、[英]威尔逊:《社会与宗教》,第148页,四川人民出版社,1991年版。
⑤ [日]池田大作著,卞立强译:《人生的坐标》,第106页,商务印书馆,2003年出版。
⑥ 参见[日]池田大作:《我的履历书》,吉林人民出版社,1984年出版。
⑦ 贾蕙萱:《探究池田大作的成功之道》,《多元文化与世界和谐——池田大作思想研究》,第4页,唐凯麟、高桥强主编,人民出版社,2008年版。

田先生所信奉的教育宗旨,是基于对人全面发展基础上提出的。池田大作对创价大学的办学理念是这么定义的:"一要成为人的教育的高等学府;二要成为建设新的伟大文化摇篮;三要成为保卫人类和平的堡垒。"①

在有关教育的所有论述中,池田先生无不展现了他对教育的执著与激情、孜孜不倦追求和平教育观的思想状态。而对于教育之中的审美教育,池田先生同样寄予了无限的希冀与美好的期待。池田大作的美育思想不仅仅局限于青年人,而是普及大众,影响遍及他所能影响到的所有人。他传播其美育思想并非是以课堂讲授法的形式进行,而是随时随地在和谐平等的环境中,以对话代说教,像春风化雨般点化人的思想,循循善诱、谆谆教诲,在感化教育中影响和带动他人,从而达到教化的目的,颇有一种"随风潜入夜,润物细无声"的思想境界。

池田大作先生十分关注"人"的问题,给予"人"高度关注,致力于人的探索。在教育理念上,他主张"以人为本"的教育理念,通过教育可以引发人们对于社会、对于人性的思考,促使人内心和谐。池田所重视的教育并非仅仅指知识的传授,他认为教育的重任是塑造、培育人健全的人格,从而使人实现最大的价值。这也就是说,池田大作主张知识与良心相结合的教育观点。在这个基础上,池田大作主张"知性"与"情操"相结合,所谓"知性",就是"作为人的人格的知性。更详细一点说,那就是为了能为社会人、职业人,给予学到的知识和智慧的教育"。所谓"情操",就是指"人心灵上的丰富"。② 由此可见池田大作教育的本质不仅仅是培养有知识的人,更重要的是培养德才兼备、人格健全、心灵丰富的人。

我们认为,坚持"以人为本"就是要使人得到全面的自由的发展,这一方面需要教育来提高人的知识,另一方面需要启迪人的智慧、健全人的品格、感化人的心灵、培养人的情操。这些人本教育理念并不是由单纯的知识传授可以达成的,而是要通过德育、美育的途径加强人性、品德、情感的培养得以实现。如果过度重视知识的传授而忽略了人精神方面的教育,人的精神变得贫乏,很容易会让学到知识用于非正当渠道。可见,以人为本的教育理念是池田大作东方人道主义在教育上所坚持的观点,贯穿了对人的重视、对人性的关注,提倡开发人的良知,为教育创造一个开放多元的环境。这一教育理念为其美育思想提供了一个理论基础,也就是说,美育是人本教育理念不可或缺的一部分,它可以通过非课堂传授方式来培养人高尚的情操和道德水平,这是美育在东方人道主义思想体系上的重要

---

① 王丽荣:《池田大作道德教育思想初探》,《外国教育研究》,第37页,2005年第6期。
② [日]池田大作、[日]松下幸之助著,卞立强译:《人生问答》,第336—337页,商务印书馆,2001年版。

表现。

音乐、美术是池田大作非课堂美育实践教育的主要途径。在音乐传播方面，池田大作创办"民主音乐协会"，每年举办三千多场活动，与海内外文化团体交流，将世界各地一流的音乐文化艺术带给民众，让民众分享音乐的喜悦与感动，推进各国之间的互相理解。在美术方面，池田大作创立"东京富士美术馆"，以"创立一个可以讨论世界美术，以交流为目的，并透过艺术、文化的交流，达到对促进世界和平有帮助的美术馆"为宗旨，不惜重本收藏日本与世界各地的超过5000件东西洋绘画、版画、雕塑、陶瓷、武具、刀剑等艺术作品。其典藏的西洋艺术范畴，可从文艺复兴初期以后，包括了17世纪的"巴洛克"、18世纪的"洛可可"、"英国的风景画"、"自然主义"、"德国的浪漫风格"、"印象画派"、"后期印象化派"、"超现实主义"、"前卫艺术"，其丰富的收藏品堪称一部"西洋美术史"巨作。这些艺术品并不是束之高阁，而是非常直接地展现在一般民众面前。东京富士美术馆多次在日本各地展出这些展品，力求让更多的民众了解这些各国优秀艺术品，展现艺术的魅力，培养民众欣赏艺术品的能力。我们认为，池田大作文化艺术的传播作为自己国际交流活动的一部分，这是他重视审美教育的标志性表现，同时也是其美育思想内容中的重要组成部分。

综上所述，基于池田大作先生深厚的理论和思想内涵，他的美育思想渐渐育成，并超过一般意义上的审美欲求，表现出强烈的人文关怀、生命哲学、宗教美学和祈求人类和平的理念，达到了"以美引善"、"以美育人"的思想境界：关注现实人生，关注世事民情，为人类社会的文明进步和和平发展做出贡献。在池田大作的视野里，艺术是可以影响人类文明进程的一项活动，"艺术可以使人成为真正的人"。① 他的美育思想和美学实践无不是紧扣"人"这个主题，把培育"人"作为一项艺术的伟大目标，"人类进步了，想追求真正的人的生活，有一种'想让花儿开放'的心情。文化、艺术就是从这种心情中产生的。生活是很艰苦的，如同蔷薇的枝茎上长着刺。艺术、文化就是开在这种枝茎上的蔷薇花。"②

池田大作的美育思想有一种指向未来的张力，无形而强大。在这种美育思想的影响下，人的心灵是温润的，清澈的，充满着灿烂的光辉。2012年是池田大作发表闻名于世的《中友邦交正常化宣言》45周年，谋求中日两国互惠互利。这在中日关系史上有着重要的纪念意义。

池田大作高度关注对人类未来的命运，他提倡开拓和谐、创造新文明，培育经

---

① ［日］池田大作著，卞立强译：《人生的坐标》，第134页，商务印书馆，2003年出版。
② ［日］池田大作著，卞立强译：《人生的坐标》，第133页，商务印书馆，2003年出版。

过历史沧桑传承下来的这种"万物共生的精神气质"。21世纪是一个全球化高度发展的时代,在这个背景下,人本教育理念显得尤为重要。池田认为,人本教育理念中是包含有美育的,以美的形式融入到人本教育之中,有助于人的本质高尚化的臻致体现,有助于提高教育的艺术属性。他的美育思想拥有着一般美学无法比拟的深邃而广大,是对自然的讴歌,是人类审美感知、审美鉴赏、审美创作的阐述和说明。

总而言之,池田大作的美育思想是一个立体的体系,它不仅有着古今中外美育观精髓的纵向联系,还有结合着池田大作弘扬佛法理论、呼吁世界和平、追求人类幸福等整个事业的横向联系,交织成一个独有的充满人性关怀及佛学真谛的美育思想之脉络,具有美育与德育之教育功能,是和平、文化、教育活动的基本形态和终极追求。最后,引用池田先生的话作为结束语,"生命的丰饶、深广是无限的,因此透过艺术追求生命本质,这样的人生是没有终结的,是不断、无限地上升的,是前进、创造性的。"①

---

① [日]池田大作、饶宗颐、孙立川:《文化艺术之旅》,第31页,天地图书有限公司,2009年7月。

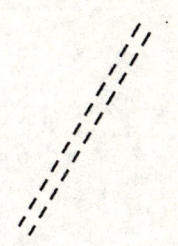

第四篇

实 践 考 察

  我们以日本的创价大学、创价学园、香港创价幼儿园为考察个案,通过前往实地发放问卷调查、深度访谈;通过追踪创价毕业生人生轨迹,对池田大作育人理念,育人目标,育人的实践和途径进行了实证性研究。实践考察表明,池田大作德育思想取得了丰硕成果,其育人理论是卓有成效的。

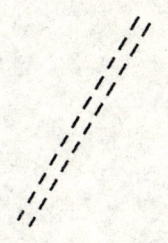

第十四章　池田大作道德教育实践——
以创价大学为例

在撰写这一章过程当中我们发现创价大学的教育设计以及计划随着时代的变化在改变。今年创价大学迎接创立四十周年的同时,提出了"向创立五十周年宏观设计迈进"的号召。创价大学试图以建校精神为骨干思想提高教育质量。其主要内容为:充实创价核心课程以及将教养教育体系化、布置"创价地球公民课程"(SOKA Global Citizenship Program/SGCP)、改组学部以及开设新学部、建筑教育本部楼等完善教育环境、制定国际战略的新目标及其推进、完善大学运营体制及提高大学品牌等。由此可见,随着时代变化,教育的具体方法和实践也会改变。因此,本研究不应该在此结束,应该要继续观察创价大学的变化而探讨创价大学育人实践的发展并将它继续深化下去。

第一节　池田大作的建校精神

创价大学创办人池田大作提出以培养为人类共同利益作出贡献的、创造世界和平的人本主义领袖为目的的育人理念。本人将根据池田的育人理念,从以下三个方面对创价大学的建校精神进行考察。

一、成为人本主义的最高学府

池田就建校精神第一项"成为人本主义的最高学府"做如下解释:"创价大学首先应该是培养发动社会、领导群众的既睿智又富有创造性的全面发展的人才的学府。"①"首先,大学不只是做最高学问与研究的地方,更应该是最高的做人本教育的地方。教育不应该只停滞在专业知识的传授层面而不研究知识的作用,因为大学首先应该是思考人存在的意义、学习作为人应该如何生活的地方。"②"一切学

---

①　[日]创价大学学生自治会,《创立者の语らい(第1卷)》,第31页,日本:创价大学学生自治会,1995年版。

②　[日]创价大学学生自治会,《创立者の语らい(第1卷)》,第35页,日本:创价大学学生自治会,1995年版。

问和教育本来都是以人为出发点和归宿的,我将其作为建校精神的第一项。"① 就是说,池田的第一项建校精神是以培养既睿智又富有创造性的全面发展的人才为目标的。他提倡创价大学应该成为实践人本教育理念的场所,而且创价大学的人本教育应该是使学生学到作为真正的人应该如何生活的教育。

关于如何看待"教育",池田的见解如下:"所谓的教育理念,可以说首先要以对人的彻底而深刻的洞察、了解以及爱作为其核心。"② 池田认为教育应该以人为起点,并且通过对人的洞察与了解而对人应该如何生活的问题进行解释。池田说道:"真正的学问归根结底,在于对自己的'知'。创价大学期望的学问与教育的理想也在于此。"③ 就是说,他认为理解人就需要经过对自己的"知"的过程。再说,理解自己可以发现自己生命中潜在的智慧。

关于智慧池田说过:"'智慧'是扎根于人的,例如,苏格拉底曾一语道破智慧通过'理解自己'而产生。"④ 就是说,发挥智慧首先需要理解自己。就"智慧"而言,如上所述"'智慧'扎根于人",人的智慧本来是为人的利益而服务的,因此也应该为人的幸福而服务。就容易与"智慧"混为一谈的"知识"而言,知识本身并没有好坏之分。那么,我们的知识如何才能发挥它好的作用呢?这就需要人的智慧。

就是说,池田认为学问与教育应该以人为出发点和归宿。他还认为通过学问而得到的知识应该为世界和平与人类幸福服务,由此人需要培养控制自己而将知识用于行善的智慧。因此,教育的关键是使学生思考作为人的意义,作为真正的人应该如何生活。因为人只有领悟到作为人该做的事才能产生智慧而将知识用于行善。

那么,关于作为真正的人的生活方式这个问题池田如何看待?他认为"创造"就是人该有的生活方式。他说道:"在我心中充满的'创造'这一词的本质是工作时拼命地、不断地扩大自己生命的凯歌,除了汗与泪的结晶没别的。我认为所谓'创造性生命'是在生活不懈地磨练中浮现出的生命的活力。那里可能有狂风,也可能有暴雨,有可能一时败北,不过,'创造性生命'决不会因此而认输。因为它知

---

① [日]创价大学学生自治会,《创立者の语らい(第1卷)》,第35页,日本:创价大学学生自治会,1995年版。
② [日]池田大作、[日]松下幸之助著:《人生问答》,第352页,香港:商务印书馆,2001年版。
③ [日]创价大学学生自治会,《创立者の语らい(第1卷)》,第98页,日本:创价大学学生自治会,1995年版。
④ [日]创价大学学生自治会,《创立者の语らい(第1卷)》,第98页,日本:创价大学学生自治会,1995年版。

道在自己心中即将要出现彩虹。在依靠与安逸中不可能会产生创造性。"①就是说,池田认为"创造"是一种这样的工作,即在拼命地努力工作的过程当中,经过奋斗而克服各种困难,通过这样的经历使自己生命中潜能显现并扩大出来的工作。池田极为关注在创造的过程当中克服困难的经历。他对学生说过:"诸位一瞬间也绝不能停止创造新的'生命'的工作。创造就如要打开吱嘎吱嘎响的非常沉重的生命之扉的时候要面临的最严峻的战斗,也是最困难的工作。"②"然而在此才有作为人的证明。而且,证明作为具有生命的生物有真正的生活意义、生活方式。"③如上所述,池田认为在"创造"过程中"克服困难"的经历才能使自己内在的可能性绽放而扩大。就是说,"要打开吱嘎吱嘎响的非常沉重的生命之扉的时候要面临的最严峻的战斗"指的是"创造'生命'的工作",就是"创造"。池田还认为"创造"是证明作为人之所以为人的不可或缺的因素。他说:"在生物学上只有人能够直立行走而且具有理性与知性,但是不能因此证明这就是人。创造性生命才能证明人之所以为人。"④就是说,作为人只有理性与知性还不够做人,只有不断地创造新的"生命"的"创造性生命"才能证明人之所以为人。因而,就人如何生活这一问题,池田认为"创造"就是作为真正的人的生活方式。创价大学建校精神第一项以其思想为基础进行人本教育,就是使学生克服困难而磨炼自己的生命,在此过程当中开发在自己生命内在的可能性而创造新的价值,如此培养学生的创造性。

池田在刚刚创办创价大学时对学生讲:"世界上有很多有自己传统的大学,也有出名的大学。不过,这些大学没能做到的是人本教育。我希望你们对创价大学的人本教育比任何大学、比任何人都感到骄傲、感到光荣并把它传给后代。"⑤如上所说,关注并试图去开发人的创造性的人本教育正是创价大学最大的特征。

二、成为建设新文化的摇篮

就建校精神第二项"成为建设新文化的摇篮"池田的解释如下:"指的是在陷于僵局的现代文明中要在大佛法的基础上肩负建设以人生命的无限开发为基调

---

① [日]创价大学学生自治会,《创立者の语らい(第1卷)》,第100页,日本:创价大学学生自治会,1995年版。
② [日]创价大学学生自治会,《创立者の语らい(第1卷)》,第101页,日本:创价大学学生自治会,1995年版。
③ [日]创价大学学生自治会,《创立者の语らい(第1卷)》,第101页,日本:创价大学学生自治会,1995年版。
④ [日]创价大学学生自治会,《创立者の语らい(第1卷)》,第101页,日本:创价大学学生自治会,1995年版。
⑤ [日]创价大学学生自治会,《创立者の语らい(第1卷)》,第43页,日本:创价大学学生自治会,1995年版。

的新文化。就是说,创价大学要培养出建设第三文明的各个领域的人才。"①池田考虑到现代文明背负着以物质主义为根源的人类的各种课题,就认为现在正要建设以人生命的绽放为基调的新文化。由此,他认为创价大学应该培养肩负其任务的人才。"何处产生新的理念,何处就产生新文化的萌芽,这是已经被历史证明的。"②因此,池田期待从以实现人类幸福与世界和平为目标的创价大学的育人理念中产生新的和平文化的萌芽。

关于创价大学要建设的文化,池田说过:"我从前一直主张文化应该是'以人为目的、源于人、为了人的文化'。就是说,文化以'人'为出发点这意味着建设文化的是人,那么文化的恩惠也应该要归结于人。"③"希望从通过人本教育而被磨炼出的知性与热情中产生而发展新的人本文化的大运动的萌芽,我就提出了建校精神第二项。"④如上所述,在建校精神第二项里面包含着池田的愿望,就是通过第一项提出的人本教育而培养出来的人才团结起来,建设替代陷于僵局的现代文明的"以人为目的、源于人、为了人的文化"。

当初池田为何提出以文化建设为建校精神之一呢?首先,池田是这样理解文化一词的:"所谓文化就是人生命之花具体的绽放,是人心中提高了的睿智、热情与感动的具体显现,是创造价值活动本身"、"文化是以调和性、主体性、创造性为精髓的坚韧的人的生命的产物"、"所谓文化……是以睿智与慈悲来成就人自身的变革的,并因此让社会与文明创造性地发展下去。"⑤就池田而言,文化就是人生命内在的睿智、慈悲、热情、感动、和谐性、主体性、创造性等具体的绽放。由此对于文化的本质池田指出:"文化的本质在于对人的生命、精神的启发。"⑥另外,为创造"以人为目的、源于人、为了人的文化",教育应该加以引导。涉及文化跟教育之间的关系时他认为:"教育的'根'的深度,才是'社会的深度'、'文化的深度'。"⑦由

---

① [日]创价大学学生自治会,《创立者の语らい(第1卷)》,第31页,日本:创价大学学生自治会,1995年版。

② [日]创价大学学生自治会,《创立者の语らい(第1卷)》,第35页,日本:创价大学学生自治会,1995年版。

③ [日]创价大学学生自治会,《创立者の语らい(第1卷)》,第35页,日本:创价大学学生自治会,1995年版。

④ [日]创价大学学生自治会,《创立者の语らい(第1卷)》,第35页,日本:创价大学学生自治会,1995年版。

⑤ [日]创价学会指导集编纂委员会,《创价学会指导集》,第302页,日本:圣教新闻社,1976年版。

⑥ [日]创价学会教育部,《教育ルネサンス》,第211页,日本:圣教新闻社,1995年版。

⑦ [日]创价学会教育部,《教育ルネサンス》,第211页,日本:圣教新闻社,1995年版。

此,池田在建校精神中第一提出了人本教育,第二提出了文化建设。

其次,对于文化的功能和作用池田是如何理解的?他说道:"'文化的力量'就是互相谅解的力量。团结人的力量。从长远来看这种力量比任何东西都具有威力。"①在此提到文化有使人与人结合的力量,其根据在于何处呢?它来源于池田对文化的多方面的、深刻的洞察。

他对文化的看法如下:"理解'文化',可以说是在地球上舞动的各个民族的灵魂由宇宙生命的慈悲与智慧的跃动中听取的'内在声音'的外在表现与升华。"②他认为文化既有独特性,又有各个民族从宇宙生命听取的"内在声音"的外在表现与升华的共同性。因而,"不同的文化之间的交流可以产生互相间灵魂的启发和促进互相了解,同时再次发现在各个文化中保存下来的'内在声音'的传统性价值而使它复苏。"③就文化的普遍性而言,池田认为:"在文化与艺术的领域里,独特性决不会与普遍性对立。因为有独自的个性才能是普遍性。"④"本来,文化的精髓,除了最普遍的人生命蓬勃的气息之外没别的。"⑤就是说,文化是每个人生命蓬勃的气息,这就是它的普遍性。池田认为文化因为有普遍性,"人的欢喜跳动的调子就如波动在人们心中的上弦而演奏共鸣音,文化作为人原有的活动,越过各种障碍而抓住每个人的心。"⑥就是说,文化的普遍性是能够越过国家和意识形态等障碍而动人心弦的。因此,通过文化交流每个人灵魂与灵魂之间的共鸣产生了人与人之间心灵的结合。

就文化的"结合人与人的力量"的问题,池田展开对文化交流的具体论述:"文化交流除了联结人与人的心灵,触动人的心弦而奏响共鸣的和声以外没别的。"⑦他还说道:"不过,它需要始终贯彻相互性和对等性的前提,这很重要"、"相互性、对等性和全面性可以说是真正的文化交流的生命线。在此才能产生对不同的民族和文化的尊重之情。"⑧就是说,池田认为在文化交流中不可或缺的"相互性"、"对等性"和"全面性"才是使人尊重跟自己不同的民族与文化的关键。由此他认为:"由于在民众之间自发性意志的提高而产生的文化交流才能够将'不信'转为

---

① [日]池田大作:《希望の明日へ》,第450页,日本:圣教新闻社,2000年版。
② [日]创价学会指导集编纂委员会,《创价学会指导集》,第167页,日本:圣教新闻社,1976年版。
③ [日]池田大作:《希望の明日へ》,第448页,日本:圣教新闻社,2000年版。
④ [日]池田大作:《21世纪文明と大乗仏教》,第185页,日本:圣教新闻社,1996年版。
⑤ [日]池田大作:《21世纪文明と大乗仏教》,第187页,日本:圣教新闻社,1996年版。
⑥ [日]池田大作:《21世纪文明と大乗仏教》,第194页,日本:圣教新闻社,1996年版。
⑦ [日]池田大作:《21世纪文明と大乗仏教》,第194页,日本:圣教新闻社,1996年版。
⑧ [日]池田大作:《21世纪文明と大乗仏教》,第194页,日本:圣教新闻社,1996年版。

'信赖',将'反目'转为'理解',从这个世界驱逐叫战争的妖怪,达成构建真正持久的和平。"①如上所述,在文化交流的基础上产生的人与人之间的联系会成为构建和平的原动力。

池田提到学问与文化的关系时讲到:"大家要相信学问从最根本上加深研究、展开的话,就能产生大文化的源流。……而且,其学问要始终以人为基调。"②"你们要确信对以踏实的人格形成为本的学问的推进和真理探求的进展才会成为社会变革的原动力。"③就是说,池田期待着通过"人本教育"而培养出来的人才掀起新文化的变革,从而建设和平文化。

三、成为保卫人类和平的要塞

就建校精神第三项池田解释如下:"第三,之所以标榜人类和平,是因为不管是新文明的建设还是未来社会的开拓,这些都是没有和平就无法实现的。如何保卫和平就是人类肩负的最大课题。"④"我想说现在我们创办的创价大学要站在民众这一边,成为保卫民众的幸福与和平的要塞、堡垒。"⑤如上所述,池田关注现在人类肩负的最大课题,即和平建设。从而他认为创价大学就应该要肩负保卫人类和平的使命。池田对大学保卫和平的使命这一点认为:"到目前为止,只要发生战争,首先成为军事研究要塞的就是大学。"⑥"大学应该是保卫和平的堡垒。而且和平不应该只是日本一个民族、一个国家的。……在科学与技术将使地球成为一个共同体的今天,我希望和平、构建和平的目标也应该是全人类共有的,这是理所当然的。"⑦他在此强调"和平"指的不止是一个国家的和平,而是全人类的"和平"。如上所述,池田强烈地热望创价大学成为保卫民众的幸福与和平的要塞,由此提出了建校精神第三项。

---

① [日]池田大作:《21世纪文明と大乗仏教》,第190页,日本:圣教新闻社,1996年版。
② [日]创价大学学生自治会:《创立者の语らい(第1卷)》,第54页,日本:创价大学学生自治会,1995年版。
③ [日]创价大学学生自治会:《创立者の语らい(第1卷)》,第61页,日本:创价大学学生自治会,1995年版。
④ [日]创价大学学生自治会:《创立者の语らい(第1卷)》,第32页,日本:创价大学学生自治会,1995年版。
⑤ [日]创价大学学生自治会:《创立者の语らい(第1卷)》,第32页,日本:创价大学学生自治会,1995年版。
⑥ [日]创价大学学生自治会:《创立者の语らい(第1卷)》,第36页,日本:创价大学学生自治会,1995年版。
⑦ [日]创价大学学生自治会:《创立者の语らい(第1卷)》,第36页,日本:创价大学学生自治会,1995年版。

首先,池田如何看待和平呢?就"和平"这一词而言,人们一般认为是"战争"的反义词。池田是这样认为的:"一般人们往往会认为和平的反面是战争,不过在和平学专家那里却没有如此的看法。他们说和平的反义词就是暴力。包括战争以外的贫困、饥饿、环境破坏、人权压迫等暴力——所谓和平是通过跟这些暴力战斗,消灭它们,这样才能实现的。"①就是说,他认为和平是完全没有暴力的状态。"我们人类应该认真考虑的课题,不在于只是没有战争这样消极性和平的实现,而在于把威胁'人的尊严'的社会构造根本变革的积极性和平的实现。"②池田就把这样的和平思想叫做为"积极性和平主义"。他说道:"和平是相互不给任何恐惧、相互衷心地信赖、相互相爱的状态。如此的和平状态是人类社会的正常状态,这样才能像个人间样。"③如上所述,对池田而言,和平意味着消灭暴力而构建的相互信赖、相互相爱的人类社会的正常状态。

池田还强调不应该把和平实现的工作全寄托在政治上,而应该让民众站起来、积极地行动起来。他说道:"举起人类和平旗帜而呼吁'和平'的民众阵势越扩大,和平就越接近,战争就越远离。"④如上所述,他认为构建"和平"的关键在于积极行动的民众阵势不断的扩大。由此,需要教民众什么叫真正的和平,使他们具有正确的和平观。因而,池田强调在构建和平的道路上教育任务的重要性,认为:"重要的是培养具有'人类共同利益'这广阔视野的世界市民,而且使他们联合起来而将其联合扩展为群众性的教育运动。"⑤就是说,池田之所以在创价大学建校精神中提出"成为保卫人类和平的要塞",是因为构建和平,为此需要以积极性和平主义培养为人类和平做出贡献的人才。

第二节 创价大学育人的理论基础

一、人本主义思想

池田以如上所述的建校精神为根本的育人理念致力于培养为世界和平做出贡献的人才。创价大学的建校精神的理论基础来源于池田以佛法为基础的人本主义思想。池田始终关注"人",认为将真正的人的生存方式、生活方式教给学生,

---

① [日]池田大作:《池田大作全集(第2卷)》,第24页,日本:圣教新闻社,1999年版。
② [日]池田大作:《池田大作全集(第2卷)》,第23页,日本:圣教新闻社,1999年版。
③ [日]池田大作:《池田大作全集(第3卷)》,第383页,日本:圣教新闻社,1991年版。
④ [日]池田大作:《第25回SGIの日记念提言,和平文化——对话的大花》,日本:圣教新闻社,2000年1月26日。
⑤ [日]池田大作:《第20回SGIの日记念提言,向反战之世纪——人民协力的潮流》,日本:圣教新闻社,1995年1月26日。

这才是学问的使命。同时他强调每个人的尊严并提倡应该敬重每个人。池田曾对创价大学的学生说过:"我想将你们当做具有伟大人格的人看待。我相信你们是比我伟大几十倍、几百倍的具有无限可能性的高尚人格的人。我是从心底这么尊敬你们的。"①他深信每个学生的可能性并敬重每个人。

池田认为,"人本教育的精髓从对每个学生的尊重开始。"②对此他做解释说道:"因为人本教育从认识一个人多么的宝贵、多么的伟大、有多大的可能性而开始。"③进而,他对人本主义加以解释:"无论哪里出现有烦恼的人,我们都不能忽略,而要立刻行动起来去帮助他——没有这样的思想就没有人本主义。"④"如何报答默默献身的人们——人本主义哲学在于这样的关心。"⑤池田不只在口头上讲人本主义的理论,而且以自己尊重眼前的每个人身体力行的实践而提倡人本主义的重要性。

二、佛法的"生命尊严"思想

池田的人本主义思想来源于佛法哲学思想,其中含有对人的深刻理解。池田是从"生命的本质"出发而论人本身的。他说道:"佛法认为'人'是'色心不二'的本体。简单地说,'色'就是肉体,'心'就是精神。两者一体化就是'人'。"⑥"人的存在不仅是以一个国家为基础的社会性存在,更是与人类社会、全球自然、宇宙整体有关联的生命性存在。"⑦

池田以人的本质为基础就生命解释如下:"所有的生命都是不可替代的有尊严的存在。"⑧"一颗生命的分量比地球还要重。"⑨"佛法认为一个人的生命是作为宇宙全体的缩影的尊贵的'小宇宙'。"⑩佛法说人的生命本身就是装金、银、蓝宝石等七种"宝石"的庄严的宝塔。池田基于佛法的如此观点进一步说道:"宝塔在于人的'生命'——这意味着要超越任何差异而关注'人的尊严'。因为'生命'没有顺序。任何人都有'生命'。它没有男女分别。又没有肤色差异、贵贱分别。也没

---

① [日]池田大作:《新·人间革命(第15卷)》,第186页,日本:圣教新闻社,2006年版。
② [日]池田大作《新·人间革命(第15卷)》,第104页,日本:圣教新闻社,2006年版。
③ [日]池田大作:《新·人间革命(第15卷)》,第186页,日本:圣教新闻社,2006年版。
④ [日]池田大作:《新·人间革命(第15卷)》,第268页,日本:圣教新闻社,2006年版。
⑤ [日]池田大作:《新·人间革命(第15卷)》,第242页,日本:圣教新闻社,2006年版。
⑥ [日]池田大作:《新·人间革命(第10卷)》,第57页,日本:圣教新闻社。
⑦ [日]池田大作:《池田大作全集(第3卷)》,第239页,日本:圣教新闻社。
⑧ [日]池田大作:《希望的明日へ》,第433页,日本:圣教新闻社,2000年版。
⑨ [日]池田大作:《希望的明日へ》,第435页,日本:圣教新闻社,2000年版。
⑩ [日]池田大作:《希望的明日へ》,第435页,日本:圣教新闻社,2000年版。

有民族差别。一切都是平等的。"①如上所述，池田强调人生命的尊严与平等。

池田提起佛法的生命哲理时说道："真实的佛法视万人为尊贵的'佛'，是生命尊严与平等的哲学，亦是为人们拔苦与乐的慈悲思想。也就是实现人类幸福与和平的哲学，说明这个普遍原理就是佛法，而绝非任何其他的东西。佛法精神将会成为人道之光而辉耀。"②由此可见，以培养创造人类幸福与世界和平的人才为育人理念的池田的人本主义思想是根据这个佛法的生命的尊严与平等而形成的。再加上，池田认为："地球上的每个人都是'地涌之菩萨'，都具有给人们带来幸福的使命。"③就是说，池田不只提倡每个人生命的尊严，还看出了每个人生命内在的拯救全人类的使命与潜能。

从而，池田认为："教育的任何课题都必须从人及其生命的尊严这普遍性的立场出发，并回归到这一立场来。"④由此，他强调了应该以"生命尊严"思想作为教育思想的基础。提起真正的人的生活方式时他说道："我相信人作为真正的人而生活就需要了解自己是生命性存在这样作为人的出发点。"⑤

以此"生命尊严"思想为基础，池田就人的生命的可能性解释如下："双眼就像日月，其开闭就像昼夜，头发就像星辰，眉毛就像北斗星。"⑥他在涉及佛法对人本身的理解时还说道："（这样的看法）在一个人生命中看出与大宇宙的关联性。从深刻的睿智的眼光来看，佛法强调在人的生命中存在着连大宇宙也包含的庞大的世界——'内在的宇宙'。"⑦就是说，在人的生命中潜藏着连大宇宙也包含的庞大的发展空间与无限的可能性。因此，池田认为将人的生命通过教育开发才能"开创建立与他人互相信赖的共处、恒久的和平道路"，⑧由此开启通向和平建设的途径。

---

① ［日］池田大作，齐藤克司，远藤孝纪，须田晴夫：《法华経の智慧（第3卷）》，第36页，日本：圣教新闻社，1997年版。
② ［日］池田大作：《新・人间革命（第15卷）》，第119页，日本：圣教新闻社，2006年版。
③ ［日］池田大作：《新・人间革命（潮流32）》，日本：圣教新闻，2009年3月4日。
④ ［日］池田大作、松下幸之助：《人生问答》，第352页，香港：商务印书馆，2001年版。
⑤ ［日］池田大作：《人生抄》，第249页，日本：圣教新闻社，1983年版。
⑥ ［日］池田大作：《ロナウド・モウラン（Ronaldo Mourao）》，第267页，天文学と仏法を语る，日本：第三文明社，2009年版。
⑦ ［日］池田大作：《ロナウド・モウラン（Ronaldo Mourao）》，第267页，天文学と仏法を语る，日本：第三文明社，2009年版。
⑧ ［日］池田大作：《ロナウド・モウラン（Ronaldo Mourao）》，第269页，天文学と仏法を语る，日本：第三文明社，2009年版。

第三节　创价大学的育人理念

池田大作的育人目的是培养创造人类的幸福与和平的世界市民。池田在与 Ronald Mourao 对谈中提出过关于地球公民的要件："我认为如此智慧来源于想要为人类贡献的伟大目标、使自己与他人都要变得幸福的认真的责任感、还有不会丢下对苦恼痛苦的人本应具有的关怀。再说，具有如此丰富的精神的'智慧的人'，同时对人种、民族和文化等差异不感到害怕、也不否定，而尊重理解这些差异，并将它作为自己成长的食粮这样的'勇气的人'，而且不只与自己身边的人还会与远处苦恼痛苦的人同苦而和他们联合起来的'慈悲的人'，具有这样人格的人才可以说具有了率领全球化的现代人类的'地球公民'的资格。"①就是说，池田认为地球公民是具有创造自他共同幸福的"智慧"、与苦恼痛苦的人同苦并与他们联合起来的"慈悲"和尊重多样性并将它作为自己成长的食粮的"勇气"的人。根据笔者的见解，创造自他共同幸福的人性就是创造性，与苦恼痛苦的人同苦并与他们联合起来的人性就是和谐性，尊重多样性并将它作为自己成长的食粮的人性就是包容性。

池田在创价大学建校精神中提倡培养学生的"创造性"、"和谐性"与"包容性"。他关于创价大学建校精神中"成为人本教育的最高学府"的解释如下："创价大学首先应该是培养发动社会、领导群众的既睿智又富有创造性的全面发展的人才的学府。"②由此可知，他非常注重培养学生的"创造性"。

关于第二项"成为建设新文化的摇篮"，他解释为："要肩负建设在大佛法的基础上以人生命的无限开发为基调的新文化。就是说，创价大学要培养出建设第三文明的各个领域的人才。"③"希望从通过人本教育而被磨炼的知性与热情产生而发展新的人本文化的大运动的萌芽，我就提出了建校精神第二项。"④其中"以人生命的无限开发为基调的新文化"指的是以人的慈悲点亮每个人生命的灯，有了灯的生命就会与他人联合起来，发展新文化的萌芽。由此，池田再次强调每个人要

---

① ［日］池田大作：《ロナウド・モウラン(Ronaldo Mourao)》，第 236 页，天文学と仏法を语る，日本：第三文明社，2009 年版。
② ［日］创价大学学生自治会：《创立者の语らい（第 1 卷）》，第 31 页，日本：创价大学学生自治会，1995 年版。
③ ［日］创价大学学生自治会：《创立者の语らい（第 1 卷）》，第 31 页，日本：创价大学学生自治会，1995 年版。
④ ［日］创价大学学生自治会：《创立者の语らい（第 1 卷）》，第 35 页，日本：创价大学学生自治会，1995 年版。

发挥慈悲而与他人携手构建和谐关系,并不断扩大而掀起人本文化的大运动。由此可见,建校精神第二项注重培养学生的"和谐性"。

关于第三项"成为保卫人类和平的要塞"池田解释为:"我想说现在我们创办的创价大学要成为站在民众这一边的、为保卫民众的幸福与和平的要塞、堡垒。"①"在科学与技术将使地球成为一个共同体的今天,愿望和平、构建和平的目标也应该是全人类共有的,这是理所当然的。"②如上所述,他强调和平不只是指日本一个国家的、一个民族的狭义的和平,而是指全世界的、全人类的和平。所谓和平是人们可以"相互衷心地信赖、相互相爱这样的状态"。③就是说,为了构建世界和平,需要超越国家和民族的障碍而勇敢地接受并尊重的包容性。因此,第三项注重培养学生的"包容性"。

如上所述,池田提倡培养世界市民应该具有的"创造性"、"和谐性"和"包容性"。

一、培养学生的创造性

池田提出了世界市民的三条必要条件,其中之一是创造自他共同幸福的"创造性"即"智慧"。池田提出的创价大学建校精神第一项"成为人本教育的最高学府"中的"人本教育"是培养学生"创造性"的教育。池田在第三届创价大学入学典礼上发表的主题演讲题目就是"成为创造性的人"。在此他提倡的"创造性的人"是"创造社会所需要的价值,提供或还原健全的价值"④的人。创价大学的"创价"指的是"创造价值",就是说,培养"创造性"的人正是创价大学的根本方针。

(一)创造性与智慧

首先,笔者考察了池田如何掌握"创造性"这一词的概念。所谓"创造"的含义是"把以前没有的事物给造出来"、"将两个以上概念或事物按一定方式联系起来,以达到某种目的行为"。⑤"创造"这一工作需要希望造出新的东西的强烈意志与热情,而且如果没有以它们去积极地思考和行动,就不能够完成。池田提起"创造"时认为:"'创造'这一工作……在广泛的学问知识与深刻的思考的基础上才能

---

① [日]创价大学学生自治会:《创立者の语らい(第1卷)》,第32页,日本:创价大学学生自治会,1995年版。
② [日]创价大学学生自治会:《创立者の语らい(第1卷)》,第35页,日本:创价大学学生自治会,1995年版。
③ [日]池田大作:《池田大作全集(第3卷)》,第383页,日本:圣教新闻社,1991年版。
④ [日]创价大学学生自治会:《创立者の语らい(第1卷)》,第58页,日本:创价大学学生自治会,1995年版。
⑤ http://xh.5156edu.com/html5/184079.html,在线新华字典,2010年9月20日。

做有成果的工作。"①大学就是打好广泛的知识与深刻的思考能力的基础的最合适的地方。池田说过:"任何人都被实际生活所迫而去掌握现实性知识。但是不只注重知识的具体运用而把它转向自己人格形成的方向,这是很难的。为此需要坚韧的思考能力。我指的思考能力是不局限于自己的独断与先见,而是尽可能从广泛的观点来看事物的能力,或是把偶然想起的想法升华为创造性主意的能力。"②如上所述,池田认为创造能力是以丰富的知识与深刻的思考为基础,从广泛的观点来看事物并把自己所具有的知识有效地使用而把新的东西给造出来的能力。在此过程中需要发挥"智慧",因为人发挥"智慧"才能判断如何使用知识、把知识用于何处。

其次,"智慧"究竟是什么呢?池田是这么把握"智慧"这一概念:"'力量'是人以技术的开发与发展而得到的支配环境的力量。'智慧'是将此力量运用自如并根据是否有利于人类幸福而判断其价值的睿智。"③"'智慧的人'不会穷途末路。也能给他人带来喜悦并将他们引向到积极方向。"④就是说,他认为给人类带来幸福的"创造性"才是"智慧"。池田提起"智慧"的重要性时对创价大学的学生说道:"我想说你们的任务就是学会能够将自己所有的'力量'有效地使用于构建人类的幸福与和平的'智慧'。"⑤如上所述,池田强调创价大学的学生要学到创造人类幸福与世界和平的"智慧"。

再次,"知识"与"智慧"的分别在何处呢?"知识"是人们在实践中获得的认识和经验,是辨识事物的能力。池田提醒现代人往往会将"知识"与"智慧"混为一谈的危险性。他说道:"无论知识有多博大,或科学有多进步,如果缺乏'为了什么运用'此智慧,不仅不能给人类带来幸福,甚至还可能把人类推到不幸的深渊。"⑥就是说,只有"知识"不能给人类带来有益的价值,也不能创造幸福。由此,池田强调"智慧"的重要性。他认为:"智慧才是重要。学问、知识都是将智慧之水汲上来的

---

① [日]创价大学学生自治会:《创立者の语らい(第1卷)》,第58页,日本:创价大学学生自治会,1995年版。
② [日]创价大学学生自治会:《创立者の语らい(第1卷)》,第22页,日本:创价大学学生自治会,1995年版。
③ [日]创价大学学生自治会:《创立者の语らい(第1卷)》,第98页,日本:创价大学学生自治会,1995年版。
④ [日]创价学会教育部:《教育ルネサンス》,第274页,日本:圣教新闻社,1995年版。
⑤ [日]创价大学学生自治会:《创立者の语らい(第1卷)》,第98页,日本:创价大学学生自治会,1995年版。
⑥ [日]池田大作:《ロナウド・モウラン(Ronaldo Mourao)》,第234页,天文学と仏法を语る,日本:第三文明社,2009年版。

水泵。只有知识不能够得到幸福。兼备知识与智慧才能得到幸福。"①"思考如何使用学到的'知识'才是'智慧'。即使把很多没有'智慧'的'知识'凑起来,也不会产生价值。如果只记住学过的'知识'那只能叫观念。与此相反,'智慧'既是生活,又是活力,又是生存的源泉。'智慧'才能够达到胜利与幸福。只有'知识'则不能达到幸福。"②根据他的说法,只有"知识"不能创造有益的价值,具有"智慧"才能给自己与他人带来幸福。因此,人发挥"智慧"才能产生有益的价值。

就"智慧"的作用而言,"智慧"具有使人们联合而构建"共处与和谐的世界"的作用。提起"智慧"的重要作用时池田对学生强调说道:"为构建一个互相帮助繁荣的世界,所有的国家、民族、宗教都应该集中各自的睿智。这样的睿智才是佛法所说的真实的'智慧'。它是超越利己主义和国家主义并作为为'共处'的慈悲闪耀着的创造性智慧。"③由此可见,"智慧"是创造人类幸福与世界和平的源泉。而且,人具有"智慧"才能发挥自己的知识,以为人类创造出有益的价值。因此,培养全面发展的"世界市民"的过程中发展学生的"智慧"而培养学生的"创造性"是不可或缺的关键因素。

(二) 发展学生的智慧

如何才能发展学生的"智慧"呢? 池田认为在发展学生的"智慧"的过程中"克服困难"和"对话"起到极为重要的作用。

首先,"克服困难"对发展学生的"智慧"起到何样作用呢? 英国牛津大学与剑桥大学以严格的教育方法给予学生提供精神自由的教育方针培养出了很多优秀的学者与伟人并取得了很多学问成果。池田提起这件事时说道:"增高精神的自由度,在某些意义上有时也会需要严格的训练。"④他所说的"增高精神的自由度"指的是"发展智慧","严格的训练"指的是对自己能力极限的挑战,就是"克服困难"。在学问的探求与深刻的思考的过程中,支撑思考工作的坚强精神与生命力是不可或缺的因素。因为学问的探求也好,思考也好,在此过程中必定会遇到困难而感觉到自己能力的极限,在这个时候就需要挑战其极限并超越它而克服困难的坚强的精神。

---

① [日]创价大学学生自治会:《创立者の语らい(第14卷)》,第45页,日本:创价大学学生自治会,2005年版。
② [日]池田大作:《人生の座标》,第30页,日本:グラフ社,2001年版。
③ [日]池田大作:《ロナウド・モウラン(Ronaldo Mourao)》,第296页,天文学と仏法を语る,日本:第三文明社,2009年版。
④ [日]创价大学学生自治会:《创立者の语らい(第1卷)》,第60页,日本:创价大学学生自治会,1995年版。

池田在创办创价大学时将一对青铜像赠给学生们,通过它教给学生"克服困难"的重要性。在其台座上刻着池田给学生的寄语:"只有在劳苦和使命当中,才能产生人生的价值。"①池田认为:"在现代社会有不吃苦而安乐生活就是好生活这样的思想潮流。不过这样的生活方式是不幸的"、"避免辛劳而安逸有趣地生活,可能暂时会觉得好。但是这样下去最后会使自己变得脆弱而败北。没有辛劳就没有欢喜,也没有人格形成。"②池田通过上面的铜像台座上的一句话想让学生感悟到在历尽千辛万苦而完成自己的使命当中才能磨炼自己,产生真正的人生价值。池田谈到"克服困难"的重要性时还说道:"一旦决定这是自己的人生,就不要避免苦难,不要爱好虚荣,而要在此道路、处境上,首先作为人,把自己的职业道路作为路线,坚决地、专心致志地奋斗。不经过这样的苦难,就不能形成真正的人格。这就是人本教育的出发点。"③如上所述,池田认为"克服困难"就是人本教育的出发点,只有与困难奋斗并历尽千辛万苦才能使人开发自己的潜能而形成真正的人格。另外,在"克服困难"时必定需要"坚强的心"。池田提到"坚强的心"的重要性时对学生说道:"最难对付的障碍其实在自己心中。因此,勇敢地面对自己,掀起'自我扩大的战斗'、'自己革命的战斗'。"④"'最不好的是懦弱。'坚决地面对就能战胜,既能开拓自己的道路,又能完成事情。若懦弱而变被动就会失败。这是失败的根源。'人生要坚决地前进'。"⑤"青春要坚强!人生也要坚强!彻底地、毅然地坚强!因为这样才会有一切的胜利!"⑥池田的这些话表示人只有以"坚强的心"克服困难才能磨炼自己的精神并获得人生的胜利,而且不断地经过这样的经验,"坚强的心"才会变得更加坚强。如上所述,人在"克服困难"的过程中才能开发自己的潜能并发展"智慧"。

其次,发展学生"智慧"的过程中起到极为重要作用的就是"对话"。池田强调"对话"的重要性时说道:"在学问的探求中,'来,一起谈一谈'、'你觉得怎么样'、'给我听听你的意见'——这样作为同样的人,为了和平、为了幸福、为了正义,应

---

① [日]创价大学学生自治会:《创立者の语らい(第13卷)》,第24页,日本:创价大学学生自治会,2005年版。
② [日]池田大作:《新・人间革命(第15卷)》,第121—122页,日本:圣教新闻社,2006年版。
③ [日]创价大学学生自治会:《创立者の语らい(第1卷)》,第45页,日本:创价大学学生自治会,1995年版。
④ [日]池田大作:《御书と师弟,圣教新闻》,2009年8月。
⑤ [日]池田大作:《御书と师弟,圣教新闻》,2009年8月。
⑥ [日]池田大作:《新・人间革命(第15卷)》,第180页,日本:圣教新闻社,2006年版。

该跟他人认真地讨论。我相信真正的人的学问之路在于此处。"①"我认为通过思考、对话和钻研而使自己的视野扩大并站在更广阔的、更高的观点来洞察事物,这正是扩大自己精神自由的真正途径。"②就是说,通过与他人"对话"并与他一起钻研,就可以互相启发,也可以扩大自己的视野而更广阔地、更深刻地思考。

就"对话"的作用而言,第一,池田把"对话"视为联结人与人的纽带。他说道:"如果没有具有丰硕成果的'相遇'和'对话'这些'桥梁',人与人之间的'心'也不会相通。"③他还说过"对话"是给人带来"'灵魂的触发'的最尊贵的纽带"。④就是说,他认为"对话"起到联结人与人之间心灵的桥梁的作用,也起到触发人的灵魂的重要作用。第二,池田注重"对话"具有的使人创新自己的作用。他说道:"对话不是'改变他人'而是'改变自己'的宏大挑战。"⑤"我想'对话'是在不同文化的撞击中,更丰富、鲜明、广泛地照射出各自的生活方式和该走的路的创造性精神的行为。"⑥就是说,"对话"不是说服他人、改变他人的行为,而是使人在与他人之间灵魂的交流当中磨炼和变革自己并提升人格的行为。由此可见,"对话"在发展学生"智慧"的过程中起到极为重要的作用。

再次,培养"自他共同发展"的精神对发展智慧起到重要作用。池田提起"自他共同发展"的精神和创造活动的关联性时说道:"无论有多么高度的知识,没有把它深化为为自他共同幸福有效利用的'哲学'和'人格',其知识就不能创造价值。"⑦就是说,不考虑别人的利己主义就不产生价值,为自他共同利益尽力时才能创造出价值。"自他共同发展"的精神来源于池田思想基础的佛法生命尊严的哲理。池田认为佛法生命尊严的概念有两个层面。一个是"一人的生命作为最高之物,尊重其生存权",⑧这是相对他人来说的,可以说是社会性的一面。另一个层

---

① [日]创价大学学生自治会:《创立者の语らい(第13卷)》,第24页,日本:创价大学学生自治会,2005年版。
② [日]创价大学学生自治会:《创立者の语らい(第1卷)》,第59页,日本:创价大学学生自治会,1995年版。
③ [日]创价学会教育部:《教育ルネサンス》,第206页,日本:圣教新闻社,1995年版。
④ [日]创价学会教育部:《教育ルネサンス》,第206页,日本:圣教新闻社,1995年版。
⑤ [日]池田大作:《ドゥ・ウェイミン(杜維明),対話の文明——平和の希望哲学を語る》,第78页,日本:第三文明社,2007年版。
⑥ [日]池田大作:《ドゥ・ウェイミン(杜維明),対話の文明——平和の希望哲学を語る》,第91页,日本:第三文明社,2007年版。
⑦ [日]池田大作:《ドゥ・ウェイミン(杜維明),対話の文明——平和の希望哲学を語る》,第124页,日本:第三文明社,2007年版。
⑧ 杨君游,苏衡平,蔡德麟:《21世纪东方思想的展望》,第161页,北京大学出版社,2005年版。

面是站在追求使命感与理想的立场,"最有价值地、有意义地投入、燃烧下去",①这是对自己来说的,可以说是主体性的一面。重要的是兼备尊重他人生命尊严的社会性和尊重自己生命尊严的主体性。就是说,自他共同发展的精神是立足于此两个层面的生命尊严的观点。因此,站在两个层面的生命尊严观与他人互相帮助互相启发而培养"自他共同发展"的精神对智慧的发展起到重大促进作用。

二、培养学生的和谐性

池田提出的世界市民的必要条件之二就是与苦恼痛苦的人同苦并与他们联合起来的"慈悲",就是"和谐性"。

池田在建校精神第二项中提到"成为建设新文化的摇篮"。他对文化特征的理解为如下:文化具有使人的生命跳动的气息的普遍性,而且还可以越过国家和意识形态等障碍而动人心弦。池田还认为:"以人性的共鸣为基调的文化的性质就是和谐。"②如上所述,文化具有超越国家和意识形态的普遍性。因此,它起到联结人与人的和谐的作用。池田还说道:"文化是以和谐性、主体性和创造性为骨骼的强韧的人的生命的产物。"③从这句话可以了解到文化是人的生命内在的和谐性、主体性和创造性绽放了的花。这显示人本来具有"和谐性"。因此,"和谐性"是文化具有的作用,也是人生命内在的本性。人们要建设和谐文化时,首先需要培养人生命内在的"和谐性"。

(一)和谐性与慈悲

池田如何把握人的"和谐性"呢?首先,笔者考察了他对"和谐性"这一概念的解释。池田根据佛法"色心不二"的理论认为人是精神和肉体的统一体。他解释"色心不二"时说道:"在此提起的'色'指通过以物理与化学为主体的化学方法掌握的生命物质层面的肉体。接下来,'心'指通过化学方法掌握不到的生命的各种作用。"④池田认为"色"与"心"是一体的。他提到人的生命和宇宙的关联性时说道:"虽然复杂但作为一个和谐体活动的人的生命正可以说是根据大宇宙的规律而搏动的小宇宙。可以说人的生命包含着其宇宙所有的法则性。"⑤如上所述,池

---

① 杨君游,苏衡平,蔡德麟:《21世纪东方思想的展望》,第161页,北京大学出版社,2005年版。
② [日]池田大作:《21世纪文明と大乘佛教》,第188页,日本:圣教新闻社,1996年版。
③ [日]创价学会指导集编纂委员会:《创价学会指导集》,第302页,日本:圣教新闻社,1976年版。
④ [日]池田大作:《池田大作全集(第3卷)》,第389—390页,日本:圣教新闻社,1991年版。
⑤ [日]池田大作:《ロナウド・モウラン(Ronaldo Mourao)》,第176页,天文学と仏法を语る,日本:第三文明社,2009年版。

田认为人本身是保持精神和肉体的和谐而存在,而且人的生命是根据大宇宙的规律而搏动的。就是说,人是和宇宙保持和谐关系而存在的。

其次,对于人与自然、宇宙的关系,池田进一步地做解释说:"人互相关联,形成一个有机体。而且,这种关联不限于人的世界,还扩展到自然界和宇宙,就构成万物浑然一体的有机整体。"①就是说,人与万物、宇宙都关联着,都互相依存。而且,池田引用佛法中"依正不二"的自然观说道:"人只有融合为环境才能一起生活、享受生活。除此之外,没有其他创造性地发挥自己生命的方法。"②就是说,人只有与自然界和谐,才能创造性地发挥自己的生命。

提起生命与宇宙的关联性时,池田认为"慈悲"是一个重要的关键。池田如何把握"慈悲"一词呢?池田引用自己的恩师户田城圣说的"宇宙生命是作为大慈悲的作用显现出来"而说道:"(户田)说过其大宇宙对万物的慈悲之力化为创造性、智慧和能源而促进生物进化、人类进化。户田从这样的佛法的观点强调说为其大宇宙伟大的慈悲之力展开的创造性进化而做出贡献就是'人类的宇宙论使命'。使自己尊贵的生命最大限度地绽放并使宇宙本有的慈悲与创造的力量最大限度地体现出来而改善这个世界。人是有这个使命与责任的。"③由此可见,人是受到宇宙慈悲之力的恩惠而进化、生存下来的。而且,人的生命本身也具有"慈悲"。由此,池田主张人作为宇宙的一个成员肩负着体现自己生命内在的"慈悲"而为他人、为世界作出贡献的使命与责任。

如上所述,人以精神与肉体的和谐统一体而存在。而且人不只是生活在人世,还生活在自然界、宇宙,因而需要跟自然界与宇宙保持和谐,在如此情况下才能生存并享受生活。再说,宇宙以"慈悲"的力量促进万物进化,从而"慈悲"是人与宇宙之间的纽带。而且,人本身也具有"慈悲"。因为人是根据大宇宙的规律而搏动的小宇宙,就是说大宇宙的一部分。那么人也具有跟大宇宙一样的"慈悲"的本性。

另外,"智慧"与"慈悲"的和谐极为重要。池田提到"智慧"与"慈悲"时说道:"形成和谐的人格过程中不可或缺的是知识、智慧和慈悲。"④"我认为这样的智慧

---

① [日]池田大作:《和平世纪的倡言》,第52页,香港:天地图书有限公司,1997年版。
② [日]池田大作:《ロナウド・モウラン(Ronaldo Mourao)》,第195页,天文学と仏法を语る,日本:第三文明社,2009年版。
③ [日]池田大作:《ロナウド・モウラン(Ronaldo Mourao)》,第195页,天文学と仏法を语る,日本:第三文明社,2009年版。
④ [日]池田大作:《ロナウド・モウラン(Ronaldo Mourao)》,第236页,天文学と仏法を语る,日本:第三文明社,2009年版。

的源泉在于要为人类作贡献这样伟大的目标、要给自己与他人带来幸福这样负责的责任感、再加上不丢下苦恼痛苦的人这样人本来应有的同情心。"①"智慧不单是知识。有效地利用知识的源泉是智慧。无论有多少知识,如果他是'无慈悲的知识分子'、'冷酷的知识人',就不会涌出真正的智慧,再说,只有知识不能产生生活的能源、幸福的价值。慈悲就是真正的智慧的源泉。"②就是说,只有知识不能创造幸福。人只具有智慧才能有效地利用知识而创造幸福。其智慧的来源即是"慈悲"。因此,池田强调学生的"智慧"与"慈悲"的和谐。"在教育的根底一定需要深刻的精神。也需要对民众深厚的慈悲。缺少这些的教育是不完备的。'敏锐的知识'只有'温暖的心'才能被有效地利用。无论如何人性是最根本。"③就是说,他认为人具有对民众深厚的"慈悲"之心才能发挥"智慧"将知识正确地利用,并使他与人们联合起来,引导他们和平文化的建设。

总而言之,池田强调人作为宇宙的成员应该体现自己内在的"智慧"与"慈悲"而为他人、为世界做出贡献。这样才是人本来应有的"和谐"的生活方式。要实现"和谐"的生活方式,就需要培养人的"和谐性"。培养人的"和谐性",关键是启发人本性的"慈悲"。

(二)启发学生的慈悲

启发人的慈悲,首先就需要使人认识自己与他人、自己与宇宙的关联性。就是说,人需要了解人是在与他人、自然界和宇宙的关联上才能生存这一事实。这可以通过文化学到。池田说道:"每个艺术活动是在有限的空间内活动的。但参与艺术活动的人们的精神上脉动着要通过自己的文化活动而与叫做宇宙生命的'统一体'联结并成为一体这样的愿望。即是,自己微观世界与宇宙宏观世界融合而创造的生气勃勃的一个生命——在此就有活生生的艺术。"④由此可见,他关注艺术具有的使人和宇宙连接起来而融为一体的"结合力"。池田进一步解释说:"把人与人、人与自然、人与宇宙联接起来试图成为叫做宇宙生命的'统一体'的这

---

① [日]池田大作:《ロナウド・モウラン(Ronaldo Mourao)》,第236页,天文学と仏法を語る,日本:第三文明社,2009年版。
② [日]池田大作:《希望の明日へ》,第431页,日本:圣教新闻社,2000年版。
③ [日]创价大学学生自治会:《创立者の语らい(第13卷)》,第43页,日本:创价大学学生自治会,2005年版。
④ [日]创价学会学生平和委员会:《新たな"人间主义"へ》,第118页,日本:第三文明社,1991年版。

一点,可以说是艺术之所以为艺术的原因吧。"①就是说,人通过参加文化活动接触文化就能认识到自己与他人、自然、宇宙的关联性。再说,人认识到这个关联性,就会了解到自己与他人的幸福、自己与世界的和平是相关的。由此,为他人的幸福与世界的和平而发挥自己生命的力量其实给自己也会带来幸福的。因此,文化具有启发人的慈悲而使人发挥它去关心他人、珍惜世界与自然界的作用。由此可见,在启发人的慈悲的过程中,使人通过文化了解自己与他人、自然和宇宙的关联性是极为重要。

首先,在启发人本性的"慈悲"的过程中,倾听他人的苦恼是非常重要。体现"慈悲"听起来很难。池田提起"慈悲"时说道:"'慈悲'不单是'内在伦理',也是促进关心他人的苦恼而拔他的苦、给予他乐的积极行为的东西。从此就会产生对他人的关心、愿意共享苦乐的精神、真实的友情。"②从他的这句话了解到,体现慈悲首先就需要积极地倾听他人的苦恼、体谅他人的困难这样的态度。由于积累这样的经验,才能培养出"哪里有忧伤的人、烦恼的人、困惑的人,就将他们的痛苦当做为自己的痛苦而不由得行动起来,最先伸出怜悯之手"③这样的"慈悲"。池田谈到"慈悲"的行动带来的作用时说道:"如此温暖的、又敏锐的行为的积累一定会使人的思想变得更深刻,使人的态度变得更谦虚、更成熟。"④由此,积累倾听他人苦恼的"慈悲"的行为就能促进培养人的"和谐性"。

其次,启发人的"慈悲"不能缺少的就是使人打破自己生命内在的"恶"。对他人的不幸和苦恼不关心,只追求自己的利益而不顾他人的不幸这样的态度和想法可以说是"恶"。池田说:"'慈悲'不但有包容他人的'宽容',也兼备着打破给自己与他人的生命造成痛苦的'恶'的'坚强'。"⑤就如他所说那样真正的"慈悲"具有打破自己生命内在的"恶"的"坚强"。因此,使人具有"坚强"才能启发他的"慈悲"并使它真正发挥出来。

---

① [日]创价学会学生平和委员会:《新たな"人間主義"へ》,第119页,日本:第三文明社,1991年版。
② [日]池田大作:《ドゥ·ウェイミン(杜維明),対話の文明——平和の希望哲学を語る》,第205页,日本:第三文明社,2007年版。
③ [日]创价大学学生自治会:《創立者の語らい(第2卷)》,第190页,日本:创价大学学生自治会,1995年版。
④ [日]创价大学学生自治会:《創立者の語らい(第13卷)》,第43页,日本:创价大学学生自治会,2005年版。
⑤ [日]池田大作:《ドゥ·ウェイミン(杜維明),対話の文明——平和の希望哲学を語る》,第205页,日本:第三文明社,2007年版。

三、培养学生的包容性

池田提出的世界市民必要条件之三,是尊重多样性并将它作为自己成长的食粮的"勇气",就是包容性。池田在建校精神第三项中提到"成为保卫人类和平的要塞"。他对此解释为:"第三标榜人类和平之所以,是因为无论是新文明的建设还是未来社会的开拓,这些都是没有和平就无法实现的。如何保卫和平这就是人类肩负的最大的课题。"①池田在提起如何保卫和平这一课题时说道:"重要的是培养具有'人类共同利益'这广阔的视野的世界市民,并且使他们联合起来而将其联合扩展为群众性的教育运动。"②那么,应该如何培养具有"人类共同利益"这视野的世界市民呢?池田下面的话作了回答:"由于全球化的进展而面对着人类共生这一课题的现在,在所有的场合尊重'多样性'的观点成为不可或缺的必要条件。"③就是说,在实现人类共生即和平建设的课题上尊重多样性是最重要的关键。因此,池田试图培养具有能够尊重多样性的"包容性"的人才。

(一)包容性与勇气

尊重多样性的"包容性"到底是什么?首先,笔者考察池田对"多样性"这一概念的理解。他认为:"此多样性不单有生物性层面,也有社会性层面。考虑到人类社会,有了人类、民族和文化的多样性,才会产生活力,结出和谐的果实。"④"法华经的'三草二木'的比喻中有这样的说法:在全世界上的多种多样的草木尽管生长在同一片大地上、被同样的雨淋湿,然而根据各自不同的特性生长、开不同的花、结不同的果——以此比喻表示佛的慈悲的平等性,同时强调众生的多样性。在此提到的众生指着人的生命以及广泛的一切生物。"⑤如上所述,池田认为在人类社会、自然界和个人上存在多样性是自然的,因为有了"多样性",这个世界才能成立并发展,因而一切生物都一样尊贵。

那么,为何在实现人类共生即和平建设的课题上尊重"多样性"是最重要的关

---

① [日]创价大学学生自治会:《创立者の语らい(第1卷)》,第32页,日本:创价大学学生自治会,1995年版。
② [日]池田大作:《第20回SGIの日记念提言,向反战之世纪——人民协力的潮流》,日本:圣教新闻,1995年1月26日。
③ [日]池田大作:《ロナウド·モウラン(Ronaldo Mourao)》,第113页,天文学と仏法を语る,日本:第三文明社,2009年版。
④ [日]池田大作:《ロナウド·モウラン(Ronaldo Mourao)》,第113页,天文学と仏法を语る,日本:第三文明社,2009年版。
⑤ [日]池田大作:《ロナウド·モウラン(Ronaldo Mourao)》,第114页,天文学と仏法を语る,日本:第三文明社,2009年版。

键呢？首先，探讨一下池田思想骨干的法华经的哲理。其为如下："最大限度地尊重在地球上形成生态系统的一切生物多种多样的生命的绽放。在人类社会中尊重每个人的个性并使它发挥。这样珍惜无上宝贵的'一个人'，从而引导他幸福境遇。"①就是说，法华经认为尊重一切万物的"多样性"和每个人的个性，这样才能给人类以及一切万物带来幸福。池田根据此法华经的哲理认为尊重"多样性"才能"保持人生命创造出来的多彩文化以及与社会、生态系统的和谐，奏壮大的和平共处的旋律"。②

其次，尊重"多样性"具有使人创新自己的作用。池田说道："'多样性'确实是会给自己带来创新的原动力。尊重多样性，就能接受与自己不同的他人并尊敬他，同时从他那里可以学习和吸收一些东西。国家也好，团体也好，个人也罢，具有这样开阔的精神就能不断自我创新、自我发展。"③就是说，他认为尊重"多样性"是自我创新和自我发展的原动力。人在尊重"多样性"的同时还可以自我创新、自我发展。尊重"多样性"就是包容他人，承认他生命的尊严性，衷心敬重并珍惜他。

在包容与自己不同的他人而向他人学习时首先需要拿起"勇气"来开阔眼界与胸襟。池田提起地球公民要件之一的"勇气"时说道："对人种、民族和文化等差异不感到害怕，不否定，而理解并尊重这些差异，并将它作为自己成长的食粮这样的'勇气的人'。"④就是说，他认为包容并尊重"多样性"就需要"勇气"，因为人拿起"勇气"才能够打破自己心里面的障碍而包容差异并尊重"多样性"。因此，培养学生的"包容性"的关键是"勇气"。

（二）鼓起学生的勇气

在培养学生的"包容性"的过程中，必定需要贯彻和平的正义的"勇气"、不怕困难的"勇气"和跟邪恶战斗的"勇气"。

首先，鼓起学生的勇气需要的是使他们具有正确的善恶的标准。池田称自己为"以非暴力与绝对性的和平主义为一个根本理念的佛法信仰者"，⑤提倡："慈悲

---

① ［日］池田大作：《ロナウド・モウラン（Ronaldo Mourao）》，第 114 页，天文学と仏法を语る，日本：第三文明社，2009 年版。
② ［日］池田大作：《ロナウド・モウラン（Ronaldo Mourao）》，第 114 页，天文学と仏法を语る，日本：第三文明社，2009 年版。
③ ［日］池田大作：《ドゥ・ウェイミン（杜維明），対話の文明——平和の希望哲学を语る》，第 65 页，日本：第三文明社，2007 年版。
④ ［日］池田大作：《ロナウド・モウラン（Ronaldo Mourao）》，第 236 页，天文学と仏法を语る，日本：第三文明社，2009 年版。
⑤ ［日］池田大作：《池田大作全集（第 7 卷）》，第 44 页，日本：圣教新闻社，1999 年版。

与宽容的绝对和平主义。"①其内容就是从维护生命尊严出发,认为战争是绝对的恶,反对所有战争。池田维护生命尊严的姿态是坚定的。他主张判断善恶的标准是相对性的,不过维护生命尊严的标准则是绝对性的。池田还说道:"生命是尊贵的。就是说,它没有任何等价物。任何东西都不能代替它。"②由此,他认为:"生命的尊严就是绝对的标准。维护生命的尊严,为生命所追求的幸福尽最大的努力,这就是善,反之则为恶。我认为这是任何时代,任何社会都不变的标准。"③池田对学生讲到:"不必想得那么复杂。对蹂躏人的尊严、生命的尊严的虚伪与不正当无畏地发出'你错误!''这样不正当!'这样批评的声音。"④如上所述,池田强调面对蹂躏生命尊严的恶必定要根据维护生命尊严的绝对标准来严厉地批评。这时就需要鼓起勇气。

人即使有了判断善恶的正确的标准,也不一定会为维护生命尊严去奋斗。人没有"勇气"就很难坚持面对严峻的考验,因为没有"勇气"就不能打破自己面前的障碍。由此,需要不断鼓起人的勇气。池田提起"勇气"时这样鼓励学生:"为善的胜利,要具有斥责邪恶的勇气!磨炼粉粹邪恶的智慧!——教导它正应该是创价教育的核心内容。"⑤"勇气的声音可以扩大正义。"⑥"平平凡凡地过日子,只发牢骚也不能得到人生的胜利。人生就是奋斗。是否能与自己面前的困难战斗,人生取决于这一点。汤因比博士强调的是积极果敢地面对困难的'勇气'。还有与不正当持续战斗的'坚持的精神'。我希望你们也要具有'勇气'和'坚持的精神'。"⑦"有勇气的人,什么都可以冲破。要改变自己,也要有勇气。而且勇气是与慈爱相通的。相反,懦怯的人什么都不可能改变。因而也就没有满足感,是很不幸的。"⑧如上所述,池田不断鼓起学生的勇气,以他们打破自己的怯懦。这样才能使人尊重多样性,养成人的包容性。

---

① [日]池田大作:《池田大作全集(第10卷)》,第476页,日本:圣教新闻社,1992年版。
② [日]池田大作:《池田大作全集(第3卷)》,第645页,日本:圣教新闻社,1991年版。
③ [日]池田大作:《池田大作全集(第8卷)》,第317—318页,日本:圣教新闻社,1993年版。
④ [日]创价大学学生自治会:《創立者の語らい(第15卷)》,第104页,日本:创价大学学生自治会,2006年版。
⑤ [日]创价大学学生自治会:《創立者の語らい(第15卷)》,第136页,日本:创价大学学生自治会,2006年版。
⑥ [日]池田大作:《创价大学第34回·创价女子短期大学第22回卒業式での創立者のスピーチ,アラバエフ記念キルギス国立大学"名誉博士号"授与式》,日本:圣教新闻社,2009年3月22日。
⑦ [日]创价大学学生自治会:《創立者の語らい(第16卷)》,第16页,日本:创价大学学生自治会,2007年版。
⑧ [日]池田大作:《人生の座标》,第103页,日本:グラフ社,2001年版。

第四节　创价大学的育人实践

一、培养学生的创造性的育人实践

池田认为培养学生创造性的关键途径是"克服困难"和"对话"。创价大学通过这些途径展开培养学生创造性的育人实践。其内容为：宿舍生活、在纪念典礼上的池田的讲座、大学仪式的举办、以学生为中心的大学自治等。

（一）宿舍生活

首先，就创价大学的宿舍而言，它是一个从创办大学以来一直贯彻池田的人本教育精神的不可或缺的人本教育场所。在《创价大学创办构思》里池田提起宿舍制度时说道："我想对全日制的学生执行全寄宿制。为造就保持平衡的、健全的社会人的全面人格，必定要实行全寄宿制。"①一般来说，在日本的大学住学校宿舍的学生是一部分的。大部分学生自己在外面住房子，老家离学校近的话，他们会跟家人一起住。那么，为何池田在全面人格的培养上重视寄宿制呢？他对此解释说："通过宿舍生活，可以使学生在生活的各个方面互相钻研，也可以产生与他人的紧密的连带感。"②就是说，池田认为学生通过与他人共同生活可以互相启发、钻研，与他人之间产生纽带。另外，他和汤因比的对谈中谈到："在人们之间有能力的差别，每个人都具有个人优点和优越的素质。可以说关键是如何在实际生活中、实践场所中使每个人内在的优点和优越素质发挥出来。"③由此，他认为通过作为生活实践场所的宿舍生活可以开发学生的潜能而使每个学生内在的优点和优越素质发挥出来，从而宿舍生活有利于培养学生的"创造性"。

宿舍生活，就学生而言，它是一个需要与困难搏斗的地方。池田在跟学生的对话中谈到："在作为社会缩影的宿舍生活中有时候也许要控制自己。有时候也可能会感情用事。不过，在我们世界中自我中心主义是不可能的，也不应该有的。从人本教育的观点来看，一边一起生活，一边一起刻苦学习，这样的共同生活极有意义。"④就是说，在宿舍的共同生活中，如果只顾自己而忽视别人就可能会引起与

---

① ［日］创价大学学生自治会：《创立者の语らい（第 1 卷）》，第 19—20 页，日本：创价大学学生自治会，1995 年版。
② ［日］创价大学学生自治会：《创立者の语らい（第 1 卷）》，第 31 页，日本：创价大学学生自治会，1995 年版。
③ ［日］池田大作、［英］汤因比：《眺望人类新纪元》，第 131 页，香港：天地图书有限公司，2008 年版。
④ ［日］创价大学学生自治会：《创立者の语らい（第 1 卷）》，第 19—20 页，日本：创价大学学生自治会，1995 年版。

别人之间的摩擦与冲突。由此，不只在学习方面律己，也要在生活方面努力了解对方，宽容地接受对方，谦让对方。就学生而言，这是一个打破自己内在障碍的与困难的搏斗。池田提起困难的克服时认为："在自己面对的事情中找出对未来的积极意义并从中学到东西——在此就有把逆境转换为飞跃平台的哲理。而且只有坚持这样的生活方式才是创造价值的实践。"①就是说，人遇到困难，就能从中学到东西并创造新的价值。而且在困难的情况下发挥创造性就需要其原动力的精神力和生命力。由此，遇到困难时就会最大程度的激发自己内在的精神力和生命力，也可以说经过困难能够磨炼它们。

其次，宿舍生活是一个对话场所。在宿舍学生平常都与他人一起生活，因此与他人交流的机会很多。学生受到池田强调"对话"的重要性的影响，看到他展开与世界各个专家"对话"活动的姿态，不只在宿舍里面也在校园里面积极展开"对话"活动。而且他们不止展开一对一的对话，在宿舍里举行学习池田的讲话集《创办人的对话》的小组学习会，它是汇编池田从开办创价大学以来的演讲的讲话集。在学习会上他们研究创办人池田的人本主义思想、教育方针、创价大学的建校精神，谈论各自的意见。通过这样的"对话"活动和小组学习会，学生之间互相启发，每个学生深深地思考作为创价大学的学生自己肩负何样任务、作为人应该如何生活等。

通过宿舍生活还可以培养出来的就是学生的"自他共同发展"的精神。池田从人道竞争的观点出发而谈到"自他共同发展"的重要性时说道："'人道竞争'——'总之，就是其目的不只放在利己主义，而要放在自己和包括他人生活的保护和增进上。也就是说，要选择为他人行动，给他人带来利益的同时自己也得到利益这样的方式。要有意识地度过共同生活。'"②就是说，培养学生使自他共同得到利益的生活方式的地方就是宿舍。学生通过宿舍生活可以看到学友们的各种方面。看到每个学友们刻苦学习，面对自己的各种烦恼而奋斗这样的态度，他们可以受到很大的启发。池田曾说过："知道别人的苦劳才能了解到别人的心情。从此人可以受到启发。"③就是说，不只顾自己而去关心别人并了解别人的痛苦，自己可以从中受到启发而培养丰富的同情心。宿舍生活就是使学生学到关心别人的地方。由此，池田把宿舍生活视为培养学生"自他共同发展"精神的教育场所，

---

① [日]池田大作：《新·人间革命（第15卷）》，第188页，日本：圣教新闻社，2006年版。
② [日]池田大作：《ドゥ・ウェイミン（杜維明），対話の文明——平和の希望哲学を語る》，第125页，日本：第三文明社，2007年版。
③ [日]池田大作：《新·人间革命（第13卷）》，第252页，日本：圣教新闻社，2006年版。

采取了寄宿制。他试图使学生通过宿舍生活打破自己狭隘的框框,面对而克服困难,努力与他人融洽,养成学生的"自他共同发展"的精神。经过这些过程才能培养出学生的"创造性"。

(二)池田在的演讲

除了宿舍生活之外,培养学生"创造性"的"对话"之场所还有在入学典礼、毕业典礼、大学文化节等纪念典礼上的池田的演讲。池田从开办大学以来始终重视在这些典礼上的演讲,是因为在典礼上能够直接接触学生们,而且通过演讲可以启发他们的智慧。他的演讲给予学生的影响极为重大。其原因在何处?

首先,他具有强烈的吸引力。他通过演讲试图跟每个学生进行心灵"对话",每当演讲就向在场的学生们问"你父母还好吗?""拼命用功吗?"等,使学生感到亲切。因为他将自己面前的任何人都视为具有无限潜能的尊贵的存在而尊敬任何人。因此,他在演讲时非常用心地讲话,以启发每个学生内在的智慧。

其次,他在演讲上讲的内容都具有启发学生内在的智慧而培养创造性的作用。他演讲的内容大部分都是以生命尊严为基础的人学。比如,他在开办大学时的三个演讲:第三届入学典礼的演讲"成为创造性的人"、第二届泷山节纪念演讲"经院哲学与现代文明"、第四届入学典礼演讲"使创造性的生命开花吧!"是创价大学草创期的三部代表演讲。在这三个演讲上池田讲到应该如何做人、作为创价大学的学生应该肩负何样使命等启发学生智慧的内容。这三个演讲都包含着池田育人理念的精髓,因而学生们将此三个演讲汇编成了一本书叫做"草创三部作"。现在仍然有许多学生阅读,从中受到很大的启发。而且通过这本书,他们自己去思考作为人应该如何生活、作为创价大学的学生自己应该肩负何样使命。

再次,近年,池田将"人学"的精髓以特别文化讲座的形式,有时以直接讲座的形式,有时通过报纸的形式教给学生。他在特别文化讲座上讲到三个题目:第一届讲座是"谈歌德",第二届讲座是"谈革命作家鲁迅",第三届讲座是"谈居里夫人"。可见,他通过谈伟人的一生试图给予学生启发,使他们思考自己应该如何度过人生。如上所述,池田的演讲和讲座具有促进发展学生的智慧而培养他们创造性的作用。

(三)以学生为主角的大学自治

创价大学根据"学生第一"、"以学生为主角"的基本原则,由学生自治大学,管理大学。这样以学生为主角的大学管理给予学生自己思考和解决问题的机会。创价大学的"学生第一"和"以学生为主角"的校风来源于池田的教育方针。池田在刚开办大学时就跟学生强调说:"创价大学是为学生的、以学生为中心的大学。

因此,你们要以'自己是主体者、是主角'这样的意识积极果敢地面对所有的问题。"①"'学生参加'的原则是从学生自觉自己是大学管理的主体者并具有肩负其责任的态度开始。学生没有自觉到这一点而做对大学管理不关心、不负责任的旁观者,就不可能实现由学生自治大学。也可以说这显示着学生自己放弃自治态度。"②如上所述,池田提倡学生应该积极地参与大学建设。

那么,为何他提起交给学生大学管理工作呢?那是因为学生在作为大学管理的主体积极思考有关大学的问题的过程中,可以开发自己内在的智慧而养成创造性。学生们具体的活动是讨论学费问题等大学管理上的各种问题,提出大学的各个体系的改善。在此过程当中肩负大学自治的骨干工作的学生自治会的成员为使所有的学生对大学管理的每个问题都具有共识,通过发校内报纸和举办讨论会呼吁全体学生参加讨论并促进学生之间的"对话"活动。这样每个学生都能积极面对大学的各种问题,并对此进行讨论。这样学生负责大学管理,通过对话讨论问题一起努力克服困难解决问题的经历促进培养每个学生的"创造性"。

另外,创价大学的入学典礼、毕业典礼等纪念典礼和大学节等活动都由学生主办。他们组成主办委员会:运营委员会和实行委员会,其成员都是志愿者,在校的学生任何人都可以参加。在这些活动的过程中学生能够养成自己的创造性。他们具体的活动为:以完成极有意义、非常成功的典礼仪式为目标,一起学习创价大学的建校精神,在委员会的成员之间展开一对一的"对话"运动而讨论主办典礼活动和委员会的意义,互相启发提高活动的质量。在此活动的过程中每个人都会遇到学业与委员会活动难以两立等烦恼。由此,他们通过"对话"互相鼓励互相启发,挑战自己面前的困难,向典礼仪式活动的成功迈进。在此过程中他们还学到"自他共同发展"的精神,养成以困难化为发展自己的食粮的"创造性"。由此可见,学生在主办大学典礼仪式活动过程当中的"对话"与"克服困难"的经验产生促进培养学生"创造性"的积极效果。

二、培养学生和谐性的育人实践

培养学生的和谐性需要使他们内在的"慈悲"发挥出来。而且使人兼备"智慧"与"慈悲"才能构建与他人之间的"和谐"关系。由此,创价大学通过社团活动、大学节、校歌的合唱等教育活动启发学生的"慈悲"并使它发挥出来。

(一)社团活动

池田强调全面人格的完成绝不能缺少社团活动。他说道:"在青春时代向着

---

① [日]池田大作:《新·人间革命(第13卷)》,第136页,日本:圣教新闻社,2006年版。
② [日]池田大作:《新·人间革命(第13卷)》,第207页,日本:圣教新闻社,2006年版。

北风一边刻苦学习,一边参加社团活动,这样的姿态最宝贵。"①"当社团活动和学问结合起来的时候,才能形成真正的人格,这样的人走上社会以后也不会成为偏颇的人,而会成为能与他人自然地保持良好的人际关系的人。"②池田对社团活动这样看法给予学生不小的影响。根据池田的教导,第一届的学生们纷纷地开始设立各种社团。现在创价大学的社团活动非常活跃,有棒球部、足球部、柔道部等体育社团共 46 个团体,先锋吹奏乐团、21 世纪管弦乐团、银岭合唱团、摄影部等文艺社团共 28 个团体,还有中国研究会、英语研究会、泛非洲研究会、生命哲学研究会、萤樱保存会等学术社团共 36 个团体(2010 年 10 月现在)。③

那么,社团活动如何培养学生的"和谐性"呢?

首先,创价大学的每个社团都有以创办人的理想为自己的理想这样精神。此精神促进培养学生的"和谐性"。每个社团的学生们都有为实现其精神要学习到底的决心。比如,响应创办人的中日友好精神而设立中国研究会的第一届的学生说道:"我想不单做在大学时代学习过一些有关中国的事这样的回忆,还要培养毕业后也能够为中日友好作出贡献的人才,我想做这样的社团。"④他的这句话表示他们是以培养实现创办人的理想的人才为目的而设立社团。达成此目的一个人做不成,需要与他人联合起来共同努力。由此,参加社团活动的学生一定需要与他人之间构建和谐关系而团结起来。这样才能实现当初的目的。因此,学生向社团活动的目的奋斗的过程中养成自己的"和谐性"。

其次,创价大学的建校精神启发学生的"慈悲"和"智慧"。创价大学的社团根据自己大学的建校精神展开活动。有关外语和外国的社团都是根据学生"为建立永恒的和平要加深与各国之间的互相理解。为此,磨炼外语能力,积累对各国的研究是不可或缺的"⑤这样的想法而成立的。这些社团的成立体现了学生要实现"成为保卫人类和平的要塞"的坚强意志。另外,在建校精神第二项上提出的"新的大文化"的建设也是创价大学目标之一。学生们通过各个社团活动思考全人类的幸福。在此过程当中他们受到一种训练,即通过关心在远处痛苦苦恼的人而体

---

① [日]创价大学学生自治会:《创立者の语らい(第 1 卷)》,第 15 页,日本:创价大学学生自治会,1995 年版。
② [日]创价大学学生自治会:《创立者の语らい(第 1 卷)》,第 15 页,日本:创价大学学生自治会,1995 年版。
③ http://www.soka.ac.jp/campuslife/club_circle/index.html,日本:创价大学网页,社团,2010 年 9 月 20 日。
④ [日]池田大作:《新·人间革命(第 13 卷)》,第 139 页,日本:圣教新闻社,2006 年版。
⑤ [日]池田大作:《新·人间革命(第 13 卷)》,第 137 页,日本:圣教新闻社,2006 年版。

现"慈悲",通过思考为世界和平自己所该做的事而涌出"智慧"。

再次,通过接触文化启发学生的"慈悲"。"新的理念出现,新的文化胎动就发生。"①就如这句话,由于学生对人类幸福和世界和平理念的意识的提高,创价大学校园里产生了以"成为保卫人类幸福的要塞"为主轴的文化运动。接触文化,学习文化可以拉近与他人之间的距离,产生共鸣。因此,创价大学的社团活动试图使学生接触到各种文化而研究学习它们,经过这些过程既可以启发学生认真思考全人类的幸福的"慈悲",又可以产生学生之间对和平的共鸣并构建学生之间的和谐关系。

最后,社团活动的"前辈为后辈尽力"的传统促进培养学生的和谐性。池田跟第一届学生强调"前辈为后辈尽力"的重要性时说道:"为后继的后辈们开拓荆棘载途就是你们的使命。""你们大家都是创价大学的创办人。跟我一样。"②听到创办人的这句话,第一届学生以作为大学建设的开拓者的决心和"为了后辈"努力奋斗的精神而站起来。他们"前辈为后辈开拓道路"的精神传承到现在的学生们,成为创价大学学生的传统精神。大部分的社团由一年级到三年级的学生组织。因此,他们除了跟同年级学生的交流之外,还可以有跟前辈和后辈交流的机会。在社团活动里根据"前辈把后辈培养成超越自己的人才"的精神,平时前辈关心照顾后辈,也倾听他们的烦恼并鼓励他们,指导他们。由此可见,他们这样的精神和态度体现着在第一节提到的"自他共同发展"的精神。也可以说,通过这样的经历可以启发他们的"慈悲"。根据前辈们的姿态,后辈会从他们那里学到"前辈为后辈尽力"的精神,将它作为传统精神继承到自己的下一代后辈。如上所述,社团活动启发学生的"慈悲"而使他们去关心他人,而且使前辈与后辈紧密联系,养成学生的"自他共同发展"的精神。经过这样的途径培养出学生的"和谐性"。

(二)大学文化节

创价大学每年在秋季都举办叫做"创大节"的大学文化活动,每年都有很多市民来参观。学生们都将"创大节"视为一年中最盛大的、最重要的文化活动。"创大节"是在学生与学生之间、学生与参观人员之间产生共鸣的文化活动。在此学术社团、文艺社团以及研究小组等各个团体举办展览会、表演、演奏而表现平时的练习和研究的成果。"创大节"具有促进培养学生"和谐性"的重要作用。

首先,准备文化节的过程中学生养成自己的和谐性。"创大节"每年都有不同

---

① [日]创价大学学生自治会:《创立者の语らい(第1卷)》,第35页,日本:创价大学学生自治会,1995年版。

② [日]池田大作:《新·人间革命(第13卷)》,第136页,日本:圣教新闻社,2006年版。

的主题,每个社团都根据每年的主题联合起来,成员们都全力以赴地努力准备而展示自己的成果。在准备的过程中,因为每个人非常认真、非常努力,在讨论问题时自然会产生意见不一致等冲突。这个时候正需要发挥和谐性。和别人合作完成某一个东西时一定需要接受别人意见的态度,如果只坚持自己的想法不听别人意见,这样的话,很难达到目标。因此,学生通过"创大节"的准备和练习能够学到倾听并接受别人意见的"和谐"的态度。

其次,在准备的过程中,学生们学到发挥自己的"慈悲"去关心别人。在准备过程中,每个人都会遇到困难而烦恼。由此他们互相鼓励切磋琢磨。这个时候他们发挥自己内在的"慈悲"同情苦恼痛苦的人并和他联合起来一起追求共同目标。

再次,学生热情、努力与和谐的结晶的"创大节"的各种节目和活动感动参观人员并引起他们对创价大学文化与和平精神的共鸣,从而产生学生与市民之间的"和谐"。这样的经历使学生学到如何才能构建与他人之间的"和谐"关系,而且促进培养他们的和谐性。如上所述,创大节是使学生发挥自己内在的"慈悲"并培养学生"和谐性"的育人场所。

(三)校歌的合唱

作为文化工具,"歌曲"具有沟通人与人的心灵而构建人与人之间的"和谐"的作用。创价大学的"校歌"就是沟通每个学生之间的心灵使他们联合的一个重要工具。创价大学的学生、教职员工、毕业生都喜爱"校歌"。他们不只在典礼仪式上唱它,在平时的社团活动、各种校内活动中都会唱。

为何他们如此看重"校歌"呢?那是因为创价大学"校歌"的歌词包含着学生对人类幸福与世界和平的愿望以及学生以实现建校精神为目标的决心。作它的歌词的人是第一届的学生。在歌词的第一段到第三段里的最后一句都有"为谁"这一句话,第一段是"为谁学习人之道",第二段是"为谁建筑和平要塞",第三段是"为谁寻求生命真理"。这里提到的"谁"指的是"人类"。由此,它表示创价大学目的是创造人类幸福与世界和平。作词的学生在作词的过程中心情为:"他惦念在日本、在世界的民众,因为战争、贫困和饥饿而受苦的人。'我们要为他们所有的人刻苦学习'。"[①]如上所述,他为受苦难的人们着想,热望所有人的幸福与和平。由此,他决定为实现这个愿望自己要全力以赴地学习。在此可以看到他为民众着想的"慈悲"。由此可见,这首校歌具有使每个学生共享作词人以及创办人池田对人类幸福与和平的热望的作用。因此,学生们每当合唱校歌就坚定实现创价大学

---

① [日]池田大作:《新·人间革命(第13卷)》,第218页,日本:圣教新闻社,2006年版。

建校精神的决心。如上所述,作词人的"慈悲"渗透到每个学生的心里并启发他们的"慈悲",而且起到使学生之间产生对实现建校精神的共鸣并使他们构建"和谐"关系的作用。

三、培养学生包容性的育人实践

培养学生的"包容性",其途径为使学生涌现"勇气"而开阔自己的眼界与胸襟。那么,如何促进学生内在"勇气"的涌现呢?其方法为:鼓励学生,使学生接触多元文化与多种多样的人,使学生学习外语和外国文化。创价大学根据其方法展开培养学生"包容性"的育人实践:创办人的鼓励,与世界各国大学之间的学术交流,世界著名专家的讲座,留学制度与其支援,学生学习外语设备的完善,培养地球公民课程。

(一)创办人池田通过演讲与纪念碑等标志的鼓励

为了使学生的"勇气"涌现出来,就需要鼓起他们的"勇气"。池田通过演讲与纪念碑等标志鼓励学生。池田对学生演讲的时候经常强调要鼓起"勇气"为民众服务。他说道:"时代渴望着为民众、为人权、为正义彻底奋斗的真正的人本领袖澎湃地涌现出来。这就是我们创价大学的使命、也是精神。"[①]"我们创价大学是将'为了民众'、'为了和平'、'为了世界'作为明确目的的大学。我希望创价大学成为培养人类历史所期盼的具有坚定信念人才的'希望的教育之城'。忘了民众,忘了未来,只追求'为了就业'、'为了自己的成功',就不需要大学了。"[②]"要与民众'直接联系'。不要自我中心。"[③]"边刻苦工作边与民众联系而去学习。我认为这就是真正的'学习'。"[④]池田的这些话既使学生感悟到自己的使命,又启发学生内在的"勇气"。

池田还通过纪念碑鼓励学生。创价大学文科教学楼门口有一对青铜像,是在开办大学时池田作为一个指针赠给学生的。一个是天使和铁匠,另一个是天使和印刷匠。其各个青铜像台座上有刻着"为何要磨炼起睿智?您,千万不要忘记啊"与"唯有辛劳与使命当中,才会产生人生的价值"。"为何要磨炼起睿智?您,千万

---

① [日]创价大学学生自治会:《创立者の语らい(第6卷)》,第148页,日本:创价大学学生自治会,1999年版。
② [日]创价大学学生自治会:《创立者の语らい(第7卷)》,第80页,日本:创价大学学生自治会,2003年版。
③ [日]创价大学学生自治会:《创立者の语らい(第7卷)》,第82页,日本:创价大学学生自治会,2003年版。
④ [日]创价大学学生自治会:《创立者の语らい(第7卷)》,第82页,日本:创价大学学生自治会,2003年版。

不要忘记啊"这句话已成为使学生自觉学习是为了创造人类幸福的标志。如上所述,池田通过演讲、青铜像等标志启发学生,使他们的"勇气"涌现出来。

(二)与世界各国大学之间的学术交流

创价大学致力于和世界各国大学之间的学术交流。池田极为注重国际交流,他认为:"创价大学完成'保卫人类和平的要塞'的使命,国际交流就极为重要。"①"决定要将世界的各个大学和学生联合起来,构建为实现恒久和平的年轻人的智慧与友情的网络。成为其推进力并培养为人类和平做出贡献的人才就是创价大学的使命。"②如上所述,池田开办创价大学以来一直注重大学之间的国际交流。因为培养具有人类共同利益视野的包容性的人才必定需要给予他们国际交流的机会。由此,他亲自访问世界各国,到美国的哈佛大学、加利福尼亚大学,俄罗斯的莫斯科大学,意大利的博洛尼亚大学,中国的北京大学等世界著名的28所学术机关做了31次演讲。他到世界各国率先访问演讲确实促进了创价大学与各国学术机关之间的交流。

而且,每年有很多从世界各国过来的著名专家访问创价大学,其中有些专家为创价大学的学生举办讲座。他们的讲座给予很多学生重大启发。每当接待来自国外的著名专家时,如果他们是来自中国的话,就由中国研究会的成员、中文专业的学生和学习中文的学生迎接他们,为表示欢迎唱歌、赠送亲手做的礼物。客人如果是来自美国,就由英语研究会、英文专业的学生迎接他们。这样学生可以有机会接触世界各国的著名专家。通过这样的机会,学生受到各种启发而开阔自己的视野,养成尊重多样性的"包容性"。

(三)与外国留学生的交流

创价大学给学生提供跟外国留学生交流的环境。今天创价大学与世界45个国家以及地区的122所大学(2010年8月30日至现在)有学术交流。每年都有很多学生到国外留学,大约260名的留学生到创价大学学习。③在创价大学的校园里可以看到日本的学生和来外国留学生积极地交流。池田非常关心外国留学生,在典礼上演讲时经常对日本学生说要好好照顾留学生。他说道:"各位日本学生,请关心照顾留学生。然后要在此学问的发源地八王子一起磨炼21世纪世界市民

---

① [日]池田大作:《新·人间革命(第15卷)》,第278页,日本:圣教新闻社,2006年版。
② [日]池田大作:《新·人间革命(第15卷)》,第279页,日本:圣教新闻社,2006年版。
③ http://www.soka.ac.jp/about/statistics/index.html,日本:创价大学网页,大学统计,2010年9月20日。

应有的'哲学'、'人格'和'外语能力'。"①如上所述,他对留学生在国外生活的苦劳表示关心,并且对日本学生强调要关心照顾留学生。池田超越国家、文化和思想等差异而尊重并珍惜每个人的态度和行为给予学生极为重大的影响。由此,学生向池田学习跟留学生积极交流。他们跟留学生开始交流时首先需要鼓起"勇气"去了解不同的文化与思想。学生通过跟留学生交流而接触多元文化,开阔自己的眼界并养成尊重多样性的"包容性"。

(四)留学制度与支援

在培养"包容性"的过程中"学习外语"起着极为重要的作用。因为学习外语就能促进学生对多样性的理解和尊重。因此,池田在这几年特别强调培养外语能力的重要性。他说道:"学习外语就是理解外国的文化、历史、多元的价值观和人们的心,也直接关系到和平之道。"②他进一步说道:"希望你们拿到叫外语能力的世界市民的'和平的武器'。"③"不学习外语,就不能与世界和平交流。也会把自己的人生变得更狭隘。这样实在是不利。"④由此,培养"外语能力"是在培养创造世界和平与人类幸福的世界市民的育人实践当中不可缺少的重要因素。

创价大学致力于给予学生提供完善的学习外语的环境。尤其是留学制度非常完整。其留学种类有交换留学、推荐留学、特别留学、外语培训等。交流大学有美国、加拿大、澳大利亚、英国、意大利、法国、德国、俄罗斯、埃及、肯尼亚、土耳其、印度、泰国、中国、韩国、马来西亚、阿根廷和巴西等45个国家地区的122所大学(2010年8月30日至现在)。交换留学制度是将通过选拔考试的学生作为交换留学生派到交换协定的大学的制度。外语培训是利用学校的春季和夏季假期在两周到一个月期间将几十个学生派到各国进行外语培训。这些制度试图促进学生外语能力的提高以及加深对外国文化的了解。就是说,去留学或国外培训的学生除了学习外语以外,还可以通过与当地人的交流和与不同文化的接触,开阔自己的视野,养成"包容和尊重多样性"的态度,提高作为"世界市民"的意识。

另外,有6个月以上的长期留学经验的学生组成"创价大学世界会"。他们主

---

① [日]创价大学学生自治会:《创立者の语らい(第14卷)》,第144页,日本:创价大学学生自治会,2005年版。

② [日]创价大学学生自治会:《创立者の语らい(第13卷)》,第27页,日本:创价大学学生自治会,2005年版。

③ [日]创价大学学生自治会:《创立者の语らい(第13卷)》,第27页,日本:创价大学学生自治会,2005年版。

④ [日]创价大学学生自治会:《创立者の语らい(第15卷)》,第100页,日本:创价大学学生自治会,2006年版。

要的目的是帮助想要去留学的学生。目前有大约150名学生参加"创价大学世界会",他们的活动主要有为想去留学的学生布置咨询台、每年三到四次举行从留学归国的学生的报告会、在大学文化节时刊发小册子,其内容有留学地点的当地情况及信息和有留学经验的学生的留学笔记等。如上所述,他们给予对留学感兴趣的学生的帮助和支持促进学生学习外语和外国文化。

(五)完善的学习外语设备

没有机会去留学的学生也可以在校园里学到外语。创价大学布置了有实践性的学习外语场所"世界语言中心"。这里在创价大学学习的外国留学生做老师,给学生提供可以主动地学习外语的环境。在"世界语言中心"学生根据自己的目的与水平可以提高自己的外语能力。具体来说,在"世界语言中心"里面的"地球村"举办汉语、法语、德语、西班牙语、韩语、葡萄牙语、意大利语、俄语、蒙古语、尼泊尔语等十个语言的会话班。那里具备这些语言的丰富教材。在"英语讨论会"以中级到高级水平的学生为对象对专门课题用英语进行讨论。在"英语聊天俱乐部"以初级到中级的学生为对象进行英语会话。在"AV图书馆"学生可以利用CD和DVD等工具和教材学习外语。如上所述,创价大学为培养走向世界的"世界市民"而极力帮助学生"学习外语"与"跟留学生的交流"。

在如此完整的学习外语的设备与在校园里随时都可以跟留学生交流的环境下,不去留学的学生也可以积极地利用它们而提高自己的外语能力,也可以通过接触不同的文化而培养自己的"包容性"。

(六)培养地球公民课程

创价大学为进一步地推进培养致力于世界和平的人才,2010年布置了"创价地球公民课程"(SOKA Global Citizenship Program/SGCP)。此课程是将建校精神第三项"成为保卫人类和平的要塞"具体化的,而且试图使以将来走向国际社会舞台为目标的学生全面发展。具体来说,其课程以每年进来的新生为对象,从将来想在国际协力机关、NGO、外企、国外一流大学院等地方就业或学习的学生中选拔30名,使他们在各自的系和专业学习专门课程,另外要求学习SGCP课程(36学分)。由此可见,创价大学开始进一步地致力于培养为世界和平做出贡献的优秀人才。

问卷

从"是"、"不知道"、"不是"三个选项中,请选择一个回答问题。

(以在校的180名的创价大学的学生为对象。)

问题项目	是	不知道	不是
1. 记得大学建校精神。	160	8	12
2. 赞同大学建校精神。	172	8	0
3. 平时在大学生活中自己心里都有想建校精神。	92	69	17
4. 进入创价大学,自己内在得到发展。	154	21	2
5. 有在大学学习的目的。	159	17	2
6. 认为自己能够进入大学学习是托身边的人的福。	178	2	0
7. 认为大学应该是以学生为中心。	170	9	0
8. 认为创价大学是以学生为中心的大学。	124	25	3
9. 创价大学是人本教育的场所。	174	5	7
10. 想要为创价大学的发展贡献自己的力量。	173	7	0
11. 自己在参与建设创价大学。	132	36	12
12. 认为创价大学的国际交流很活跃。	174	6	1
13. 与校内的留学生有交流过。	157	8	15
14. 有留过学(包括参加国外外语培训班)。	62	6	111
15. (在第14题回答"不是"的人请回答)想去留学(包括参加国外外语培训班)。	86	20	8
16. 认为掌握外语很重要。	178	1	1
17. 有尊敬的老师。	123	36	21
18. 跟老师经常交流。	55	62	63
19. 自己与老师之间有信赖关系。	51	91	38
20. 尊敬大学的前辈。	172	7	1
21. 在大学上的课给予自己启发。	141	33	6
22. 自己在度过充实的大学生活。	163	16	2
23. 大学生活很开心。	164	13	3
24. 积极参与大学典礼活动。	128	45	7
25. 认为每一个大学典礼都很重要。	156	25	1
26. 认为自己进了创价大学很好。	173	5	1
27. 对创价大学怀着骄傲和亲切感。	165	12	2
28. 学生要以学习为重点。	157	21	1
29. 学习很快乐。	109	57	13

续表

问题项目	是	不知道	不是
30.喜欢运动。	135	32	12
31.喜欢读书。	128	36	13
32.现在有兼职。	78	5	96
33.参加社团。	139	5	34
34.(在第34题回答"是"的人请回答)有通过社团活动学到的东西	124	10	3
35.(在第34题回答"是"的人请回答)参加社团的经历给予自己积极影响。	126	11	2
36.(在第34题回答"是"的人请回答)自己以明确目的参加社团活动。	122	15	2
37.(在第34题回答"是"的人请回答)在社团活动上和学习上都竭尽全力。	103	27	5
38.现在住宿舍或者以前住过宿舍。	105	2	72
39.(在第38题回答"是"的人请回答)住宿舍的经历给予自己积极影响。	93	4	7
40.(在第38题回答"是"的人请回答)从宿舍生活中学到了东西。	100	0	0
41.对现在的社会感到不满、忧虑。	145	32	1
42.想得到在社会有效的实力。	177	0	1
43.想要为社会做出贡献。	171	6	1
44.想要改变现在的社会。	141	32	5
45.改变社会就需要改变人。	171	5	1
46.认为应该改变社会,不过自己往往会想别人会去做,这样采取旁观的态度。	49	60	68
47.愿望世界和平。	177	1	0
48.反对任何战争。	172	6	1
49.应该灭绝核武器。	176	2	0
50.想要为世界和平做出贡献。	172	5	1
51.大学是为民众服务而存在的。	154	22	2
52.作为继承未来的青年感到责任。	158	15	5
53.有将来的梦想。	144	23	11
54.(在第53题回答"是"的人请回答)为了实现梦想,正在努力。	126	23	4
55.有人生目标。	143	25	10

续表

问题项目	是	不知道	不是
56.为了达到目标,正在努力。	167	6	5
57.为了达成目标,不怕困难。	131	30	7
58.上大学是为了找到好工作。	21	64	93
59.相信努力一定会产生成果。	155	16	7
60.在人生中学历和地位最重要。	10	46	121
61.是否有钱会直接关系到幸福。	10	55	111
62.自己身边有任何事都可以商量的人。	134	27	15
63.认为只顾自己就好。	3	35	138
64.对自己有信心。	52	67	56
65.相信自己的可能性。	149	24	3
66.任何时候都不会忘掉感谢之心。	146	28	2
67.认为自己平时在孝敬父母。	84	82	10
68.尊敬父母。	162	13	1
69.尊敬创办人。	169	6	1
70.学习有关创办人的著作和他的思想。	152	17	7
71.将来想做从事教育的工作。	56	63	57
72.学问应该以人为起点。	154	20	1
73.学问是为了使人追求应该如何生活而有的。	135	36	5
74.在创价大学的学习生活给予自己的人生很大的影响。	159	6	1
75.认为与周围的和谐很重要。	167	7	2
76.喜欢与别人谈话。	148	27	1
77.对话非常重要。	171	5	0
78.在校园里经常与同学对话。	131	33	11
79.友情在人生中非常重要。	172	4	6
80.他人的幸福对自己来说也是很重要。	168	8	1
81.他人在烦恼和困难的时候当然想要帮助他。	169	7	0
82.参加过义务劳动。	100	22	54
83.大学毕业后也要自己继续学习。	164	11	1

请回答以下问题。

84. 创价教育如果用一句话怎么表达？	人本教育 34(18.9%)，人本主义教育 10(5.6%)， 为世界和平与人类幸福的人才培养 10(5.6%)， 师徒 9(5%)，创造价值 8(4.4%)， 人的革命 6(3.3%)，追求自他共同幸福 6(3.3%)， 为了人而存在的教育 6(3.3%)， 发展人才的地方 4(2.2%)，人生的起点 4(2.2%)， 相信人的可能性 3(1.7%)
85. 接受创价教育你得到的是什么？	感恩之心和报恩之念 23(12.8%)， 朋友 17(9.4%)，师徒 11(6.1%)， 为他人服务的态度 11(6.1%)， 珍惜他人的心 9(5%)， 了解到自他都有无限的潜能 8(4.4%)， 自问对每个事情"为了什么"的态度 7(3.9%)， 自己该有的人生方式 7(3.9%)， 克服困难发展自己才能够达到幸福这样的想法 4(2.2%)， 不认输的精神 4(2.2%)， 对世界和平的强烈愿望 2(1.1%)， 思考"人"2(1.1%)，努力 2(1.1%)， 尊重自己与他人的态度 2(1.1%)， 创办人的伟大 2(1.1%)，自他共同幸福 2(1.1%)， 为人民服务的使命 2(1.1%)

第五节 创价大学育人成效

　　创价大学试图通过立足于"生命尊严"思想的人本教育实践而培养出每个学生的"创造性"、"和谐性"和"包容性"，如第三章所述，进行了丰富多彩的各种育人实践。宿舍生活也好，社团活动也好，留学也罢，每一项教育活动都有开发学生内在的可能性而形成"世界市民"应有的人格的作用。那么，实际上从接受以建校精神为根本的创价大学人本教育的学生身上可以看出何样教育成效呢？本章就以在校学生为对象的问卷调查报告以及引用的对在校的学生和校友的采访资料进行考察，验证创价大学的教育成效。

　　第一节，对问卷调查结果进行考察。笔者采取问卷调查形式以创价大学在校的全年级 180 名学生为对象进行调查，在此对其结果进行考察。

　　第二节，引用对将要毕业的学生的采访资料，考察接受四年的创价大学人本教育的学生养成何样能力。

　　第三节，引用已走进社会的校友的采访资料，考察他们在社会上如何发挥在创价大学养成的能力。

一、问卷调查的结果以及考察

首先,这次进行的问卷共有85个问题,第1题到第83题采取从"是"、"不知道"、"不是"三个选项中选择一个回答的形式。最后的第84题和第85题采取问答题的形式,问卷对象是从全校全年级的学生(7693名)中抽出的180名的学生。

对第1题"记得创价大学的建校精神"的问题回答"是"的学生占约88.9%,回答"不知道"的学生占4%,回答"不是"的学生占6%,就是说将近九成的学生记得建校精神。对第2题"赞同建校精神"的问题回答"是"的学生占95.6%,回答"不知道"的学生占4%,回答"不是"的学生占0%,这表示九成以上的学生赞同建校精神。由此可见,虽然有个人意识的差距,但是创价大学的建校精神已经渗透到大部分学生的心中。另外,就第69题"尊敬创办人"的问题,93.9%的学生回答"是",由此可以了解到创办人池田给学生的影响十分重大。

(一)培养学生创造性成果的考察

下面根据问卷调查资料进行考察而验证接受创价大学的教育的学生是否养成"创造性"。

就第9题"创价大学是人本教育的场所"的问题回答"是"的学生占96.7%,显示大部分的学生都有意识自己在接受人本教育。

180名的学生当中就"现在住在宿舍,或住过宿舍"的问题回答"是"的学生占58.3%,就是说约六成的学生经历过宿舍生活。其中就第39题"住宿舍的经历给了自己积极影响"的问题88.6%的学生回答"是"。就第40题"从宿舍生活中学到了东西"的问题95.2%的学生回答"是"。如上所述,在宿舍生活上的人本教育给予学生的影响很大,而且学生对宿舍生活的积极意见占九成。因此,我们可以了解到,"宿舍生活"对学生的育人成效卓著。

其次,就有关大学典礼的问题第25题"认为每一个大学典礼都很重要"回答"是"的学生占86.7%。就第24题"积极参与大学典礼活动"的问题回答"是"的学生占71.1%。由此可见,在人本教育场所的大学典礼活动,就学生而言,占极为重要的位置,并且七成以上的学生积极参与它。

就第73题"学问是为追求应该如何生活才有的"的问题,75%的学生回答"是"。对学问的如此看法是池田从创办创价大学以来一直强调的一点。由此,可以了解到七成以上的学生理解并赞同池田对学问的看法。另外,就第74题"在创价大学学习给予自己人生的影响很大"的问题回答"是"的学生占88.3%。这显示创价大学的育人理念对学生人生观的形成产生了很大的影响。由此可见,形成创价大学育人理念的池田的教育观、人观和人生观渗透到学生的内心并给予每个学生的人生观极为大的影响。

池田一直以来与很多著名的专家展开对话,平时也通过演讲对学生不断地强调"对话"的重要性。就第77题"对话非常重要"的问题回答"是"的学生占95%。就第76题"喜欢与别人谈话"、第78题"在校园里经常与同学对话"的问题回答"是"的学生各占82.2%、72.2%。由此可见,池田重视"对话"的态度给予学生不小的影响,并且促使学生在校园里展开"对话"活动,以培养他们的"创造性"。

创价大学采取由学生自治大学的方式。那么,实际上学生对大学自治有何看法?就第7题"认为大学应该以学生为中心"的问题回答"是"的学生占94.4%。就第8题"认为创价大学是以学生为中心的大学"的问题回答"是"的学生占69.9%。就是说,约七成的学生认为创价大学实现了"以学生为中心"的大学管理体系。就第11题"自己在参与建设创价大学"的问题回答"是"的学生占73%,回答"不是"的学生占6.8%。由此可以了解到,约七成的学生认为自己在参与大学建设,具有对大学自治积极态度。如上所述,创价大学培养学生"创造性"的育人实践产生了积极效果。

(二)培养学生和谐性成果的考察

就第33题"参加社团"的问题77.2%即139名的学生回答"是",就是说七成以上的学生参加社团活动。就第34题"有通过社团活动学到的东西"的问题,139名的学生中124名即89.2%的学生回答"是"。接下来,就第35题"参加社团的经历给予自己积极影响"的问题,90.6%的学生回答"是",仅仅1.4%的学生回答"不是"。由此可见,"社团活动",就创价大学的学生而言,是在大学生活上发展自己的不可或缺的重要因素。根据上面的结果,可以了解到"社团活动"对学生的育人成效卓著。除此之外,"社团活动"还提供给学生跟前辈与后辈交流的环境。在社团活动中聚集了每个年级的学生,因此可以自在地跟不同年级的学生交流。通过社团活动,前辈与后辈之间产生紧密联系。就第20题"尊敬大学的前辈"的问题95.6%的学生回答"是"。这显示就后辈而言,"前辈"给自己的积极影响很大,并显示了前辈与后辈之间的紧密联系。

就第62题"自己身边有任何事都可以商量的人"的问题回答"是"的学生占74.4%。在日本大学生活期间离开家人而一个人在外面住的学生较多,就这样的学生而言,在这样的情况下自己身边的可以商量的人一般来说主要是同学、前辈、教师等。七成以上的学生在身边有可以商量的人就表示他们跟同学、前辈和教师有密切的关系。

就第75题"认为与周围的和谐很重要"的问题,92.8%的学生回答"是"。就第79题"友情在人生中非常重要"的问题回答"是"的学生占95.6%。由此,可以了解到九成以上的学生重视与他人保持"和谐",而且将友情放在人生中重要的位置。接下来,就第80题"他人的幸福对自己来说也是很重要"、第81题"他人在烦恼和困难的时候当然想要帮助"的问题回答"是"的学生各占93.3%、93.9%。由此可见,学生养成不只顾自己而为他人的幸福着想、想要帮助烦恼痛苦的人这样的精神,就是"自他共同发展"的精神。如上所述,培养学生"和谐性"的育人实践取得了积极效果。

(三)培养学生包容性成果的考察

就第12题"认为创价大学的国际交流很活跃"的问题回答"是"的学生占96.7%。就第13题"与校内的留学生有交流过"的问题回答"是"的学生占87.2%,八成以上的学生与校内的留学生有交流。就第14题"有留过学(包括参加国外外语培训班)"的问题,34.4%的学生回答"是",61.6%的学生回答"不是",由此,三成以上的学生留过学或参加过在国外进行的外语培训。就第16题"认为掌握外语很重要"的问题回答"是"的学生占98.9%,这表示他们对"学习外语"的高度重视。由此可见,在国际交流活跃展开的创价大学校园里,学生跟外国留学生去积极交流,趁着机会去留学,努力学习外语。因此,创价大学的育人实践使学生视野开阔、国际意识提高、尊重多样性,这样培养出他们的"包容性"。

就第47题"愿望世界和平"、第48题"反对任何战争"的问题回答"是"的学生各占98.3%、95.6%,达到很高的数值。就第50题"想要为世界和平做出贡献"的问题回答"是"的学生占95.6%。可见,其结果显示学生受到池田对世界和平的理念与实践以及对战争反对的坚决态度的影响,他们对构建和平的意识以及责任感得到了提高。另外,就第51题"大学是为民众服务而存在的"的问题回答"是"的学生占85.6%。这是池田经常对学生强调的话。由此,可以了解到建校精神第三项"成为保卫人类和平的要塞"已经渗透到学生的内心,他们养成了为民众服务的精神。如上所述,通过创价大学培养学生"包容性"的育人实践,养成了学生超越国境和民族差异而尊重多样性的"包容性"和甘愿为民众服务的"勇气"。

(四)学生对于"创价教育"的看法以及通过它学到的东西

对第84题"创价教育如果用一句话怎么表达?"的问题,最多的回答为"人本教育"(18.9%),第二是"人本主义教育"(5.6%)和"为世界和平与人类幸福的人才培养"(5.6%),第三是"师徒"(5%),接下来,依次是"创造价值"(4.4%)、"人的革命"(3.3%)、"追求自他共同幸福"(3.3%)、"为了人而存在的教育"(3.3%)等。

由上面的结果可以看到,认为"创价教育"是"人本教育"的学生最多。第二的"人本主义教育"和"人本教育"的意思相同。从这两个回答我们可以了解到,学生意识到自己在接受以池田的人本主义思想为核心内容的人本教育。第三的"为世界和平与人类幸福的人才培养"的回答显示学生了解池田人才培养的主要目的。"追求自他共同幸福"的回答表示在学生内在养成自他共同发展的精神。

接下来,对第85题"接受创价教育你得到的是什么?"的问题,学生的回答最多的是"感恩之心、报恩之念"(12.8%)。其次是"朋友"(9.4%),接下来依次是"师徒"(6.1%)、"为他人服务的态度"(6.1%)、"珍惜他人的心"(5%)、"了解到自他都有无限的潜能"(4.4%)、"自问对每个事情'为了什么'的态度"(3.9%)、"了解到应该如何度过人生"(3.9%)等。

如上所述,对"接受创价教育你得到的是什么?"的问题学生最多的回答是"感恩之心、报恩之念"。与这一题有关的问题有第6题"认为自己能够进入大学学习是托身边的人的福"、第10题"想要为创价大学的发展贡献力量",对这两道题回答"是"的学生各占98.9%、96.1%。由此可见,接受创价教育的学生的共同点为具有深厚的"感恩之情"和"报恩之情"。第二和第三的回答分别是"朋友"、"师徒"。这表示对学生而言,在校园生活中"朋友"和"老师"、"创办人"的存在极为重要,也具有较大的影响力。在学生时代的"朋友"是可以互相启发、切磋琢磨而一起发展的对象。上面所述的"为他人服务的态度"、"珍惜他人的心"和"知道自他都有无限的潜能"这些回答也可以认为是通过在校园里的各种育人活动中与朋友之间的交流而产生的想法。

另外,上面的回答中的"师徒"是来源于佛教思想的词语。对此详细的解释从略,简单来说,学生回答中的"师徒"是"老师"和"弟子"的关系。"老师"指的是创办人池田,"弟子"是学生。就是说,"弟子"的学生从自己人生的"老师"池田那里学到人生中非常重要的东西。由此,对学生而言,得到了人生的"老师"是一件会左右自己人生的重大的事。

二、对于学生采访资料的考察

在此引用以在校的四年级的学生为对象的采访资料,从六个方面来考察每个学生通过创价大学校园生活学到了什么、形成了何样人格。

(一)经历过宿舍生活的学生

四年级的某一个经历过两年宿舍生活的男学生通过"宿舍生活"受到了很大的启发。他说道:"跟一个学长的相遇开阔了我的视野,使我想要不断发展自己。不只通过学习,还通过各种经验,在宿舍生活中很多人给了我启发。"根据他的话,在"宿舍生活"里与很多人的交流给予他很大的积极影响。在宿舍他周围的同学为了司法考试、留学等目标拼命用功。他们营造的学习气氛给予他启发,促进了他的上进心。①

某一个四年级的男学生通过在宿舍和留学生的相遇找到了自己的目标。他说:"在二年级的时候我做了有留学生的宝友宿舍的照顾寄宿生的委员。我跟一个来自土耳其的留学生一起住在同一个房间。我跟他建立了像家人一样深厚的友谊,跟他的相遇促使我开始学习土耳其文,有了去土耳其留学的目标。"②他后来实现了到土耳其留学的目标,经过留学生活又找到了自己想要从事的工作。他向新的目标而努力。如上所述,我们可以了解到在两年的"宿舍生活"中跟一个人的相遇给了他很大的启发,使他有了目标,开发了他的潜能。③由此可见,创价大学的宿舍是使学生互相启发而"自他共同发展"的教育场所。

(二)通过创办人的演讲和鼓励受到启发的学生

一个女学生受到池田的鼓励找到了自己人生方式。她讲述了自己的经历,她在一年级的时候做船员的父亲在航海中吐血倒下,听到消息后她立刻汇报了学校。不久就收到了创办人池田的口信:"我为你父亲恢复健康祈祷。"她从池田的"鼓励"中受到了极大启发,由此振奋起来,决定拼命用功发展自己而回报创办人的厚意。结果,她找到了自己理想的工作。池田的"鼓励"使她发挥力量而实现了自己的目标。而且,在此过程中她养成了以困难化为发展自己的食粮的"创造性"。她在谈到自己工作时说道:"我决定去七十七银行工作,是因为想要回家孝敬父母。我想报父母在四年期间替我交学费而让我充分学习的恩情。"④池田时常对学生强调孝敬父母的重要性。她从池田的讲话中受到启发而养成"感恩而报恩"的精神。⑤

某一个女学生受到池田的"鼓励"而打破自己心里面的障碍发挥潜能并实现了自己的目标。她入学以后就以当律师为目标一直拼命用功,但是她在此过程中

---

① http://www.soka.ac.jp/campuslife/voice/v038_s06_1.html,日本:创价大学网页,校园生活voice,2010年9月20日。

② http://www.soka.ac.jp/campuslife/voice/v074_s08.html,日本:创价大学网页,校园生活voice,2010年9月20日。

③ http://www.soka.ac.jp/campuslife/voice/v074_s08.html,日本:创价大学网页,校园生活voice,2010年9月20日。

④ http://www.soka.ac.jp/campuslife/voice/v038_s06_3.html,日本:创价大学网页,校园生活voice,2010年9月20日。

⑤ http://www.soka.ac.jp/campuslife/voice/v038_s06_3.html,日本:创价大学网页,校园生活voice,2010年9月20日。

发现自己的实力离目标还差得很远而开始烦恼。在2003年1月的时候,创办人池田来参观她上的课。她听到池田"学习加油"的一句鼓励的话,受到了很大的启发,振奋起来,从而决定通过学习获得胜利。从此以后,她开始拼命学习,在二年级的时候被选优秀全额免费学生。她还通过了东京特别区考试、国家公务员第二种最后考试等难关的几种公务员考试。由此可见,池田的"一句鼓励的话"使她振奋起来,促使她不断发展自己的"创造性",起到了重要的育人作用。[1]

(三)通过在校园里与他人的交流受到启发的学生

有一个四年级的女学生通过"与很多人的交流"受到了很多启发。她说:"在创价大学渡过的四年期间,我在宿舍和研究小组中都交到了好朋友,也遇到了好老师。与他们的交流加速了自己的发展,加强了自己的优势。即使有烦恼也可以使我如真实的自己往前进,这就是创价大学提供的环境。""无论在哪里都可以交到终生朋友的地方就是创价大学。"如上所述,"与朋友和老师的相遇"给了她很大的启发和影响。已毕业的校友也给予她决定自己的将来的启示。最后她获得了自己最想要的银行财务顾问的工作。由此可见,与同学、朋友、老师、校友的"交流"给予她很多启发并促进她"创造性"的发展。[2]

一名在创价大学读了本科和研究生一共六年的男学生通过与他人的"交流"养成了自己的"创造性"。他说道:"在创价大学的六年生活中,通过跟为自己担心而哭的学长和为发展自己拼命用功的同学与学弟学妹的交流,学到了认真地面对他人、勇敢地面对任何事的态度。"就是说,与学长、同学、学弟、学妹的"交流"使他学到了克服困难的态度。他通过了法务技官考试,以后想作为担任少年犯罪的法务技官实践自己在创价大学受到的人本教育。他说:"这个工作会左右他人的人生,责任重大。我想把这一点放在心上,以创价大学人本教育的优势致力于工作。"由此可见,他在校园里"与人的交流"促进他"创造性"的发展,最后使他实现了目标。[3]

(四)经历过社团活动的学生

一名四年级的男学生参加过软式棒球队,当过部长。当时他不只追求球队技

---

[1] http://www.soka.ac.jp/campuslife/voice/v038_s06_3.html,日本:创价大学网页,校园生活voice,2010年9月20日。

[2] http://www.soka.ac.jp/campuslife/voice/v074_s08.html,日本:创价大学网页,校园生活voice,2010年9月20日。

[3] http://www.soka.ac.jp/campuslife/voice/v038_s06_3.html,日本:创价大学网页,校园生活voice,2010年9月20日。

术上的发展,还追求队员精神上的发展,以通过自己球队奋斗的姿态给予支援者勇气、希望和感动。他希望其他队员也理解他的想法而跟着自己共同奋斗。因此他以非常认真的态度找每个队员一对一的沟通,告诉他们自己的想法。他说道:"通过软式棒球队的活动我能够锻炼自己。自己不知不觉地能够以苦劳化为快乐。""我在四年期间一直有各种烦恼,不过每一个日子都很宝贵。"由此可见,他通过棒球队的活动磨炼成了将困难与烦恼转变为发展自己的原动力的"创造性"。他还说过:"通过与性格和想法各自不同的50名的队员一对一的交流,我了解到每个人都有不同的感受和不同的想法,也慢慢地能够接受这样的差异。"就是说,他通过与队员一对一的交流养成了接受和尊重差异的"包容性"和努力与他人联合的"和谐性"。①

有一个女学生通过社团活动养成了"和谐性"与"包容性"。她回顾自己四年的校园生活时说道:"通过社团活动我遇到了可靠的朋友和学长。与他们的交流使我四年的校园生活变得更有意义。以前的我是以自我为中心的,不过现在变得关心他人了。"由此看来,这位学生通过"社团活动"与朋友和学长的"交流"养成了"和谐性"与接受他人、关心他人的"包容性"。她还养成了"感恩之心"。她说道:"自己有了感恩之心也是很大的变化。我还想向学长热情的态度学习,自己也愿意为后辈做任何事情。"她养成了对帮助发展自己的人与环境的"感恩之心",也学到了如何报恩。那就是通过为后辈效力而报恩。②

(五)致力于学习外语的学生

有一个女学生以当联合国职员为目标。她在创价大学校园生活中从自己身边的学长和同学们积极去留学的态度、在校内跟外国留学生的交流受到了很大的启发。由此,她去澳大利亚留学。她归国后,作为世界语言中心的工作人员帮助其他学生的学习,为"自他共同发展"而尽力。她说:"在自己身边可以感受到'世界'是因为我在创价大学校园生活积累了很多宝贵的经验。""今后的一年我想把'成为保卫人类和平的要塞'的建校精神铭记于心,拼命用功,加强自己的实力。"由此可见,这位学生通过创价大学的校园生活养成了"世界市民"的意识。在她心

---

① http://www.soka.ac.jp/campuslife/voice/v074_s08.html,日本:创价大学网页,校园生活voice,2010年9月20日。

② http://www.soka.ac.jp/campuslife/voice/v074_s08.html,日本:创价大学网页,校园生活voice,2010年9月20日。

中深深地铭刻着人类和平的建校精神第三项。①

有一个女学生通过"留学"开阔了自己的视野,养成了"包容性"和"坚强精神"。她怀着"学好汉语可以跟世界四分之一的人说话"的希望到中国留学。她在留学期间的两个学期都得到了留学生中最优秀的成绩而获得了"优秀留学生奖"。她在留学的一年期间交了500个朋友。她说:"我在留学生活中学到了'在跟自己不同的文化交流中也要主张自己的意见'。"她通过学习中文、在中国的"宿舍生活"和与很多朋友的"交流"锻炼了自己各个方面的能力。由此看来,她除了中文能力以外,通过与中国人及外国留学生的交流还开阔了自己的视野,又学到了在与自己不同的文化中要坚持自己的意见的重要性,又养成了不怕困难的"坚强的心"。②

(六)致力于帮助学弟、学妹的就业活动的学生

在创价大学有这样一个活动,即找到工作的四年级的学生帮助后辈就业活动。他们组成了"CSS"(职业支援工作人员)和"RSS"(就业支援工作人员)组织。"CSS"由大学四年级的学生组成,主要有五个方面的活动:第一,帮助一年级和二年级的学生找到大学生活的目的。第二,分享国家考试、公务员考试等各种资格考试的经验。第三,提供通过实习和企业参观接触企业和工作的机会。第四,帮助学生使自己的梦想和课程、留学、社团活动、社会福利活动、兼职等相结合。第五,提供平时可以利用的有关职业的咨询平台。③"CSS"和"RSS"的每个成员都具有的最大特征就是"前辈为后辈尽力"的精神。

"RSS"由已找到工作的四年级的学生组成,主要目的是帮助即将开始找工作的三年级的学生。他们的主要活动为:第一,开展面谈、企业介绍、小组咨询会等活动。第二,积极联系企业和收集就业信息,提供最新的企业信息。第三,举办"簿记考试对策讲座"、"就业辅导"、"校友座谈会"、"校内招聘会"等活动。第四,提供使学生了解企业的各个领域以及职业种类的学习会。第五,给学生提供就业活动过程中的准备到被录取后的手续等全面的帮助。④

---

① http://www.soka.ac.jp/campuslife/voice/v038_s06_2.html,日本:创价大学网页,校园生活 voice,2010年9月20日。

② http://www.soka.ac.jp/campuslife/voice/v062.html,日本:创价大学网页,校园生活 voice,2010年9月20日。

③ http://www.soka.ac.jp/job_qualify/careersupport/index.html,日本:创价大学网页,就业支援体系,2010年9月20日。

④ http://www.soka.ac.jp/job_qualify/careersupport/index.html,日本:创价大学网页,就业支援体系,2010年9月20日。

负责"RSS"的四年级的男学生非常重视"前辈与后辈的联系"。他说:"创价大学值得赞扬的是前辈与后辈的紧密联系。我们'RSS'的使命是'使后辈找到工作而获得胜利'。我们把信息网络布置每个系、班、研究小组、社团和宿舍等地方,帮助他们就业。这是具体显现从创价大学开学以来一直传过来的'前辈为后辈尽力'传统的活动。"由此看来,"前辈帮助后辈"是创价大学开办以来的传统。他还说过:"自己在找工作的过程中感到痛苦的时候,支撑自己的不是要为自己努力而是要为后辈努力这样的精神。""我认为前辈的胜利必定会给予后辈希望和勇气。"就是说,他"克服困难"的原动力来源于"为后辈开拓道路"这样的精神。如上所述,他不只为自己的成功努力,而是以"为后辈尽力"的精神挑战困难而开发自己内在的潜能。由此,他养成了"自他共同发展"的精神。①

某一个女学生在前辈与后辈密切关系中养成了"报恩之情"。她谈到自己毕业后的目标时说道:"为发展中国家贡献自己的力量的同时,为后辈尽自己所有的力量。"她有这样的想法是因为自己在找工作的过程中得到了前辈的大力支持,因此她想报这个恩。她说:"在前辈与后辈的密切关系中学到了很多。所以现在我想把自己学到的东西传给后辈。"由此可见,她想将对前辈的恩情通过自己为后辈尽力而报偿。他在校园生活中养成了"报恩之情"。②

一位以当海洋科学者为目标的在工学系的女学生也养成了对母校的"报恩之情"。她说道:"我对培养自己的创价大学怀着感恩之心。"她之所以有这样想法是因为她认为:"创价大学在我们研究的各个方面给予支援,研究设备也很完善。创价大学既给予学生可以尽情学习的环境,又给予留学和实习等各种发展自己的机会。"创价大学有一门课叫做"企业领导谈的现代经营学"。这门课是专门邀请企业领导而请他们讲课的课程。她在这门课上也受到了很多启发。她找到工作后,开始参加"CSS"的活动,为的是报偿创价大学四年来的教育之恩。③

一个女学生在四年的校园生活中致力于发展自己全面的能力。她在上学期间,为了挑战自己,通过"宿舍生活"、"社团活动"、"留学"等创价大学的主要育人实践锻炼了自己的各个能力。在此过程当中她遇到了很多人,也受到了很多启发。在大学生活最后一年,她打算把自己四年的各个经验全用在帮助后辈上。因

---

① http://www.soka.ac.jp/campuslife/voice/v038_s06_2.html,日本:创价大学网页,校园生活voice,2010年9月20日。

② http://www.soka.ac.jp/campuslife/voice/v070.html,日本:创价大学网页,校园生活 voice,2010年9月20日。

③ http://www.soka.ac.jp/campuslife/voice/v048.html,日本:创价大学网页,校园生活 voice,2010年9月20日。

为她在校园生活上有丰富的经验,她就能够以这些经验来帮助有各种烦恼的很多后辈们。因此,她积极地致力于世界会的活动与"RSS"的活动。①由此可见,她体现着给他人有益的价值的"创造性"和关心后辈并试图"自他共同发展"的"和谐性"。

通过考察了解到,在"CSS"和"RSS"活动的学生有以下共同点:第一,对创价大学、创办人、前辈以及父母怀着"感恩之情"。第二,试图通过"为后辈尽力"的具体行为来报答支持和培养自己的人。第三,养成了"自他共同发展"的精神。

如上所述,通过创价大学的校园生活,培养出了学生的"将困难与烦恼转变成促进自己发展的创造性"、"克服困难的坚强的心和不怕困难的勇气"、"与他人之间心与心交流的和谐性"、"为后辈尽力的慈悲之心"、"致力于自他共同发展的精神"、"尊重多样性的包容性"、"作为世界市民的意识"、"为人民服务的精神"、"感恩之情"、"报恩之情"等。在学生得到这些内在发展的过程中,在"宿舍生活与同学互相启发切磋琢磨的经验"、"池田的讲话与鼓励"、"与同学和前辈的交流对话"、"社团活动"、"通过学习外语及与留学生的交流接触多样性的经验"、"为后辈尽力的传统精神"以及"克服困难的经验"等起了重大的作用。池田曾说过:"人要磨炼自己的精神而发展自己,启发是不可缺少的因素。这需要好前辈、好同志。"②就是说,人不能自己一个人成长,通过与老师、前辈和同学等各种人的交流才能磨炼自己的各个能力,形成全面发展的人格。上面的考察结果显示,创价大学的育人实践实现了它。

三、对于校友采访资料的考察

创价大学的校友们将在学生期间培养出来的"创造性"、"和谐性"与"包容性"在社会各界上发挥出来并体现着作为"世界市民"的人生方式。笔者引用对校友采访的资料,以他们如何体现出"创造性"、"和谐性"与"包容性"为焦点,从四个方面来考察创价大学的育人成效。

(一)从事教育的校友

创价大学至今为止共有超过5700名(2010年5月1日至现在)的学生通过教员采用考试,培养出了为孩子的幸福而贡献的大批人才。

有一个校友在离城市很远的一个镇的小学里做副校长。他对每位学生都一

---

① http://www.soka.ac.jp/campuslife/voice/v074.html,日本:创价大学网页,校园生活 voice,2010年9月20日。
② [日]池田大作:《新·人间革命(第17卷)》,第234页,日本:圣教新闻社,2008年版。

视同仁,进行真诚地面对每一个学生的人本教育。他在创价大学学习期间,因为他家是母子家庭,为避免给母亲加重经济压力,主要靠自己打工挣来的钱和奖学金筹措学费和生活费。就如创价大学的学生有"辛苦要主动经受"的精神,他也经受过一边打工一边学习的辛苦的大学生活,不过他从未感到过痛苦。在他们入学典礼时创办人池田讲过:"任何事都是以人为出发点。我希望你们能渡过彻底追求知识的四年。"这句话一直在他的内心深处萦绕。如上所述,他在校期间养成了以苦劳化为发展自己食粮的"创造性"。他说他想要向一直支持自己的人们与社会报恩,同时作为教师想跟学生们一起发展。①由此可见,他一直怀着"感恩之情",作为教师通过致力于学生的教育而试图报答。

有一个校友做小学教师,他负责的班级里面有"暴躁脾气"的学生。这个学生有时会在课上打桌子,有时会突然站着发出怪声,是一个有问题的学生。因此,他调查了这个学生的家庭背景,之后才知道这个学生的父亲已经过世,只有母亲养育他。他回忆起自己在创价大学时期的一件事:他曾经在校园里的宿舍前面遇到过坐在车上的池田。当时池田对他说:"请向你母亲问好。要好好孝敬母亲。"他马上给母亲打电话说了这件事。母亲听完这件事后对池田的关怀深为感动而流泪。他想起了这件事,然后跟这个学生的母亲说她儿子一定会成为帮助母亲的孝顺儿子。后来经常对班主任、校长和 PTA(Parent－teacher Association)发牢骚的这位母亲说最近儿子的态度改变了,开始认真学习了。当他因为调动要离开这所学校时,那位学生还非常认真地写信给他。由此看来,他始终贯彻相信并鼓励学生的态度改变了学生的心。他这样的工作态度体现出了创价大学培养的尊重每个人、尊重多样性的"包容性"。②

(二)为民众服务的校友

创价大学至今为止培养出了大批法律界的优秀人才。通过司法考试的学生与校友达到了 205 名(2010 年 9 月),通过公认会计师考试的有 186 名(2009 年 11 月),通过税理士的有 143 名(2009 年 12 月),这样的成绩在全国私立大学中达到了最高水平。③

---

① http://www.soka.ac.jp/HTML_NewsTopics/Soka_vol12.pdf,日本:创价大学网页,2010 年 9 月 11 日。

② 《池田大作の軌跡》编纂委员会,潮,连载第五回创友会と共に(北海道・教育者编)《世界が見た真実池田大作の軌跡》,第 129－131 页,2009 年 1 月。

③ http://www.soka.ac.jp/about/statistics/index.html,日本:创价大学网页,大学统计,2010 年 5 月 1 日。

有一位校友是律师。他负责少年犯罪案件、学校问题以及有负债的人的救济等广泛的工作。他说:"我想始终与老百姓同甘共苦,为解决他们承担的各种问题竭尽全力。一辈子要努力做不会忘掉对人的关怀的律师。"从他的这句话中可以看到在他的心中被铭刻着池田给创价大学的学生赠送的指针:"为何要磨炼起睿智?您,千万不要忘记啊。"为人民愿意贡献自己力量的慈悲就是"和谐性",接受老百姓的各种烦恼而为救助他们奋斗的"包容性",发挥智慧而创造出对社会有益的价值的"创造性",他在体现着"世界市民"所必须具备的三个条件。①

有一个校友在街市设有办公室做税理士。她为处于在经济停滞和物价上涨的严峻情况下坚持经营的中小企业和个人商店提供税制对策以及经营方面的建议。她回顾大学时期时说道:"为通过税理士考试每天需要十个小时的学习,所以我每天都在中央图书馆学习直到闭馆时间的九点。不只学习,我还做了大学文化节的实行委员会,在宿舍也曾经跟朋友彻夜谈论人生,虽然每天都很忙,不过过得非常充实。创价大学前辈与后辈之间的纽带非常紧密。我受到了前辈的很多照顾。现在有时候仍然会给他们打电话征求意见。另外,至今仍留在我心中的是创办人在演讲中讲到的一句话:'"充满波折"才是我人生的荣誉。'我在创价大学遇到了不少的人,我的人生就改变了很多。"如上所述,她通过为考试的学习、大学文化节实行委员会的经验、宿舍生活、池田的演讲等创价大学的育人活动形成了自己的人格。她作为税理士发挥着"智慧",以为处于苦境的老百姓愿意竭尽全力的"慈悲"和接受各种人而为他们奋斗的"勇气"为社会做出贡献。由此可见,她在发挥"智慧"即"创造性"、"慈悲"即"和谐性"、"勇气"即"包容性",她这样的人生方式就是"世界市民"的榜样。②

有一个校友在大学三年级的时候通过了公认会计国家考试,当了会计师。他回顾大学时期说道:"创价大学有前辈照顾后辈、后辈尊敬前辈这样的传统。我也受到了前辈的很多关照。"创价大学设有国家考试研究室。它是给准备考国家考试的学生提供学习的场所,并且还有通过考试的前辈指导后辈的教育体系。他说自己为准备考试而拼命用功的时候,前辈曾经来过他家鼓励他。前辈的鼓励给予他很大的力量。他说道:"具有自己的梦想和目标是很重要的。我受到了前辈的很多关照,从此我也开始想为后辈而尽力。我想今后仍坚持为他人贡献力量的创

---

① http://www.soka.ac.jp/HTML_NewsTopics/Soka_vol10.pdf,日本:创价大学网页,2010年9月11日。

② http://www.soka.ac.jp/HTML_NewsTopics/Soka_vol13.pdf,日本:创价大学网页,2010年11月11日。

价精神一直努力下去。"由此可见,创价大学的校友都具有试图报答前辈的恩情的态度,并愿意为后辈尽力的"慈悲"即"和谐性"和"勇气"即"包容性"。①

有一个校友作为县政府的公务员为人民服务。他决定做公务员的原因在于他在大学四年级时听到的应创办人邀请的罗沙·帕克女士的演讲。他说:"我被为保护弱者献出毕生精力的她深受感动。然后决定了自己该走的道路,就是当公务员而为建设平等的社会贡献力量。"就是说,他从来自国外的著名活动家罗沙·帕克女士的讲座受到启发,从而决定今后要走"为人民服务"的路。他还说道:"我在做学生的时候,向当公务员的目标而拼命用功。不过,我能够努力下去的不只是靠我一个人的力量,而是因为前辈几乎每天都来鼓励我。"他的这句话表示,前辈的鼓励给予他很大的力量,而且前辈拼命鼓励他的态度使他发现"为他人服务"的重要性。②由此可见,他把在学生生活期间养成的"慈悲"即"和谐性"发挥出来,作为公务员发挥"创造性"给人民创造出有益的价值。

(三)在运动界活跃活动的校友

创价大学在很多领域都有发挥能力的校友,其中有一位职业棒球选手。他击球绝不错过机会,是防守高手,在球队中是个不可或缺的人物。在创价大学时期他参加棒球队。他说:"创价大学棒球队是以'人本棒球'为宗旨。我在创价大学了解到了精神发展、作为人的发展最重要。今后我想坚持创价精神为后辈和支持自己的棒球迷向未来继续挑战。"由此可见,他通过创价大学的社团活动受到了人本教育,并从中学到了作为人应该如何生活。他以其精神为中心在运动界发挥自己的能力。③

(四)在世界发挥能力的校友

有一个文学院英文系毕业的校友在南非献身于 HIV 阳性病人和艾滋病病人的支援以及预防启发事业。她参加这样的国际合作的事业的动机是她在创价大学三年级时去墨西哥的经验。当时她在墨西哥的路上看到过卖口香糖的孩子。她说:"从此,我开始思考为了把接受教育的机会给予世界上所有的孩子,应该怎么办才好、自己可以做什么。"后来她作为交换生去墨西哥的大学留学。创价大学

---

① http://www.soka.ac.jp/HTML_NewsTopics/Soka_vol06.pdf,日本:创价大学网页,2010年11月11日。

② http://www.soka.ac.jp/HTML_NewsTopics/Soka_vol11.pdf,日本:创价大学网页,2010年11月11日。

③ http://www.soka.ac.jp/HTML_NewsTopics/Soka_vol16.pdf,日本:创价大学网页,2010年11月11日。

毕业后，她到美国的大学学了国际教育开发专业。她说自己人生的座右铭是"为何要磨炼起睿智？你，千万不要忘记啊"和"唯有劳苦与使命当中，才会产生人生的价值"。这是在创价大学开办时池田送给学生的人生指针。由此可见，她发挥在大学时期养成的为人类创造幸福的"创造性"、关心并同苦苦恼痛苦的人的"和谐性"与接受并尊重多样而越过国境救人的"包容性"为人类作出贡献。①

一位从工学院毕业的校友在关于微生物和感染病方面具有权威的法国巴斯德研究所研究疟疾。她在高中的时候通过电视节目了解到处于贫困和感染症的环境下生活的非洲的孩子的情况。当时她被池田"最痛苦的人才具有获得幸福的权利"的这句话深深感动，那时候她就决定自己要成为为最痛苦的人贡献自己最大力量的人。她进入创价大学后参加了泛非洲友好会，跟同学们一起研究非洲。在她大学三年级时南非的姆贝基副总统（当时）来到创价大学。那时他们非洲友好会的成员在他的欢迎会上为受种族隔离之苦的人们着想而用心地唱南非国歌。听到他们的歌，姆贝基副总统非常高兴。经过这件事她受到了很大的启发，决定作为非洲的孩子贡献的工作。她现在作为专家给人们创造有益价值的"创造性"和愿意为苦难的人们伸出慈悲之手的"和谐性"与越过国境接受多样性的"包容性"在国外进行研究活动。由此可见，创价大学的社团活动以及跟世界著名人士的交流培养了超越国境为痛苦的人贡献力量的人格。她这样的生活方式正是"世界市民"的榜样。②

有一位现在担任日本阿富汗协会理事的阿富汗人是创价大学法学院毕业的校友。他回顾在创价大学的学习生活时说道："在入学典礼上听到创办人的话，被他对教育的热情与温暖的人格所感动。而且典礼结束后他握住着我们留学生每个人的手说道：'你有重要的使命。加油啊。'这样鼓励我们。他的这句话解除了我的忧虑，使我觉得来到日本真好。那时我决定拼命用功而为祖国贡献力量，一定要实现这个梦想。"由他的这句话可以了解到，池田对留学生热情的鼓励成为他们对学习以及实现梦想的重大的原动力。他读完研究生后留在日本，一边利用自己法律方面的丰富知识与流畅的日语在司法机关做翻译，一边利用在日本和阿富汗广泛的人际关系推进两国之间的民间交流。他说："世界上没有不希望和平的人。最后重要的还是信赖关系。这是在创价大学学到的。"就是说，他在创价大学

---

① http://www.soka.ac.jp/HTML_NewsTopics/Soka_vol05.pdf，日本：创价大学网页，2010年11月11日。

② http://www.soka.ac.jp/HTML_NewsTopics/Soka_vol09.pdf，日本：创价大学网页，2010年11月11日。

养成了越过国家和民族差异的"包容性"与他人构建信赖关系的"和谐性"。塔利班政府垮台后的2002年在东京举行了第一届阿富汗复兴支援国际会议。他在此做了卡尔扎伊总统的翻译和顾问。他想要以在创价大学学到的"不认输的精神"为祖国以及世界的和平贡献力量。由此可见,他在发挥在创价大学养成的"创造性"、"和谐性"和"包容性"而体现出作为"世界市民"的生活方式。①

如上所述,创价大学的校友在教育界、司法界、运动界以及在国外的学术界与国际协作机关等各个领域都体现着"世界市民"的生活方式。从他们的姿态可以了解到每个人将在创价大学校园生活养成的"创造性"、"和谐性"和"包容性"都在自己身上体现,为世界和平与人类幸福做出贡献。

纵观全文及其问卷调查结果显示池田大作育人思想对培养创价大学学生有着极其首要、重大意义和价值。他的旨在培养学生"创造性"的育人实践都给予学生的人格形成提供了积极影响,培养了学生的"创造性"、"和谐性"。创价大学各项的育人实践,尤其是"社团活动"则大大促进了培养学生的"和谐性";而培养学生"包容性"的育人实践,即"国际交流"、"留学"、"学习外语的完善环境"都促进了培养学生的"包容性"。

从在校学生的采访资料中笔者发现了大部分学生都具有的一个显著的共同点,就是每个学生都对创办人、父母、老师、同学、学长、学弟、学妹等支持鼓励自己的所有人怀着"感恩之情",而且他们在心里决定把这份恩情以自己的具体行动来报答。其"感恩之情"和"想要报恩的精神"是在问卷中第85题"接受创价教育得到的是什么"的最多的回答。这些"感恩之情"和"想要报恩的精神"是创价大学学生具有的最大特征。他们的另一个共同点是具有"前辈为后辈尽力"的传统精神。这个精神不只扎根于在校学生的心底,还扎根于已经毕业的校友的心底。校友们走上社会后以为了后辈必定要在社会上开拓新的道路、为了后辈必定要通过自己的工作态度证明创价教育的价值以及必定要宣扬创价教育的和平理念等信念在社会上发挥自己的力量。这个"前辈为后辈尽力"的精神来源于"报恩之情"。

池田提起"报恩之情"时说过:"(自己)此后从世界各国接受许多国家勋章。而且,从大学、学术机关也接受世界最多的两百多的名誉学术称号。根据生命因果的法则,确信其根本原因是自己对从人生的老师受到的一朵花的'感谢之情'和当时自己发誓更加专心致志的'心'。"②由此可见,"感恩之情"与"想要报恩的精

---

① http://www.soka.ac.jp/HTML_NewsTopics/Soka_vol15.pdf,日本:创价大学网页,2010年11月11日。

② [日]池田大作:《新・人间革命(第21卷)》,第232页,日本:圣教新闻社,2010年版。

神"会成为创造新的价值的源泉。也可以说,"感恩之情"与"想要报恩的精神"会成为使人最大地发挥自己的潜在能力与可能性的原动力。因为人感恩而为报恩行动的时候,就可以启发和开发自己生命内在的潜在能力。具体地说,报恩是为他人的行为。人为他人行动时需要以"智慧"思考为他人创造有益价值的"创造性"、以"慈悲"关心和同苦他人的"和谐性"以及以"勇气"克服自己内心的障碍而尊重他人的多样性的"包容性"。因此,在培养"创造性"、"和谐性"和"包容性"的过程中,"感恩之情"和"想要报恩的精神"起到促进作用。那么,他们的"感恩之情"和"想要报恩的精神"是从哪里来的呢?那就是创价大学的育人环境。就是说,创价大学培养学生的"创造性"、"和谐性"和"包容性"的育人环境养成了学生的"感恩之情"和"想要报恩的精神"。由此可见,"创造性"、"和谐性"和"包容性"的培养与"感恩之情"和"想要报恩的精神"是相互促进的关系。

　　对创价大学已经毕业的校友的考察显示各种人才在教育界、法律界、运动界以及国外的学术机关、国际协作机关领域在发挥"创造性"、"和谐性"和"包容性"为人类做出贡献。他们具有的共同点就是以在创价大学受到的人本教育作为自己人生的方针。详细地说,有些人从创办人池田的演讲受到启发之后,一直把它作为人生的指针,还有些人由于受到创价教育而找到自己想要的人生方式并实现它等。他们都把在创价大学培养出来的"创造性"、"和谐性"与"包容性"发挥出来而在各个领域为人类幸福与和平建设做出贡献。由此可见,创价大学以培养创造人类幸福与世界和的"世界市民"为目标的育人实践获得了卓著成果。

　　从上面的考察了解到,创价大学所实践的人本教育将学生生命中潜能的开发为重点,以建校精神为根本育人理念,以培养学生的"创造性"、"和谐性"与"包容性"为育人途径,以多样形式具体地展开育人实践,培养出了全面发展的"世界市民"。由此可见,池田大作在创价大学的育人实践已获得了成果。因此,池田提出的培养全面发展的"世界市民"的育人实践给予现代偏重于灌输知识与技术的大学教育提供了难得的启示。

第十五章　池田大作德育实践——创价学园为例

第一节　富有特色的德育实践

一、"三德"德育

在现代德育中如何进行道德德育,人才培养应该怎样考虑作为规范的"德"呢？为此,池田大作先生从传统的佛教思想出发,吸收其思想精华,提出了"三德"德育的德育理念。他在与钱德拉博士的对谈中列举了"主师亲之三德"作为佛法中规范人类品行的主要德目。① 主张创价德育的"德育"应以此"主师亲之三德"在德育上的展开。

按照佛教哲学大辞典对"主师亲之三德"的解释,"主德是守护众生的力量·劳作,师德是劝导教化众生的力量·劳作,亲德是慈爱众生的力量·劳作。具备此三德者乃是拯救众生的佛。"② 换言之,只要拥有"守护"、"劝导"、"慈爱"三德的人,就可视为是佛。

池田大作先生对"三德"还作了进一步的阐述：" '主之德',要而言之,即是'守护众人'之力。不留一人地不使其转落于恶道的强烈'责任感'。'师之德',是劝导众人之事。在师之德中,闪耀着为引导众人面向幸福的'智慧'光芒。'亲之德',是'哺育众人、施以慈悲'之事。在此,有严格而温暖的'慈悲'。'责任感'、'智慧'与'慈悲'之三德兼具之人是佛；以三德浸染心肝、付诸行动者乃'菩萨'。"③ 对于何为菩萨的结论是"以此三德为基轴,在社会中展开救济行动的存在"就是菩萨行,④ 也就是说,"菩萨"可理解为实践者之意。

由此,"三德"德育就是培养兼具"守护众人的责任感"、"劝导众人的智慧"、

---

① [日]池田大作、ロケッシュ・チャンドラ：《东洋の哲学を语る》,第357页,日本：第三文明社,2002年版。
② 创价学会,台湾创价学会编译：《佛教哲学大辞典》,第605页,2004年版。
③ [日]池田大作、ロケッシュ・チャンドラ：《东洋の哲学を语る》,第357页,日本：第三文明社,2002年版。
④ [日]池田大作、ロケッシュ・チャンドラ：《东洋の哲学を语る》,第359页,日本：第三文明社,2002年版。

"哺育众人、施以慈悲"三德之人,这是创价学园德育理念的核心,更是创价学园德育的基础。

二、世界市民德育

立足于当代日本社会的发展和国际潮流,创价学园的德育特色和目标就是"培养富有新兴气性、光荣的日本指导者与世界指导者"的世界市民。

以培育地球公民(当时是这么称呼的)的德育构想是池田大作先生在1964年6月30日举行的"第七届创价学生学生部总会"之时首次发表的。在这次大会上创立者提出了创价学园就是要培育关心世界和平的人才,而此目标的实现就是担当世界领导者的学生的培养。[①]

池田大作先生在《圣教新闻》随笔《人间世纪之光——创价一贯德育的大城》中列举创价学园三大特质之一的"世界市民之育成"并作出了如下的阐述:"世界市民的育成,就是与各国的人们一道,不骄不躁、不卑不亢,作成一个'人间',获得坦荡诚实的交流'实力'和贡献于人类的'开放之心'。故而,'知晓世界'不可欠缺。不懂就产生偏见和先入之见。学习的勇气,把自己的心向世界打开。语言能力至关重要。日本不是准绳,应以地球规模的尺度去衡量,要勇于身先士卒,担当领导。"[②]

世界市民德育和主师亲之三德乃是一体两面、相互支撑的。

也就是说,在世界市民理念的根干里有主师亲之三德。池田大作先生曾在1966年哥伦比亚大学师范学院以《对"地球公民"德育的考察》为题的演讲中,对世界市民与"三德"为基础的共通方法进行了阐述,尤其对"三德"展开论述:"第一,平等地守护众人的'主之德'。这也就是说不忧惧和拒斥人种、民族、文化之'差异',要尊重、理解这种差异,以其为成功的种子,做个'勇敢者'。第二,世界市民的条件是拥有对生命相关性深刻认识的智慧。这与健全人格关联促使生命之花绽放的'师之德'是相通的。最后,将所有人以我之子等而爱之、与己同等高度予以养育的'亲之德'。这,不限于近身,还要提携远方正受着苦难的人们,做个'慈悲之人'。"

对"勇气"、"智慧"和"慈悲"的主题,池田大作先生进一步从佛法的缘起思想进行了论述。当人们注意到佛法生命关联的时候,对他者的共感性就产生了。"佛法促使了基于此种'生命'深刻共鸣的'智慧'的迸发。之所以这么说是因为

---

① 《创价教育(第1号)》,第96页,日本:创价大学创价研究所,2008年版。
② [日]池田大作:《随笔"人间世纪の光"》,日本:圣教新闻,2009年10月24日。

'智慧'与'慈悲'的行动连动着。所以,佛法所说的'慈悲',绝对不是对好恶之人性自然情感的强制压迫。即便是讨厌之人,也蕴藏着对自己人生的价值,能成为对世态人性有深刻了解的人。这种开阔眼界的可能性,乃是佛法的呼唤。从真切思考'为他人能做些什么'的'慈悲'之心出发,将会涌出无限'智慧'。而且佛法认为所有人当中都同时潜藏着'善性'和'恶性',所以,无论什么样的人,都要相信、发现其人存有'善性'的决心是至关重要的。在这种'勇气'充盈着的持续行动中,'慈悲'正在波动向前。"①

对世界市民的育成即是这三德的德育,培育从"慈悲"之心出发、考虑对方之事、持有解决劝导的"智慧"、并为此将付诸实践的"勇敢者"。

池田大作先生在自著《青春对话》中就世界市民作如下阐述:"作为一个人,秉持卓越人格是国际人的要点。""不出卖友情才能缔结友情,这就是国际人的必须具备的条件。"②可以看出,他说的两个要点"卓越人格"和"友情",正从创价学园"德育方针"里的健康的人性丰富的人格、"五原则"里的友情之深·一生的友情上充分地反映出来。

三、感恩德育

感恩德育是创价学园德育的重要内容,是建立在"主师亲之三德"的基础之上的。

"主师亲之三德"的实践,与同时感受"三德"的实际感觉也同样重要。因为,实际感觉会在"三德"的实践者和受"三德"的人之间产生共同感觉和友情,甚至有可能受三德的人会成为三德的实践者。这是一种以感恩图报的形式进行的良性循环。

"'受三德的实际感觉'在此'恩'"的这种思考方式存在于佛法精义的根干。桐村秦次所著《佛教与人类的生活方式》之《思考报恩的本义》中认为:"'恩,就是恩惠、慈爱。'所以,报恩就是对所受的恩惠、慈爱予以回报。(日莲大圣人所著的)《开目抄》中指出:人作为一个人成长,并且人按照人的人生而生活,必然会从主师亲三者那里收受恩惠和慈爱。"③

由于一个人活在世界上拥有当下的自我,实际上其象征意义就是被社会存在所代表的主之德、授受智慧源泉的师之德和作为生命体孕育慈爱的亲之德的统一,因此,池田大作先生说:"主师亲之三德论,昭示了'恩惠、慈爱'之源泉的尊贵,倘若受其十分、视为致力于人格完成的教谕,那么报恩也就是已经自立了的自我

---

① [日]池田大作:《希望の世紀へ》,第47页,日本:凤书院,2004年版。
② [日]池田大作:《青春对话》,第161、169页,日本:圣教新闻社,1999年版。
③ 桐村秦次:《仏法と人間の生き方》,第158页,日本:第三文明社,1973年版。

怎么还原这种价值,为社会、为他人应该如何贡献的体现了。"可见,因为要感恩,所以在这里就有社会、带来智慧源泉的人们和哺育生命体的人们这样三种恩惠、慈爱的形式。

创价学园德育的一个基本特点,在于"三德"是创立者、学校职员、教师的基点,"感恩"则是学生一侧的立场。并且学生"感恩"之心的不断高涨,多种多样的人生价值就能不断地被创造,也就能够结出成效与特色同样显著的德育硕果,成为非常有特色的学校。

创价学会第一任会长牧口常三郎在自著《创价德育学体系》里指出:"要使其感受到自己贵重的生命,是因为社会广大无际的力量,才能享有安乐幸福的生活,不仅要唤起其社会意识,并且要促使他们去研究如何才能使自己和他人,都能过着幸福的生活,使其领悟到唯有尊重与顺应共存共荣的社会生存法则,亦即社会道德之外选择。如果可能,还要使其率先进入感恩报答的贡献生活,努力去创造可以营造幸福安乐的共同生活之社会,此即计划德育所期待的。"在这里,他非常强调促使受德育者感受到无量的恩惠,指导他们进入感恩报答的贡献生活就是德育的目的之一。①

我们知道,与池田大作先生有着深厚友谊、对佛法也有甚深理解的松下幸之助也极为重视"恩"这一问题。当创立者就"恩"征求其意见时,他这样陈述道:"知恩是无形的财富,无限地扩大产生巨大的价值。对牛弹琴,琴声对牛是没有什么价值的。但是,知恩是与之逆向的,即便是得铁,也如同感到是获得了金子。进而言之,知恩就是点石成金的那只手指头。并且,感恩的人考虑的似乎是'滴水之恩当以涌泉相报'。倘若大家有此般考量,在这个世界上,物质和精神将会更加丰富。"②

可见,松下是如此的重视恩德,不仅将感谢、报恩视为自身"处世的基本",还把它作为公司的一大指针。

池田大作先生就报恩感谢还阐述说:"过知恩、感谢恩、报恩的生活时,人能够使人性更丰富。""感谢及尊敬他人的心表现出那人的胸怀很大。"③他强调要通过报恩感谢的实践使人性更加丰富、人格更加高尚。

虽然,学生们对究竟如何感恩、如何成长还不是很清楚,但在创立者、教师、父母亲密互动的三德德育的施行下,使学生们日益拥有完美健康人格的德育体制正

---

① 牧口常三郎:《创价教育学体系》,第169—170页,日本:圣教新闻社,1999年版。
② [日]池田大作:《新・人间革命(第16卷)》,第51页,日本:圣教新闻社,2006年版。
③ [日]池田大作:《池田大作名言100选》,第38—39页,日本:中央公论新社,2010年版。

在构筑。

此外,在上述的校园"口号"里也可以看到感恩和报恩之间的相互关系。一方面,由创立者、教师、学校职员组成的三德之恩的"先辈"把其报恩感谢的思想和行为向学生们进行德育德育;另一方面,"后辈"们则由衷地感到"先辈"的三德之恩而表现出对"先辈"的尊敬。在这样的良性循环下,会在"先辈"和"后辈"之间产生和培养出一生的友情。

第二节 互勉、互动、互谅的德育方式和过程

池田大作先生在庆祝创价学园开学式中描述道:"创价学园以理想德育为目标,教师,学生,父母(著者认为包括创立者)"成为一体,共同建设创价学园。

这里我们以创立者与学生、教师与学生、父母与学生三部分考察创价学园的德育德育方式和学习过程,也是创价学园德育的基本特征。

一、创立者与学生的互勉

创价学园建立的独特性,决定了创立者池田大作先生在学校德育德育中具有极其重要的地位和作用,作为著名的德育家,池田大作先生十分重视学校德育,注重与学生的交流与指导,与学生形成了密切的关系,通过他的言传身教进一步促使学生们认同创价德育的理念,从而形成了创立者与学生互勉的德育方式。

池田大作先生在入学、毕业典礼时始终都积极鼓励学生。他在典礼当中通过为学生进行轻松的讲演、提问等方式由衷地关怀着学生。最具特征性的事情,是学生们不是完全地在听讲演,而是因为创立者在讲演发言中问了一些学生们普遍关心的、感同身受的问题,始终坚持在入学和毕业时与学生进行面对面的真诚交流。这样会使聆听讲演的每个学生都想到,讲演发言是创立者为自己所思考的问题而提出的,虽然创立者在许多学生面前讲话,但讲演的效果却成为创立者与每个学生一对一的对话,令人非常感动。

通过创立者和每个学生的这种对话方式,让学生们在理解创立者高水准的德育理念的同时,也增进了对创立者的精神的推测能力。

另外,创价学园有展示着创立者的足迹的"金兰室",其中有本书籍名为《与创立者一起》,编有池田大作先生对学园的演讲,并且还设有每周3个小时的"综合"科目学习。在"综合"科上学生热烈谈论在"创立者"(TREASURED MOMENTS WITH FOUNDER)内的提言、提问等方式,从各方面学习创价德育理念等。

有意思的是,从创价学园内的建筑物中也能学习到创价德育理念。例如,在创价高校和创价小学校之间有一座天桥叫"荣光桥","荣光桥"意义的来源是希望创价

学生成为肩负人类幸福重任的荣光之人才。池田大作先生在《人间革命》中这样描述说:"过荣光桥时,(我们)确信自己的一辈子是荣煌的胜利。无论有什么困难,不要放弃。挑战自己的命运。"①还有"青年与鹫像"、"哲学者的道路"、"王子大厅"和"王女大厅",等等,这些建筑物都有德育意义。

在日常德育中,池田大作先生总是十分关心学生的成长和学园生活。他有公事出差时,不管日本还是海外,每次都买当地的特产和美术明信片等送给学生。

例如,在关西创价女子初中·高中创办的1973年5月,池田大作先生正访问欧洲。有一天,他在巴黎的城市散步时,作为当地的土特产为女子学园生购买了一个玩具法国娃娃,并且把那个娃娃当做女子学园的象征意义,用"园"的字命名为"园子"。后来,女子学园生就把自己称为园子,把像自己女儿一样地照顾学园生的池田大作先生亲密地称为"父亲"。有个教师曾这样记述说:"创立者和学园生不仅是老师和学生的关系,也是父母和孩子的关系,这法国娃娃'园子'象征了她们。"②

对于那些退学的学生或留级的学生,池田大作先生也从不放弃,始终彻底地鼓励学生上进的勇气。对因某些事件而离开学校的学生,池田大作先生对他们做出再见的保证,此后,又好多次对他们进行反复的激励。这种做法使学生们感到振奋,现在他们已成为在社会第一线工作的人才。

池田大作先生在关西学园里也鼓励那些在大学入学考试失败的毕业生,并给他们介绍打工的地方等。经过创立者持续一年的鼓励,后来这些学生都考上了自己所希望上的大学。

总之,池田大作先生始终彻底保护学生,鼓励每个学生。池田大作先生和学生这二者的关系很密切。我认为,学生从创立者提言的德育理念中得到很大的启发,学生们认为池田大作先生的表现就是自己一辈子的典范,因此创价学园的德育德育效果也非常明显。

《池田大作的20个视点》③的著者·前原政之认为创立者的特征之一是德育家,这可以在他彻底地相信学生们的潜能上明显地表现出来。我想,这可能是出于彻底的、有无限可能性的"生命的尊严"和"人格的尊重"的行为的坚定信念吧。

---

① "创立者とともに"编集委员会:《创立者とともに,小説"新・人间革命",栄光の章・希望の章》,第46页,日本:创价学园,2007年版。
② 《创价学园広报(NO141)》,创价教育センター,2006年7月10日。
③ 前原正之:《池田大作20の视点》,第149页,日本:第三文明社,2010年版。

前原政之就池田大作先生的行为特别强调的是"报恩"[①]和"师弟不二"[②]的行为。我认为前原政之的这一观点非常重要。因为，创立者认为，人基于"缘起"的原则不只是一个人单独存在，而是受到社会之恩、师之恩、父母之恩，才能作为人过生活，感到其恩而报其恩就是"人原来的伦理"。池田大作先生立足的缘起思想包含所有因为基于缘起的恩，其报恩行为不仅在个人的层次，并且扩大到国际层次。池田大作先生的这些报恩行为是由对日本国曾经受到恩的感谢之心产生的。

比如，池田大作先生经常说中国是日本的文化大恩之国，称赞它而表示感谢之心，并一贯进行对中国报恩的行为。特别在日中两国关系最险恶的时代，创立者以非凡的勇气于1968年提出"日中邦交正常化"倡言，之后40多年来通过文化、德育交流，积极地展开促进日中友好事业。创立者的报恩行为有着世界性、历史性的意义和内容。

对此，我认为，对池田大作先生来说，由"人生之师"创价学会第二任会长户田城圣先生受到的师之恩，是在他受到所有的恩里头极为重要的而且极为宝贵的师恩。池田大作先生对恩师的真挚感情使创价学园的许多在校生和毕业生都把他的表现当做模范而活跃于社会各个领域和社会各界。

二、教师与学生的互动

以建构适应学生成长需要、富有特色的德育课，开展生动活泼的德育活动，通过教学过程中教师和学生互动，实现良好的德育效果，是创价学园德育的主要方式和重要特色。

以初中部的每周一次的"创价价值道德"课程为例，在该课程的教学设计中。

为了实现"校训""做探求真理、创造价值、睿智与热情之人"，教师首先将此作为理念的德育观、作为实践论的问题提供给学生讨论，然后把作为道德德育内容的"现正是学习的时候"、"精通看书的人聪明"分别以3年的时间给学生逐步讲授。

对于前者，在一年级的时候把德育重点放在"学习是什么"，二年级的时候重点放在"职业观"，三年级的时候则将重点放在"将来要走的路"进行讲授；对于后者，一年级的时候把德育重点放在"看书的重要性"和"户田大学——看书"上，二年级的时候重点放在"看书的重要性"上，三年级的时候仍然把德育重点放在"看书的重要性"进行讲授，因为，看书就是一种终生的德育，其重要性是毋庸置疑的。

在具体进行德育德育的时候，前者和后者的学习都有提示的教材和与此有关系

[①] 前原正之：《池田大作20の视点》，第210—219页，日本：第三文明社，2010年版。
[②] 前原正之：《池田大作20の视点》，第220—229页，日本：第三文明社，2010年版。

的池田大作先生的指导书籍(如《希望对话》、《和创立者一起》、《新人间革命》等),教师们按照讲课计划再加上自己对这些问题的理解和必要的内容。

作为具体的课堂教学,在"道德"课堂上,关于前者的内容,教师和属于学园中央委员会的学生们一起学习,而后者在"国语"课堂上,教师和学园图书委员会的学生一起进行。

关于"创价价值道德"德育进行的月份,有关前者的学习内容在举行"热情之日、学园节(后述)"的10月进行。在这个月里教师鼓励学生都参加英语检定考试、汉字检定考试、数学检定考试,并邀请毕业生参加学园节与后辈进行交流,同时又鼓励学生参加创价大学举行的"夏期科学课程"学习。有关后者的学习内容在举行"全校看书周"的11月进行,在这个月里学校一边向优秀学生颁赠"柏拉图奖"、"看书博士"、"看书名誉博士"等,一边鼓励所有的学生多看书。

下表说明创价学园如何把"校训"反映在德育德育活动上:

此外,由于国语、理科、英语、社会、数学等课程的授课受日本文部科学省的学习纲要的限制,所以教师们一边按照文部省学习纲要的相关规定授课,一边想办法重新构成让学生更容易接受的授课内容。学校把具体的授课内容委托给各个老师,主要目的是保证和提高教学质量。

以下简要介绍一些教师授课的配合和初创期的实践。

在创价高中的英语课教学上,其中之一就是用2009年9月8日"The Japan Times"刊登的池田大作先生和平倡言"向核武器绝嗣、民众的大联合"的内容来上课。首先由学生每2个人组成一组对倡言的每一段进行翻译,并加上解释,然后让教师和学生用英语念令他们感动的言词,在加深对创立者思想的理解的同时,又很好地学习了英语。这就是采用英语来培养学生面向世界和平的意识和创立者的和平观等多方面的素养。

在创价小学校,学生们通过早上的班会决定"今天的目标"。课间下课后,据此目标来决定并与学生们商谈能否在授课后加以实践完成。由教师和学生共同确认能否实践完成的事,能够提高教师与学生的联合意识,加深师生的朋友感情。此外,在创价关西学园课外活动的时间,还有把找到师生间彼此的长处作为一种游戏形式,以加深对彼此优点的认识,并激发向对方学习的愿望。

在关西创价初中,教师为了提高一个班44名学生的团结,匀出相当的时间让全体学生一起来讨论"该班的目标"和"该班消息"的问题,在向这个目标迈进而进行各种活动之后,大家再讨论并检查结果,然后再确认为了团结这个原点。关西创价初中还很注意青春期学生的心理状态,培养他们的努力之心。

校训	理念	实践论	创价道德目	年级	辅导学生的重点	实施月	教材例子	创立者的指导例子	行动	委员会	校外学习	活动
一、敢探求真理、创造价值，睿智与热情之人	学习教育观	学问论	现在是学习的时候（中学时代是重要的）	1	学习是什么	10月	Work Sheet	《希望对话》1[难以学习]	英语检定考试汉字检定数学检定考试	中央	向毕业学习夏期科学课程	热情之日 学园节
				2	将来要走的路	10月	0bion的一天体验	《希望对话》1[希望自由地过日子]				
		终生教育观	精通看书的人厉害（看书是胜利之光）	3	看书的重要性/户田大学与看书	11月	我的生活方式	《希望对话》1[看不到该走的路]	柏拉图奖读书博士名简博士	图书	三年级修学旅行	全校看书周早晨的看书
				2	看书的重要性	11月	关于看书	《青春对话》2[不善于看书]		图书		
				3	看书的重要性	11月	我推荐的一书	《希望对话》汇不善于看书又青春对话与看书的对话		图书		
二、绝不给自己添加麻烦，对自己的行为负责	学习环境观	地区论	珍惜地区（与社会联合/功德心）	1	上下学时的问题处理	4月	过去的例子	《与创立者一起》创价教育的精神 1 页, 64	特别打扫卫生	美化生活潮流新生宿舍生态感		
				2	地区的发展/心在走出态度上看得出	4月	可以种子吗	《新人同革命》希望				
		环境保护论	无可代替的自然（现在做得到的事）	3	珍惜地区/共同携手	4月	公共还是私人	《与创立者一起》创价教育的精神, 64				
				1	垃圾/保护自然	9月	树木的生命/树木的心	《青春对话》4[与大自然对话]	文化节展览发表	栽培		写生
				2	垃圾/保护自然	九月	落叶	《青春对话》[希望]				
				3	垃圾/保护自然	9月	夏季鱼身人家	《希望对话》3[欺负]				
三、待人亲切，拒绝暴力，重视礼仪与协作	学习人性观	友情论	一生的友情（加强宿舍的关系）	1	真正的友情是什么/欺负	5月	我也是欺负人的人之一，可是	《与创立者一起》创价教育的指针 4				合唱节运动会
				2	真正的友情是什么/欺负	5月	我一个人	《希望对话》3[欺负]		班		
		生命论	生命可贵的（真正的体贴是什么）	3	暴力/欺负	5月	毕业文集的最后两行	《希望对话》3[欺负]				
				1	手机的问题/上网的问题	12月	Work Sheet	《希望对话》13[体贴]		保健	防灾中心体验	防灾训练人性肃严课程
				2	吸烟的害处/药物的害处	12月	生命的纽带	《青春对话》2[恋爱]				
				3	男女交际	12月	他的人生道路选择	《青春对话》2[恋爱是什么]				

续表

校训	理念	实践论	创价道德/德目	年级	辅导学生的重点	实施月	教材例子	创立者的指导例子	行动	委员会	校外学习	活动
四、毅然陈述自我之信条，为了正义勇敢而行	学习行动观	正义论	和而不同（成为勇敢的人）	1	对恶的态度/主张正义的重要性	7月	银色的自动铅笔	《与创立者一起》创价教育的精神3页80	报纸投稿	生活		荣光之日
				2	对恶的态度/纠正身边的不正义	7月	Touch Out					
				3	对恶的态度/由报道的受害	7月	Work Sheet					
		行动论	真正的行动（勇敢的路）	1	自己责任是什么/怎样进行有责任的行为	6月	轮椅少年的母亲的信	《希望对话》4				
				2	不要做自私的，而要做主体性的行动	6月	交通拥挤时刻发生的事	《与创立者一起》创价教育的精神2页,73				
				3	榜样的行动/上下学校时的行动	6月	两轮拖车过上海					
五、培养富有新兴气性，光辉的日本指导者与世界指导者	学习世界观	地球论	地球命运共同体（国际理解/人类爱）	1	歧视和贫富的差别	1月	国家			环境志愿	一年级[赤城青年之家]	海外来宾创价大学的外国留学生
				2	不允许歧视民族/外语只是一个	1月	贫困中/尼泊尔	《青春对话》2[国际人是什么]				
				3	地球只是一个	2月	夜里开的水果店	《希望对话》2[和平是什么]				
		和平论	真实是什么（创出和平的方法）	2	改变世界的力量	2月	六千人的生命签证	《青春对话》2[和平是什么]				睿智之日
				3	构筑和平	2月	生命的专机签证	《青春对话》3[人权是什么]				

269 第四篇 实践考察

另外，学校还以一小组五个学生和两名教员进行搭配的方式对全部学生进行分组，搭配成为有特色的面谈小组。高中一年级的搭配，是在入学一个月之后，主要是为了能使学生对学校生活有重新认识，明确自己今后的前进道路。二年级的学园生活则主要考虑毕业后的前进的道路。三年级学生的搭配、选择等的时机在每年的2月实施，主要目的在于坚定大学升学时的决心和意识的提高。

学校大部分的教师都担任俱乐部和委员会（学生组织）的顾问，致力于和学生们之间的沟通。

另外，"文化教室"的举办是一学期一次左右，主要从综合的学习层面进行，如举办博物馆和美术馆参观日、歌舞伎欣赏教室、名作电影"那山、那人、那狗"、"勇敢之心"、"宋家皇朝"放映会等。每年1月还以召开"百人一首和歌选大会"等学业以外的资质德育来表现有特色的学校教学课程。

在学生毕业出路指导方面，由经历丰富，并且在社会上活跃的毕业生担任出路指导的讲师，用他们的社会经验和学园时代的勤学经历等与学生谈心。还邀请公务员、医生、学术者、教员、保姆、法律界人士、实业家等多种多样的毕业生来学校讲演。为有职业目标的毕业生举行的谈心会也会被专门准备，使学生明确将来的目标设定。还有那些能具体地开始行动的类似关怀也很多。

那么，这样的有特色的搭配为何能顺利实施？这是因为教师也积极实践池田大作先生的精神，与学生进行良好的互动。在创价学园，每个人作为主体者创造价值的事已成为传统。

例如，在1978年，创价关西学园的学生跟池田大作先生的谈心时，曾有谈及萤火虫保存的建议。学生这种有关自然保护的德育思想令教师们感到很兴奋。教师在萤火虫的研究、访问有关专家、土地的整备等方面积极带头，学生们作为志愿者也组织成立"萤火虫保存会"。

一年后，通过教师和学生的努力，萤火虫培养成功。为了使萤火虫数量逐年增加，还让学校所在地域内的人们到校内享受"萤火虫欣赏周"，使萤火虫保存的运动在地域内发展蔓延。与此相类似，学生们对保存樱花、竹林和莲等成立的环境保护组织也成为创价关西学园的优良传统。

在1968年初创时期的学园，当时作为学园宿舍寄宿生，有教师提出宿舍之歌做成的建议。池田大作先生认为，有代表性的日本校舍必定也有有名的宿舍之歌。那么我们也可以制作一首对世界的领导人托付成长希望和高尚气质的宿舍之歌。而且创作的热情应面对全体教师和寄宿生，向他们征集歌词，最后由学生和教师共同完成了宿舍之歌的歌词和曲子的制作。

做成的歌词是从池田大作先生的教导和著作中吸取出来的、对"为了什么"这一人生根本的"问题"的"回答"。由大阪出生的学生小仓裕儿作词,教音乐课的一位教师作曲,在那年举行的第一届"荣光节"上发表。创立者听了这首歌之后,为了响应学园生的热情马上又作了五首新歌词。这五首歌词后来依学生、教职员的全体意见成为创价初中、高中的校歌。①

以下是五首歌的歌词和汉语翻译。

1. 草木は萌ゆる　武蔵野の　　　　一　武藏野大地草木复苏
　花の香かぎし　鳳雛の　　　　　　凤雏闻闻花香
　英知をみがくは　何のため　　　　磨炼着有为青年的睿智
　次代の世界を　担わんと　　　　　为了肩负世界的明天
　未来に羽ばたけ　たくましく　　　健康茁壮地向着未来展翅飞翔

2. 小鳥はさざめく　武蔵野の　　　二　武藏野大地小鸟婉转
　草に遊びし　鳳雛の　　　　　　　凤雏涉足草上
　情熱燃やすは　何のため　　　　　唤起了有为青年的满腔热忱
　社会の繁栄　つくらんと　　　　　为了创造社会的繁荣
　未来に羽ばたけ　意気高く　　　　意气风发地向着未来展翅飞翔

3. 秋風荒れし　武蔵野の　　　　　三　武藏野大地秋风萧瑟
　木間にたたずむ　鳳雛の　　　　　凤雏伫立林间
　人を愛すは　何のため　　　　　　有为青年将爱情倾注人间
　民に幸せ　おくらんと　　　　　　为了给民众带来幸福
　未来に羽ばたけ　誇り持ち　　　　满怀自豪地向着未来展翅飞翔

4. 白雪つみし　武蔵野の　　　　　四　武藏野大地积雪茫茫
　空へ舞いゆく　鳳雛の　　　　　　凤雏放翔碧空
　栄光めざすは　何のため　　　　　有为青年迈向辉煌
　世界に平和を　築かんと　　　　　为了构筑世界的和平
　未来に羽ばたけ　その雄姿　　　　英姿飒爽地向着未来展翅飞翔

---

① 《创价学园广报(NO167)》,创价教育センター,2008年12月10日。

5. 富士が見えるぞ　武蔵野の　　　　五　武藏野大地富士雄姿可见
　溪流清き　鳳雛の　　　　　　　　　凤雏在清澈溪流上
　平和をめざすは　何のため　　　　　有为青年胸怀和平大志
　輝く友の　道拓く　　　　　　　　　为了朋友遍天下
　未来に羽ばたけ　君と僕　　　　　　你与我共同向着未来展翅飞翔

最后的歌词中有着你和我,包括池田大作先生、教师和学生一起创造未来的含义。

在平时,教师们也努力研究创价德育理念。比如,从事"创价一贯德育系统"的教师经常举行集训、学习会和新人进修班等。另外还有称之为"10年·20年·30年进修"的做法,即从事10年、20年、30年的教师各自聚会,在东京学园工作的教师到关西学园进修,在关西学园工作的教师到东京学园进修,以此交换对创价德育理念的看法。

通过教师和学生共同实现池田大作先生德育理念的实践,体现了教师对创价德育哲学实践的理解,其德育效果也是巨大的。

三、父母与学生的互谅

从父母和学生互谅这个观点考察德育理念的体现和具体化,是池田大作先生和教师对创价学园德育德育的有效尝试。

池田大作先生通过应时的讲演等方式经常讲述和强调"孝"的重要性。他在第一次宿舍节日之前曾提议全体学生发信回家给父母,认为"如果收到信父母也感到安心。这也是孝敬父母的表现"。

学生与父母的纪念留影也常常是进行的一种方式。池田大作先生常对学生们的父母表示感谢,叙述自己有责任培养学生的决心。通过创立者带头对孝的重要性的认识和对父母表示感谢的做法,起到了使学生孝敬父母、感谢父母的模范作用。

这里特别值得介绍的是,池田大作先生在学生入学典礼和毕业典礼上的讲话,以及种种书籍一直都在给家长们传授他的家庭德育观。例如,创立者经常说:"家庭德育的最大、最要紧的重点是培育心。能够理解人家的心而行动的人就是真正的心坚强的人。为了培育这样的心,应该通过父母的人生去锻炼孩子们的心。""任何孩子都必有他独特的个性和长处。表扬这个性和长处,那么他的才能一定立刻开花,在人格方面也一定成长得使人惊讶。""孩子绝不是父母的所有物,是一个人格的存在。至少是和父母对等的人格并被尊敬的存在。因此要孩子自立是重要的。家庭德育的根本是为了要孩子自立的德育。"①

此外,颇具特征性的是小学、初中、高中每个月发行一次"学园消息"的做法。每个月发生了的仪式和下一个月的日程,都成为各学生俱乐部的动向。教师看待学园的状况和自己的决心、学生父母的状况和学园的流动等都会在"学园消息"上被刊载。就连小学分配菜单表一看就明白每天供给饮食的情况,通过吃饭一事对家庭和学校的联系来体现德育关怀。

创价学园最近一年出版的 NEWS 杂志,介绍两次关西学园的总体流动,设施重建和俱乐部情况;札幌幼儿园的搭配,毕业生的活跃,等等。特集——创价学园的"创立的精神",使"世界市民德育"等的德育理念在学校和家庭之间构成一个共同体。学生的家庭由此也直接了解学校所做的事。

学园还每年一次邀请父母参观授课、公开讲座。据统计,2009 年参观授课的学生父母人数达到全体学生父母人数的一半。在学园的毕业典礼上很多学生父母也会唱校歌,这表示着学生父母也在享受创价德育。

总而言之,对学生来说学校环境是很重要,但是更要紧的是家庭环境。学生总是在感受到父母的恩的过程中成长,所以提高家庭的素质非常必要。为此,在创价学园极强调敦促学生对孝的重要性,与此同时,使学生父母也共同享有学生在学园的信息,达到父母与学生的互谅。学校创立者、教师、父母三者同时都关爱学生的人格成长,也需要家庭和学校双方共同培育学生的良好环境。

父母和子女是人际关系的基础。如果以父母和子女这个"纵线"的坚实关系为纽带,扩展到"横线"关系的朋友、教师等的关系。良好的"纵线"与"横线"的人际关系的构筑,就是报恩这个概念的来源。

第三节 注重实践的德育活动

关于创价学园的德育活动,特别要从学生的角度来考察。这包括实践德育理念的活动、与海外来宾的德育交流活动和报恩实践的德育活动三个方面。

一、实践德育理念的活动

关于这个问题,首先是考察一下创价德育理念实践的仪式。

创价学园有三个主要的德育理念实践的仪式,分别从各自不同的小组、单位学习创立的精神、学生主体营运,以及学习、实践、体会的场所。

首先是"荣光的日"的实践仪式。创价学园初创期,池田大作先生首开"夏季

---

① [日]池田大作:《池田大作名言 100 选》,第 92—93 页,日本:中央公论新社,2010 年版。

祭祀"的学园气氛作为宿舍节起源。1969年在第2次荣光节时,池田大作先生建议2001年的7月17日作为创价学园全体师生人员互相集会的日子。为此,这一天对学生来说就成为一个奋斗的目标,毕业后也成为原点的纪念日。

从1995年开始,"荣光的日"变更名称,以这一天为目标学习创立精神和池田大作先生的书籍。通过事前的对话运动,确认每个学生"为何学习"、"为何入学创价学园"。并且分成生活组织"宿舍·寄宿·新生会(女学生)·潮流会(男学生)",以(对)歌和戏剧等托付形式来表达自己的决心和所思所想,并使之成为超越学年的生活组织,进行互相协商,从先辈那里为晚辈流传和继承创立的精神,以此体现学生主体营运的德育理念实践。

其次是每年10月10日进行的"热情的日"。最初的"小中量联合体育节"成为该仪式的起源。从1995年开始作为"热情的日"在小学运动会和在初中·高中的"学园祭"召开。这天分开成级、学年、课外集体活动,举行展示和课外集体活动的发表会等。

在"热情的日"的那天,学校外部的普通市民也可进入学园。各个学生团体计划展示"所谓创价学园生"、演奏会等,成为对普通市民表现创价德育理念的场所。

最后是11月18日的"睿智的日"。创价学会的前身"创价德育学会"于1930年11月18日创立。为了纪念创价学会第一代会长——牧口常三郎在1944年呼吁反战和平,被军部权力不正当的压制,于当年11月18日在狱中逝世,在创价学园作为"创立纪念日"和"睿智的日"举行仪式。学生们学习创立的意义、学习创价德育的原点,以及初创期以来世界有识之士和文化人的讲演,等等。主要学习培养关于创立的历史,从外部了解创价值德育和德育理念、和平印象等,来获得世界市民的感觉。

从晚辈向先辈继承德育理念的"荣光的日"到对普通市民表现德育理念的"热情的日",正是创价德育原点的日,再加上向世界有识之士学习了解创价值德育理念,磨练作为世界市民素养的"睿智的日",这3个纪念日仪式可以说是从学生方面能体会、并去实践德育理念的活动。

二、与海外来宾的教育交流

创价学园开办以来,来自海外的来宾已有68个国家和地域,人数约4900名以上(圣教新闻2011年1月13日)。

访问者中的主要人物有欧盟共同体之父·Coudenhove Kalergi 伯爵、法国的美术家·René Huyghe、获得诺贝尔和平奖的 Mikhail Gorbachev 元苏联大总统及夫人、巴西的天文学家·Ronaldo Mourao 博士、俄罗斯的航天飞行人员·Alexandre Serebrow 先生、甘地的令孙・"甘地非暴力研究所"Arun Gandhi 所长、中国北京大学"池田大作研究会"的贾蕙萱会长、中山大学李萍副校长、韩国庆熙大学创立者・赵永植博士、美国著名爵士乐钢琴家・Herbie Hancock 先生、意大利著名足球选手・Roberto Baggio 先生、美国著名棒球选手,Orlando Cepeda 先生等多彩多样的人士。Roberto Baggio 先生和 Orlando Cepeda 先生还跟创价学园的学生一起练习以便提高学生的运动水平。

许多参观过创价学园的海外来宾都认为,池田大作先生在哥伦比亚大学的讲演,即对"地球公民"德育的考察成为创价学园德育的指针。他们在创价学园看到学生"脚下的'生活的场',成为对'地球公民'的培养的出发点"。而学生"跟别人的'对话'、'交流'和'参加',是一个个创造价值的贵重机会"。① 他们认为这些德育指针均在创价学园成功地实践了。因为,正是通过"生活的场"即学园,与世界的领导人和第一流的文化人、艺术家的接触,聆听他们的纪念讲演和应时讲演,学习创立者、古今中外伟人、哲人的格言,来培养学生们作为世界市民的素养。

那么,池田大作先生这样的德育方法为何能够获得成功呢?在《谈 21 世纪的德育和人》一文中,池田大作先生说:"连续不断地给予孩子(学生)们与'真货'接触的机会,是我们成年人的责任。伟大的人、伟大的艺术和文化,都是'真货'。只有'真货'的光辉使年轻的生命能敏感地接受,而不至于被欺骗。"而为了变成"真货"的人,往往能以不骄傲、不卑屈作为人生的目标。②

在海外来宾讲演结束时,往往还有少数的学生志愿者与讲演者谈心的机会。那些参加与海外来宾谈心会的学生能够从"关于世界和平"、"文化的交流重要"、"多样性的尊重"等高度来对存在问题谈自己的认识和感想。③ 这是因为创价学园把创立者与汤因比博士的会谈集《展望二十一世纪》定为高中三年级学生的教材,所以学生们比较容易接受海外来宾的讲演,理解谈心会的内容。

池田大作先生英语版的《青春对话》一书中有"正是在对世界看起来存在着各种各样的问题,能有责任专心致力去做的人是世界市民"的说法,学生们通过与海外来宾的谈心,可以说是对学习做世界市民的一种实践活动。

另外,派遣学生到海外交流一事也促进世界市民德育的实践。例如,从 2009 年 9 月 15 日到 20 日创价学园中国访华团访问中国三个城市。在北京,与市内的初中学生们交流;在天津的南开大学,与"周恩来・池田大作研究所"顾问的平教

---

① [日]池田大作:《21 世纪の教育と人间を语る》,第 207 页,日本:第三文明社,1997 年版。
② [日]池田大作:《21 世纪の教育と人间を语る》,第 192 页,日本:第三文明社,1997 年版。
③ 创价学园:《创价学园 NEWS(Vol. 7)》,第 13 页,日本:创价学园,2010 年版。

授、纪副教授举行了谈心会,还与天津本地的市民进行了交流等,从各种各样的角度进行世界市民的德育。①

在此还有一个交流活动需要特别介绍。2010年9月17日—21日,创价高中筝曲子部(古筝俱乐部)作为"高中生国际文化交流事业"(日本文化厅、全国高级中学文化联盟主办)的一环,在中国·广州与广州第四初中的学生举行了联合演奏会。② 两国同年龄的学生交流促进了中日友好事业的发展。

除了上述活动之外,还有短期语言学培训、第二外语(汉语、韩国语等)学习,事先了解学习来宾国家的文化习俗等,着重于培养国际感觉的多元文化授课。关西创价高中还积极地接受归国子女以进行国际交流,培养国际意识。③

当然,学园还积极地把外国留学生当做海外来宾来接待。比如,每年两三次邀请在创价大学留学的外国学生到创价学园进行交流。每一次大约都有20多个国家、50名左右的留学生参加。在交流活动前,学生们会事先了解各国的风土人情,以及平常的寒暄问候语等。交流时先用英语作自我介绍,然后举行小组交流会,一边吃午饭一边谈心④等,使学生自然地感到学习外语的必要性,增加对海外的亲近感。

三、感恩实践的德育活动

有关感恩与报恩的德育活动问题在上述的"主师亲三德"中已有所考察。这里具体讨论创价学园德育学生如何还恩一事,并以"新·人间革命""荣光"和"希望"为中心介绍学生们具体的还恩实践活动。

在学生入学后一个月的每个节日,池田大作先生都会送给团子、冰激凌等诚恳的礼品,体现了希望学生千万不要忘记原点(即为何入学,为何学习)的心情。⑤

为了使学生在学园能回应创立者的心情,教师会建议学生写"感谢的信"。如果创立者有激励的书籍等,也会赠与学生代表。教师也常常写信推荐学生,认为他们受到了某种恩惠、慈爱,就能在日常生活中做出感谢的事,并使之成为人的日常行为,形成良好的环境影响。

池田大作先生在"新·人间革命"中有关于创价新加坡幼儿园的叙述。即"教

---

① *Tokyo Soka Gakuen News*(No33),第1—5页,创价学园,2009年版。
② http://www.soka.ed.jp/news/news_detail.php·id=819,创价学园ニュース,2010年9月25日。
③ [日]池田大作:《21世纪の教育と人间を语る》,第74页,日本:第三文明社,1997年版。
④ 《创价学园广报(NO178)》,创价教育センター,2009年12月10日。
⑤ "创立者とともに"编集委员会:《创立者とともに,小说"新·人间革命",荣光の章·希望の章》,第53页,创价学园,2007年版。

师们让孩子们知道以'使人高兴'的事作为重要的德育目标,体现了人本主义的德育。譬如,如果记住了项链的做法,在'母亲节'送项链给母亲,母亲自然感到高兴。在不断累积起来的经验中,以'前进做人感到高兴的事的孩子'的培养作为目标。"作者认为教师们德育的目的在让孩子们体会报恩带来的喜悦。①

这样的德育尝试在创价学园也能看到。笔者还保留小时候在"母亲节"时给母亲写消息卡的记忆。在举行酬谢会时,又会赠送给父母感谢的卡。这些做法使我们能体会到怎么还恩报恩,这是很令人喜悦的事。

在创价关西学园的初创期,池田大作先生激励学生要认真地做好每一件事,使自己成为21世纪的人才,还流传有需要怎么做,才能成为报恩的小故事。据说,通过感恩、报恩活动,学生们得出的结论:要给后世留下了好的传统。学生们经常讨论报恩对现在的自己有什么影响。有的学生自动地去打扫音乐室;有的学生自愿唱颂感恩的歌;有的学生自主地成立各种俱乐部和生活组织等,来造就创价值学园的优良传统,可以说这些都是学生们报恩实践的活动。②

东京创价高中学生的"溪流编辑委员会"筹划学生会杂志《溪流》,从采访到编辑,都由学生承担全部的工作。1975年,自杂志开办以来已经8年,每届的学生会杂志编辑委员会都秉承"一、正确继承传统。二、发扬学生文化"两个目标,坚持"把跟创立者和老师方面学到的各种各样的人生资源,不只作为自己的东西,而要不断地给晚辈传达留下"的做法,在每年的3月16日以毕业式的方式作为办刊目标不断地延续下去。

近几年重新创立的东京高中 Dance 俱乐部,以"创立者、父母,以及所有支持我们的各位表示感谢"的决心,在全国高中跳舞钻头大会第五次的挑战中获得优胜成绩。HipHop 部门小型组成则获得日本第一的好成绩。③

可见,多方面培养学生对日常性事情感谢的心情,来自于创立者对学生全心全力的激励和创价学园的报恩德育。这些感恩德育活动的举行,取得了很好的效果,而且经过40年这一传统仍被永不消失地继承着。

四、创价学园的德育德育成效

经过德育德育后的创价学园生将成为怎样的人?创价学园课外集体活动取得怎样的成果?这种德育成果——毕业生活跃在社会的哪些领域?我们可以从

---

① [日]池田大作:《新人间革命,未来48》,圣教新闻社,2010年1月16日。
② "创立者とともに"编集委员会:《创立者とともに,小说"新・人间革命",荣光の章・希望の章》,第161页,创价学园,2007年版。
③ 创价学园:《创价学园 NEWS(Vol.7)》,第10—11页,创价学园,2010年版。

创价学园生的特征、外部对课外活动的评价以及活跃的创价学园毕业生等几个方面加以叙述。

第四节 创价学园生的特征

"学园生"到底是怎样的人？他们有着怎样的特征呢？

我认为，在池田大作先生向学园生发表的长篇诗《注视天空》中已有一些暗示。这首长篇诗的主要内容是描述创立者请求与学园生一同赢得人生胜利的理想愿景。对创价学园的办学目的、学园生的人生要点等都凝结在这首诗中。长诗铭记了学园生应该勇敢前进在人生的道路上，其中特别提到学园生必须遵守的四个规范，即：一、别让父母担心；二、重视朋友；三、绝对不给社会添麻烦；四、重视晚辈所应当做的事。①

可以说，这四个规范正是创价学园生的主要特征。

为确保上述规范的实践，如第一条"别让父母担心"，往往通过感恩德育与规范直接联结。只要翻阅创价学园初创期的《建设的一年·二年·三年》，从中就能看到学园生入学时对父母表示的感谢。从创价学园第一回毕业式的档案，也可以看出毕业生的答词在最后都有对父母表示感谢的地方，充分证明了学园生"别让父母担心"这种"孝"的特征。②

关于"重视朋友"这一规范，同样在上述创价学园"五原则"中也有"一生的友情"这样的表述。美国创价大学的教授曾推举出学生中体现创价德育的三个特征，其中之一即强调做"贯穿一生友情的人"。由于重视朋友友情，我们能看到友情作为学园仪式的营运，而且还极具完整性。例如，在学园的第一回凤友节，对那些看不到人影而显得默默无闻的工作，如学生们对布置花坛、会场装饰、入场管理、秩序维持等都感到由衷的喜悦而专心致志。美国教授认为这个就是学园生的特征。这一特征给后世留下像影子一样干事，而不求声张的想法，并且会时时想到做任何一件事都有朋友的努力。对凤友节的观察实际上体现了"懂得自己的作用，因此有责任实行者"这一学园生的特征。

有关寄宿生活动的开展，作为组织者的学生也表示组织这种活动是"因为朋

---

① [日]池田大作：《希望の世纪へ》，第229页，日本：凤书院，2004年版。
② 创价学园建设的三年编集委员会：《创价学园建设の三年》，第22页，创价学园出版刊行会，1971年版。

友"。① 因为寄宿生所住地方和环境各式各样,环境有好有差,但是他们却始终把友情作为最后一幕来组织活动,团结友好,共同进步。

至于"绝对不给社会添麻烦"这一规范,与校训第二条"绝对不给别人添麻烦,自己的行动自己负责任"相吻合。在学园初创期,校园内还没有运动场,通常是借其他学校或单位的运动场召开球赛大会。全体学生都遵守对使用了的会场进行清扫干净后才返回学园的惯例,绝对不给其他学校或单位添麻烦。当走在上学的路上时,学生们也遵守礼仪而不乱挤乱抢,没发生堵塞道路之事。②

在三个学园仪式,即睿智的日、荣光的日、热情的日召开之前,创价学园的学生代表还会预先向近邻居民说明因举办学园仪式,将可能会有噪声产生,请予以谅解,等等,实践了"不给别人添麻烦"的校训。③

"重视晚辈们"这一规范,与前述"先辈必须像宠爱弟弟、妹妹一样地宠爱晚辈、重视晚辈"的学园口令相符合。东京创价学园初创期的"建设的三年"有《一届生和我》的特集,其中就描述了5个学园生对先辈叙述感谢心情的事。④

另外,从关西学园毕业式上毕业生的答词中也可以体现拜访晚辈的重要性。他们表示即使毕业几十年后,也要始终保护、爱护着学园的姊妹,并发誓要使这种爱护关系永恒地保持下去。在校生代表也表决心要保留毕业生的回忆,永远记住是他们和自己一同筑起了美丽的学园。⑤ 可以肯定地说,这种怀着感谢心情的人一定会成为未来的有志之才。

笔者认为创价道德的好处是面对困难的事,不放弃,挑战自我。第二就是培养毅力,关心他人。同学之间的友谊是一辈子的。这是创价道德的特征。

第五节 外部对创价学园课外活动的评价

创价学园各种各样的课外集体活动非常繁盛,许多课外集体活动还取得日本第一的突出成绩。

---

① "創立者とともに"編集委員会:《創立者とともに,小説"新・人間革命",栄光の章・希望の章》,第72页,创价学园,2007年版。
② 创价学园建設の一年编集委員会:《創価学園建設の一年》,第42页,创价学园出版刊行会,1969年版。
③ 创价学园建設の一年编集委員会:《創価学園建設の一年》,第52页,创价学园出版刊行会,1969年版。
④ 创价学园建設の三年编集委員会:《創価学園建設の三年》,第28页,创价学园出版刊行会,1971年版。
⑤ "創立者とともに"編集委員会:《創立者とともに,小説"新・人間革命",栄光の章、希望の章》,第224页,创价学园,2007年版。

这里粗略地举些具体例子,如体育系俱乐部和高中硬式棒球俱乐部,在甲子园大会(全国高中学校棒球队比赛,每个县的最强的队才能够参加)春天与夏天共计9度出场,其知名度是相当高的。

高中 Dance 俱乐部在日本曾夺得第一的好成绩。①

文科系俱乐部创价关西乐队以日本管弦乐竞赛在日本名列第一。

东京创价学园雄辩会在全国 Debate 甲子园(全国性的最高水平的辩论比赛)计10次的比赛中名列日本第一。②

东京创价高中筝曲俱乐部3度在日本列为第一③等。

在团体比赛上取得如此多的好成绩,这是创价学园生为了报答池田大作先生和社会的恩,始终进行报恩实践,并趋向共同的目标而专心致力的结果。

此外,创价学园的"世界市民德育"的实践也显著地呈现在科学德育领域的结果上。关西创价学园曾连续27次参加NASA(美国国家航空航天局)的德育程序"EarthKAM"活动。现在已更新了世界第一的参加回数。这是用距地上400千米高的空间站上的照相机观察地球表面,观察地球环境变化等的德育程序活动。在2007年"气候变动分析时节"获得了最优秀奖。④

东京创价学园在全国高中生竞争科学实力的比赛中获得"全国高中哲学最高奖",并在作为世界大会的"国际哲学奥林匹克运动会"上获得奖牌,成为日本高中首次出场世界大会的壮举。2002年,日本政府还因此赠送感谢信。

接下来看下访学园的国外有识之士怎么评价的。

中国·华南师范大学·颜泽贤前学长:"'创价'这两个字,已经明确出来。世界期待创价学园的学生们!"在澳大利亚著名的 Northmead 高校 Robert Henley 校长:"学园生具备的高贵的目的观,关爱他人,对和平的理解,这些描述的都是创价德育的特色"美国实践哲学协会 Lou Marinoff 会长:"我这次见到高贵的学生们,我感受到热情,精神,希望。我相信学园生可以改善世界。"

根据世界有识之士和文化人士的观察和评价,创价学园生正超越日本国界,以更加宽广的视野看待世界和人类社会。⑤

---

① *Tokyo Soka Gakuen News*(No33),第11页,创价学园,2009年版。
② *Tokyo Soka Gakuen News*(No33),第13页,创价学园,2009年版。
③ 《负けじ魂朗らかに,创価のクラブ奋斗记》,日本:圣教新闻社,2010年10月21日。
④ 《関西创価の世纪が到来》,日本:圣教新闻社,2007年7月16日。
⑤ *Tokyo Soka Gakuen News*(No33),第9页,创价学园,2009年版。

第六节　活跃的创价学园毕业生

创价学园自从1968年创校以来,已经培养了25000名以上的毕业生。现在在创价学园毕业生中已取得博士学位者252人,企业经营者142人,医生243人,国会议员11人,律师60人,小中高学校的教员462人等优秀的人才。①

我认为,在这里应该特别关注教师的人数。因为这个意义相当深远。这是学生们在创价学园接受三德德育而认识到报恩的重要性的时候,就想着自己将来也要实践创价学园的德育理念,因此,立志从事教师职业的毕业生必然要变得很多。当我们在看了毕业生活跃的体验谈资料后,就会深刻地理解学生们的的确确是因接受池田大作先生间接或直接的德育和激励而改变了他们的人生道路。

有的毕业生(现已任综合商社主任)在毕业典礼上跟创立者说:希望您永远健康。池田大作先生笑着跟那位毕业生握着手说:非常感谢!这成为那位毕业生永远不能忘记的人生的原点。② 有的毕业生(现为农业经营者)在"荣光节"时在池田大作先生的面前表演了魔术。创立者也马上做了魔术作为回礼。那时创立者的慈爱给那位毕业生留下了深刻印象。③ 有的毕业生(现为日本舞蹈家)直接因创立者所说的一番话"我衷心期待着10年后的您的成就",现在也把它珍稀地当做一生的座右铭。④ 有的毕业生(现为医生)在与池田大作先生合影会上,看到创立者以百感交集的期待鼓励同学们而非常感动,后来无论面临什么困难,也会想起那时的感动情况而继续奋斗下去。⑤ 可以说,这样的例子不胜枚举。

我想,在池田大作先生的那些行为根底里能看到"如我等无异"的佛法(法华经)理念。"如我等无异"⑥意味着佛的目的是引导众生达到与自己(佛)相同的境地。释尊为了提高弟子们与自己完全同样的境遇而立下这样的誓愿。意思是,以同样的境遇培育弟子,或培育比自己更棒的人,总有一天,弟子与老师会有相等的力量展现出来。⑦

许多创价学园生会思考:如果自己是创立者,自己会怎么选择人生的道路?那些从事多种多样行业的毕业生肯定会始终把创立者作为模范而不断地实践。

---

① 《社说》,日本:圣教新闻社,2009年1月1日。
② 《グラフSGI》,第3页,日本:圣教新闻社,2011年版。
③ 《グラフSGI》,第2页,日本:圣教新闻社,2010年版。
④ 《グラフSGI》,第10页,日本:圣教新闻社,2009年版。
⑤ 《グラフSGI》,第7页,日本:圣教新闻社,2009年版。
⑥ 《法华经.方便品第二》。
⑦ [日]池田大作:《御书と师弟》,第3、7页,日本:圣教新闻社,2009年版。

《池田大作20个视点》的著者·前原政之认为作为德育者的池田大作先生不仅为在校生,也为毕业生作人生规范,而且这个规范对从事任何种类职业的毕业生都是共同的。前原政之说:为从事一种职业的毕业生提供一个规范,这样的人士世上很多,但是像池田先生那样,为从事任何种类职业的毕业生提供普遍规范的人士世上稀有。①

总之,创价学园生在校时,学习这个主师亲的创立者、教师、父母的三德,培育世界的视野,对全部的恩立下报恩的志向。毕业后,在社会规范体系中实现创立者的德育理念与实践,从而成为社会上优秀的有用人才。

通过以上考察,我们可以发现创价学园的道德德育在其理念上和实践上都有很大的特色和价值。以下归纳其特征并将此作为本文的结论。

第一在德育理念上是创价学园的德育理念和"主师亲之三德"之间的密切结合。

学园的德育理念着重于"为了他人、社会以及人类社会、世界作出贡献的人格向上"。于是,为了实现对人类社会以及世界的贡献,强调以"主师亲之三德"为该规范的德:"主之德"是"守护众人的责任感","师之德"是"劝导众人的智慧","亲之德"是"哺育众人、施以慈悲"。由于创价学园的目标是培育具有这三之德的人才,因此,也可以说创价学园的德育理念是建立在"主师亲之三德"的根底之上,两者的关系之密切可想而知。

第二是把"主师亲之三德"的展开作为培育世界市民的主要要素。

也就是第一把"主之德"展开为能一边平等地守护众人,一边能尊重、理解不同民族、文化之差异并以其为成功的种子的"勇敢者";第二把"师之德"展开为拥有对生命相关性深刻认识的"智慧之人";第三把"亲之德"展开为将所有人以我之子等而爱之,还要提携远方正受着苦难的人们的"慈悲之人",而这些都是世界市民所应该具有的重要要素。

第三是"主师亲之三德"和"报恩"的一体化。

人作为一个人成长,并且按照人的人生而生活,必然会从"主师亲之三德"那里接受恩惠和慈爱。人接受了那些恩惠和慈爱后,应该努力争取人格的完善,因此,接受恩惠和慈爱而得到自立的人,在他人生的下一个阶段就应该把其价值回馈给社会和众人以作出贡献,此即为报恩。创价学园的德育德育强调前者(主师亲之三德)和后者(报恩)的一体化。

---

① 前原正之:《池田大作20の视点》,第158页,第三文明社,2010年版。

这正如牧口常三郎先生在《创价德育学体系》中所指出的:"劝导进入感恩报答的贡献生活"是创价德育的目的之一。

第四是在实践上创立者的行动都具备"主师亲之三德"的内容。

由于守护、劝导、慈爱学生,这具备三德的行动在学园内外展开,其行动就成为学生们的规范并给学生的人格完善带来很大的影响。而教师们致力于学园德育理念的具体化,比如,前述以中学为中心实施的"创价道德"课表是在德育活动中有体系地编成的,富有实践的意义。此外,诸如萤火虫保护、樱花保护运动的创设、学园校歌的创作等都是德育理念有创造性的实践内容。

第五是以创立者、教师、父母这三者来创设哺育、慈爱学生的健康向上的人格。

创立者通过自己的言行教导学生要感谢父母,同时又提供给他们父母正确的家庭德育观。创价学园以发行"学园消息"、"学园 NEWS"给父母提供与学校之间的沟通和提高德育效果的机会。通过如此的实践,创造出良好的家庭环境以便能更好地提升学生的人格。

第六是培育学生的自立性,强化以学生为主人公的德育活动。

创价学园在准备举行"荣光之日"、"热情之日"、"睿智之日"的活动中,大大地培养了学生的自立性。除此之外,学生还学到学园的历史、原点等,自然地体会到自己也是建设学园的重要成员。

例如,为了提高学生的世界市民意识,创价学园尽可能多地接待海外来宾访问学园,并积极地举行来宾和学生的恳谈会。自1968年学园开办以来,来自海外的来宾数多达68个国家和地区,人数约在4900名以上。应该说,有如此对外交流环境的学校是不多的。

此外,特别值得一提的是实践感恩的德育活动,即从他人收受恩惠和慈爱的时候,感谢他人是作为人的理所当然的行动。创价学园非常注重德育学生养成做感恩行动的习惯,比如,写给创立者、教师、父母的感谢信,在"母亲节"时送给母亲感谢卡等。在学园生活中提高学生的感谢之心,并发展为怎样能够报恩的心,使学生有时表现在更努力地学习、更积极地参加课外活动,如俱乐部活动等,有时还表现在将好传统留给后辈的行动上。由此能看得出报恩实践德育中所创造的人生价值。

创价道德德育的特色,就是培养具备贵高理念,丰富的个性,运用自如学问技术的领导者。

今日,一般学校进行的道德德育以"道德"课为中心进行,如创价学园的道德德育那样,在学校整年的德育活动里,有独特的、和其他德育活动保持联系的、有系统地进行的事例非常少,所以他们在实践方面还有改善的余地。在德育理念方面,如创价学园的道德德育那样,有明确的、又富有人性的理念和价值观的也很少,甚至有一种口号而已的感觉。

近几年来,日本的道德德育重视"能走人生的力量"、"道德观念"、"与社会共生"的三点。创价学园的道德德育对这个课题还积极地提供典型事例。例如,学生通过与创立者互勉学习勇气和在社会里的自己的位置,通过与教师互动学习智慧和在学校里的自己的位置,通过与父母互谅学习慈悲和在家庭里的自己的位置。学生还在这些过程当中感到所受到的恩惠,努力于以什么形式报恩惠。学生通过这些德育实践,养成勇气、智慧、慈悲等的"能走人生的力量",认识到在社会、学校、家庭里的自己的位置,并学会与他人交流的方式。

创价学园的道德德育有幸能够与其最好的体现者即创立者的"规范"直接接触,又有教师、学生、父母通过与创立者互勉努力于创价学园道德德育的体现。笔者认为为了创价学园道德德育的发展,须要不断地回到创立者的"规范"这原点。

总之,创立者池田大作先生的道德德育在创价学园里获得很大的成果,相信为了今日道德德育的发展会提供一个宝贵的"典范"。

第十六章　池田大作儿童教育实践——
以香港创价幼儿园为例

池田大作不断在理论上致力于儿童教育思想的创新和完善，更是不遗余力的把他的儿童思想付诸实践，把儿童理论真正用于实践中，促使儿童健康快乐的成长，同时又积极吸取儿童教育实践中的经验与教训，进一步完善儿童教育理论，以便更好促进儿童身心健康发展。池田大作在全世界总共创立了五所创价幼儿园，虽然每个创价幼儿园地理位置不同，说教的语言不通，但都体现了池田大作儿童教育思想的内容。创价幼儿园作为池田大作儿童教育思想实践的载体，充分地体现了池田大作教育思想的内涵。池田大作创办的创价幼儿园都有一个共同的特点就是不带有宗教色彩。虽然池田大作儿童教育思想理论来源有日本日莲宗教的影响，但是在具体教学实践活动中却抛弃了宗教部分，从这一角度来说，池田大作儿童教育思想的实践更有力的结合当地的实际情况。

一、香港创价幼儿园

香港创价幼儿园是1992年香港国际创价学会创办，为一所非谋利幼儿园，以粤语作为教学语言。全校共有11个教室、游戏室和3个室内游乐场，开设21个班，共有学生589人。全园共有教师32名和6位兼职专人教师及8位非教学人员，师生比例为1：9。香港创价幼儿园把"以人为本"作为办学宗旨，相信每一位儿童都是独立和充满发展潜能的，以"坚强、正直、活泼"作为方针办学，着重培育儿童的群育、德行、生活态度和个人的潜能。幼儿园开设的课程以综合课程为主，分为语文、外语、早期数学、个人和群体、艺术、音乐、体能和健康、科学与科技等课程，令儿童在系统的学习活动中建构知识、培育学习技能和培养良好的生活态度。这种全面、均衡以及多元的课程设置，为儿童继续社会化奠定了基础。校董会和家长教师会紧密联系，密切配合，为儿童成长创造了良好的外部条件。香港创价幼儿园各年级班级编制如下：

班级	上午		下午	
	班级	学生人数	班级	学生人数
高班	3	89	3	86
低班	3	90	3	90
幼儿班	4	120	4	99
混龄班	1	15	—	—
合计	11	314	10	275

池田大作先生曾经送给香港创价幼儿园的格言是：坚强、正直、活泼。他亦为香港创价幼儿园定下五项德育方针：

（一）培育儿童有一个天真纯朴、健康的身心；

（二）培育儿童的自主性和坚强的意志；

（三）培育儿童的合群性和关怀他人；

（四）重视每个人的个性，培育高洁的情操；

（五）培育儿童对未来充满希望，把眼光放向世界。

池田大作先生于1993年访问香港创价幼儿园时，曾勉励各教师要成为"正直的人！心灵优美的人！"及"香港创价幼儿园是我的生命"。他经常强调要让最优秀的人成为教师。在池田大作先生的指导，香港创价幼儿园校董会及园长带领下，幼儿园不断地进步。在幼儿园里，儿童在德、智、体、群、美五育都得到均衡发展。在关顾小朋友方面，幼儿园重视每个小朋友的独立个性，在校推行小班教学，让老师们对每个小朋友的成长能仔细地观察，以便给予适当的关怀。亦可按小朋友的特质，给予合适的培训。

作为日本以外第一所履行创价德育理念的幼儿园，使各教职员深感使命重要。全幼儿园上下一心，坚守池田大作先生建立的格言及德育方针，决心把一株株宝贵的幼苗培育成坚强、正直和活泼的小王子和小公主。

为了加强信念，香港创价幼儿园每月都有勉励会，分享学习池田大作先生指导的心得，每次学习都使人非常感动及获益良多。老师们有立下新决意的，有细心反思过失。凭着创价学会"人间革命"（即自我完善）的精神，老师们得以不断地蜕变，不断地进步。而池田大作先生的鼓励词"各位！要成为正直的人！心灵优美的人！"及"香港创价幼儿园，是我的生命！"更是铭刻在老师们心中。老师们亦没有忘掉池田大作先生说过，要让最优秀的人成为教师。老师们都以此为目标，努力改造自己，让自己成为最优秀的老师，成为同事们和学生们的典范。

香港创价幼儿园很重视培育儿童的心灵，致力为他们培育一颗重视友情，不怕失败,能伸张正义,对未来充满希望的心。幼儿园尊重儿童,关心儿童和爱护儿童的优点,很快便打动并赢取家长的心,亦唤起业界的注意。因为香港创价幼儿园的成功,在随后数年,新加坡创价幼儿园、马来西亚幼儿园和巴西创价幼儿园相继落成。

为了使每位老师都能成为优秀的人才,幼儿园对教师培训极为重视。幼儿园会按学校发展需要给予校本培训,同时亦会尊重教师的专长,潜质和兴趣,支持老师的专业发展。

幼儿园为儿童提供一个卫生、安全的环境极富刺激及启发性的课程给儿童。课程主题通常都和儿童日常生活相关,并循多元智能的启发编排活动。而学习方式则由儿童主动探索知识的模式进行。

德育培训是幼儿园的一项重点活动,目的是培养儿童有回馈社会,为人服务的心。每年幼儿园都推行很多公益活动、亲子义工活动、敬师活动,等等。得到家长教师会的积极协助,每项活动都非常成功,屡获殊荣。

为了培养儿童的良好生活习惯及公民意识,幼儿园为儿童推行"我的行动承诺",每月有特别主题如个人卫生、均衡饮食、环境保护,等等。

池田先生时常鼓励园生要多交朋友、要多阅读有益的书、多接受父母的教诲、多听老师的话及要有一颗坚强、正直和活泼的心。香港创价幼儿园亦紧朝着这方向培育学生。让他们的潜能透过生动及有效的教学法,得以发挥。每一位儿童都受到尊重,亦让他们学会尊重他人。幼儿园很重视建立良好的师生关系与同学间的友情,也重视每一个孩子。通过悉心设计的课程,老师为孩子建立良好的德行,让孩子学习成为良好公民,培育他们有服务及关爱社会的良好态度。每位孩子在创价德育精神的熏陶及培育下,很明显地健康成长,使家长对学校充满信赖和感激之情。

香港创价幼儿园在过去十多年来,在教学、关顾儿童、培育儿童优良品德方面,已取得非常好成绩。除此之外,幼儿园学生亦被安排积极参与校外比赛和社会活动,并获奖无数。幼儿园受到各界人士重视,成为幼儿园界的典范。最近香港德育统筹局对香港创价幼儿园作全面素质保证视学,结果给予极高度的评价。幼儿园能在短短十数年间获得这些成果,足以证明及肯定创价德育的成效和价值是非常出色的。

二、香港幼儿园教育实践

"教育才是令人得到自由的东西。……教育使人从偏见解放……凭着教育,我们从无力感、对自身的不信感得到解放。从对自己的不信感解放出来的个人,一定也会相信别人潜在的可能性。……教育赋予人不拘泥于表面的差异,看透共通的'生命大地'、'生命大海'的眼睛。"①池田相信教育的力量,所以池田重视在实践中的教育力量。池田大作儿童教育思想的途径是指把儿童教育思想应用于儿童教育实践中所采取的方式方法。这里从五个方面来说明池田大作儿童教育思想的途径,即从知、情、意、信、行这五方面来说明培养健康儿童所需要的方式方法。

(一)知——追求真理

知,从思想政治教育角度是指"思想政治品德认识。它是人们对一定社会的思想,政治,道德等关系及处理这些关系的原则、规范的理解和认知"。② 它的内容涉及道德品德的判断以及世界观、人生观和价值观的形成,是对道德关系和道德行为本质的抽象概括。本书也试着从思想政治品德形成的过程角度探讨池田大作儿童教育思想实践的途径。池田大作认为21世纪是知识爆炸的世纪,知识日新月异以前所未有速度急剧更新,要求21世纪的合格"地球公民"具有快速掌握科学文化知识能力,并加以理解消化和吸收知识,具有创新思维能力。在"这个充满竞争时代",只有具备了丰富知识、不断创新意识才能够成为合格的公民,为世界和平繁荣做出贡献。池田大作在儿童认知层面培育的重点是教会儿童具备学习的能力,即掌握基本的听说读写,简单的数学运算和对科学技术的简单认知。在香港创价幼儿园中,教师的教育教学工作的重点就是培育儿童基本认知能力,为以后学习科学文化知识奠定基础。池田对认知教育要求在于:第一,具备会学习的能力。在儿童方面指的是能够会听说读写,会早期的数学运算,对科学和科技有简单的认知。第二,培育创新思维。儿童是"未来的宝贝",是"最具有创新的活力"群体,儿童身心发展是创新思维培养的关键时期,在儿童阶段注重激发好奇心和对事物的兴趣,注重引导孩子天性中的"天马行空"思维意识,对今后创新意识发展具有极大促进作用。

在创价幼儿园教育教学实践中,这一教育实践指导思想贯穿于整个幼儿园教育教学工作中。在安排的三个年级的所有课程体系中都有所体现。在主题为家庭的教育教学活动中,幼儿班在语文、早期数学和科学与科技这三门课程中都表现出了与幼低班和幼高班的不同。在语文活动中,主要表现为对听说读写的基本训练,能够认识基本与家庭有关的汉字和英文,会说写简单的句子。在数学活动

---

① [日]池田大作在印度拉吉夫·甘地现代问题研究所演讲:迈向"新人道主义"的世纪,日本:圣教新闻社,1997年版。
② 邱伟光、张耀灿:《思想政治教育学原理》,第94页,高等教育出版社,1999年版。

中,能辨识家庭中家具的形状,了解数量1~5。在科学科技活动中,能通过视觉、触觉、听觉能对家具环境加深认识。在主题为家庭和房屋的教育教学活动中,幼低班也具有自己的特色。在语文活动中,在听说读写方面都表现出比幼儿班更高的认知水平,能够读写房屋及周围生活环境名称。在数学教学活动中,会使用量绳,懂得排序和统计最喜欢的家庭角落。在科学与科技活动中,知道节约能源的方法和具有减少使用塑胶物品的意识。在主题为中国世界的教育教学活动中,幼高班明显表现出与其他两个班更高的认知水平。在语文教学中,能够读写各个国家的名称和各个国家生活环境的不同。在早期的数学教学中,学会10以内数字的分解组合加减法和认识对称的原理。在科学与科技教育教学活动中能够尝试用摄影部捕捉所爱的环境和认识地球上不同肤色的人和各个国家的国旗。从香港创价幼儿园的三个年级在认知方面的教育教学活动可以看出:第一,针对不同年龄阶段的儿童设计具有针对性和操作性强的教育教学活动方案。第二,活动的内容积极向上,有利于认识家、社会和世界,适应儿童认知身心发展规律。第三,数学和科学科技活动的学习,有利于培育儿童创新意识和发散思维。

(二)情——培养情操

情,从思想政治教育角度是指"思想政治品德情感,它是人们按照一定社会的思想政治品德原则、规范去理解、评价周围人和事时产生的一种情绪体验"。这里的情主要在思想品德形成中起到催化和强化的作用,能够深化对思想品德认知体验,是鉴定思想品德信念和意志的助推器。而池田大作对情的理解更为直接,主要是指"心",即用心去感受体验生活,满怀着美好的爱心去关心自己、关心他人和关心地球环境。池田说"所有的孩子都是心连心的世界公民",只有用情去生活,才会有"友好的道路和信赖的土壤"。对儿童进行情感教育有着可能性和现实重要性。可能性在于儿童天性中就具有爱人之心,这是人性中善的部分使然,儿童具有不教就有善,看到弱小和困难的人会具有同情心和怜悯心,但是儿童成长的环境各有各的不同,社会中一些"狗群的逻辑"和"欺辱人的暴力"的存在,对儿童身心健康带来负面的影响,因此这时需要教育的力量能够引导教育儿童辨别正义与非正义的区别,激发儿童天性中善的一面,培育其同情心和爱心,能够用"爱心"去生活。在现阶段对儿童进行爱心教育具有重大的意义。首先,儿童是未来的希望,心中充满爱心的儿童才能够构建真正和平幸福的世界。其次,儿童只有具有爱心才能够过上真正幸福的生活。最后,有爱心的儿童才是具有健全人格和身心健康的"地球公民"。

在香港创价幼儿园的教育教学活动中,情感教育就是培养儿童正直、活泼的健康情感，着力于培育身心健康的儿童。在情感教育中，香港创价幼儿园不拘泥于形式教育，利用家长、社会和各种各样的资源，对儿童进行情感教育。在主题为家庭的教育教学活动中，幼儿班教师设计了融合知识教育，体育健康教育和群体教育为一体的情感教育。在认知教育中，通过学习儿歌《我的家》《安全歌》等培育儿童爱家庭、爱父母的情感。在个人与群体教育教学中，懂得关心家人和长辈，学会感恩，珍惜家居物品并学会享受家庭生活的乐趣。在体能和健康教育教学中能够以愉快心情接受家庭中的新成员，学会帮助他人，具有初步的利他主义情怀。在主题为家庭房屋的教育教学活动中，同样也是把情感教育融合到知识教育，体育健康教育和群体教育当中去，在认知教育中，学会唱儿歌《房屋》和《快乐的家》，培育儿童爱家、珍惜物品和保护环境的情感。在个人与群体教育教学活动中，懂得与同伴分享合作感受，爱护街道上的公共设施，具有家庭成员的责任感。在主题为中国世界的教育教学活动中，幼高班的儿童在人生观和价值观层面上，情感教育更加成功。在认知教育中，学习《万里长城》《世界和平》歌曲，培养儿童爱祖国、爱和平的情感。在个人与群体教育中，能够欣赏祖国成就，培育自豪感和自信心，与各种肤色的儿童相亲相爱，和平共处，具有国际人道主义情怀。因此，香港创价幼儿园的情感教育寓各种教育教学活动为一体，在潜移默化中完成情感教育，这种"润物细无声"的情感教育教学方法值得学习和借鉴。

(三) 信——坚定信念

信，从思想政治教育角度是指"思想政治品德信念，它是人们对一定社会的思想政治品德原则、规范的内心信仰"，在品德形成的过程中主要发挥着"合金钢"作用，全面统筹认知、情感、意志，是品德形成过程的强大动力和精神支柱。池田大作信念教育排除了宗教因素，把信念教育定位于对世界和平的希冀和对自身发展目标的制定这两个维度。其中对世界和平的希冀主要指的是坚定世界和平的信念，并且身体力行的践行，对自身发展目标的制定指的是在"世界市民"的价值定位下，制定自己短期理想和长期理想，并努力奋斗实现。这两者结合就是池田大作"信"教育主要内容。池田说"孩子们的眼神里有着无限的希望"，把这种希望传递下去的方式方法就是对儿童的信念教育，让儿童对世界、对社会、对人生充满积极向上的希望，并坚定为社会、为国家、为国际奋斗的人道主义精神。

香港创价幼儿园充分践行这一思想，无论是教师还是儿童都有着无与伦比的坚定信念。不但教师有着奉献教育事业进而实现人生理想的坚定信念，而且儿童在教师的引导下，发挥自身的主体性，制定自己短期和长期奋斗目标，并把爱好和平的信念一以贯之下去，具体体现在教师对儿童课内和课外的教育中，在各种教育教学活动中都贯穿着信念教育。在主题为家庭的教育教学活动中,教师通过家庭生活中的家具认识、家庭中成员关系教育、家庭安全教育等活动教育儿童坚信家是安全的、温馨的港湾,父母和教师是自己成长道路上引导人,当面对害怕事物时能够正面面对,以积极心态去解决问题。在家庭房屋主题教育教学活动中,幼低班的同学在幼儿信念教育基础上,认识到可以把不合用的东西捐赠给有需要的人,从而树立帮助他人的人道主义信念。在主题为中国世界的教育教学活动中,教师在更高的层面上帮助儿童树立为祖国、为社会、为人类奉献的信念,树立不论肤色、人种和种族差异并主动关心帮助他人国际人道主义信念。池田说树立崇高的为人类和平、无私利他的信念需要从小做起,只有这样,"人类才有希望",和平才能实现。香港创价幼儿园对儿童践行的信念教育,既符合池田大作儿童教育思想,也是根据时代要求所制定的具有积极意义的教育方略。

(四)意——增强意志

意,从思想政治教育角度是指"思想政治品德意志,它是人们在践履思想政治品德沿着、规范的过程中表现出来的自觉克服一切苦难和障碍的毅力",在思想品德形成过程中起着极其重要的作用,对品德的形成发展起着调节、监督和监控的作用,这作用不仅体现在品德形成时期,更是体现在品德的践行中。池田大作的意志教育主要体现在两个方面:第一,能够合理有效地控制自己的负面情绪。池田说人性善恶兼有,恶性会"时不时"影响人的行为,对自己和他人造成身心伤害,扩大到国家则是军国主义和侵略主义的根源,这就使意志教育成为必然。第二,坚强意志"能打败任何困难"。池田认为在人生的道路上,会有许多未知的困难出现,打败困难需要不仅是智慧,更是坚强的意志,"只有在年轻时饱经重重考验和苦难,才能获得胜利的荣冠,为整个人生添上光彩",①这才是获得真正人生体现的路径。第三,克服自己"不合理的欲望"。池田说正常的欲望是行动的催化剂,促使人积极向上,是人进步的原动力,这是欲望积极的一面。但是,如果欲望超过了一定的限度,给他人和环境造成了损害,这种欲望就要克制,需要有强大的意志力去克制。所以,从这三个方面进行意志教育,才能培育适宜现实社会生存的拥有健康身心的人,世界和平建设、环境与人的共生共荣才有可能实现。

香港创价幼儿园的办学格言中的"坚强"就是意志教育的充分体现,是把池田意志教育同香港儿童具体实际相结合的产物,对儿童意志培育和引导具有重要的意义。在教师教育教学活动中,对儿童各方面活动都体现意志教育,比如:上课时

---

① [日]池田大作著,潘金生、庞春兰译:《我的人学·下》,第84页,北京大学出版社,1990年版。

间遵守、定时补充食物、按时完成作业、学会主动克服自己的欲望和负面情绪,等等。不但发挥教师教育教学中的作用,同样在家长的亲子教育环节中,也时时刻刻体现着意志教育。在主题为家庭的教育教学活动中,在体能与健康这一环节中,让幼儿班的儿童学会正面的理解害怕事物,学会用意志去克服害怕事物,并且能以愉快的心情迎接家里的新成员。在语文听说读写教育环节中,能够耐心倾听教师的故事。在主题为家庭房屋的教育教学活动中,在体能与健康这一环节,让幼低班的儿童在游乐场游玩时注意时间限制和安全规则的遵守,能够按时清洁周围环境,保持环境的卫生。在个人与群体教育中,懂得排队轮候和礼让他人,遵守公共场所的规则。在早期数学教学中,能耐心地衡量量绳的粗细和宽窄,有耐心地完成教师作业。在主题为中国世界的教育教学活动中,在体能和健康教学下幼高班学会消解冲突的能力,特别是在他们愤怒的时候,懂得吃适量的食物并珍惜食物。在个人和群体教学中,知道人要不断努力才能够获得成功的道理,能理解各种事物不同解决办法。在艺术和欣赏教育中,有耐心欣赏各个国家的艺术作品。这三个层次的意志教育,从浅到深的教育过程,不断地一点一滴教育儿童学会控制自己的负面情绪,控制自己不适当的欲望和坚定自己的理想和信念,这为以后儿童社会化奠定了思想基础,是儿童成为健康人的重要保证。

(五)行——养成习惯

行,从思想政治教育角度的是指"思想政治品德行为,它是人们在一定的品德认识、情感、信念和意志的支配和调解下,在实践活动中履行一定的思想政治品德原则、规范的实际行动",①是思想政治品德形成的最终目标,是思想政治教育成功的最终指向,是人的思想政治品德践行的外在标志。思想政治教育的最终目的就是能把先前的认知、情感、信念及意志最终统一到外在的行为表现上,并形成习惯,这不但符合社会思想准则规范对人的要求,而且也是构建和谐文明社会所需。因此,外在行为的养成是衡量教育成败的关键。"行动是思想的反应,思想变成行动而表现出来才能发挥思想的作用",②池田对行为要求也是如此。他认为个人文明礼貌的行为是"衡量一个民族和国家"的重要指标,也是构建和平国家的关键,因此极其重视行为教育。池田大作行为教育通常是通过让受教育者自身经历来体现和感受行为的过程和结果,并依靠自身的价值判断和价值准则进行取舍,教师只是起着辅助作用。在这里受教育者自身的价值观是经过家长、教师和社会三

---

① 邱伟光、张耀灿:《思想政治教育学原理》,第95页,高等教育出版社,1999年版。
② [日]池田大作著,潘金生、庞春兰译:《我的人学·下》,第164页,北京大学出版社,1990年版。

位一体的教学体系培养,形成符合社会准则和道德规范的价值认知、价值判断和价值选择。

　　香港创价幼儿园的办学格言中的"活泼"就是行为教育的充分体现,是把池田行为教育同香港儿童具体实际相结合的产物,对儿童意志培育和引导具有重要的意义。在具体教育实践中把学生行为教育贯穿于日常行为守则的遵守、课外体能活动课和艺术音乐课程中,并极其重视社会环境对儿童行为的影响,积极开展教育教学参观、郊游等课外活动。在主题为家庭的教育教学活动中,教师会让幼儿班的儿童自己做一次教室的主人,进行教室环境布置活动,儿童可以根据自己学到的关于家庭方面的知识,并发挥情、信、意这三方面的作用,和同学互帮互助,共同完成教室环境的布置。在主题为齐来颂亲恩教育教学活动中,要求幼低班的同学在即将到来的父亲节和母亲节准备小礼物,向父母献上自己的祝福,例如,可以唱歌、帮助家长按摩、制作卡片等方式,在儿童制作准备过程中教师给予一定的配合,但要求儿童能独立完成。在我的行动承诺关爱、诚信、共建和谐社区的教育教学活动中,要求幼高班的儿童每天坚持做有氧运动,能够诚信友爱对待家人和社区人,做一个诚实守信的公民。这些不同层次的行为教育,让儿童在学习了有关知识之后,将行动付诸教室、家庭和社区,为儿童成长为合格的公民奠定了基础。

　　在一个和谐的世界,儿童是诗意的存在;在一个教育者的背后,是无数个儿童的期许,有着儿童的世界一定是五彩缤纷的。西学与东学的交会,现代与传统的博弈,碰撞出了无数儿童思想的火花。池田大作先生的儿童教育思想正是在对传统的坚守和对现代的吸纳中,在对东学的传承和对西学的借鉴中形成的,佛学思想在它身上打下了深深的烙印,儿童生命尊严在它身上投下了幢幢叠影。池田先生的儿童教育思想不但是日本儿童教育的行动指针,也为世界儿童教育家所吸收和借鉴。因此他的儿童教育思想具有某种程度的普世意义,至少可以启发我们换一个方向,换一种思维,换一个角度去推动我国儿童教育改革。儿童是大人社会的反应,是世界和平的希望,是人类可持续发展的继承者,儿童的重要性毋庸置疑。我国的儿童教育作为我国教育改革重点和难点,学习和研究池田大作先生儿童教育思想研究,对我国儿童教育改革具有借鉴意义。博采众长、为我所用才是我国儿童教育事业不断富有生命力的源泉所在。

结束论

池田大作德育思想特征是强调"以人为本"的德育目标;重视个性的德育方法;关注心灵的德育内容;注重"三位一体"的德育载体。而池田大作德育理论基础是"生命尊严"的人学思想;池田大作德育理论的功能是促进人的精神性发展;德育的真谛是人本主义;德育的价值是对生命的尊重;德育的途径是构建"为德育的社会体系"。

第十七章　池田大作德育思想特征及其精髓

纵观全书,我们认为池田大作不仅是日本著名的文化学者和社会活动家,还是一个著名的德育家理论家和实践者,他的德育理论和实践活动,引起了国内外的广泛关注,我们将其德育理论和实践特点及其精髓概括为以下几个方面。

一、池田大作德育思想特征

第一,强调"以人为本"的德育目的

在池田先生各类对话录和演讲中,闪烁着耀眼的人文主义的德育思想。池田大作针对现实中的德育目的日趋功利化倾向提出了自己的德育目的,主张德育的目的应该超越功利色彩,最终为人生的价值服务,其根本目的是培养人的道德品质和道德能力,使人更好地创造其生命的价值和意义。德育的目的并不仅仅是为国家、社会、政治、经济、世界和文明等服务的;德育的根本课题是在于说明和回答人类应当怎样存在,人生应该怎样度过这些人类最重要的问题,人类可以从德育中得到很大的实利效果,但这终归是作为结果而自然形成的,并非德育应有的状况,或者说,不是德育自觉追求的目的。德育必须使人的个性得到自由自在的发展,让他们在广阔天空中茁壮成长,成为全面发展的人。这一切都是德育目的的重要内涵。

德育是什么?德育为了什么?池田先生认为德育是培育"人"的事业,他在与英国历史学家汤因比对话中说到学问、德育的理想状态时指出:"德育的根本课题是在于说明和回答人类应当怎样存在,人生应该怎样度过这些人类最重要的问题。"所以,德育的根本目的在于培养人的道德品质和道德能力,只有如此人才能更有意义的活着,创造人生的价值。

但是在当代日本和其他国家的德育中,存在着日趋严重的功利化主义,违背了德育的本质,对此池田的看法是:"就德育来说,确实可以从中得到很大的实利效果。但这终归是作为结果而自然形成的,光把实利作为动机和目的,这不是德育应有的状况。现代技术文明的社会中,不能不令人感到德育已成为实利的下贱侍女,成了追逐欲望的工具。"他还一针见血地指出:"现代德育陷入了功利主义,这是可悲的事情。这种风气带来了两个弊病,一个是学问成了政治和经济的工具,失掉了本来应有的主动性,因而也失去了尊严性。另一个是认为唯有实利的知识和技术才有价值,所以做这种学问的人都成了知识和技术的奴隶。"德育的目的应在功利的基础上超越功利,德育的最终目的应为人生的价值服务,否则,人生的目的就会被物质化,失去了德育的活力和尊严。所以池田认为德育之本是为了孩子,而不是"国家的专有物"。也就是说德育的目的不是国家、社会、政治、经济、世界和文明,等等,而是对人生意义的追求。池田大作认为:"德育是文化的动力,是构成人的形成的根干。所以我深信,德育必须根据独立于国家权力之外的独特立场来组织,并从学术上来进行探讨。""德育是文化的动力,是构成人的形成的根干。所以我深信,德育必须根据独立于国家权力之外的独特立场来组织,并从学术上来进行探讨。"由上可见,池田大作所奉行的德育的宗旨,就是对人生意义的追求和对功利主义的批判。他强调:"总之,德育的任何课题都必须从人乃至生命的尊严这普遍性的立场出发,并回归到这一立场来。""德育本应是人的生命的目的,是人格的形成,即人之所以像人的最重要的因素。可是,不仅日本,可以说在近代,特别是在20世纪,却往往使它从属于某种目的,贬为某种手段。""在21世纪的'为了德育的社会'里,人将不受孤立和分割势力的摆布,而会超越人种和国境,加强联结的纽带,和大自然也会尽情地互通声息,奏出生存的和声——目的就是要形成这样的人格,应当把它放在最优先的首要位置。"

由于池田大作所奉行的德育的宗旨,就是对人生意义的追求和对功利主义的批判,因此他主张建立人学,使之作为一切学问的核心,他说:"我认为应当进一步深入地学习和建立作为统一综合的原点的'人学'。"基于这种认识,池田先生呼吁把"为社会的德育体系"转换成"为德育的社会体系"。先生特别推崇撒曼博士的"逆向构思",主张不要强调德育在社会应该起如何作用,而要反问"社会对德育应如何发挥作用",他非常认同德育是的生命的目的的说法。池田指出:"与此相反,日本乃至20世纪的整个世界,往往把使人获得'完善人格',即使人活得有价值的德育,从属于其他目的,或贬之为达成目的的手段。""尤其是作为国家近代化手段而发展起来的学校德育,从属于政治、军事、经济、意识形态等国家目标,被贬为专门为此效力的'培养人才'手段。当然,这种德育制度完成培育不出丰富多彩的人格,只能铸造同一模式,特定类型的人物形象。把德育视为一种手段,也就等于把人视为一种手段。"为什么20世纪的战争与暴力频发?池田认为主要原因是由于近代文明的颠倒价值所致,人们没有把价值基准搁置于人,没有正确地掌握德育这个人的本源活动,因此他建议"应重新思考'完善人格'的含义",并且进一步强调"把'完善人格'更替为'幸福'"。正是如此,他将由他创立的创价大学的基本德育理念规定为三项:"一、要成为人的德育的高等学府;二、要成为建设新的伟大文化的摇篮；三、要成为保卫人类和平的堡垒。"其中第一项就是呼吁德育的根本意义,即大学成为最高和研究的场所的同时,更重要的还是最高的人的德育的场所。他说：大学不能以单纯传授知识和技术而告终。我希望它首先是思考作为人的意义、学习作为人的生活态度的最高学府。我还是希望它不要忘记把"人"作为一切问题的原点。

池田倡导要改变人为知识和技术服务、德育和学问受政治和经济操纵现状,无论如何要恢复德育其原来的宗旨,即"学问本来是为了阐明人类的基本生存生态和存在的根本,而德育则是要把这种学问传播开去"。用这种本来的学问和德育来取代已被政治和经济所操纵的蜕变的学问和德育,回归德育的本真意义,还人类应有的尊严,爱护人类应有的生态,尊重人类的生命。这里需指出的是,池田并非彻底否定除去德性发展外的其他能力的发展,而是针对现实德育目的功利化的一种矫枉过正的提法。

第二,关注心灵的德育内容

针对目前日本学校在德育内容上只是注重知识的传递,而忽视对人的德性、人格和人的各方面潜能力方面的德育开发,池田指出德育的内容应该更多关注学生的人格和心灵方面的德育,他说："如果进一步深谈德育的内容可以说是'知性'和'感情'的德育。所谓知性,从根本上来说,则是作为个人的人格方面的知性。更具体地说,则是为了造就社会人、职业人而给予和吸取知识和智慧的德育。另外,我之所以称之为'感情',是因为它意味着人的心灵的丰富,这也是做人的条件。"他说："现在的大学德育'大量生产'化,已经丧失了这种人的相互接触,说是毫无感情德育也不算过分。在知性德育方面,也是单纯灌输知识的德育,可以说根本没有进行人格方面的知性磨炼。"应该说池田这种认识是切中了日本学校德育的要害。

"战后"日本经济界对于德育的不断要求,强化了经济高速发展时期德育问题上的经济至上思想,并强烈影响到德育思想界和政府的政策指导思想。当日本这种将德育完全从属于经济的思想被日本当局所信奉的时候,使得日本德育从二战中的军事国主义的附庸、政治工具的地位沦落为经济的附庸、国家工具的地位,几乎失去了自己应有的性格。

池田明确指出了日本这种德育中的经济至上思想导致了德育中的能力主义,而大大忽视了德育在塑造人的心灵方面的功能的弊端："与物质文明发展形成对照,人的精神方面的开发遭到了遗忘,甚至随着物质的丰富,精神方面反而变得贫乏了。""偏重物质的思想在人自身的心中也排挤、压垮了同情、诚挚、爱等人所固有的丰富的感情。"他主张要改变这种现状,就要"由以物质为中心返回到以人为中心"。

池田先生除了上述提出心灵德育的重要性与必要性之外,还身体力行地为充实学生的心灵德育倾注了自己的全部精力,他本人就是学生的进行"心灵"德育的典范。

第三,重视个性的德育方法

池田先生非常重视个性德育,他指出:"要实现人的德育,我认为首先必须要改变大人的社会观、价值观。……梅花就是梅花,樱花就是樱花,应当把各个领域里开出真正自己的花当做骄傲,这才是未来社会的理想形象。"应该发展和培育学生的个性,"德育是以每个具有不同性格的人为对象,这是每一个生命在每一个瞬间都在进行的微妙活动。""基础知识必须反复踏实地讲授。有些学生一经点拨,很快就会理解。有的学生则理解迟钝,此时如果教师轻蔑他,那个学生也许永远不会逾越这个障碍。"

池田这种重视"个性德育"的思想,是对日本战后民主主义德育的反思的结果。事实上在中国和日本这样的国度里进行个性德育是有难度的,因为两国的民族传统文化都中有着极强的家族意识、整体主义、民族意识等共同体意识,极容易造成对人的自由与个性的尊重。对这样的经过千百年积淀下来的民族文化传统加以现代的改造,使之适合于当代社会的发展要求,是一个非常必要而又极其艰苦长期的过程。在日本方面来看,个性德育既是对"战前"实施天皇国民德育的一种清算,也是其发展现代资本主义的必然要求。近些年来日本继续深化这一德育,主要目的指向是"德育荒废"。

第四,注重"三位一体"的德育载体

我们这里所说的三位一体,是指学校、家庭和社会地域的三者的连携。一般来说,德育的载体主要是学校。从池田德育思想中,可以明显看出他对除学校德育之外的德育的极其重视。在学校之外,池田最注重的就是家庭德育了,几乎在他的每次对谈录中都会谈到家庭德育的问题。关于学校德育与家庭德育的关系,他指出:"学校德育把重点放在开发人的生命的智能上。而在家庭德育中,一方面固然要把重心放在'情'与'意'上,同时恐怕还应当为人的全面发展德育进行不懈努力。如果是这样,那就可以认为,家庭德育是人的德育基础,在这一基础之上,学校德育才有可能很好地开花结果。"可见,池田认为家庭德育是人的德育的第一步,学校德育才是第二步。他正是针对当今德育中"家庭德育遭到了忽视,甚至变成了好像是学校德育的转包单位"。所以他明确指出:"人性的磨炼不应当全委托于学校,应当作为家庭、地区乃至整个社会的问题上日程。"因为"家庭德育"是"德育的原点"。

池田特别提出了做父母的责任,他说:"家庭德育,他作为德育的原点。"家庭既要保护孩子的主体性和自主性,又要关心他们健康成长,因为"任何孩子都具有丰富的个性和素质。我希望做父母的要根据自己的体验,对孩子有时要进行教导,有时要提出忠告,并给予鼓励,要培养他们的创造性,使他们能够自由地茁壮成长"。可见,家庭的德育就是要养成好的基本生活习惯,把学校的德育落实到实践的生活中。父母在尊重孩子的人格的同时,以温暖的家庭之爱影响孩子,教会孩子识别善恶,家人以自己的实际行动感化孩子,给孩子以道德的熏陶。同时,孩子通过和家人谈话,共同体验人生。

的确,目前日本德育界认为当前儿童心灵荒废的原因和责任,从根本上来说,在于整个成人社会,儿童是成人社会的牺牲品,是家庭、社会、学校各自的病理问题及相互间的脱节造成了"德育荒废"。为此,实施"心的德育",关键在于改善学校、家庭、社会各自的德育功能,促进三者的有机结合,丰富儿童的生活体验和自然体验。那么在家庭中,纠正以往家庭对孩子的过分干涉和保护的做法,尊重儿童的个性和自主性;重新审视父亲的作用,促进父亲参与德育,确立亲子间的信赖关系。在社会上,充实家长乃至未来家长为对象的学习机会,帮助家长形成正确的德育理念,掌握适合的德育方法。在学校中就以要促进家长与老师之间建成良好的沟通合作关系。譬如在其创办的创价大学每年开学、毕业典礼等各项重大活动之中,都洋溢着学校、社会、家庭三位一体地携手共同育人的和谐气氛。创价大学校德育与社会地域联合的方法也是各种各样,如为德育的实施提供场所,为探讨学生的德育问题提供交谈的机会。把德育的意义和在家庭中进行德育的重要性,通过演讲、报纸等方式,广而告知。还有公开授课,让周边人们参加并协作学校的德育活动。创价大学向周边地域以及社会全方位地开放,包括图书馆、文化活动场所;举办暑期讲习活动,举办各类讲座。

这种三位一体连携育人的途径还有一个特殊之处,那就是通过创价学会组织的各类宗教性的活动,包括宗教讲座、学习交流、研读池田讲话、感悟人生甚至颂经唱典等形式,在将池田先生宗教思想广为传播的同时,也将其德育理念、人性革命等,传播到地域周边以及日本全国各地乃至世界各地。可以说哪里有创价学会,池田上述德育思想就能传播到哪里。这种三位一体连携的德育途径,克服了单一的学校德育的局限性,使得德育在学校、家庭和地域社会全面推进。

二、池田大作德育理论及其实践的基础

第一,"生命尊严"的人学思想是德育思想的理论来源

池田大作人学思想的核心是"生命的尊严",它强调人与自然的和谐、世界的和平及人性革命。池田先生的人学思想的理论原点和哲学根基是宇宙大生命观,他说:"任何人的行动都应该基于对生命的尊严的认识。"要把生命的尊严的思想当做我们人类的生活目标。他认为大自然与人同样拥有不可侵犯的生命的尊严,"如果人侵犯了它的尊严性,就等于侵犯了我们本身的尊严性"。反之,如果人维护了它的尊严性,也就等于维护了我们自己的尊严性。因此,池田强调:"必须能使每一个人切实感受到这样一个原理,即一个人的生命比地球还要重,而且这生命的尊严只有和自然相调和,才能得以维持。"池田认为,认识到这一原理对于我们今天的社会来说是十分重要而紧迫的。

不仅要解决人与自然的平等,池田特别强调还要解决人与人、人与社会的矛盾。他认为"除了平等,相互尊重,站在友好的立场上共有之外,别无他法"。池田认为生命的尊严是一种普遍的价值观,他引用康德所言:"在目的王国里,一切或者有价值,或者有尊严。有价值的东西,能够作为某些东西的等价物而代替它。相反,超过一切价值的宝贵的东西,因之也不承认任何等价物的东西,就是有尊严的东西。"他说:"生命是尊严的。就是说,它没有任何等价物。任何东西都不能代替它。现在人们已经各有自己的价值基准了,这叫价值的多样化。人们从国家主义狭隘的价值观中解放出来。这是可喜的现象。但是,即或承认价值的多样化,是否还需要一个包括多样化的共同基准的价值观呢?没有这样一个基准,人与人之间的相互信赖和协调就建立不起来。如果深究一下,这个总括的、根本的价值观,归根到底,还是作为人的价值,生命的尊严。"池田认为:"归根到底,支持什么价值观体系,这决定一个人对人生的看法。所以应该确立怎样的价值观和如何实现这一价值观体系,正是问题之所在。"我们认为池田的"以人为本"的德育价值观,就是取决于他的这种信念和其佛教的生命观的价值体系。

第二,历史的拷问是其德育思想的实践基础

我们认为池田德育思想的鲜明特征就是"以人为本"。一般来说德育的目标价值表现为两个方面,即德育的本体价值与工具价值。所谓德育的本体价值,就是指德育系统对受德育者身心发展过程中所产生的需要的一定满足。也即德育系统促进受德育者全面发展的价值或德育满足个体发展需要的价值。所谓德育的工具价值,是指德育系统对社会系统中非德育系统的需要的一定满足,也即德育满足社会发展需要的价值。其工具价值主要体现在通过培养特定的人才来满

足社会政治、经济、文化、科技等系统的需要。德育的目标也主要是从这两个方面去设计,即或从社会发展需要为出发点,或从个体发展需要为出发点。在中日两国德育的目标上,始终存在着这样两种不同的德育价值观。即以社会发展需要为出发点,形成了"社会本位论";以个体需要为出发点,形成了"个体本位论"的德育价值观。但从中日两国的德育史来看,前者是主导方面。与西方国家相比,不难发现西方更多的时候,是把人自身素质的发展、人的个性培养、个体人格的完善和个体主体性的弘扬作为德育的目标。而在中日两国的德育则正好相反。其原因可能与东西方国家现代化类型的不同和东西方文化传统中对人的地位和作用的认识不同造成的吧。西方国家的现代化属于早发内生型,现代化的推动因素产生于社会内部,是自身历史发展的必然结果。并且,西方社会从古代希腊时代就比较重视个体在社会中的地位。因此,表现在德育中自然就更加重视通过德育发展人的素质和能力,促使个体主体性的进一步发挥。而中日两国的现代化属于后发外生型,只是因为受到外来文明的压力才开始了自身的现代化历程的。中日传统文化的社会本位的突出表现如中国的伦理本位、日本文化的皇国神道,都有其共同的特点,即重国家、重民族、重社区、重群体而鄙个体文化价值观念。虽然在中日现代化进程中,也有不少人重视人的本身价值,而提出要发展人的素质和能力。但由于后发外生型现代化的中日两国,最初更多的是看到异质文明的物质层面的东西(即重视器物),还没能抓着现代化的核心因素——人的价值。因此重视人本身价值的呐喊是微不足道的。之后随着中日现代化进程的不断发展,人的作用凸现出来了,所以在两国德育中把培养人、发展人,提高人各方面的素质、能力放在了首位。

中日两国因为都属儒教文化圈,因而都有其"政教一致"的历史传统,这种传统文化的影响表现在德育方面的特征是以"社会本位"为主导,而以人为本较为漠视。这种以社会发展为本位而非以个性发展为出发点的德育培养目标,是有利于凭借国家的权力,进行自上而下的培养社会所需人才,但是同时也使得个人成为了社会、国家的工具。无论是中国的"中学西体",还是日本的"和魂洋才";中国近代历史上的"救亡图存"运动也好,日本的现代化急行军也好;中国的新民主主义革命、新中国初期的革命人才的改造也好,还是日本"战前"的极端民族主义、国家主义也好;无论是中国"文革"时期的政治运动,还是日本的工业化、经济高速增长期间,无疑都充分地体现了极其显著的"社会本位"的德育价值观的特征。两国在德育目标上,都极其重视民族国家的独立、建设的经济活动;极其重视德育的政治性、社会性和生产性功能。而都比较忽视人们的自我意识的觉醒活动,忽视个人正当发展、正当利益的需要。结果致使德育沦为国家、社会的工具,使得个人成为社会、国家的工具。日本军国主义时期的德育,是为打造皇国国民、义勇奉公的人才,而服务于战争的需要,也使得德育成为日本式法西斯集权式的工具,走向了人性的反面。正如池田前面所指出的那样,日本乃至20世纪的整个世界,使人获得"完善人格",即使人活得有价值的德育,从属于其他目的,或贬之为达成目的的手段,尤其是作为国家近代化手段而发展起来的学校德育,从属于政治、军事、经济、意识形态等国家目标,被贬为专门为此效力的"培养人才"手段。所以池田这种以人为本的德育目的是有着极其重要的理论和现实意义。

第三,对战后日本德育的反思是其德育思想的现实根由

池田之所以重视心灵的德育内容、个性德育的方法、强调三位一体的德育载体,是根据他对"战后"日本德育的忧虑。他在《21世纪:建设为"德育的社会"》中指出:德育状况令人担忧,失足青少年激增,校内暴力事件、旷课现象频发,他说:"我认为,以日本文部省为主的官僚主导型,政治主导型的近代日本德育制度,快要走到死胡同的尽头。不管是战前的富国强兵政策,还是战后的经济大国主义,以迎头赶上欧美先进国为目标而急起直追的近代日本政策,及从明治时期来一直以达成此目标为其德育方针的德育政策,也都明显地陷入僵局。在社会从工业化转变为信息化时代的同时,德育方针也不得不加以修正。值此,我要呼吁,在思索21世纪德育之际,把'为社会的德育体系'转换成'为德育的社会体系'。"

这种认识是深刻的。的确,日本战后的德育沦为了经济的附庸,其结果导致其塑造人心灵功能的丧失。20世纪50年代中期到60年代是日本国民经济高速增长的历史阶段,在恢复和发展经济的迫切需要、赶超先进国家的强烈愿望,使得一些人将德育单纯看成了经济起飞的工具而忽视德育在发展人的个性和心理潜力等价值方面的作用,从而沦为经济至上主义。这种经济发展过程中出现的经济至上,置德育于经济发展的工具地位,实际就是后进国家赶超型近代工业文明的副作用。所谓赶超型近代工业文明,是将整个社会的注意力集中在物质的积累上,忽视了对精神和人性的关注;近代工业文明造成的物质化、都市化使人丧失了与自然的交融,过多地增加了间接经验,减少了直接经验,使人本来所具有的素质退化,出现"人性化迟滞"现象,这对于儿童尤为可怕;近代工业文明使传统的人际关系崩溃,却又难以找到创造温和的人际关系的方法;富裕社会的实现,在消除贫困、不便、压抑、不平等等逆境的同时,却导致了人类长期在逆境中培养起来的自立心、自制力、忍耐力、责任感、同情心、对祖先的尊敬之心、对自然的敬畏和热爱之心等的退缩,带来了心灵上的贫困;近代工业文明的引进与发展、战败引起的对

传统价值规范的否定以及来自欧美的个人主义和平等主义的机械的移植,极大地冲击了日本的高同质性和高统合性的民族精神和文化。当日本国民平均收入超过美国,成为"金钱大国"的时候,由于失去了对物质的节欲力,而使人们精神世界发生了荒芜。于是便发生了青少年精神空虚与贫困、身心发展极度不平衡、拒绝上学、无故旷课和欺负弱小等所谓"德育荒废"现象。

德育荒废的病理具体表现在学科德育上,现代高学历志向、升学中心的德育观,极其扭曲了学科德育,是偏重智育的德育。学校应该促进每个儿童、学生的全面发展,所以应该谋求各学科的平衡。但现实的学校多倾向于以知识学科为中心评价学生的能力。显然这典型地反映了高学历志向、升学体制。凡是有利于进学的科目的德育都受到重视,其他学科被看成第二义的,这自然造成了学生重知识学科、轻其他学科的现象。在德育内容上,日本的现行学程计划,从发展方面来看相对过高。学生智力发展存在着个人的差异,因此不能一概而论。但日本学校德育中严重存着僵化、划一、封闭式的德育缺陷,学校和班级不容许"差异"的存在,采取极端的管理甚至体罚,造成德育的极端僵化。僵化又反过来造成学校德育不能及时认识和适应儿童的环境、生活、心理所发生的深刻而又广泛的变化。僵化、划一的学校德育与家庭德育的过于保护及放任自流,无法保障儿童自主精神、个性和自律性的发展,妨碍了儿童人格的形成。而以"升学上的考虑"和"德育上的考虑"为名,学校将自己封闭起来,逐渐背离了日本宪法和德育基本法的精神,背离了德育目标,脱离了社会,甚至忽视儿童。封闭性这堵墙妨碍了对德育荒废的早期发现。在德育方法上,现在学校德育以知识量为问题,成为启动记忆力的德育,这种德育方法抹杀了学生的创新能力。

这种学校的德育,加剧了赶超型近代工业文明对儿童的人性的压力,恶作剧、暴力行为等德育荒废现象,实际是儿童长期遭到压抑的人性的扭曲的发泄。在德育上,日本的德育制度是采用大一统的管理体制,因此在德育上也显示出强烈的国家干预性,虽然在一定程度上提高了学校德育的有效性,但同时造成了学校德育"划一"、"僵死"、"封闭"等弊端,压抑了学生个性的发展。特别是,为了保持"和魂"这一特色,日本政府就学校德育的目标内容、教材编写等都做出统一的、严格的规定,一度造成狭隘的民族主义、极端的国家主义与军国主义的高涨,更妨碍了适应时代发展的富有创造性、自主性的人才的培养。

德育荒废的原因也有家庭德育的"病理"。日本随着产业化、城市化的发展,家庭形态、家庭内部结构正发生着种种变化。首先是核心家庭的普遍化和少子化趋势的扩展,家庭内部成员关系愈趋简单,孩子的交流对象也受到限制。此外,日本父亲在家庭生活中的"缺席"必不可免地影响到了孩子的社会化。"没有父亲的社会",在日本社会,父亲在家庭生活中的缺席却已是普遍的事实。在孩子们眼里,以"公司人"著称的日本的父亲们要不就是"总在外面",要不就成为家里多余的"粗大垃圾"。在这种情况下,无可避免地,母亲成了孩子最重要的社会化担当者。所以出现了孩子对母性的过度依恋、母子关系的过于密切等现象如今正成为不少研究者探寻青少年问题症结的重要途径,人们普遍认为孩子与母亲间的一体化倾向已构成青少年社会化过程中的严重的障碍因素,家庭的德育功能衰退了。这就是池田为何学校之外的德育载体特别关注的就是家庭德育的深刻缘由。

三、池田大作德育理论及其实践的精髓

池田先生出身教门,以其宗教视角审视人类历史,关注社会、关怀人生的热心往往能够引起各国学者专家的共识。其理论及其实践的精髓本人将之概括为以下几端。

第一,池田德育理论的功能——促进人的精神性发展

人是一种自然的存在,也是一种精神的存在。人的生存不仅要有物质的支持,更要有精神的支撑和寄托。人们一方面进行物质生产实践,创造满足自身需要的生存条件和生活资料,解决与自然的矛盾;另一方面,进行人类自身的生产和精神生产。精神生产主要指精神生产者有意识、有目地地创造各种社会意识形式(如科学、艺术、道德、宗教、政治、法律等)和创造实践观念(如方针、政策、计划方案等)生产活动,以及精神产品的分配、交换、消费即精神交往关系与过程。精神生产是人类精神生活和精神文明所需产品的直接来源,也是它们的直接推动力。人类需要有自己的精神生活,我们不仅是为了物质而活。

池田先生除了上述提出心灵德育的重要性与必要性之外,还身体力行地为充实学生的心灵德育倾注了自己的全部精力,他本人就是学生的进行"心灵"德育的典范。

池田关注德育对人格的塑造。他说:"德育的目的是,在学习知识的同时,还有更重要的是启发人的良知。""在今天高度发达的文明社会里,无论具有多优秀的智慧和人格,如果没有知识,那也不可能发挥其力量的。但更重要的还是智慧和人格的修养。"既然德育重点是放在人格形成方面,那么自然学校环境中的教师的人格磨炼就极其重要。"知识本身是客观的,利用讲义、传声器也完全可以传授。而人格的形成、人性等应该如何运用知识的价值创造的问题,是要通过教师与学生之间的交流和接触才会自然地刻印在生命中。当然,人性的磨炼不应当全委托于学校,应当作为家庭、地区乃至整个社会的问题上日程。这样,就成了孩子

与成人的问题。我认为重要的是,社会上的成人要对未来的使者孩子们倾注真心的爱,要为他们创造更好的德育环境。"自然,在家庭环境中,父母本身具有的社会观、人生观才是影响子女发展的最重要的因素。

由于池田大作先生是一位宗教家、哲学家,他在不断宣扬佛法的人道主义的同时,积极推行文化、德育及和平活动,其倡导的创价理念中不论是中道哲学还是人学思想,其主要目的还是在如何解决"人"的问题,池田大作先生认为人应该如何生存下去这是宗教和哲学的出发点,也是宗教和哲学极力要达到的最终目标,更是人之所以需要宗教的原因。而他更强调,宗教是因为人而存在,而不是人因宗教而存在,一切都在于"人"。而且人并不是被任何所谓有人格性的神所支配,佛教是以"法"为本,而"法"是在这个现实人生、社会和世界现象的深处,并且包括这些现象而存在着。而所谓的佛界并不是存在于离开现实的某一地方,而是永远存在每一个人的生命和宇宙之中。

创价理念提倡"人间革命"的意义,即是透过自身意识深处根本的改革,达到与佛一样的境界,进而发挥佛法的慈悲精神,去帮助别人,从自身的"小我"往"大我"的目标迈进。而在创价理念中,最重要的便是透过信仰日莲大圣人的佛法,去学习人要如何去建立正确的人生观、价值观和哲学观,进而发挥自己的潜能,创造人生至高无上的价值。当代人类的生存险境,在池田大作看来,根源有两方面:一是人性中的天然恶敌,二是近代科学主义、人本主义价值观的误导,而"要根治现代社会的弊病,只能依靠来自人的内心世界的精神革命"。池田和有着同样宗教信仰的汤因比把这个希望寄托于宗教的作用,而一般的无特别宗教信仰者则寄希望于道德文化。宗教或文化救世,是人们对21世纪的期待。汤因比倡导解决西方世界目前困境的关键是彻底扭转机械唯物主义的价值观,摒弃启蒙运动以来的近代工业文明物质至上的价值观。必须"在精神生活方面,把世界的上层建筑放回到宗教的基础上去"。

人的精神性发展的最高层次是要获得一种幸福的感受,因而池田非常重视幸福感的获得,在关于什么是真正的幸福的时候,池田先生主张"心财是首要的,比身财更重要。所谓心财,我认为是一个自身生命深层的一种充实感,只有这种充实感才是幸福的实体"。而这种充实感更多的是要通过德育的渗透性方式来获得,通过教师与父母对德育客体潜移默化的影响来获得。"完善人格",在德育基本法中被视为"德育目的",为什么如此难以落实?池田先生把它变成内容充实的普遍理念,即把"完善人格"更替为"幸福"。所以,在当今物质丰富的社会中,人的精神性的发展就摆在了日益突出的位置。而这种发展要求光凭知识的传授是很不够的,人的精神性的丰富更需要一种环境的渗透方式,达到润物细无声的效果。譬如创价学会组织的各类宗教性的活动,包括宗教讲座、学习交流、研读池田讲话、感悟人生甚至颂经唱典等形式,在将池田先生宗教思想广为传播的同时,也将其德育理念、人性革命等,传播到地域周边以及日本全国各地乃至世界各地。正是这些小细节的德育渗透,却有着不可估量的作用。

第二,池田德育的真谛——人本主义

在池田的德育理念中,蕴涵着很多丰富的以人的发展为中心的思想。人类思想史上,人道主义思想源远流长。在西方,早在古希腊罗马时代(前600—前476),关于人的研究就占有突出地位。古西腊德尔斐神庙上的箴言:"认识你自己",道出了古代"人学"的先声。智者学派的代表人物普罗泰戈拉宣称"人是万物的尺度";雅典政治家伯里克利特也提出"人是第一重要的"命题,直至亚里士多德这位西方古代最伟大的思想家做出了"人是两足的动物"、"人是理性的动物"、"人是政治的动物"的系列判断,从人的形体、思维和社会生活等方面,对"人是什么"做出了全方位的回答。

德育是什么?德育为了什么?德育要使人成为人,德育要促进人的发展,德育所指向的也是马克思所昭明的人类的终极目的:"人类全部力量的全面发展成为目的本身。"池田先生认为德育是培育"人"的事业,由于池田大作所奉行德育的宗旨,就是对人生意义的追求和对功利主义的批判,因此他主张建立人学,使之作为一切学问的核心,他说:"我认为应当进一步深入地学习和建立作为统一综合的原点的'人学'。"基于这种认识,池田先生呼吁把"为社会的德育体系"转换成"为德育的社会体系"。池田倡导要改变人为知识和技术服务、德育和学问受政治和经济操纵现状,无论如何要恢复德育其原来的宗旨,即"学问本来是为了阐明人类的基本生存生态和存在的根本,而德育则是要把这种学问传播开去"。用这种本来的学问和德育来取代已被政治和经济所操纵的蜕变的学问和德育,回归德育的本真意义,还人类应有的尊严,爱护人类应有的生态,尊重人类的生命。池田大作的德育思想的鲜明特色表现为以人为本。德育是培育"人"的事业,德育是什么?德育为了什么?池田大作认为,德育是培育"人"的事业,池田在与汤因比对话录第三章关于"学问、德育的理想状态"中指出:德育的根本课题是在于说明和回答人类应当怎样存在,人生应该怎样度过这些人类最重要的问题。所以,德育的根本目的在于培养人的道德品质和道德能力,只有如此人才能更有意义的活着,创造人生的价值。他指出:"就德育来说,确实可以从中得到很大的实利效果。但是这终归是作为结果而自然形成的,光把实利作为动机和目的,这不是德育应有的状况。"池田大作以敏锐的洞察力,剖析了现代德育的本质和所存在的功利主义的弊端后指出,德育之本是为了孩子,而不是"国家的专有物"。也就是说德育的目的不是国家、社会、政治、经济、世界和文明,等等,而是对人生意义的追求。

池田大作认为:"就德育来说,确实可以从中得到很大的实利效果。但这终归是作为结果而自然形成的,光把实利作为动机和目的,这不是德育应有的状况。现代技术文明的社会中,不能不令人感到德育已成为实利的下贱侍女,成了追逐欲望的工具。"池田大作还一针见血地指出:"现代德育陷入了功利主义,这是可悲的事情。这种风气带来了两个弊病,一个是学问成了政治和经济的工具,失掉了本来应有的主动性,因而也失去了尊严性。另一个是认为唯有实利的知识和技术才有价值,所以做这种学问的人都成了知识和技术的奴隶。"池田大作认为:"德育是文化的动力,是构成人的形成的根干。所以我深信,德育必须根据独立于国家权力之外的独特立场来组织,并从学术上来进行探讨。"可见,池田大作所奉行的德育的宗旨,就是对人生意义的追求和对功利主义的批判。他强调:"总之,德育的任何课题都必须从人乃至生命的尊严这普遍性的立场出发,并回归到这一立场来。""德育本应是人的生命的目的,是人格的形成,即人之所以像人的最重要的因素。可是,不仅日本,可以说在近代,特别是在20世纪,却往往使它从属于某种目的,贬为某种手段。""在21世纪的'为了德育的社会'里,人将不受孤立和分割势力的摆布,而会超越人种和国境,加强联结的纽带,和大自然也会尽情地互通声息,奏出生存的和声——目的就是要形成这样的人格,应当把它放在最优先的首要位置。"池田指出,20世纪的战争与暴力究其主要原因,是由于近代文明的颠倒价值所致,人们没有把价值基准搁置于人,没有正确地掌握德育这个人的本源活动。所以池田先生建议"应重新思考'完善人格'的含义"。并且进一步强调"把'完善人格'更替为'幸福'"即"人本德育"的思想。正如他在纪念创价学会创立70周年的"德育倡言"中所说:"我指出德育改革不应以政治为主导。"他大声疾呼将"以社会为本的德育"转换为"以德育为本的社会"。让德育回复到"孩子的幸福"此原点,是当务之急。

第三,池田德育的价值——对生命的尊重

池田德育价值观充分体现了他的人学思想,其人学思想的核心是"生命的尊严",它强调人与自然的和谐、世界的和平及人性革命,池田先生的人学思想的理论原点和哲学根基是宇宙大生命观,他说:"任何人的行动都应该基于对生命的尊严的认识"、要把生命的尊严的思想当做我们人类的生活目标。他认为大自然与人同样拥有不可侵犯的生命的尊严,"如果人侵犯了它的尊严性,就等于侵犯了我们本身的尊严性"。反之,如果人维护了它的尊严性,也就等于维护了我们自己的尊严性。因此,池田强调:"必须能使每一个人切实感受到这样一个原理,即一个人的生命比地球还要重,而且这生命的尊严只有和自然相调和,才能得以维持。"池田认为,认识到这一原理对于我们今天的社会来说是十分重要而紧迫的。

不仅要解决人与自然的平等,池田特别强调还要解决人与人、人与社会的矛盾。他认为:"除了平等,相互尊重,站在友好的立场上共有之外,别无他法。"池田认为生命的尊严是一种普遍的价值观,他引用康德所言:"在目的王国里,一切或者有价值,或者有尊严。有价值的东西,能够作为某些东西的等价物而代替它。相反,超过一切价值的宝贵的东西,因之也不承认任何等价物的东西,就是有尊严的东西。"他说:"生命是有尊严的。就是说,它没有任何等价物。任何东西都不能代替它。现在人们已经各有自己的价值基准了,这叫价值的多样化。人们从国家主义狭隘的价值观中解放出来。这是可喜的现象。但是,即或承认价值的多样化,是否还需要一个包括多样化的共同基准的价值观呢?没有这样一个基准,人与人之间的相互信赖和协调就建立不起来。如果深究一下,这个总括的、根本的价值观,归根到底,还是作为人的价值,生命的尊严。"池田认为:"归根到底,支持什么价值观体系,这决定一个人对人生的看法。所以应该确立怎样的价值观,和如何实现这一价值观体系,正是问题之所在。"我们认为池田的以人为本的德育价值观,就是取决于他的这种信念和其佛教的生命观的价值体系。

第四,池田德育的途径——构建"为德育的社会体系"

池田先生特别推崇撒曼博士的"逆向构思",主张不要强调德育在社会应该起如何作用,而要反问"社会对德育应如何发挥作用",他非常认同德育是生命的目的的说法。池田指出:"与此相反,日本乃至20世纪的整个世界,往往把使人获得'完善人格',即使人活得有价值的德育,从属于其他目的,或贬之为达成目的的手段。""尤其是作为国家近代化手段而发展起来的学校德育,从属于政治、军事、经济、意识形态等国家目标,被贬为专门为此效力的'培养人才'手段。当然,这种德育制度完成培育不出丰富多彩的人格,只能铸造同一模式,特定类型的人物形象。把德育视为一种手段,也就等于把人视为一种手段。"池田之所以重视心灵的德育内容、个性德育的方法、强调三位一体的德育载体,是根由于他对战后日本德育的忧虑。他在《21世纪:建设为"德育的社会"》中指出:德育状况令人担忧,失足青少年激增,校内暴力事件、旷课现象频发,他说:"我认为,以日本文部省为主的官僚主导型,政治主导型的近代日本德育制度,快要走到死胡同的尽头。不管是战前的富国强兵政策,还是战后的经济大国主义,以迎头赶上欧美先进国为目标而急起直追的近代日本政策,及从明治时期来一直以达成此目标为其德育方针的德育政策,也都明显地陷入僵局。在社会从工业化转变为信息化时代的同时,德育方针也不得不加以修正。值此,我要呼吁,在思索21世纪德育之际,把'为社会的德育体系'转换成'为德育的社会体系'。"

池田先生的上述德育思想不仅对日本,也对我国有着重要的借鉴意义。从德育理论来看,自古以来就有"社会本位论"和"个人本位论"的两种价值观。如主张德育目的就是"化民成俗"、"使人为善"、"涵养德性"、发展人的"良智"、"良能"。而在近代德育史上就是除了注重德育目标的社会意义的同时,还比较多地注意到了从个体发展的需要出发来论述德育目标。例如德育家夸美纽斯的"德育在发于展健全的个人"、英国洛克的"德育的目的在于完成健全精神与健全身体"、德国卢梭的"德育就是养成正当的习惯"、瑞士裴斯泰洛齐的"德育在使人的各项能力得到自然地、进步地与均衡地发展"、英国斯宾赛的"德育的任务在于准备其完备的生活"等。

道德德育目标的确定是从个人本位出发,还是从社会本位出发,反映了两种德育价值观。一个是德育的"个人本位"说,一个是德育的"社会本位说"。前者就如鲁洁教授所指出的那样,前者德育价值观曾经在历史上对于使人摆脱宗教神学和封建主义的压迫、束缚,对于解放人的个性,起到过相当的进步作用。但是由于过于片面强调个人需要,就必然把个人与社会隔离开来,使德育具有某种反社会性。后者德育价值观以社会需要为根本标准,片面强调社会利益,否定个人的正当需要,置个人正当利益于不顾,不尊重个人,不关心个人,把个人当做实现社会目的的工具,这种德育价值观是适应和服务于专制统治制度的。

认真考察和比较一下中日两国近现代德育的历史发展过程,我们以为两国的德育有着一个共同的特点,即德育中的"社会本位主义",也即重视德育的社会本位功能。所谓社会本位论,是强调德育的工具价值,主张德育要成为社会发展的有用工具,要求德育尽力满足社会发展的需要,有其积极意义的。因为个体的发展水平取决于他所依存的社会生活条件和社会关系,一个时代生产力发展的水平决定了该时代人的发展水平,个体随着社会由低级向高级、由野蛮到文明的发展而由蒙昧发展到开化、由低级水平发展到高级水平、由片面发展到全面。社会生产方式对人的发展的制约和某一时代的社会需要对德育的制约都是客观的。但是这种德育价值观片面地强调德育的工具价值,有时甚至走向极端,完全忽视了个体的存在及其价值。个体与社会之间的内在联系是不可分割的,如果只看到德育的工具价值而看不到社会发展进程中个体的价值以及德育的本体价值,就不能科学地说明社会进步的动力。

日本的社会本位表现为国家、为经济发展提供人才,这对日本经济的高速增长起到了积极作用。但是由于忽视人的个性发展,结果培养的人才具有划一性,造成缺乏个性的局面。特别是国家主义、军国主义的复古浪潮的暗流涌动,使道德德育带有功利主义的色彩。中国也是,在改造旧传统德育,建设新德育的过程中,由于种种原因使得德育带有政治化、功利化、运动化、形式化的倾向。因而忽视了对人性的关照。虽然日本历史上曾经出现过的多次关于德育的论争的现象。以前的论争是围绕着道德德育是继续保持儒学伦理化还是道德德育的西化的纷争;这时期的论争,围绕着是进行民主主义的德育改革还是重申道德德育的忠君爱国传统的分歧。中国的道德德育的过程中,虽然也存在过否定封建儒家伦理的传统还是学习外来的文化的纷争,如在近代主要是学习西方的文化,在现代是学习苏联、学习马克思主义的理论体系。但是,在这一时期却没有发生纷争,苏联、马克思主义的理论体系成为德育思想的主导。

日本自20世纪50、60年代以来,由于技术革新的快速发展和经济的持续增长,对日本的德育产生了深刻的影响,反之德育的发展也满足了经济发展和社会进步的需要。但是在日本德育伴随经济飞速发展的过程中,存在着严重的危机和弊端。表现为其一,偏重智育,导致学生侧重记忆的,而缺乏独立思考、创新才能。这是一种模仿型的人才,难以适应"信息时代"的发展和要求。其二,学制整齐划一,缺乏灵活性,忽视了学生的个性和能力差异,不利于培养适合时代发展要求的个性多样化和才能多样化的人才。其三,忽视道德德育,造成了所谓的"德育荒废",学校的暴力事件、青少年犯罪的不断发生。其四,学历主义严重,学校成为了"考试地狱"。

在这样的背景下,日本开始了第四次德育改革,在进入20世纪80年代以来,面对新技术革命的挑战,面对世界潮流的德育改革的热潮,日本的改革急速加快了步伐。特别是1984年日本成立了直属内阁总理大臣的咨询机构,即"临时德育审议会"(简称临教审),临教审在1984年到1987年连续提出了四次咨询报告,探讨了面向21世纪的德育模式,提出了德育改革的目标和原则等,成为日本德育改革的指导性文件。

如果我们对日本上述德育改革背景有了较清楚的认识,就能理解池田先生的上述德育思想的精髓,对池田先生的"为社会的德育体系"转换成"为德育的社会体系"的呼吁,对他的"让德育绽放其内在精神性光辉"的倡言深表赞赏。让我们为"恢复德育力"使其绽放出内在精神性光辉而不断探索吧!

第十八章　池田大作人本德育的启示

通观全书,可以得知池田大作德育主要特征就是人本德育。所谓"人本德育",即是人性的德育,即以"人"为出发点、用"人"的方式去理解人,对待、关怀人,特别是关怀人的精神生活、精神生命的发展,以"成人"为目的的德育。这种人性化的德育,是符合德育的本性。如何走向这种人本德育?笔者提出以下几方面认识。

第一,从德性化走向人性化

德育向何处去?我们认为重要特征就是关怀人、关怀人的德性发展,亦即从以道德主体的德性发展为本,走向主体——发展性的德育。

由于儒家学说是以伦理道德为核心本位,因此儒家的教育目的就是其德育的目的,也就形成了中国"德教至上"的教育传统。所谓"德教至上"是指德育与其他教育的关系,德育具有统领性的地位。因此,在以伦理本位、德教至上的文化传统之下的中国人才观中,道德因素毫无疑问地成为人才标准的主导因素,能力因素不再显得那么重要,处于从属的地位。在这样的观念下,制定更高要求的道德规范、追求更高标准的道德境界是人们狂热的价值追求。如果这种价值追求一味地沿着伦理本位观念的要求发展,那么,其前景只有两个:一是道德规范不断提升,甚至超越时代走向极端,人们只能用"伪道德"来包装自己,从而生活在"泛道德"的状态中;二是道德追求取代了其他追求,从而使得道德追求成为人们唯一的价值追求,人们只能生活在"君子国"里。这种伦理本位的观念在德育的培养人的标准上,就使得道德因素成为人的唯一标准,使人们普遍关注自身道德,另一方面使社会道德规范和道德要求的强度在人们的狂热追逐下迅速提升,甚至走向极端;同时也使得"能力因素",在强大的道德需求的挤压下被迅速地边缘化。如果单纯以伦理为本位、仅仅从社会的角度去解释、传授社会在道德等方面的要求,很难使得道德的承担者、道德的主体真正从心灵深处去认同道德规范,从而形成自觉的道德意志和道德行为。相反,如果以人为本、从被教育者的角度去理解、消化社会在道德等方面的要求,那么,道德因素在人才培养过程中的实际意义就会发生深刻的变化。这种情形对学校德育的影响就是,单向度地解释和传授社会所需要的道德规范,迫使被教育者无条件服从和接受,这就造成了社会需要与被教育者相脱离甚至相对立的局面。人本德育就是对伦理本位理念的革命性突破。它的价值取向指向了人本身,指向了人的自身的发展和个性的张扬,做到由关注社会的道德需求,转变到关注人综合素质的提高、合理需求的满足、个人潜能的发挥等关系到人的全面发展的目标上来。澳大利亚的教育史学家 W·F·康纳尔提出教育要转向"人性化";前苏联教育家哈尔拉莫夫等提出"教育人格化"的要求;20 世纪 70 年代初联合国教科文组织提出"学会生存",到 80 年代末国际社会提出"学会关心",都体现了教育人性化的走向,体现了教育关怀人的发展的趋势。

第二,从知性德育走向人本德育

所谓"知性德育"是以道德知识的传承为主要目的的德育模式。知性德育曾经有过进步意义,它是对古代社会神性德育的一种超越和取代,它打开了囚禁人们思维的牢笼,开启了价值方向与精神寄托领域进行理性分析与科学考量的认知境地,引发了学校德育的近代革命与范式转型。应该说,知性德育的教化相对于神性德育的规训来说,是德育发展的一大进步。毕竟神性德育假圣化外衣行意识形态工具之实,德育本身丰富性在神圣性中消解了,灌输式的布道方式往往是以学生们的主体地位消解为代价。知性德育在弘扬学生的主体精神和德性推理能力与判断能力确实起了里程碑式的进步作用,但它忽视了学生的情感、习惯、行为、文化等因素,以致其局限性在当代日益成为批判的对象与德育模型新一轮转型的内在支撑。

但是,知性德育将德育缩水为书本上纯粹知识和技能的教与学,放弃和疏远了人们丰富的生活实践,成为束之高阁的象牙塔里的抽象辨析,走向了德育异化的曲折之路,在知识和技能的轨道上忘记了自己回家的目的地,其结果自然会越来越不适应当代社会的发展和人精神生活的需要,成为批判和抨击的对象。如德育与生活的失衡;认知与情感的失衡;知识评估与行为践履的失衡。从物化走向人化,就要承认学生是人,承认学生是具有独立人格的人、完整的人、能动的、创造性的人。人性化的德育尊重学生的人格,尊重学生的兴趣和需要;人性化的德育关怀学生这个完整的生命体,看到学生是个有思想、有情感的活生生的人;人性化的德育相信学生是具有积极的能动性和创造性的。时代的发展和学校学生的需求,知性德育本身期待更深一层的发展和超越,人本德育的回归自然成了时代发展和人需要的理想选择。

第三,从器物本位走向以人为本

"器物为本"表现为资本主义大工业时期的科技主义和当代社会的科技信息化与网络化,容易导致"功利德育"。功利德育作为德育物化的一种形态,是当今时代迈向人本德育有待超越的竞争对手。德育物化曾经在战胜奴化德育的过程中风靡盛行,但随着它在实践层面的不断推行,自身作为德育发展链条中的缺陷越来越暴露,导致这种以物为本的德育形态的内在活力也将消耗殆尽,德育物化进入了危机阶段。这些危机存在德育信度丧失、德育效度缺损、德育地位下降,是当代学校德育的又一个重要的社会场景。它既给学校德育带来了有利的机遇,也提出了许多方面的挑战。以往的教育把受教育者当作物对待,主要表现为:不尊重学生的人格、尊严、权利;把人作为工具打造,作为接受知识的容器;肢解人的整体性,片面强调对人的某些部分进行测量、量化,而只要生命体沦为科学科技准确性的属性,生命体的原始价值就荡然无存了。否定人的能动性,把人看作是客观物体的、没有生命的消极被动、需要接受教育的对象。

而科技网络下德育的症结,则从另一方面表现为人们特别关注知识能力等技术层面"何以为生"的本领与素养,相对冷漠了德育的生活意义、理想信仰、心理心态等"为何而生"的人文关怀,从而在校园外很大程度上是技术主宰的相对主义价值世界,因而在开放性和难以监控的网络空间里导致学校德育的人本效果难以有效发挥或被抵消。而教育结构层面,则重智育轻德育,重专业课轻政治理论课。学校德育主张往往遭遇技术人培养的对抗。因此,学校德育的以人为本,就是要培育人成为健全的科技网络主体,自觉抵制科技网络异化下的工具厄运。

德育人性化是人的本性的要求,教育是为人的,而非人为教育的。人是自由自觉的存在,是完整的生命体,它要自由地发展。从器物化走向人化,要求教育成为学生的精神关怀者。德性是精神的核心,作为精神关怀者,其根本职责或使命是关怀人的精神生活、关怀人的精神发展,关怀人的道德生命的自由成长。所谓"教育人格化"就是把学校及其课堂教学、课外教育系统等各方面的教育影响都转化为学生个人发展的因素,使校园真正成为师生的精神家园。

从物化走向人化的过程中,要求关怀完整的生命体。从整体上关心人,包括关心精神生命和肉体生命。卢梭认为,人性的首要法则就是维护自身的生存,人性的首要关怀就是对于自身的关怀。我国教育界20年来关于主体性教育的讨论,关于人的现代化的探讨,关于学校中自主性德育的研究、个性发展的教育研究,"学会关心"的研究,以及中国关心下一代专家委员会"把爱带入21世纪"的呼吁等等,都表明了德育人性化在理论认识和教育实践方面有很大进展。

第四,从外化育德走向自主育德

德育具有外化特征,主要途径是通过道德的灌输。20世纪人们开始批判道德灌输。认为灌输的性质是控制性、奴役性的,教育者的独语是现象,背后依托的是一定社会(阶级)意图;灌输的主要特征是把教育对象当作"物"对待,当作"可被别人占有的东西",作为国家"驯服工具"培养,作为"美德之袋"进行德目注入;实施居高临下的单向影响,师生之间是权威与服从的关系。因此,也是违反了人的本性,违反了德育本性的。①

从外化的、强制性的灌输走向内化的自觉性,就需要通过教育者和被教育者之间的对话来达成。现在人们对灌输已从目的、意图、方法、内容、效果等方面来认识这一德育形式。我们反对的是灌输的奴化性质,反对它的强制性,并非不对学生进行价值引导。在我国,有关建立青少年义务社会服务制度的主张、活动德育的研究、生活德育的探讨、重视道德判断能力的培养,重视自主性德育实践的研究,自我教育力的培养,学会关心一知情行统一的研究等,无一不是试图克服灌输而为的。

由外在的强制性德育走向自主性的德育,就是要使受教育者立足于自己认知、自己体验、自己领悟、自己抉择、自己践行。自主性德育充分尊重学生人格、满足其内在道德需要、体现生命意义和生存价值。外在强制性德育是培养人的"奴隶性"、"顺从性"人格;而自主性德育旨在培养融自主性、自律性、自由性、责任性于一体的道德主体人格。自主性德育并不否定教育者的指导,教育者在尊重、理解、爱护受教育者的基础上,用自己的学识、言行、境界、风范去启发、引导、帮助受教育者,而不是代替他们的思考、理解、体验、选择、行动。自主性德育是自主地进行道德学习,是学生自主建构、自己行动,是任何道德权威都不能代替的。

由外在性强制性德育走向内在、自主性德育也是为了改变过去那种教育者与被教育者的单向影响。使之转向双向互动、对话。这是师生"我－你"相互平等、相互尊重、相互关爱,真正的做到心灵沟通,"师生共同寻求真理"、"师生相互帮助,相互促进"。②德育是教育者与被教育者的"我－你""共同参与,教学相长,品德共进"的过程,也就是我－你相互理解、相互悦纳、相互勉励、相互启发、相互涌动、相互创生、共同发展、共享快乐的过程。老师与学生是共同生成的。就马丁·布伯所说:"我们栖居在万有相互玉成的浩淼人生中","我的学生铸造我,我的业绩抟塑我。"③

第五,从圣本德育走向人本德育

我们认为圣本德育在古代表现为"以神为本"的德育,在当代则表现为"政治本位"的德育。如果说传统人本德育战胜神本德育是历史发展链条中德育模型的

---

① 班华:"德育理念与德育改革",《南京师大学报》,2002年4期。
② [德]雅斯贝尔斯著,邹进译:《什么是教育》,第11页,生活·读书·新知三联书店,1991年版。
③ [德]马丁·布伯著,陈维刚译:《我与你》,第31页,生活·读书·新知三联书店,1986年版。

重大转换,那么这里讲的以人为本还是以神为本则是在德育中信仰教育的层面上进行的探讨。信仰教育作为德育的核心组成部分之一,直接关涉人的培育及其超越;可以说,信仰教育的效果如何,将直接影响到人的超越的质量。必须承认的是,德育在宣扬马克思主义信仰教育的过程中,既对宗教神本德育这一传统模型进行了超越,但也引发了超越之后如何树立科学信仰的现代性难题,甚至还出现了人误入歧途的信仰危机。因此,在人本轨道上信仰教育背离的问题仍然存在。

现代人的信仰正遭遇到双重影响,既包括人们所生活的开放环境已大大不同于传统计划经济年代,各种各样的宗教和信仰体系成为学生们必须予以取舍和面对的精神境遇,对他们的精神世界的意义构造产生了外在的冲击;又包括信仰内部的历史变迁,传统的宗教信仰体系正遭遇世俗化的现代历程,很大程度上成为了人信仰谱系的内在演绎。在这样一个内外夹击的新型际遇中,人们就不得不面临在"去圣"的世俗化潮流中如何合理选择以达到"增圣"的精神构造问题。

信仰教育是人实现超越的精神动力。既然德育实质上是一种信仰教育,那么这种信仰教育除了其社会性功能之外,还具有个体享用性功能。信仰教育作为个体实现社会化的重要环节,是任何社会都不可避免的重要手段。当然,具体执行过程中会存在自觉程度的差异、公开与隐蔽的形式区分,但这并不防碍每个社会对自己民众的期待。信仰教育对人的社会化与超越性期待主要表现在两个方面:一方面,信仰教育能够为人超越"技术单面人"的局限提供人文动力。在科学技术成为当代社会的重要主宰力量之后,一个深刻的影响就是在人中出现了一些只知科技不懂价值信仰的精神畸形儿,导致个别人人格发育存在缺陷。信仰教育则通过社会规范和价值追求的传递,能够让学生自觉地理解和认同作为这个社会的成员应当肩负的神圣责任,主动修正自身现有观念的不足与片面,从而为自己跳出技术经验世界的有限生存局面提供精神动力。另一方面,信仰教育能够为人超越多元选择的迷茫状况提供价值导向。如果人没有信仰,沉迷于平面化生存格局中是一件很可悲的事情;那么人有了信仰之后,如果不健康乃至误入迷途那将是一件很可怕的事情。在一个多元文化并存和各种信仰鱼龙混杂的时代中,如果没有信仰教育的价值导引,那么就会导致人在不健康的信仰影响下精神颓废、人格扭曲、行为病态和堕落,甚至还出现个别人信仰"法轮功"等邪教而出现的自焚事件。所以,只有借助有力而健康的信仰教育,才能培育人以正确的信仰主宰自己的精神世界,成为积极向上不断超越自我的一代人才。因此,信仰的有无之间抑或信仰的正误之辩,都说明健康有力的信仰教育确实是人实现自我超越的精神动力。

第六,从封闭性德育走向开放性德育

开放性德育就是在开放教育思想的指导下,以主体性为活动特征,以学生的主动发展、勇于创造、形成健全人格为目标的一种德育实践模式。其基本内涵有:在指导思想上,开放性德育强调以开放教育思想为指导;在价值取向上,开放性德育强调由说教、灌输等被动接受型德育向实践、体验等主动发展型德育转变,让德育充满生长气息;在培养目标上,开放性德育强调培养和促进学生人格的发展;在德育过程中,开放性德育强调学生的主体性活动,把德育还给学生,发挥每个学生的主动性,让每个学生在自主活动中培养自我教育的能力。这是因为随着世界经济和区域经济一体化的形成,科学技术的突飞猛进,各国文化的交流,各个领域和各个学科的相互渗透,大大地扩充了社会的开放程度,极大地扩大了人们的活动范围。信息传播媒介的现代化,使学生的思想发展往往呈现多向性和易变性。网络环境是一个没有边际的世界,各种不同思想文化、价值观念在这里汇聚交织。尽管网络既不姓社也不姓资,但与网络发展相伴相随的是西方文化的渗透,同时社会上的各种思潮的影响,不可避免地会对学生产生冲击。这就要求德育由"封闭式"向"开放式"转变。德育要打破教育仅仅局限于课堂、书本、理论的界限,确立开放的教育观念。新的时代需要一代具有创新精神和健全人格的新人,需要重新建构一个充满生机和活力的、有利于新型人才脱颖而出的新的德育模式——开放性德育。

要用发展的观念来确立开放性德育观。世界各国的经济、文化、教育、科技等,都处在不断改革发展之中,处在激烈竞争之中,处在广泛渗透和发现之中。作为学校核心教育的德育及其模式既要继承弘扬传统并赋予传统新的活力,更要在德育理论、德育思想方面遵循德育自身的逻辑有所发展、创新,在德育方法上使德育工作由受教育者被动接受向自主性吸收、主动参与转化,形成内外助力的整合性进步,培养出政治合格、知识深广、观念现代、心理稳定、情趣高尚,具有进取、奉献精神、创造意识和能力的高素质建设人才,使德育在育人中达到高境界。

用多样化的观念来确立开放性德育观。德育是培养人的德性,价值观是德育的核心,我国目前价值观呈多元趋势,这是一定政治、经济条件使然。我国现阶段是以公有制为主体,以个体经济、合作经济和私营经济为补充的多种形式经济格局和以按劳分配为主体的多种分配形式,处于不同经济结构中的人就有不同的价值需求和价值追求,即使处在同一个结构中的人,由于知识水平、受教育程度、思想觉悟等因素不同,他们也具有不同的价值需求和追求,形成多种多样的价值观,要求德育一方面注意德育目标的层次性,另一方面,随着市场经济体制的建立,新旧价值观冲突激烈,德育要培养学生适应冲突、处理冲突的品质能力,不是单方面传授品质知识。

今后我国德育观念将发生重大变化:一是战略德育观,即把德育作为一项战略任务来对待。二是素质德育观,即重视提高学生的综合素质。三是全员德育观,德育成为全体教职员工的共同责任。四是终身德育观,即德育是一项使学生终身受益的教育。同时,德育在德育目标、内容方法途径方面也将发生一系列变革。在德育目标上,通过化"堵"为"疏",不再是单纯防御,而是积极应对,向外国学习和借鉴一切有利于我国社会主义现代化建设的先进经验。凡是符合"三个有利于"、符合"三个代表"的先进思想和文化都应该学习和借鉴,为我国培养出具有世界眼光和战略思维的社会主义建设者和接班人,培养"未来国际人"是全球化背景下思想政治教育的新育人目标。在内容方面不断拓宽、形成一系列崭新的极富时代特色的德育内容。如科学价值观和科学德育;生态伦理教育或环境德育;经济教育,含经济伦理教育,其中主要是适应社会主义市场经济的德育;信息德育;现代人的(道德)心理素质教育。而德育方法的发展趋势今后将出现:社会化发展趋势、网络化发展趋势、综合化发展趋势、民主化发展趋势和务实化发展趋势。

总之,以人为本的德育很大程度上是信息社会的一种德育呼唤,作为继发性现代化的中国,存在着农业社会、工业社会和信息社会的社会链条盘根交错的现象,因此人本德育的到来绝非一蹴而就,还需要与其他德育模型进行博弈、比较和鉴别。在这样的情形中,人本德育需要不断从其他德育模式中走出来,方可创造出自己的阳光天地,成为一个有利于社会进步、国家发展和个性得以生长的德育。

后 记

研究池田大作思想,缘于2002年至2003年我作为日本创价大学交换教员之际。在那美好难忘的一年里,在学生开学和毕业典礼上、在国际友人来访之际,曾多次目睹池田先生风采,聆听过他激情洋溢演讲。每每都会和日本师生一道,深深被他焕发出的人格魅力所倾倒。他就像巨大无比的气场,给人以积极奋进向上力量。从我一开始踏进创价大学校园,就深深感受到创大与日本其他高校的诸多不同。校园里除了解惑、授业之外,洋溢着浓浓的人文关怀、和平精神、国际化气魄的氛围。作为中国学者能够在这样的氛围进行研究和交流,有宾至如归之感。别的不说,作为在中国讲台上执教三十年的高校教师,能够荣登毕业典礼主席台就座,不是在本国而是在日本他乡的创价大学导师台上,接受毕业生和家长们的膜拜,这得益于池田先生赐予的殊荣。

还深深记得2003年的春天,正值中国神五升天喜讯传遍四海之际,那天上午在创大有个学术交流会议,会议开始之前,主持人高桥强教授提议,全体与会人员向在座的中国教员道一声"恭喜了",全场人员面对我们为数不多几个中国教员报以热烈掌声。这种创大人对中国友好的情怀,深深感动了他乡东瀛中国的教育工作者,我们深知能够获得如此隆重敬意,完全得益于创价大学的创立者池田先生的中日好友情怀和国际和平精神。

还有一次,池田先生在欢迎中国一个文学社团会上发表激情洋溢讲话,演讲频繁引用了中国论语、孟子、鲁迅、毛泽东等经典和名言。其间他甚至开玩笑问日本创大老师,你们中国语怎么样啊?赶紧用功学习中文,否则下次开会就不要进来了。

作为中国德育研究者,我希望知晓并研究池田先生创办教育目的、理念、实践、途径如何?其育人思想、育德实践及其育人成效如何?其德育思想及其实践对我们德育有哪些启示和借鉴意义?带着这些问题,我撰写并在创价学刊上发表了第一篇关于研究池田大作德育中日文论文。回国之后,又发表了一批池田大作德育研究论文。

与此同时,我开始有意接收来自创价大学学生攻读博士、硕士学位。为了更加深入展开研究,我将指导的博士、硕士生的学位论文定位于池田大作德育思想及其实践方向。譬如陈志兴博士研究池田大作人本德育、理解德育;刘俐博士生研究池田大作生态德育；奥田真纪子博士生研究池田大作德育的宗教理论；竹口春菜硕士研究创价大学德育实践及其成效；高桥伸幸硕士研究创价学园育人思想及其实践；吕帅硕士研究创价幼儿园德育及其实践；涂忠梅硕士研究池田大作女性思想；赵静硕士研究池田大作科学发展观；彭文静硕士研究池田环境德育；何卓雅硕士研究池田美育思想等。正因为我们师生不断努力，于 2006 年度获得日本创价大学中日友好学术交流研究立项；于 2007 年获得教育部人文社科项目立项。

我们的研究得到了池田先生的关注，他亲笔撰写了一首含有我名字的藏头诗："敬增王丽荣先生：珠江之畔景秀丽，俊才教育欣向荣，讲坛几度英姿立，德育思想放光明。"（池田大作 2010 年 11 月 6 日）池田先生亲切勉励给我以力量。

我们的研究还得到了中山大学副书记李萍教授的支持，她出于对池田先生的敬仰，亲自前往创价大学进行访问和观摩，并于 2005 年 11 月组织我们教育学院挂牌成立了"亚洲教育与池田大作研究所"，感谢她对我们此项研究倾注极大关心和鞭策。

我们的院长钟明华教授，他不仅亲自担任亚洲教育与池田大作研究所所长，还亲力、亲为带领我们师生积极参与每年一届的中日国际池田大作研讨会；并且带领我们在本校成功举办了两届中日国际池田思想学术交流会议。

深深感谢创大生荒井富美子女士，她是我的知心朋友，也是我们"亚洲教育与池田大作研究所"兼职助理和研究员，多年来一直关注并积极推进我们各项研究活动。她曾经在 2006 年捐赠木棉树给中山大学珠海校区，支持我研究所师生参加在日本、中国香港、中国澳门等地的考察活动；每年会带领创大人来我们研究所交流访问；每每在第一时间给我们提供池田先生的最新研究资料；她曾经在我们研究所成功举办过中日少年少女友好绘画展览，促进了中日民间友好交流。这一成果得以完成并能够得以顺利出版，也得益于她的资助。在此，我们对她致以深深的敬意和感谢。

高桥强教授，既是我创价大学的老师，也是我们研究所的老朋友，更是我们中山大学与创价大学交流的友好使者，他源源不断为我们提供研究资料和研究心得。感谢他对我们的理解和支持。

感谢香港国际创价学会李刚寿理事长、吴楚煜理事长，为我们师生研究活动提供了大量的研究资料和实践场所支持；感谢黑龙江教育出版社宋女士的辛勤劳动，使得学术专著出版顺利。

感谢跟随我的中日弟子们辛勤开拓性的研究，陈志兴博士、奥田真纪子博士生、刘俐博士生、竹口春菜硕士、高桥伸幸硕士、彭文静硕士、赵静硕士、吕帅硕士、涂忠梅硕士、何卓雅硕士都是我亲自指导的研究生,他们分别在中、日、中国香港等地进行了大量辛勤的实证研究,才使得课题得以顺利完结。可以说该课题和书稿是我们师生共同打造的心血之作。

全书由我制定具体研究计划,修改并统定全书稿具体分工如下:

李丹撰写第一、二章;陈志兴撰写第三章;陈志兴、王丽荣撰写第七、八、九章;林滨撰写第四章;黄荟撰写第五章;赵静、王丽荣撰写第六章;刘俐、王丽荣撰写第十章;吕帅、王丽荣撰写第十一、十六章;涂忠梅、王丽荣撰写第十二章;何卓雅、王丽荣撰写第十三章;竹口春菜、王丽荣撰写第十四章;高桥伸幸、王丽荣撰写第十五章;王丽荣撰写第十七、十八章。

本书只是研究的初步成果,后续研究还亟待完善和深化,在研究之中,我们借鉴了很多池田大作研究者的成果,在此一并感谢。

眼下正值樱花盛开之际,我们谨以此书向国际著名思想家、哲学家、教育家、社会活动家、世界知名和平人士池田大作先生致以崇高的敬意!

王丽荣

2012年3月于中山大学蒲园区

图书在版编目(CIP)数据

池田大作德育理论及其实践/王丽荣著.—哈尔滨：
黑龙江教育出版社,2012.6
ISBN 978-7-5316-6502-1

Ⅰ.①池 Ⅱ.①王… Ⅲ.①池田大作－德育－思想评论 Ⅳ.①G41

中国版本图书馆 CIP 数据核字(2012)第 141309 号

池田大作德育理论及其实践
CHITIANDAZUO DEYU LILUN JIQI SHIJIAN

作　　者	王丽荣
选题策划	丁一平
责任编辑	宋舒白
责任校对	石　英
装帧设计	冯军辉
出版发行	黑龙江教育出版社(哈尔滨市南岗区花园街 158 号)
印　　刷	北京市文林印务有限公司
开　　本	700×1000　1/16
印　　张	20.5
字　　数	351 千
版　　次	2012 年 9 月第 1 版
印　　次	2012 年 9 月第 1 次印刷
书　　号	ISBN 978-7-5316-6502-1
定　　价	42.00 元